茆巍 著

洗冤
清代命案检验取证研究

商务印书馆

编委会

主 任

郭为禄　叶 青　何勤华

副主任

张明军　王 迁

委 员

（以姓氏笔画为序）

马长山	朱应平	刘 伟	刘宪权	孙万怀
杜 涛	杜志淳	李 峰	李秀清	杨忠孝
肖国兴	何益忠	冷 静	沈福俊	张 栋
陆宇峰	陈金钊	陈晶莹	范玉吉	林燕萍
金可可	屈文生	胡玉鸿	贺小勇	徐家林
高 汉	高奇琦	高富平	唐 波	

本书受上海市高水平地方高校建设项目资助

总　序

以心血和智慧服务法治中国建设

　　华东政法大学成立70周年了！70年来，我国社会主义法治建设取得了一系列伟大成就；70年来，华政缘法而行，尚法而为，秉承着"笃行致知，明德崇法"的校训精神，与共和国法治同频共振，与改革开放辉煌同行，用心血和智慧服务共和国法治建设。

　　执政兴国，离不开法治支撑；社会发展，离不开法治护航。习近平总书记强调，没有正确的法治理论引领，就不可能有正确的法治实践。高校作为法治人才培养的第一阵地，要充分利用学科齐全、人才密集的优势，加强法治及其相关领域基础性问题的研究，对复杂现实进行深入分析、作出科学总结，提炼规律性认识，为完善中国特色社会主义法治体系、建设社会主义法治国家提供理论支撑。

　　厚积薄发70载，华政坚定承担起培养法治人才、创新学术价值、服务经济社会发展的重要职责，为构建具有中国特色的法学学科体系、学术体系、话语体系，推进国家治理体系和治理能力现代化提供学理支撑、智力支持和人才保障。砥砺前行新时代，华政坚定扎根中国大地，发挥学科专业独特优势，向世界讲好"中国之治"背后的法治故事，推进中国特色法治文明与世界优秀法治文明成果交流互鉴。

　　"宛如初升的太阳，闪耀着绮丽的光芒"——1952年11月15日，华东政法学院成立之日，魏文伯院长深情赋诗——"在这美好的园地上,让我们做一个善良的园工,勤劳地耕作培养,用美满的收获来酬答人民的期望"。1956年6月,以"创造性地提出我们的政治和法律科学上的成就"为创刊词,第一本法学专业理论性刊物——《华东政法学报》创刊,并以独到的思想观点和扎实的理论功力,成为当时中国法学研究领域最重要的刊物之一。1957年2月,《学报》更名为《法学》,坚持"解放思想、不断进步"的治学宗旨,紧贴时代发展脉搏,跟踪社会发展前沿,及时回应热点难点问题,不断提升法学研究在我国政治体制改革中的贡献度,发表了一大批高水平的作品,对我国立法、执法和司法实践形成了重要理论支持,在学术界乃至全社会产生了巨大影响。

　　1978年12月,党的十一届三中全会确定了社会主义法制建设基本方针,法学教育、法学研究重新启航。1979年3月,华东政法学院复校。华政人勇立改革开放的潮头,积极投身到社会主义法制建设的伟大实践中。围绕"八二宪法"制定修订、土地出租问题等积极建言献策;为确立社会主义市场经济体制、加入世界贸易组织等提供重要理论支撑;第一位走入中南海讲课的法学家,第一位世界贸易组织争端解决机构专家组中国成员,联合国预防犯罪和控制犯罪委员会委员等,都闪耀着华政人的身影。

　　进入新世纪,在老一辈华政学人奠定的深厚基础上,新一代华政人砥砺深耕,传承中华优秀传统法律文化,积极借鉴国外法治有益成果,为中国特色社会主义法治建设贡献智慧。16卷本《法律文明史》陆续问世,推动了中华优秀传统法律文化在新时代的创造性转化和创新性发展,在中国人民代表大会制度、互联网法治理论、社会治理法治化、自贸区法治建设,以及公共管理、新闻传播等领域持续发力,华政的学术影响力、社会影响力持续提升。

　　党的十八大以来,学校坚持以习近平新时代中国特色社会主义思想为指导,全面贯彻党的教育方针,落实立德树人的根本任务,推进习近平法治思想的学习、研究、宣传、阐释,抓住上海市高水平地方高校建设契机,强化"法科一流、多科融合"办学格局,提升对国家和上海发展战略的服务能级和贡献水平。在理论法学和实践法学等方面形成了一批"立足中国经验,构建中国理论,形成中国学派"的原创性、引领性成果,为全面推进依法治国、建设社会主义法治国家贡献华政智慧。

建校70周年,是华政在"十四五"时期全面推进一流政法大学建设、对接国家重大战略、助力经济社会高质量发展的历史新起点。今年,学校将以"勇担时代使命,繁荣法治文化"为主题举办"学术校庆"系列活动,出版"校庆丛书"即是其重要组成部分。学校将携手商务印书馆、法律出版社、上海人民出版社、北京大学出版社等,出版70余部著作。这些著作包括法学、政治学、经济学、新闻学、管理学、文学等多学科的高质量科研成果,有的深入发掘中国传统法治文化、当代法学基础理论,有的创新开拓国家安全法学、人工智能法学、教育法治等前沿交叉领域,有的全面关注"人类命运共同体",有的重点聚焦青少年、老年人、城市外来人口等特殊群体。

这些著作记录了几代华政人的心路历程,既是对华政70年来的学术成就、华政"创新、务实、开放"的学术文化的总结和展示;也是对更多后学以更高政治站位、更强政治自觉、更大实务作为,服务国家发展大局的激励;更是对华政这所大学应有的胸怀、气度、眼界和格局的展现。我们串珠成链,把一颗颗学术成果,汇编成一部华政70年的学术鸿篇巨作,讲述华政自己的"一千零一夜学术故事",更富特色地打造社会主义法治文化引领、传承、发展的思想智库、育人平台和传播高地,更高水准地持续服务国家治理体系和治理能力现代化进程,更加鲜明地展现一流政法大学在服务国际一流大都市发展、服务长三角一体化、服务法治中国建设过程中的新作为、新担当、新气象,向学校70年筚路蓝缕的风雨征程献礼,向所有关心支持华政发展的师生、校友和社会贤达致敬！

  七秩薪传，续谱新篇。70年来，华政人矢志不渝地捍卫法治精神，无怨无悔地厚植家国情怀，在共和国法治历史长卷中留下了浓墨重彩。值此校庆之际，诚祝华政在建设一流政法大学的进程中，在建设法治中国、实现中华民族伟大复兴中国梦的征途中，乘风而上，再谱新章！

郭为禄 叶 青

2022 年 5 月 4 日

目　录

绪　论 ·· 1
 第一节　清代司法中的"检"与"验" ································ 4
 第二节　研究现状及学术史回顾 ·· 8
 第三节　结构与研究方法 ·· 13

上　篇
洗冤之术

第一章　空谷绝音——宋慈及《洗冤集录》 ···························· 25
 第一节　宋慈及其《洗冤集录》的诞生 ································ 25
 第二节　《洗冤集录》在检验技术上的成就之一
    ——操作方法提炼 ·· 32
 第三节　《洗冤集录》在检验技术上的成就之二
    ——死因分析 ·· 35
 第四节　《洗冤集录》的不足 ·· 43
 第五节　《洗冤集录》与医学——一个学术史上的公案 ········ 45

第二章　整齐划一——清《律例馆校正洗冤录》的诞生 ········ 50
 第一节　《律例馆校正洗冤录》的制定 ······························ 51
 第二节　检骨图、格的出台 ·· 57
 第三节　《律例馆校正洗冤录》与《洗冤集录》之不同 ········ 61

第三章 异彩纷呈——清代洗冤文本的兴盛及洗冤技术的发展 … 71
第一节 书目要览 … 71
第二节 书目脉络 … 77
第三节 死因知识的积累发展 … 82
第四节 方法深入与认知提升 … 89

第四章 官科技——洗冤检验知识的定位 … 111
第一节 官科技与洗冤检验 … 111
第二节 官科技与《洗冤集录》 … 114
第三节 官科技与清代检验知识之发展 … 117
第四节 对两个问题的最后回应 … 122

中 篇
官仵与文书

第五章 官员 … 133
第一节 正印亲验 … 134
第二节 邻邑代验 … 138
第三节 佐杂代验 … 148
第四节 引申分析 … 160

第六章 仵作、其他人员及检验工具 … 165
第一节 仵作的配置 … 167
第二节 仵作的培训与素质 … 176
第三节 仵作的待遇 … 185
第四节 仵作的尴尬社会地位 … 191

第五节　其他参与检验人员……………………… 195
　　第六节　检验工具………………………………… 198

第七章　检验文书……………………………………… 203
　　第一节　尸格与尸图……………………………… 203
　　第二节　骨图与骨格……………………………… 209
　　第三节　通详类上报公文………………………… 210
　　第四节　仵作甘结………………………………… 216
　　第五节　填写之规范……………………………… 220
　　第六节　文书中仵作与官员的定位……………… 225

下　篇
检验与处分

第八章　围绕尸体的博弈…………………………… 231
　　第一节　尸体诱发之纷争………………………… 232
　　第二节　博弈产生之原因………………………… 239
　　第三节　博弈中的应对…………………………… 245

第九章　初验………………………………………… 250
　　第一节　报案……………………………………… 250
　　第二节　验前……………………………………… 260
　　第三节　验中……………………………………… 268
　　第四节　验毕……………………………………… 295

第十章　覆检

- 第一节　慎重开检 ………………………………………… 304
- 第二节　清代覆检与前代之异 …………………………… 313
- 第三节　覆检提起主体 …………………………………… 317
- 第四节　启动程序 ………………………………………… 322
- 第五节　无限救济 ………………………………………… 326
- 第六节　原验官件临场 …………………………………… 327

第十一章　输服下的终结

- 第一节　终结方式之诸面相 ……………………………… 333
- 第二节　输服之意义 ……………………………………… 337
- 第三节　强调输服之可能弊端 …………………………… 342
- 第四节　命案检验之终结标准 …………………………… 346

第十二章　过错与处分

- 第一节　清代有关处分之规定 …………………………… 352
- 第二节　处分之程序与罚则 ……………………………… 362
- 第三节　严格处罚之两面性 ……………………………… 378

结　论 ……………………………………………………… 386

- 第一节　洗冤之特征 ……………………………………… 386
- 第二节　洗冤与传统诉讼 ………………………………… 391
- 第三节　洗冤中的身体观 ………………………………… 398

参考文献 …………………………………………………… 409
后　记 ……………………………………………………… 429

绪　论

从一定程度上说,中国传统法律文化是洗冤的文化。所谓冤,许慎《说文解字》云"冤,屈也,从兔从冖,兔在冖下不得走,益屈折也",《辞源续编》则谓"屈也,枉曲也,仇恨也"。因此,它既是一种事实状态,亦是一种情绪概念——中国人极不愿意看到冤抑。① 对"小民"来说,冤是一种压抑,是一种诉求,是他人对自己所守"分"的侵犯,因而"被害冤民,吞声忍气……恳乞执法明刑,严惩逆仆叛主之罪;验契查册,深究彪虎作乱之条"②。对官员来说,洗冤则是职责,无冤是对他工作的高度肯定:"张释之为廷尉,天下无冤民;于定国为廷尉,民自以不冤。"③

"窃思狱莫大于人命"④,与人命相关的冤当然会引起更高程度的重视。《礼记·礼运》篇云:"故人者,其天地之德,阴阳之交,鬼神之会,五行之秀气也。……故人者,天地之心也,五行之端也。"即认为天地不能没有核心,而人也不能离开天地,人的性命存亡与天地发生一种

---

① 霍存福:《复仇·报复刑·报应说:中国人法律观念的文化解说》,吉林人民出版社2005年版,第229页。
② 《不平鸣稿——天启、崇祯年间潘氏讼词稿》之"余勋等本县投到词",藏于南京大学历史系资料室,转引自韩秀桃:《从〈不平鸣稿〉看明末徽州民间纠纷的解决模式》,范忠信、陈景良主编:《中西法律传统》第4卷,中国政法大学出版社2004年版,第258—259页。
③ 《汉书》第10册卷71,中华书局1962年点校本,第3043页。
④ [清]陈朝君:《莅蒙平政录》卷下"详文",刘俊文主编:《官箴书集成》第2册,黄山书社1997年影印本,第727页下栏。本书所引《官箴书集成》皆为此版本,下引出版信息从略。

自然的关联。[1] 从冤的角度而言，人们相信，一人如果冤死，无论是无辜遇害，还是枉死于司法不公，都会产生怨冤之气，而怨气积塞，则会导致非正常的自然现象出现：所以西汉东海孝妇被太守以杀姑罪冤杀，郡中枯旱三年；[2] 所以窦娥许愿"倘……我不要半星热血红尘溅，将鲜血俱洒在白练之间，四下里望旗杆人人得见，还要你六月里雪满阶前，这楚州要叫它三年大旱，那时节才知我身负奇冤"，并一一得到应验。[3] 冤屈、冤气、冤魂还会报应到刑官身上，影响他们的官、禄、寿，并会远及其子孙[4]："我治狱多阴德，未尝有所冤，子孙必有兴者"[5]，是无冤的福祥；"为朝歌长时，杀贼数百人，其中何能不有冤者？自此二十余年，家门不增一口，斯获罪于天也"[6]，则是有冤的相报。

故历代帝王莫不恐有冤，"成帝怵阴阳之失序及冤魂之祟作，哀帝常命大夫周行郡国，平反冤狱。而历朝帝王，更无不以冤滥残生为苛政牧民的大戒"[7]。释冤、洗冤亦紧紧地与官员的职责相联系，曾署理、研究地方狱事并编纂成书的宋人桂万荣即告诫说："凡典狱之官，实生民司命，天心向背，国祚修短系焉，比他职掌尤当谨重……不然，横致四无辜于死地，衔冤千古，咎将谁执？"[8]

同时可以确定的是，自宋时起，"洗冤"一词还与命案处理中的一个环节——检验，紧紧地挂上了钩，从宋慈的《洗冤集录》始，至清代一

---

[1] 孙家红：《清代的死刑监候》，社会科学文献出版社2007年版，第16—17页。
[2] 《汉书》第10册卷71，中华书局1962年点校本，第3041—3042页。
[3] 《窦娥冤》，徐世英编著：《京剧唱词选注》，人民日报出版社1992年版，第123页。
[4] 霍存福：《复仇·报复刑·报应说——中国人法律观念的文化解说》，吉林人民出版社2005年版，第230—236页。
[5] 《汉书》第10册卷71，中华书局1962年点校本，第3046页。
[6] 《后汉书》第7册卷58，中华书局1965年点校本，第1873页。
[7] 刘清波：《冤狱赔偿法》，台湾商务印书馆1973年版，第91页。
[8] [宋]桂万荣编撰，[明]吴讷删补：《棠阴比事选》"序"，陈顺烈注译，群众出版社1980年版，第143页。

百多种检验用书,①绝大多数都以"洗冤"二字命名,即便是清王朝以官方之力校订当时之检验用书,并刊颁天下者,仍以"律例馆校正洗冤录"命名之。因此,检验亦从此承载了一种沉重的文化使命与制度使命:

> 事莫重于人命,罪莫大于死刑。杀人者抵,法固无怨;施刑失当,心则难安,故成招定狱,全凭尸伤检验为真。伤真招服,一死一抵,俾知法者畏法,民鲜过犯,保全生命必多。倘检验不真,死者之冤未雪,生者之冤又成,因一命而杀两命、数命,仇报相循,惨何底止?人命重狱,关系匪小。②

值得注意的是,这不仅是中国古代司法官员的断狱准则,同样还是处在检验一线的仵作能背得"滚瓜溜熟"的"职业规范"。③

在本书集中论述的清代,就检验于命案之重要、与洗冤之密切关联,时人亦反复论述说:

> 命案以验伤为要。④
>
> 人命重情,全凭尸伤定案,伤杖相符,供情明确,问拟始得平允。⑤

---

① 王宏川:《中国历代法医学著述考》,河南省高校图书情报工作委员会编辑:《文献信息工作研究论丛》(2),中州古籍出版社1999年版,第358—381页。
② 《律例馆校正洗冤录》卷1"检验总论",张松、张群、段向坤整理:《洗冤录汇校》上册,杨一凡主编:《历代珍稀司法文献》第9册,社会科学文献出版社2012年版,第23页。本书所引《洗冤录汇校》皆为此版本,下引出版信息从略。
③ 宋启兴:《忆谈仵作行当》,全国政协文史资料委员会编:《社会杂相述闻》,中国文史出版社2006年版,第127页。
④ [清]刚毅:《牧令须知》卷6"刑房文移稿件式",刘俊文主编:《官箴书集成》第9册,第259页上栏。
⑤ [清]田文镜:《钦颁州县事宜》,刘俊文主编:《官箴书集成》第3册,第672页上栏。

  平政之道，教养兵食之外，莫要乎听讼，而听讼中，其最难以片言折者，又莫过于人命。盖已死朽骨，既不可起九原而问之，而生居两造者，复各匿情饰辩，伪易乱真，邪将胜正，倘更五过成疵，审克未力，则冤将沉锢，不可或白。①

  检验，今日或曰"法医勘验"，再广而言之曰"司法鉴定"，作为一个技术的门类、一个医学的分支，在中国古代却背负着国祚修短、勿干天和的使命。它究竟如何来应对这一使命？又能否完成这一使命？这便是本书关注的问题。对此，作者选择中国历代王朝中的最后一个——清朝为研究对象，就检验的运作深入展开探讨。

第一节　清代司法中的"检"与"验"

  "盖儒者所争，尤在于名实。名实已明，而天下之理得矣。"②谈论问题，首先要明确概念，因此先对与本书相关的几个概念予以澄清说明。首先应明确的是，本书所指的清代，在时间上起于清军入关之后，终于清末变法之时——光绪三十年（1904），陈灿任云南按察使，"设仵作学堂，以精检验"，传统检验人员开始向现代转型③；此后，光绪三十三年（1907）又颁布《各级审判厅试办章程》，规定了鉴定人不能兼作审

---

  ①　[清]王明德：《读律佩觿》卷8上，何勤华等点校，法律出版社2001年版，第309—310页。

  ②　[宋]王安石：《答司马谏议书》，[清]姚鼐纂集：《古文辞类纂》，胡士明、李祚唐标校，上海古籍出版社1998年版，第387页。

  ③　昭通旧志汇编编辑委员会编：《昭通旧志汇编》第6册，云南人民出版社2006年版，第1810页。

判官,正式确立审判与检验相分离的制度①。故本书讨论时间也即限定于光绪三十年之前。②又本书题为"命案检验",则只论及与死亡相关的检验,而一般不牵涉生伤,即活体伤残检验。

至于与今日法医鉴定相对应的"检验"二字,在《睡虎地秦墓竹简》中,其所用的字是"诊",如"往诊""诊首毋诊身"等,而无一使用"验"的,更遑论"检"。③完整意义上的"检验"一词的使用,最早可见于唐律,"诸有诈病及死、伤,受使检验不实者,各依所欺减一等。若实病、死及伤,不以实验者,以故入人罪论"④,其中即出现了"检验不实""不以实验"字样。但是就清代的使用而言,"检""验"二字是有所区别的,如《补注洗冤录集证》注云:"古人俱称检验,今以验尸为相验,拆蒸为检验。"⑤《洗冤录详义》云:"轻检之检,系是检骨;详检之检,乃是验尸。古人检验不分也。"⑥《洗冤录详义》又云:"古人通称检验,今人分别验尸为相验,拆蒸为检验。"⑦

清人将检与验刻意分离,是因为二者分别指涉了传统检验中的两种主要技术方法:传统检验主要是围绕体表进行的,在清人看来,此即为"验";但是如果尸体腐烂,无法依据体表进行检验之时,则须

---

① 王世凡:《鉴定与司法鉴定概念的引入及其演进研究》,《法律与医学杂志》2007年第2期。
② 但是技术使用上的变化当是缓慢的,如民国时期,清代的检验文书格式体例仍被采用,在傅澜编《诉讼实务》(大东书局1941年版,第106—113页)中载有一份民国二十八年(1939年)的验断书,与清代之尸格几乎相同,反映出二者的检验方法、思维基本一致。
③ 睡虎地秦墓竹简整理小组:《睡虎地秦墓竹简》,文物出版社1978年版,第244—279页。
④ 刘俊文:《唐律疏义笺解》下册,中华书局1996年版,第1758页。
⑤ [清]王又槐辑、[清]李章煜重订:《补注洗冤录集证》卷1"检验总论",张松等整理:《洗冤录汇校》上册,第23页。
⑥ [清]许梿编校:《洗冤录详义》卷1"验伤及保辜总论",张松等整理:《洗冤录汇校》下册,第423页。
⑦ [清]许梿编校:《洗冤录详义》卷1"检验总论",张松等整理:《洗冤录汇校》上册,第16页。

作骨殖之"检",即通过观察骨殖上的相应变化来确定有无外伤等。上文中的"拆蒸"即指后者——为便于观察、剔除腐肉等,须对骨殖晴(晴天)蒸(置于地窖)阴(阴天)煮(如锅煮物),故名之曰"蒸";又因事先须"以水净洗骨,用麻穿定形骸次第"①,如同将骨全部拆散,故而名"拆"。

从上文也可以看出,清以前,"检"与"验"的差别并未有如此显著。从《洗冤集录》的各门目录上看,宋时二者即呈混用的状态,如"六·初检",此"检"当只是体表之验,因为第一次检验时间上距离案发不久,往往无须检骨,故此处"检"实为清代之"验";又如"十五·无凭检验",此处之"无凭"只是指无法检验体表,并非指检骨不能。② 查宋、元、明资料,大抵如此,也未见时人强调"检""验"之分别。

反观清代的文献,以《律例馆校正洗冤录》各门名称为例,"验尸及保辜总论""验尸""检骨"等,虽然并非绝对,但还是体现出了明确区分。③ 清代的这种与检骨技术的发展、推广相关联的区分,虽然在实效性方面可能引起今日的争议,但发展到后期,一切相隔日久的疑难大案,均是通过检骨来作鉴别。故本书于行文中,考虑清人用词习惯,兼顾今人理解便利,用"检验"统指一切尸伤检查察验;若涉及体表,则直接用"体表检验";若指涉骨殖检验,则用"检骨""开检"等表述,以作区别。

检与验的区分,还涉及再次检验中的用词问题。为与清人检、验之分相对应,本书称初次检验为"初验",再次检验为"覆检",因为前者常

---

① [宋]宋慈:《洗冤集录》卷3"论沿身骨脉及要害去处",张松等整理:《洗冤录汇校》上册,第75页。
② 张松等整理:《洗冤录汇校》上册,目录第1—2页。
③ 《律例馆校正洗冤录》,年代不详,藏于中国社会科学院法学研究所图书馆,总目第1a—b页。

是体表检验,后者则多是骨殖检验。当然,在一些特殊地域,再次检验仍可能是检验体表,如光绪年间王景殿案中,"据都察院奏,黑龙江职员王方廉,复以盛京派来主事锡章,于开棺覆验时,尸身并未溃烂,勒令出具蒸检甘结"①,锡章等所作的是第三次检验,但仍称"覆验",可能与该案发生在东北,"尸身并未溃烂"有关。不过为作统一,本书仍称这类再次检验为"覆检"。

除初验后再检外,清代于下述两种情形也可能产生再察视的必要:一是在佐杂官代验后,清代一度要求正印官把关覆验,"凡各省州县同城并无佐贰,邻封窎远地方,遇有呈报人命,印官公出,如原系吏目、典史分辖地方,即日可以往返者,仍饬吏目、典史验立伤单,申报印官覆验"②;二是在仵作检验完毕后,官员察看是否正确,"随令(仵作)如法相验……报毕,卑职覆验无异,当场填注尸格"③。但此二者均非完整意义的一次检验完成后再度对尸身检验,只是负责官员对此前官、仵工作的再检查,且清人只用"覆验",为尊重古人习惯,并与前文所说的覆检相区分,本书也只用"覆验"指代上述两种情况。这也与清律用法相一致:"凡人命重案,必检验尸伤,注明致命伤痕,一经检明,即应定拟。若尸亲控告伤痕互异者,许再行覆检,勿得违例三检,致滋拖累。"④此处之"覆检",即明显指第一次检验完成后的再检工作,而不是前述两种检验未毕情形下的把关。

还须说明的是,无论初验、覆检,都只就尸身而言,并非指物证,后

---

① 《朱批奏折》,藏于中国第一历史档案馆,04-01-01-0939-033。
② 《钦定大清会典事例》第20册卷851,新文丰出版公司1976年影印本,第15666页上栏。
③ [清]刚毅:《牧令须知》卷6"刑房文移稿件式",刘俊文主编:《官箴书集成》第9册,第265页下栏。
④ 《钦定大清会典事例》第20册卷851,新文丰出版公司1976年影印本,第15663页上栏。

者清人多称之为"查验",如《粤东成案初编》中有用银针检验是否系中毒的记载,"当众查验,色虽微青,用皂角水登时擦去,实系秽气污染,先未如法洗擦,并作毒迹"①。本书亦参照这种习惯。

第二节 研究现状及学术史回顾

关于传统中国检验史的研究,在已有的成果中,首先须专门指出的,是贾静涛的《中国古代法医学史》。②作者原系中国医科大学法医学教授,该作前后积其三十年之力而成,自先秦及明清,考流传版本而涉海外。因此,该书虽然成于20世纪80年代,但至今依然具有高度的权威性。全书分为八个章节,前四章分别介绍先秦、汉唐、两宋、元明清的检验制度与相关成就;而后三章分别介绍书目提要与域外之影响,以及重要人物介绍;最后一章则是全书之总结。全书图文并茂,除相关书影插图外,还附有清末一些画报上刊登的命案发生后的官吏检验绘图。贾老先生除完成本书撰写外,另著有《世界法医学与法科学史》一书,该书同样是其穷尽搜罗史料之成果。③老先生于2017年已归道山,但斯人虽逝,其书永存!

在贾老先生之前,关于传统洗冤检验技术的研究,更早可溯及晚清。19世纪下半叶来华的英国传教士德贞(John Dudgeon)时任同文馆

---

① 《粤东成案初编》卷12"命案·验检弃毁·殴伤身死件作误报为伤后被毒虽凶犯罪名斩绞出入件作仍照验伤不实律拟杖",道光十二年刻本,藏于广东省立中山图书馆,第14页b。
② 贾静涛:《中国古代法医学史》,群众出版社1984年版。
③ 贾静涛:《世界法医学与法科学史》,科学出版社2000年版。

教习,其立足于现代法医学,对传统洗冤中的若干技术应用作了匡正性探讨。① 关于检验史的研究,则首推陈垣,这与他早期创办广州光华医学校,同时又负责《医学卫生报》《光华医事卫生杂志》的编辑与撰稿工作有关,其撰写的《洗冤录略史》一文,对传统检验知识的发展作了梳理。② 此后,又有林几、孙逵方等从事相关研究。林、孙二人身份上的一个共同点是先后任民国司法行政部法医研究所的负责人,二人的研究因此具有相当的实践色彩。③

早期的检验史相关研究,一直存有鲜明的"内史"倾向,这从相关研究者常是专业从业者即可看出,故在研究方向上多以技术史梳理为主,而相关的史学研究也主要是粗线条的,这个倾向一直延至20世纪80年代初。1949年后,又有仲许、宋大仁、汪继祖、诸葛计等相继做了一些研究,④此时期的研究已较前期有所拓展,如随着宋慈墓的发现,对宋慈的生平整理开始得到重视,对相关书目的梳理也得以进一步深化。

---

① 〔英〕德贞:《洗冤新说》,〔美〕丁韪良主编:《中西闻见录》第7、9、10、12、14期,1873年2—9月,转引自高晞:《德贞传——一个英国传教士与晚清医学近代化》,复旦大学出版社2009年版,第134—139页。
② 陈垣:《洗冤录略史》,《医学卫生报》第6、7期,1908年、1909年闰2月。该文后收入氏著:《陈垣早年文集》,陈智超整理,"中央研究院"中国文哲研究所1992年版,第225—237页。相关期刊刊载及年份信息见中国人民大学图书馆编:《陈垣同志论著目录》,中国人民大学图书馆1982年版,第16—17页。
③ 林几:《检验洗冤录银钗验毒方法不切实用意见书》,《医药学》1933年第5期;林几:《法医学史》,《法医月刊》1935年14期;孙逵方、张荞吾:《中国法医学史》,《法医学季刊》1936年第1期。
④ 徐英含:《关于"洗冤录"中所谈的中毒》,《大众医学》1955年第3期;李达祥:《中国第一部法医学——"洗冤录"内容简介》,《中医杂志》1955年第5期;仲许:《中国最早的一部法医学——洗冤录》,《法学》1958年第2期;宋大仁:《中国法医典籍版本考》,《医学史与保健组织》1957年第4期;宋大仁:《伟大的法医学家宋慈传略》,《医学史与保健组织》1957年第2期;张颐昌:《祖国法医学发展简史》,《华东政法学报》1956年第3期;汪继祖:《疑狱集、折狱龟鉴、棠阴比事的释例》,《医学史与保健组织》1958年第1期;诸葛计:《宋慈及其〈洗冤集录〉》,《历史研究》1979年第4期。

但总体而言，除对传统检验技术知识上的古今对照点评仍具有参考价值外，这段时间的探讨总体上都很粗疏，关于史实的考证也存有相当不足，乃至出现将检验文书混同于检验书籍、将《平冤录》的作者归之于王肯堂等基础性错误，更有甚者将《读律佩觿》与《洗冤录补》的作者认为是两人，实际上后者只是前者一卷之内容。① 这些错误的出现，当与这些内史研究者的重心不在此，同时检验史本身对外史研究者吸引力不足有关。而贾静涛老先生的贡献正在于对这些歧误处一一作了梳理，虽简而要，成就其在该专业领域难以超越的奠基价值。

也正是自贾老先生之后，检验史研究的相关点面得到扩散。一则是随着史学本身的转向，受益于福柯（Michel Foucault）与年鉴学派的影响和总体史的兴起，以及国内史学研究从"五朵金花"研究中的走出，史学视野得以拓宽；二则部分与国内法学学科重建后法律史研究复兴相关，有治法史者将宋慈洗冤之学及后来者的增修，一并名之为"宋学"。② 如果说总体史之于检验史的影响主要及于海外及中国台湾地区的话，"五朵金花"后的史学转向和法律史复兴的影响则主要及于中国大陆——这并不是说此前没有海外学者介入相关研究，如日人内田长平于 20 世纪 40 年代即关注传统检验史，③但据贾静涛先生的追溯，这些研究同样是有明显不足的。④ 在此之后，除少数法医学或中医学研究者对检验史仍有探索外（如黄瑞亭等长期关注近代检验史、现代

---

① 参见贾静涛：《中国法医学史研究60年》，《中华医史杂志》1996年第4期。
② 张松等整理：《洗冤录汇校》上册，"整理说明"第4页。
③ 内田长平：「清朝時代の刑部定験文に就いて」，『犯罪学雑誌』1942年第14卷2号。
④ 参见贾静涛：《中国法医学史研究60年》，《中华医史杂志》1996年第4期。

法医史①),更多的检验史研究成果则来自外史加入后研究上的拓展。

外史研究者的成果中,闫晓君的《出土文献与古代司法检验史研究》在材料上立足于出土秦汉简,与后来的《洗冤集录》进行对比研究②;廖育群的《宋慈与中国古代司法检验体系评说》,从总体上把握传统检验的特征③,两作品仍具有较浓厚的技术色彩。除此二者外,其他研究多体现出鲜明的制度史、社会史特点。如徐忠明的《"仵作"源流考证》④、吴金鹏的《"仵作"与古代法医》⑤,崔勇、牛素娴的《中国古代仵作人探究》⑥,韩健平的《清代验尸制度改革——〈尸格〉对致命伤的标注》⑦,等等。台湾政治大学江存孝的《清代人命案件中的检验及取证模式》则从法史的角度,探讨检验中如何发现真相,以及发现真相的过程有何偏差⑧。此外还有些版本学上的研究,如黄显堂的《宋慈〈洗冤集录〉研究中的失误与版本考证述论》,指出了今人常将宋慈《洗冤集录》与清《律例馆校正洗冤录》相混的谬误⑨。

这一时期的研究中较有特色者,如马伯良(Brian E. McKnight)于宋慈《洗冤集录》英译本前的导言《中国十三世纪的司法实践》,该文立

---

① 黄瑞亭主编:《中国近现代法医学发展史》,福建教育出版社1997年版;黄瑞亭、胡丙杰主编:《中国近现代法医学史》,中山大学出版社2019年版;黄瑞亭:《法医青天:林几法医生涯录》,世界图书出版公司北京公司1995年版。
② 闫晓君:《出土文献与古代司法检验史研究》,文物出版社2005年版。
③ 廖育群:《宋慈与中国古代司法检验体系评说》,《自然科学史研究》1995年第4期。
④ 徐忠明:《"仵作"源流考证》,《政法学刊》1996年第2期。
⑤ 吴金鹏:《"仵作"与古代法医》,《中国审判》2006年第2期。
⑥ 崔勇、牛素娴:《中国古代仵作人探究》,《社会科学论坛(学术研究卷)》2007年第9期。
⑦ 韩健平:《清代验尸制度改革——〈尸格〉对致命伤的标注》,《中国科技史杂志》2017年4月。
⑧ 江存孝:《清代人命案件中的检验及取证模式》,台湾政治大学2008年硕士学位论文。
⑨ 黄显堂:《宋慈〈洗冤集录〉研究中的失误与版本考证述论》,《图书馆工作与研究》2005年第4期。

足于当时的文官制度、吏役制度、司法制度的宏观背景,以中西对比的方式介绍了中国古代的检验人员、制度与技术[1];萧旭智的《尸体、检验与洗冤:论中国对非理死的治理技术》一文,则打上了鲜明的福柯思想的烙印,从哲学的角度论述与检验相关的治理、统治[2]。张哲嘉的《"中国传统法医学"的知识性格与操作脉络》,则是从中医学、目录学角度,独辟蹊径地探讨为何古代洗冤检验知识一直被归入法家类而非医家类这一命题[3]。此外,还有翻译学乃至文字学上的相关研究,由于与本书主旨关联有限,在此不作赘述。[4]

上述研究的确拓宽了今人的视野,并渐呈现出一种"乱花渐欲迷人眼"的态势。但是就基础性的研究来说,既有的学术成果仍有不足。以宋至清的传统检验技术演变来说,技术发展与版本书目的大线条梳理已经勾勒完成,睡虎地秦墓竹简的出土则进一步弥补了早期相关记载的不足。然而所有这些研究中,都存在着一些仍有待挖掘的地方:

一是制度的梳理仍嫌不足,不管理论上如何拓延,对于作为传统司法制度史之一环而存在的检验史,迄今为止的相关研究多只系于文书、仵作、官员,并特别关注宋慈等关键人物,这显然是不足的。检验制度整体上是如何运作的,特别是它与今日有何区别? 对于当时的司法有何积极与消极意义? 上述问题皆缺乏回答。理论的探讨当建立于考证

---

[1] Brian E. McKnight, "Introduction: Forensic Practice in Thirteenth-Century China", in Sung Tz'u, *The Washing Away of Wrongs: Forensic Medicine in Thirteenth-Century China*, Brian E. McKnight (trans.), Ann Arbor: Center for Chinese Studies, The University of Michigan Press, 1981, pp.1-37.

[2] 萧旭智:《尸体、检验与洗冤:论中国对非理死的治理技术》,《文化研究月报》2005年第50期。

[3] 张哲嘉:《"中国传统法医学"的知识性格与操作脉络》,《"中央研究院"近代史研究所集刊》2004年第44期。

[4] 例如,高婉瑜:《宋代检验书的身体认知及语言初探——以〈洗冤集录〉下肢词为例》,《淡江中文学报》2019年第40期;王彬:《深化・浅化・删减:〈洗冤集录〉翻译中的中医文化过滤》,《中国翻译》2017年第3期。

完善的基础之上,而非相反。

二是虽然传统检验技术上的研究已经蔚为大观,特别是经过贾静涛的梳理,已经比较明晰,但是技术与制度的研究呈现出"两张皮"的现象,对于技术的发展与背后的制度有无关联,鲜有人论及。实际上,在我们所广泛关注的宋代之外,清代也可谓传统检验技术发展的另一高峰,特别是考虑到在清代检骨图刺激之下的关于人体骨骼知识的探讨,以及相关近现代意义上骨骼图的绘就,对此问题的探索就更有意义了。后者虽然为个别学人所注意[1],但其深层次意义仍尚待探求。

正是基于上述思考,本书拟将关注视角集中于清代,对其相关检验中的制度与技术作一探索。清代可谓传统司法历史中最重视检验的一朝,《大清律例》的"尸伤检验不以实"二十一条例文中,除一条延用明律,一条在明律基础上有所修订外,其余均是新增。[2] 此外,仵作第一次纳入额设,国家第一次刊颁统一的洗冤检验用书,亦皆是清代的创制。清代的检验制度为何会发生如此变化?其在实践中具体如何运作?清代技术的发展与其制度有何关联?这些问题都值得我们对此进行思考。

第三节 结构与研究方法

本书是一部关于清代检验制度、技术的探讨之作,这里所说的制

---

[1] 例如[宋]宋慈:《洗冤集录校译》,杨奉琨校译,群众出版社1980年版,第45页;贾静涛:《中国古代法医学史》,群众出版社1984年版,第177—178、195页。

[2] [清]薛允升:《读例存疑点注》,胡星桥、邓又天主编,中国人民公安大学出版社1994年版,第864—869页。本书所引《读例存疑点注》皆为此版本,下引出版信息从略。

度,不仅指它所依托的传统社会的官僚制度,还指它所体现的诉讼制度、证据制度。本书拟在详细考证及借鉴前人研究成果的基础之上,在论证技术与制度相关性同时,对上述问题作出可能的回应。为此,全书除结语外,拟分三篇展开论述。

首先,清代是继宋代之后检验用书勃兴的又一时代,与《大清律例》制定同步,由律例馆刊颁了统一的《律例馆校正洗冤录》,后又为配合检骨的需要,制定了统一的检骨图、格。清代的检验知识在前代的基础上有了其自身的发展,骨学知识也出现了近现代的形态学特点。上篇"洗冤之术"拟结合现代法医学、中医学、医疗史知识,探讨清代检验知识进步的根源与动力,并在此基础上结合《洗冤集录》的产生,探寻传统检验知识的本质。

其次,目前关于仵作群体的研究成果已较为丰富,但结合档案开展的研究尚有欠缺,中篇"官仵与文书"在进一步对此作出探讨的同时,拟对清代检验中一重要的代验现象及其沿革作出解读,指出其发展、变化的内在根源。检验文书中的格、图已见于贾静涛等的研究,此处更欲指出的是通详、通禀、甘结等均具有文书上的意义,并共同构成了清代检验制度中完整的文书体系。

最后,下篇"检验与处分"探讨的是清代检验制度的具体运作。除论述命案发生、尸体出现后引发的一系列不安定因素以作全篇铺垫外,本篇重点依初验、覆检、终结、处分的脉络作了展开。此处重点在古今对比的视野中,循照着已有诉讼法史、证据法史的研究成果,对相关检验作一描述、分析,指出其实际操作中尚不为今人所关注的某些特点。

于全书之结论部分,则是重点对清代检验的特征进行了提炼,认为检验为命案审理之核心,输服为检验之核心,致用则是技术发展之核心,进而指出,研究者在分析传统诉讼时,应看到其程序中交涉性的一面。最后,基于传统身体观的气形合一性、礼义互负性与国家隔离性三方面,对全书的研究作出回应。

本作是断代性的研究,全书既要体现清代的特点,又需目光在古今之间流转,必要时还要中西对比,但首要的是资料的占有。一代史学名家傅斯年即曾强调,"史学便是史料学"。"只要把材料整理好,则事实自然显明了。一分材料出一分货,十分材料出十分货,没有材料便不出货。"其观点凝结为一句话,便是:"上穷碧落下黄泉,动手动脚找东西。"①

搜寻史料的第一步,当然是历代的洗冤检验用书。本书涉及的相关材料主要为中国社会科学院法学研究所图书馆馆藏的各类洗冤用书,此外还有日本东京大学东洋文化研究所、国家图书馆北海分馆所藏部分文献。社科院法学所图书馆藏书虽不多,但其中有一些较为珍贵的《洗冤录》版本,特别是许梿古均阁版的《洗冤录详义》,通过其精美的雕版,能进一步让我们领略、想象许梿在撰述时所付出的心血与努力。近年来,在杨一凡教授主导下,张松、张群、段向坤还辑订有《洗冤录汇校》,该书为大型法律文献《历代珍稀司法文献》第九、十册,②体例上主要以《洗冤集录》为核心,将其他检验用书内容与其文字进行比对、辑校。但这一体例不便于了解其他各书全貌,因此仍须参考原始文献。

仅依靠各版本《洗冤录》进行制度史研究显然是不够的,贾老先生之作胜在对其进行了详细搜罗与钩稽,但也失在对相关典章制度的关注不够。有鉴于此,首先,《清会典事例》《读例存疑点注》《钦定吏部处

---

① 转引自张明观:《柳亚子史料札记三集》"后记",上海人民出版社2017年版,第423页。
② 张松等整理:《洗冤录汇校》上、下册,杨一凡主编:《历代珍稀司法文献》第9、10册,社会科学文献出版社2012年版。

分则例》及各种官箴书等仍须参阅,特别是清人官箴书中的论述,对于本书勾勒初验之运作有极大帮助。其次,"条例是国家令典,天下通行一律遵办;省例是外省申详事件酌定章程,各就一省而言,南北办法互有不同,亦各自成书"①,因此诸如《福建省例》《西江视臬纪事》《四川通饬章程》《粤东省例新纂》《湖南省例成案》《粤东成案初编》等地方省例、成案亦在资料搜集之列。再次,是对原始档案的收集,为此笔者还重点查阅了中国第一历史档案馆藏《朱批奏折》《军机处上谕档》《顺天府全宗》等史料。地方上的其他档案,如四川南部档案、冕宁档案等,笔者无法直接查询,只能借鉴其他学者摘录、影印的一些原始资料。原始档案的查询及解读,有助于我们深刻地领会相关案件处理中的司法程序及某些制度的沿革。最后,还有少量的口述史资料值得注意,例如在全国政协文史资料委员会编的《社会杂相述闻》中,有一份弥足珍贵的《忆谈仵作行当》,②这是对一位1949年后仍在从事检验工作的原仵作的采访,通过其口述,可让我们更好地了解清末的情形。如此,律例、则例、省例、档案、口述史等层累相叠,构成了一个足资分析的较完备史料群。

本书在类的层次上极尽搜罗的同时,对于同一用书的不同版本,也尽了必要的搜检工作。如《处分则例》,有清一代,自康熙始,其后即屡经修订,不同时期的《处分则例》均可能有所不同。对于检验中的处分研究来说,如仅用光绪一朝,则只能了解其完全定型之后的情况,因此在本书写作中,笔者搜检了香港蝠池书院出版的历代《处分则例》,并辅之以《会典事例》,通过对这些文本进行比较,横向体例上之结构既

---

① [清]徐栋:《牧令书》卷17"刑名上",刘俊文主编:《官箴书集成》第7册,第373页上栏。
② 宋启兴:《忆谈仵作行当》,全国政协文史资料委员会编:《社会杂相述闻》,中国文史出版社2006年版,第125—129页。

得清晰,而纵向之沿革上也可概览。于斯比较之中,对于其处分之发展、完善,遂得从容以作定论。

不管史料如何搜寻,我们始终应保持谨慎并必须予以回答的另一问题是,史料的可靠与否及纸面文字与实践背离的问题。对于史料的可靠与否,徐忠明可谓一相当程度的质疑者:"回到被誉为第一手材料的司法档案上来。如果我们细心体察司法档案的记载方法与修辞技巧,也就不难发现其中存在不少'虚构'的成分。"①至于文本与实践中的彼此"背离",黄宗智也早有观察,所以他才提出了"表达与实践"这一命题。②

上述问题的解决方法,在笔者看来,首先仍然是史料的互参。如果某一考证在多层次史料中不仅能被反复证实,而且不被证伪,则是大体可得到确信的。关于这一点,史学大师陈寅恪的"诗史互证"即是典范,其《元白诗笺证稿》《论再生缘》和《柳如是别传》都可谓此方面的代表之作。就徐忠明本人而言,其在质疑档案的同时,好用公案小说来作研究,后者实际上仍是史料之一端;且其作研究时,仍不脱正史之参观。对于实践之背离问题,也当如此考究。其次则是我们善"用"的问题:同一份史料,不同的人可能得出的深浅观感并不相同。在此,笔者仍想借用傅斯年的某些论述来作阐述,如傅氏即提出,对于史料要注重的几点中,有"不经意的记载对经意的记载""本事对旁涉"之论,当一定程度上能化解我们的某些焦虑。③

何谓"本事对旁涉"?傅氏答:"本事对旁涉之一题,看来像是本事最要,旁涉则相干处少,然而有时候事实恰恰与此相反。因为本事经

---

① 徐忠明:《案例、故事与明清时期的司法文化》,法律出版社2006年版,第4页。
② 代表性的作品参见〔美〕黄宗智:《民事审判与民间调解:清代的表达与实践》,中国社会科学出版社1998年版。
③ 傅斯年:《史学方法导论》,上海古籍出版社2011年版,第39—40页。

意,旁涉不经意,于是旁涉有时露马脚,而使我们觉得实在另是一回事,本事所记者反不相干矣。"① 又何谓"不经意"与"经意"? 傅氏又答:"记载时特别经意,固可使这记载信实,亦可使这记载格外不实,经意便难免于有作用,有作用便失史料之信实。……不经意的记载,固有时因不经意而乱七八糟,轻重不忖,然也有时因此保存了些原史料,不曾受'修改'之劫。"②

傅斯年的上述解说,提醒我们在运用史料时,不仅要注意其论述中表面的、直接的内容与主题,而且要注意其不经意间的流露与指涉。如清代洗冤用书传承中的一重要人物是王明德,他是《洗冤录补》的作者,而清代《律例馆校正洗冤录》的某些谬误也从他始。他为了表明其寻找《洗冤录》一书过程中的艰辛,曾有如此论述:

> 《洗冤录》之作,不知始自何代。余未及垂髫,即闻而知之,然卒未之或见,而前代民牧,无论高贤大儒,必为宗法,即刀笔下吏,稍知出入为重,亦无不奉为法程……初闻录之全集,约十余卷,余为旁搜广枸,几四十余年,卒莫可得,不意太仓王君笺释集中,乃载及之,惜乎止以仅存其文,潜心捧读,究探端绪,虽所辩尚多未备,然前贤苦心,则已尽形纸上,若其所列条贯,乃系汇集并收,未为分条粲列,阅者不免眩然。因于随行判衙之暇,别而澄之,以资校阅。③

这则史料,初读之,我们当感叹王明德于狱事之审慎、于搜检之尽

---

① 傅斯年:《史学方法导论》,上海古籍出版社2011年版,第40页。
② 傅斯年:《史学方法导论》,上海古籍出版社2011年版,第39页。
③ [清]王明德:《读律佩觽》卷8上,何勤华等点校,法律出版社2001年版,第308—309页。

力;但进而读之,我们可能会觉有几分奇怪。何者? 一位顺康朝时曾任刑部郎中①的官员,竟然不知《洗冤录》作者为何人,为找寻此书竟然大费周章几十年。我们再进一步将之与其个人出身比对,则更有趣了。王明德系王永吉之子,后者仕明而降清,于明时累迁至山东巡抚、蓟辽总督,于清时又官至内翰林国史院大学士,加太子太保,管吏部尚书事,②对于这样的家世来说,藏书是很难毁于鼎革之兵燹的,它间接说明了明代士大夫阶层对于检验活动及其用书的轻视。这些反观下的"不经意"之处,如果进一步将之与清代洗冤用书版本的繁杂,乃至仵作人手一本相对照,那么就当有利于我们对清代另一个结论性评判的成立了:清代对于检验,的确较前代重视很多!

"不经意对经意""本事对旁涉"的问题,给我们的另一点启示是,我们可能通过文字上的比对,发现某些惯习性做法的存在,进而不仅有助于我们对表达与实践的背离与否展开考证,还可进一步丰富我们对清代司法实践的认知。

首先,惯习性做法,又可名之"惯例",是时刻存在的。"惯例是在人们的社会生活与交往中逐渐形成、行之有效并得到广泛遵循的习惯做法,它(是)较长时间驻存并对人们的行为有较强约束、规制与调控力的一种显俗。……习俗和惯例对人的行为及组织行为的影响是显著的,它贯穿于人类的演化过程,必将在某种程度上左右人或组织的选择及变迁轨迹。"③惯例的存在理论基础即哈耶克(Friedrich von Hayek)的自生自发秩序理论及经济学上的博弈论。

---

① [清]王明德:《读律佩觹》之"点校说明",何勤华等点校,法律出版社2001年版,第1页。
② 马子木:《清代大学士传稿(1636—1795)》,山东教育出版社2013年版,第121—122页。
③ 王文贵:《互动与耦合:非正式制度与经济发展》,中国社会科学出版社2007年版,第267页。

而惯习发现之可能,其相当重要的一点,是缘于古今记述着力点的不同。今天我们对洗冤检验制度的探讨,相当程度上是依托诉讼制度而展开的,但是对古人来说,在实践中则有另一套话语体系。"我们可以得出一个初步的判断:根据中国古代的法律制度的知识类型,历史学家撰写出了食货志、选举志、职官志、礼乐志、刑法志、天文志之类的著作。这套法律制度的知识类型,与我们现在用来研究中国古代法律制度的西方那套知识类型——民法、刑法、宪法、经济法、行政法、诉讼法等等,有着根本性的差异。"①是故,我们在阅读时,第一步当然是明了史料之意,进一步的则当是在深入基础之上,重新审视原有的分类体系。此处可用之法,即是深入条文与案牍之内,反复辨究其中一些经常性用语,通过对这些反复出现的用语进行提炼,发现古人实践做法中的一些共通、重复之处,进而将其"不经意"中的"旁涉"揭露、表达出来。

最典型如清代检骨程序中,关于开检发动,如果是由州县官员提起的,都有"通详请检""通禀请检""详请会检""禀请委员会检""经该县通详请检批府委员检审"等字样,这是档案、案牍中几乎共同的不可或缺的字眼,在《处分则例》中亦有"州县详请开棺检验之案,以接奉上司批准之日起限"②。清人并未对相关检骨程序有何说明,但是通过这里的"请"字,结合相关"禀""详"——后者是清代下级对上级的常用公文——及《处分则例》中的上司"批准"用语,我们即可认定,它实际上代表了清代检骨中无处不在的一个程序性控制,即必须通过向上级的详禀才能决定实施与否。进一步,通过"该县复详请,臬司饬委……取

---

① 徐忠明:《包公故事:一个考察中国法律文化的视角》,中国政法大学出版社2002年版,第14页。
② [清]文孚纂修:《钦定六部处分则例》,近代中国史料丛刊第34辑,文海出版社1969年版,第870页。

具两造甘结,开棺蒸检骨殖"①,我们又可断定,这个决定权至少在臬司一级手中。如此,一个常见于清代覆检程序中的重要一环即被我们挖掘、提炼出来。本书也正是希望能够沿着前贤的道路,通过文字的反复比对、解读,对清代的检验技术、制度及二者的关联性,作出更为充分的解读。

---

① 《朱批奏折》,藏于中国第一历史档案馆,04-01-01-0538-020。

上篇 ◆ 洗冤之术

> 大辟之狱,自检验始。
> ——沈家本《无冤录序》

第一章
空谷绝音
——宋慈及《洗冤集录》

欲论清代之检验,必自检验用书说起。在中国乃至世界法医学史上,有一本不可不提的著作,那就是宋慈的《洗冤集录》,这本书集前代之大成,开后代以"洗冤"命名的各种检验类书籍之先河,从此在中国的律学中开创了一个独特的领域。从宋代到清代,律典屡变,但《洗冤集录》作为洗冤诸书之圭臬地位不曾变。清雍正朝大吏田文镜曾言:"夫检验尸伤之法,备载《洗冤录》中。凡为牧令悉当留心讲究,熟习平时。"[1]这里所说的《洗冤录》,就是对从宋慈的《洗冤集录》开始的一系列检验之书的概称。

第一节 宋慈及其《洗冤集录》的诞生

一、宋慈简介

宋慈,字惠父,出生于福建建阳童游里一仕宦之家,曾受业于理学

---

[1] [清]田文镜:《州县事宜》之"钦颁州县事宜",刘俊文主编:《官箴书集成》第3册,第672页上栏。

大师朱熹的弟子吴稚门下,后入太学读书。太学主持人、理学学者真德秀对其十分欣赏,称其文章"源流出肺腑"。在理学"主敬""穷理""求仁"的治学思想影响下,宋慈形成了其处事"精审"的风格。宋宁宗嘉定十年(1217),宋慈中进士乙科,开始步入宦途。其虽是文人,却性情刚毅,颇富谋略,中进士之初任赣州信丰主簿时,会南安军三峒叛乱,宋慈"先赈六堡饥民,使不从乱。乃提兵三百,倡率隅总,破石门寨,俘其酋首"。后逢闽

图1-1 宋慈墓(坐落于福建省南平市建阳区崇雒乡昌茂村)①

中叛乱,宋慈被辟入招捕使陈韡幕中参与平乱,时"王祖忠督淮西军至闽,以慈书生,谩与约,分路克日会老虎寨",宋慈率领孤军,"且行且战三百余里",如期会师,王祖忠因此惊叹其"忠勇过武将矣!"

又据史载:"慈博记览,善辞令,据案执笔,一扫千言。丰裁峻厉,望之可威,然不以己长傲物,虽鲰生小校,寸长片善,提奖如恐不及。性无他嗜,惟善收异香(书)、名帖,而蔬食缊袍,萧然终身。"南宋政治家、词人刘克庄亦因此称他"可与辛弃疾相颉颃焉!"②

---

① 图片引自[宋]宋慈:《〈洗冤集录〉今释》,黄瑞亭、陈新山主编,军事医学科学出版社2008年版,第2页。
② [清]陆心源辑撰:《宋史翼》卷22,中华书局1991年影印本,第237页上栏—238页下栏。异香,据刘克庄《宋经略墓志铭》为"异书",当是。

正是因为有如此的文韬武略,宋慈也一步步地历任主簿、县令、通判兼摄郡事、提点广东刑狱、江西提点刑狱兼知赣州、提点湖南刑狱、广东经略安抚使等职务。"奉使四出,皆司臬事。听讼清明,决事刚果。抚善良甚恩,临豪猾甚威。"①这种频繁提点刑狱、听讼决狱的经历,使他有感于"狱事莫重于大辟,大辟莫重于初情,初情莫重于检验",遂"博采近世所传诸书,自《内恕录》以下凡数家,会而粹之,厘而正之,增以己见,总为一编",希望能够通过自己的总结,供官吏参考,达到"如医师讨论古法,脉络表里先已洞澈,一旦按此以施针砭,发无不中。则其洗冤泽物,当与起死回生同一功用矣"的效果。② 正因为抱着洗冤泽物的目的,该书亦名为《洗冤集录》。此书作成距宋慈去世仅两年,由于该书荟萃以往诸书,增以己见,为时之集大成者,故后之相关用书,也多冠以"洗冤"之名,"洗冤录"即成了传统中国一个独特的知识分类。③

需要略作补充说明的是宋慈的卒年,刘克庄为其所作的《墓志铭》所记为淳祐六年(1246),后来者又有十一年(1251)说,贾静涛老先生则持九年(1249)说,当代为宋慈所修墓碑也采此说。但原来的考证都系于福建史料,笔者曾依据广东(即宋慈卒地)地方史料的记载认为贾老先生九年说较准确,但田振洪等又进一步依此考证出当系十年(1250)卒,因为最关键的是,宋慈死前主持过当地的鹿鸣宴、

---

① [宋]刘克庄:《宋经略墓志铭》,氏著:《后村先生大全集》第39册卷159,四部丛刊本,上海书店出版社(年代不详),第4b—9b页。
② [宋]宋慈:《洗冤集录》"序",张松等整理:《洗冤录汇校》上册,第3页。
③ 有说法称,《洗冤集录》完竣后即被宋理宗下旨颁行全国,该说法可能最早见于杨奉琨,"《洗冤集录》一经梓刻问世,立即被颁行全国",张松等进一步补充认为,《洗冤集录》"成书后不久,理宗即下旨颁行全国"。但有论者表示质疑:既然奉旨颁行,为何今日《洗冤集录》的宋本如此难得?而贾静涛也未提出奉旨颁行的观点,故本处姑且存疑不采。见[宋]宋慈:《洗冤集录校译》,杨奉琨校译,群众出版社1980年版,第175页;张松等整理:《洗冤录汇校》上册,"整理说明"第3页;黄玉环、吴志刚:《〈洗冤集录〉版本考》,《贵阳中医学院学报》2005年第2期。

释莱礼,二者正必须一秋、一春举行,而宋慈的广南东路帅司任系九年三月下达,因而是说当为妥帖,比较圆满地解决了各种争议。① 不过它又与宋慈接任者邱迪矗也系九年到任有所冲突,②笔者姑且先记此存疑。

二、《洗冤集录》概述

《洗冤集录》初刊本早已不传,国内现存最早版本为元刻本《宋提刑洗冤集录》,共为五卷五十三门。③ 值得注意的是,有论者指出宋本可能存于日本,清代陆心源《仪顾堂题跋》卷六《影宋本提刑洗冤集录》云:"《宋提刑洗冤录》五卷,影宋抄本。"陆心源是我国古代著名藏书家,其藏书又以宋本为主,且精于版本考证,此处既言明是影宋抄本,故是本应比较完整地保存了原书风貌。但因陆氏的藏书于清末被全部卖给日本人,现具体收藏于岩崎氏静嘉堂文库,真正的宋本面目如何,尚待进一步研讨。④ 关于元刊本,目前比较通行的是清代兰陵孙星衍仿元椠重刊本《洗冤集录》,杨一凡主持、张松等编校的《历代珍稀司法文献》第九、十册《洗冤录汇校》,采用的即是《宋提刑洗冤集录》元刊本。

从《洗冤集录》目录上看,该书的主要内容有:宋代关于检尸的法

---

① 茆巍:《宋慈卒年小考》,《中国司法鉴定》2014年第4期;田振洪、祝熹:《大宋提刑官宋慈卒年新说》,《宋史研究论丛》2016年第1期。
② [宋]李昂英:《苦秋暑引》,氏著:《文溪存稿》,杨芷华点校,暨南大学出版社1994年版,第134页。
③ 张松等整理:《洗冤录汇校》上册,"整理说明"第3页。
④ 黄显堂:《宋慈〈洗冤集录〉研究中的失误与版本考证述论》,《图书馆工作与研究》2005年第4期。清人陆心源之语见氏著:《仪顾堂书目题跋汇编》卷6,冯惠民整理,中华书局2009版,第102页。

令、检尸的方法与注意事项、尸体现象、各种机械性窒息死、各种钝器损伤、锐器损伤、古代的交通事故、高温致死、中毒、病死与急死、尸体发掘等等。与以前包含检验知识的文献如《折狱龟鉴》相比,《洗冤集录》中的检验不再与侦查、审讯等混杂在一起,而是专门围绕检验取证的论述;与出土的秦汉简相比,它亦不再是单纯的检验案例记载,而是系统地阐述了法医学的尸体检查方法与各种死亡现象。凡此,都说明《洗冤集录》是中国历史上第一部系统的有关法医检

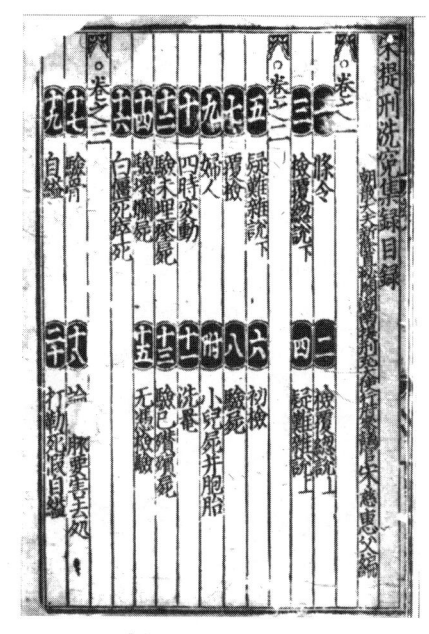

图 1-2 《宋提刑洗冤集录》目录(元刻本),藏于北京大学图书馆①

验的专著,在世界法医史上,与西方最早的法医学专著、意大利学者佛图纳图·菲德里斯(Fortunato Fidelis)撰写的《医生的报告》(*De Relationibus Medicorum*)相比,其刊行时间要早 355 年,且内容更为完备,②因此它也是世界上第一部法医学著作。

那么,《洗冤集录》的系统性能够达到什么程度呢?贾静涛先生指出,《洗冤集录》乃是"集宋以前尸体外表检验经验之大成的法医学著作"③;张松等则指出,"《洗冤集录》是中国古代第一部全面而又系统的

---

① 图片引自[宋]宋慈:《洗冤集录》,韩健平校注,湖南科学技术出版社 2019 年版,第 14 页。
② 张松等整理:《洗冤录汇校》上册,"整理说明"第 4 页。
③ 贾静涛:《中国古代法医学史》,群众出版社 1984 年版,第 70 页。

应用医学、生物学、生理学等方面理论、技术,研究解决司法检验等问题的法医学专著"①。应当说,二者观点都有所偏颇:站在今日角度看,现代法医学中的毒化检验、物证提取早已将旧有的粗糙方式抛弃在外,检骨技术亦已很少被采用。《洗冤集录》中可采用的只是体表检验,因此将它定性为纯体表检验的著作,是站在今日法医学仍可直接借鉴的角度而言的;而将《洗冤集录》定性为医学、生物学、生理学等理论集成之书,则未免过于拔高,因为生物学、生理学都是自文艺复兴以来西洋医学发达后的分支产物,直接套用西方术语在个别情况下可能有助于理解,但却也常常使研究者陷入概念的外延与内涵不相适应的困惑,如同今日法制史中常用民、刑二分对待清代审案中的重情、细故,用成案来比附西方判例一样。因此,本书认为,站在当时语境看,《洗冤集录》应该被定性为一本紧紧围绕尸体表面检查,以洗罨、检骨、验毒、滴血四大操作方法展开的命案检验、死伤分析的集大成之书。

  之所以说《洗冤集录》紧紧围绕尸体表面检查,是因为当时尚未发展出今日的大体解剖、显微镜检等内部探视、微观分析技术,因此需要借助洗罨以更好地通过体表察验发现伤损。同时,在维持体表检验的前提下,它结合案件需要,针对可能的中毒、亲子纠纷等,总结了卵白、银针验毒和滴血验亲等方法,这又相当于今日之物证技术。更重要的是,针对尸身腐败无凭相验的情况,该书又专门指出了检骨的检验方法②——这虽已不仅仅是表面检验,但却又是在维持尸表检验前提下不得已的补充检验方法。③

---

  ① 张松等整理:《洗冤录汇校》上册,"整理说明"第3页。
  ② 在目前的资料及论著中,未有论及《洗冤集录》之前有检骨的,如贾静涛《中国古代法医学史》(群众出版社1984年版)、闫晓君《出土文献与古代司法检验史研究》(文物出版社2005年版),因此它很可能是宋或其之前不久发展出的一项检验技术。
  ③ 因为尸身开始腐败,并不代表肌肉即消融,胃内容物不可提取,咽喉肺管不可探视,但《洗冤集录》并没有考虑到这些,而是以检骨作为尸身腐败后的直接退路。

而之所以说《洗冤集录》是一本集大成之书,则是从历史溯源角度分析得出的结论。《洗冤集录》中固然有宋慈通过亲身的观察总结得出的经验,譬如对于缢死、刀伤等即总结得非常洗练清晰,这当有宋慈的功绩;但其中同时也累积了前人的诸多成就。宋慈在《洗冤集录》序中即指出该书"博采近世所传诸书,自《内恕录》以下凡数家";今日的考证也一再表明,至迟自秦汉始,传统中国的检验技术就已经达到了一定的高度。沈家本即指出:"大辟之狱,自检验始。《礼·月令》'孟秋之月,命理瞻伤、察创、视折、审断',据蔡邕之说,皮曰伤,肉曰创,骨曰折,骨内(当为肉)皆绝曰断,瞻焉,察焉,视焉,审焉,即后世检验之法也。"①20世纪70年代出土的《睡虎地秦墓竹简·封诊式》中即包含有大量有关现场勘查、痕迹鉴定、尸伤检验方面的内容,其《贼死》爰书中载:"男子死(尸)在某室南首,正偃。某头左角刃痏一所,北(背)二所,皆从(纵)头北(背),袤各四寸,相耎,广各一寸,皆臽中类斧。脑角出䫴,皆血出,柀(被)污头北(背)及地,皆不可为广袤;它完。"②其中对于尸伤的走向、宽窄、凶器分析都一一具备。在另一则名为《经死》的爰书中,则详细记载了缢死时所使用绳索的性状、系颈的方式和悬挂的情况,描述了缢死者有舌伸出、大小便漏出、解索时叹息声等征象,并以"不周项"区分缢、勒,以"椒郁色"(索沟部位瘀血、出血)作为生前索沟特征,正确指出:若舌不伸,解索时无叹息声,绳索压迫无椒郁色,绳套紧不能脱头,则难定自缢死。③ 这些都被《洗冤集录》吸纳,并仍被今日法医学所沿用。秦汉以后的检验学发展,值得一提的还有诸如三国时代的张举指出了区别生前烧死还是死后被烧的关键点在于口中有无烟

---

① [清]沈家本:《无冤录序》,氏著:《历代刑法考》第4册,邓经元、骈宇骞点校,中华书局1985年版,第2213页。
② 睡虎地秦墓竹简整理小组:《睡虎地秦墓竹简》,文物出版社1978年版,第265页。
③ 睡虎地秦墓竹简整理小组:《睡虎地秦墓竹简》,文物出版社1978年版,第267页。

灰；同时代《会稽先贤传》载有陈业为寻兄尸，割臂滴血观察有无沁入；隋朝《诸病源候论》中提出了用银、卵白等验毒的方法；唐朝的文献描述被雷击死后有雷击纹；等等。① 对照《洗冤集录》，可以看出，这些方法、观点都被其一一吸收。

第二节 《洗冤集录》在检验技术上的成就之一
——操作方法提炼

前文已述，与今日有解剖、镜检、生化检测等不同，在当时条件下，《洗冤集录》在检验中总结了四个方面的操作方法：一为洗罨，二为检骨，三为验毒，四为滴血。

就洗罨而言，《洗冤集录》强调在做好现场勘验的基础上，对尸体进行洗罨，使不明显的伤痕变明显，然后记载尸首身长、发长及年龄，依照当时已颁布的验状一一查验尸身。所谓洗罨，包括洗涤、拥盖、热敷等一系列活动。由于腐败变色，尸体伤痕很容易与发变（尸体逐渐腐败后的体表变化）颜色相混，并且死后尸僵的出现会导致尸体处于极度僵直状态，不便于检验，为此在检验前要先洗罨。常规下有三个步骤：一是"舁尸于平稳光明地上，先干检一遍。用水冲洗"；二是"挼皂角洗涤尸垢腻，又以水冲荡洁净"；三是"如法用糟、醋拥罨尸首，仍以死人衣物尽盖，用煮醋淋。又以荐席罨一时久，候尸体透软，即去盖物，以水冲去糟、醋，方验"②——糟、醋有吊伤显影的功能，这和现代医疗

---

① 详见贾静涛：《中国古代法医学史》，群众出版社1984年版，第37—52页。
② ［宋］宋慈：《洗冤集录》卷2"洗罨"，张松等整理：《洗冤录汇校》上册，第40页。

上和法医检验中采用酒精擦拭伤处,进行消毒、去污,用酸来沉淀和保护伤口,使伤痕更明显的办法颇为一致。① 此外,针对冬日尸僵时间较久、尸体僵硬明显的问题,《洗冤集录》还提出了火坑热罨的办法:"当掘坑,长阔于尸,深三尺,取炭及木柴遍铺坑内,以火烧令通红,多以醋沃之,气勃勃然,方连拥罨法物衬簟,舁尸置于坑内,仍用衣被覆盖,再用热醋淋遍。坑两边相去二三尺,复以火烘。约透,去火,移尸出验。"②

就检骨而言,是针对尸身久已腐败,无凭相验提出的。命案既已发生,死因必须明确,而尸身早已腐败,甚或只剩一堆骨殖,这时只有通过骨头的血瘀等来进行鉴定。所谓血瘀,指"出血后,红血球中的血红蛋白即行分解,向骨质内浸润,为骨质所吸收。血红蛋白不久再分解为橙色血质及含铁血黄素,长期沉浸于受伤部骨质内,形成骨伤瘀。骨伤瘀在紫外光映视下呈土棕色,如将受伤的骨质锯下,磨成薄片,在显微镜下检查可见多量含铁血黄素或橙色血质结晶体。此为法医学上检验尸骨的重要依据"③。《洗冤集录》对此提出了晴蒸阴煮的办法。若为晴天,则

> 先以水净洗骨,用麻穿定形骸次第,以箪子盛定,却锄开地窖一穴,长五尺、阔三尺、深二尺,多以柴炭烧煅,以地红为度,除去火,却以好酒二升、酸醋五升泼地窖内,乘热气扛骨入穴内,以槁荐遮定,蒸骨一两时,候地冷取去荐,扛出骨殖向平明处,将红油伞遮

---

① [宋]宋慈:《洗冤集录今译》,罗时润、田一民译释,福建科学技术出版社2005年版,第78页。
② [宋]宋慈:《洗冤集录》卷2"洗罨",张松等整理:《洗冤录汇校》上册,第41页。
③ 陈履告、徐英含主编:《法医病理解剖学》,上海卫生出版社1956年版,第64页。

尸骨验。①

如果是阴天,则

> 用煮法:以瓮一口,如锅煮物,以炭火煮醋,多入盐、白梅同骨煎,须着亲临监视,候千百滚取出水洗,向日照,其痕即见,血皆浸骨损处,赤色、青黑色,仍子细验有无破裂。②

对于蒸检之后的骨殖,如果采用红光透骨等办法检查,损伤仍不明显的,则又介绍了三种办法:灌油法(遇损处,油停不行)、涂墨法(有损处,则墨浸入)及绵拭法(遇损处,则牵惹绵丝起)。诸办法中,最需注意的是用红油伞的"红光检骨法",它利用了光波过滤的原理,虽然古人并不了解更深层次的知识,但该方法的精妙不能不让后人服膺。

就毒物检查而言,《洗冤集录》总结了前人的两大经验,一为银钗,一为卵白。对于前者,"若验服毒,用银钗。皂角水揩洗过,探入死人喉内,以纸密封,良久取出,作青黑色,再用皂角水揩洗,其色不去。如无,其色鲜白"。若用卵白,则"用大米或粘米三升炊饭,用净糯米一升淘洗了,用布袱盛就所炊饭上炊馈(音分,蒸也),取鸡子一个(鸭子亦可),打破取白,拌糯米饭令匀,依前袱起,着在前大米粘米饭上,以手三指紧握糯米饭如鸭子大,毋令冷,急开尸口,齿外放着",然后以"糟

---

① [宋]宋慈:《洗冤集录》卷3"论沿身骨脉及要害去处",张松等整理:《洗冤录汇校》上册,第75页。

② [宋]宋慈:《洗冤集录》卷3"论沿身骨脉及要害去处",张松等整理:《洗冤录汇校》上册,第76页。此处"向日照",清代的《律例馆校正洗冤录》作"向明照",当更合理。

盘罂尸"的方式,通过观察相关征象来检验有无中毒。① 从后世来看,主要用的是银钗验毒,卵白检验在案牍中反映较少,因为银钗验后更易于保存,并可通过反复检视来确信有无中毒。

就滴血验亲而言,针对当时可能存在的继承权纠纷,或冒认尸亲讹诈他人的现象,《洗冤集录》提出:"检滴骨亲法,谓如某甲是父或母,有骸骨在,某乙来认亲生男或女,何以验之? 试令某乙就身刺一两点血滴骸骨上,是嫡生亲,则血沁入骨内,否则不入。俗云'滴骨亲'盖谓此也。"②该方法最早见于《会稽先贤传》,三国时陈业曾用之以寻兄。对此,贾静涛评价称,"这种方法并不科学,(但)其价值在于客观地用血液作为鉴识亲权的方法,成为用血型鉴定亲权的先声"③。

第三节 《洗冤集录》在检验技术上的成就之二
——死因分析

就死因分析而言,《洗冤集录》立足于当时的尸表检验方法,在尸体现象及机械性窒息、机械性损伤、高低温损伤等所致死亡上提出的分析方法是相当成功的,这些方法与今日法医学教科书亦并无太大差别。

---

① [宋]宋慈:《洗冤集录》卷4"服毒",张松等整理:《洗冤录汇校》上册,第149—150页。
② [宋]宋慈:《洗冤集录》卷3"论沿身骨脉及要害去处",张松等整理:《洗冤录汇校》上册,第75页。
③ 贾静涛:《中国古代法医学史》,群众出版社1984年版,第46—47页。

一、尸体现象

《洗冤集录》对一些主要的尸体现象已经有了比较明确的认识。如它认识到了尸斑的发生机制与分布特点:"凡死人项后、背上、两肋后、腰、腿内、两臂上、两腿后、两曲䐐、两脚肚子上下有微赤色。验是本人身死后,一向仰卧停泊,血脉坠下,致有此微赤色,即不是别致他故身死。"①贾静涛对此指出,血脉坠下是尸斑发生的基本原因,而血脉坠下的另一种表述"血液坠下",直到20世纪前半叶在日本仍被人作为一种术语,用来代指尸斑。②

该书还详细描述了腐败的性状,指出尸体的腐败过程表现首先是肚皮、两胁、胸前肉色微青(尸绿),其后有口鼻内恶汁流出、蛆出、遍身胖胀、口唇翻、两眼突出(巨人观)、疱疹起(水泡形成)、遍身皮肤青黑(血红蛋白浸润),最后是皮肉坏烂、骸骨显露(白骨化)。其对于影响腐败的条件也有较为明确的认识:(1)腐败的迟速受季节的影响,"春秋气候和平,两三日可比夏一日","盛寒五日,如盛热一日许";(2)腐败的迟速受年龄、尸体肥瘦的影响,"人有肥、瘦、老、少,肥、少者易坏,瘦、老者难坏"。③

---

① [宋]宋慈:《洗冤集录》卷5"死后仰卧停泊有微赤色",张松等整理:《洗冤录汇校》上册,第255页。
② 贾静涛:《中国古代法医学史》,群众出版社1984年版,第71页。
③ [宋]宋慈:《洗冤集录》卷2"四时变动",张松等整理:《洗冤录汇校》上册,第39—40页。

二、机械性窒息死亡

《洗冤集录》提出了四种机械性窒息——自缢、勒死、溺死、外物压塞口鼻死,扼死未单独提出,但于勒死项下也有记载。这些记载非常精微、明确,特别是关于缢死的缢绳、缢痕、尸体性状描述,以及对于他杀勒死后假作自缢的区别鉴定。

以自缢为例,《洗冤集录》指出自缢用的绳套分为四种,即"有活套头、死套头、单系十字、缠绕系",并指出在脚到地、膝跪地、病卧于床等体位均可缢死。该书对自缢索沟的特点做了描述,一般是"喉下痕紫赤色,或黑淤色,直至左右耳后发际,横长九寸以上至一尺以来",[1]并在"脑后分八字,索子不交"[2]。其中"八字不交"是缢沟的最重要的特征。索沟的深度因死者体位及身体肥瘦而有所不同,颜色一般是紫赤色或黑郁色,有血癊。如果是缠绕系,索沟比较特殊:"是死人先将绳带缠绕项上两遭,自踏高系在上面,垂身致死。或是先系绳带在梁栋或树枝上,双裖垂下,踏高入头在裖内,更缠过一两遭。其痕成两路,上一路缠过耳后斜入发际,下一路平绕项行。"[3]对照今日法医学图谱,可以看出其观察描述完全合理。

---

[1] [宋]宋慈:《洗冤集录》卷3"自缢",张松等整理:《洗冤录汇校》上册,第78—79页。
[2] [宋]宋慈:《洗冤集录》卷1"检复总说下",张松等整理:《洗冤录汇校》上册,第11页。
[3] [宋]宋慈:《洗冤集录》卷3"自缢",张松等整理:《洗冤录汇校》上册,第79页。

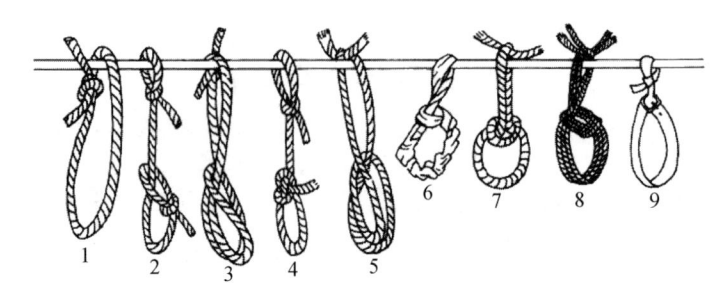

图 1-3　各种缢套①

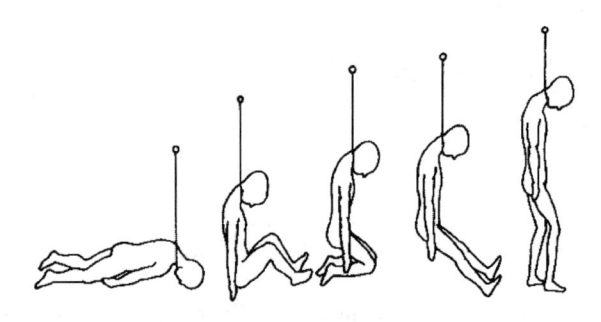

图 1-4　各种缢死体位②

缢死的其他所见,《洗冤集录》亦描述有:

> 自缢身死者,两眼合,唇口黑,皮开露齿。若勒喉上,即口闭,牙关紧,舌抵齿不出。若勒喉下,则口开,舌尖出齿门二分至三分,面带紫赤色,口吻、两角(甲),及胸前有吐涎沫,两手须握大拇指,两脚尖直垂下。腿上有血瘝,如火灸班痕,及肚下至小腹并坠下,青黑色。大小便自出,大肠头或有一两点血。喉下痕紫赤色,或黑淤色,直至左右耳后发际,横长九寸以上至一尺以来。

---

① 图片引自李生斌主编:《法医学》,人民卫生出版社2009年版,第64页。
② 图片引自李生斌主编:《法医学》,人民卫生出版社2009年版,第65页。

尸首日久坏烂,头吊在上,尸侧在地,肉溃见骨,但验所吊头,其绳若入槽(谓两耳连颔下,深向骨本者),及验两手腕骨、头脑骨皆赤色者是。(一云:齿赤色,及十指尖骨赤色者是。)①

这里提到了缢死的几个征象。(1)紫绀,即口黑、面带紫赤色;(2)索沟位置与舌是否伸出齿列的关系:勒喉上则不伸出,喉下则伸出;(3)流涎;(4)悬垂位的尸斑分布:腿上有血癊,如火炙斑痕;(5)大、小便失禁;(6)窒息性玫瑰齿等特征性改变。最后一点对于检骨特别适用,从一些案例来看,反复检验的目的即在于明确牙根、头骨是否有赤色。

《洗冤集录》同时明确指出,勒死与缢死的不同之处在于勒死时颈下绳索交过,绳索多缠绕数周,并多在颈后当正或偏左右系定,且有系不尽垂头处;若被人隔物勒死,则绳索不交,但整个绳索平过喉下及颈部,故与缢死不同。此外,它还对死后伪装自缢的鉴别问题作了分析,强调自缢的索沟颜色呈紫赤色,死后伪装缢死则只是"白痕",这实际上是利用生活反应原理来确定生前伤与死后伤问题。因为人死后血液不再流动,炎症反应不可能发生,故伪装自缢不可能产生生前自缢会出现的紫赤色伤痕。②

三、机械性损伤

《洗冤集录》针对真正损伤与伪造伤、死后发变等情况指出了鉴别

---

① [宋]宋慈:《洗冤集录》卷3"自缢",张松等整理:《洗冤录汇校》上册,第78、81页。张松等汇校本中的"两角",当抄录有误,查韩健平影印校注本为"两甲",贾静涛指出,"甲"当为"颊"通假之用,而《无冤录》则作"两角",见[宋]宋慈:《洗冤集录》,韩健平校注,湖南科学技术出版社2019年版,第98页;[宋]宋慈:《洗冤集录》,贾静涛点校,上海科学技术出版社1981年版,第41页。
② [宋]宋慈:《洗冤集录》卷3"被打勒死假作自缢",张松等整理:《洗冤录汇校》上册,第82页。

方法：一看四边色泽，二看肿硬情况。"先以榉树皮罨成痕损，死后如他物所伤。何以验之？但看其痕，里面须深黑色，四边青赤，散成一痕而无虚肿者，即是生前以榉树皮罨成也。盖人生即血脉流行，与榉相扶而成痕。（若以手按着痕损处，虚肿，即非榉皮所罨也。）若死后以榉皮罨者，即若无散远青赤色，只微有黑色。而按之不紧硬者，其痕乃死后罨之也。盖人死后血脉不行，致榉不能施其效。"①肿硬与否亦适用于真伤同死后发变的区分："将水滴放青黑处，是痕则硬，水住不流；不是痕软处，滴水便流去。"②这些都是利用了炎症反应后组织充血肿胀的原理。

同时，就真正损伤，该书指出如何利用生活反应来区分生前伤与死后伤：

> 凡验杀伤，先看是与不是刀刃等物，及生前死后痕伤。如生前被刃伤，其痕肉阔，花文交出；若肉痕齐截，只是死后假作刃伤痕。
> 如生前刃伤，即有血污，及所伤痕疮口、皮肉血多花鲜色，所损透膜即死。若死后用刀刃割伤处，肉色即干白，更无血花也。③

对此，《洗冤集录》作出解释称："盖人死后血脉不行，是以肉色白也。"④

该书还指出了自伤、他伤的区别。一是看有无抵抗伤："其被伤人见行凶人用刃物来伤之时，必须争竞，用手来遮截，手上必有伤损。或有来护者，亦必背上有伤着处。若行凶人于虚怯要害处一刃直致命者，

---

① ［宋］宋慈：《洗冤集录》卷2"疑难杂说下"，张松等整理：《洗冤录汇校》上册，第32页。
② ［宋］宋慈：《洗冤集录》卷2"验尸"，张松等整理：《洗冤录汇校》上册，第36页。
③ ［宋］宋慈：《洗冤集录》卷4"杀伤"，张松等整理：《洗冤录汇校》上册，第144页。
④ ［宋］宋慈：《洗冤集录》卷4"杀伤"，张松等整理：《洗冤录汇校》上册，第144页。

死人手上无伤,其疮必重。"[①]二是看是否符合用手习惯:"若用左手,刃必起自右耳后,过喉一二寸。用右手,必起自左耳后。伤在喉骨上难死,盖喉骨坚也;在喉骨下易死,盖喉骨下虚而易断也。"[②]三看尸体遗留面容、体态、肌肉僵硬情况:"凡被人杀伤死者,其尸口、眼开,头髻宽或乱。"[③]"凡自割喉下死者,其尸口、眼合,两手拳握,臂曲而缩。"[④]

针对何种凶器所伤的鉴别,《洗冤集录》则指出须观察创口情况:"若尖刃斧痕,上阔长,内必狭。大刀痕,浅必狭,深必阔。刀伤处,其痕两头尖小,无起手收手轻重。枪刺痕,浅则狭,深必透簳,其痕带圆;或只用竹枪,尖竹担斡着要害处,疮口多不齐整,其痕方、圆不等。"[⑤]同时要注重伤痕比对,须将衣物、伤痕、凶器三者相比对,如果是伤及内脏的,还要考虑到内脏自身大体解剖特征:"凡验被快利物伤死者,须看元着衣衫有无破伤处,隐对痕、血点可验。又如刀剔伤肠肚出者,其被伤处须有刀刃撩划三两痕。且一刀所伤,如何却有三两痕?盖凡人肠脏,盘在左右胁下,是以撩划着三两痕。"[⑥]

《洗冤集录》同时强调要明确致伤性质,正确区分刺、撞等:"凡检验被杀身死尸首,如是尖刃物,方说被刺要害;若是齐头刃物,即不说'刺'字。"[⑦]"诸以身去就物谓之'磕'。"[⑧]中国自唐律起,就有"七杀"之分,因而区分致伤性质对确定杀人罪的类型,进而依律定罪具有重要

① [宋]宋慈:《洗冤集录》卷4"杀伤",张松等整理:《洗冤录汇校》上册,第143页。
② [宋]宋慈:《洗冤集录》卷4"自刑",张松等整理:《洗冤录汇校》上册,第141—142页。
③ [宋]宋慈:《洗冤集录》卷4"杀伤",张松等整理:《洗冤录汇校》上册,第143页。
④ [宋]宋慈:《洗冤集录》卷4"自刑",张松等整理:《洗冤录汇校》上册,第141页。
⑤ [宋]宋慈:《洗冤集录》卷4"杀伤",张松等整理:《洗冤录汇校》上册,第143页。
⑥ [宋]宋慈:《洗冤集录》卷4"杀伤",张松等整理:《洗冤录汇校》上册,第143页。
⑦ [宋]宋慈:《洗冤集录》卷4"杀伤",张松等整理:《洗冤录汇校》上册,第144页。
⑧ [宋]宋慈:《洗冤集录》卷4"验他物及手足伤死",张松等整理:《洗冤录汇校》上册,第140页。

意义。

《洗冤集录》和此后检验方法中一个极有特色的地方,是要求在诸多损伤中找出一处作为致命损伤:"凡聚众打人,最难定致命痕。如死人身上有两痕皆可致命,此两痕若是一人下手则无害;若是两人,则一人偿命,一人不偿命。须是两痕内斟酌得最重者为致命。"① 这是和七杀中的共殴致死条款(即斗杀)相适应的。致命损伤的确定,在《洗冤集录》中主要是看部位:"顶心、囟门、两额角、两太阳、喉下、胸前、两乳、两胁肋、心腹、脑后、乘枕、阴囊、谷道,并系要害致命之处。"②

对于损伤不明显且尸身破坏较大的,则可采用检骨法。书中指出,该法不仅可用来检视伤损,而且可识别伤损是否系死后伪作:"若骨上有被打处,即有红色路微癊;骨断处,其接续两头各有血晕色;再以有痕骨照日看,红活乃是生前被打分明。""骨上若无血癊,纵有损折,乃死后痕。"③

四、高低温损伤所致死亡

《洗冤集录》明确叙述了中暑死、冻死、汤泼死(即烫伤死亡)与烧死,介绍了不少有意义的所见。如冻死的征象是"两手紧抱胸前,兼衣服单薄","检时,用酒、醋洗,得少热气则两腮红,面如芙蓉色,口有涎

---

① [宋]宋慈:《洗冤集录》卷1"检复总说下",张松等整理:《洗冤录汇校》上册,第11页。
② [宋]宋慈:《洗冤集录》卷2"验尸",张松等整理:《洗冤录汇校》上册,第35页。
③ [宋]宋慈:《洗冤集录》卷3"论沿身骨脉及要害去处",张松等整理:《洗冤录汇校》上册,第75—76页。

沫出,其涎不粘"。① 汤泼死的征象是皮脱、起疱(水泡形成)、肉多烂赤(充血、坏死),损伤多见于手足、头面与胸前。② 对于烧死,则描述了相关特殊体态,即拳斗士姿势,这是由烧死后肌肉蛋白变硬,上下肢肌肉收缩,四肢关节弯曲所致。在观察到这一特殊现象之后,《洗冤集录》正确指出,并不能以此来区分死者是被烧死还是死后被焚尸,认为,"若不烧着两肘骨及膝骨,手脚亦不拳缩"。该书还进一步指出了正确的区分办法:生前被投入火中者,口内有烟灰,皮肤有揞浆挞皮(即形成水泡);死后被投入火中者,则口内无烟灰,皮肤无水泡。③

第四节 《洗冤集录》的不足

《洗冤集录》是一部空谷绝音的划时代著作,今日的我们无论站在什么角度,对其作多高的赞誉都不为过。但是由于时代的限制,它同样存在很多缺点,其中的一些关键问题是由于在方法上主要围绕着体表检验。

《洗冤集录》之所以反复强调洗冤,正是没有实施解剖的结果。实际上,许多损伤通过割开皮肤后察看皮下组织、肌肉有无出血即可直接观察出来,但是《洗冤集录》并没有选择这条路径,反而发展出了洗涤、拥盖、热敷等在今日法医学看来过于烦琐的步骤。《洗冤集录》中还提到了检骨技术,但这个办法同样是在解剖未能开展情况下的一种无奈

---

① [宋]宋慈:《洗冤集录》卷4"病死",张松等整理:《洗冤录汇校》上册,第151页。
② [宋]宋慈:《洗冤集录》卷4"汤泼死",张松等整理:《洗冤录汇校》上册,第147页。
③ [宋]宋慈:《洗冤集录》卷4"火死",张松等整理:《洗冤录汇校》上册,第146—147页。

选择，同时也正是由于解剖知识的不足，《洗冤集录》对于人体骨骼，沿用了《内经》中的不当说法，主张"人有三百六十五节，按一年三百六十五日"，并在当时的文化观念影响下进而臆想、维护了"男子骨白，妇人骨黑""髑髅骨，男子……共八片（蔡州人有九片）……妇人只六片""左右肋骨，男子各十二条……妇人各十四条"等错误提法，①这些错误一再流传，直至清咸丰年间才基本被澄清。至于验毒、滴血等更是由于当时化学知识的不足而带有相当的主观色彩，国内现代法医学的创始人林几于20世纪30年代已针对银钗验毒指出，银遇硫化物才变色，遇其他物质并不一定变色。②所有这些问题也造成了《洗冤集录》的科学性在清末西方法医学被引进后，受到了严重质疑。

《洗冤集录》关于尸体现象及机械性窒息、机械性损伤、高低温损伤三大死亡原因的分析是精妙的，其精妙的基础正在于它们的体表征象都很明显。而一旦脱离了体表检验，深入到器官内部，如有无胎孕、是否处女，该书的记述就显得十分粗糙了。如关于处女检验："令坐婆以所剪甲指头入阴门内，有黫血出，是；无，即非。"③这实际上是很简单的处女膜检验问题，但却在案件的反复争论中，迟迟没发现要害所在。至于伤病关系的检验，就只能反复强调"形体羸瘦，肉色痿黄，口、眼多合，腹肚低陷，两眼通黄，两拳微握，发髻解脱，身上或有新旧针灸瘢痕，余无他故，即是因病死"④。在两可之间，需要通过包括医生在内的众证来确定。

---

① ［宋］宋慈：《洗冤集录》卷3"验骨"，张松等整理：《洗冤录汇校》上册，第73—74页。
② 林几：《检验洗冤录银钗验毒方法不切实用意见书》，《医药学》1933年第5期。
③ ［宋］宋慈：《洗冤集录》卷2"妇人"，张松等整理：《洗冤录汇校》上册，第37页。
④ ［宋］宋慈：《洗冤集录》卷4"病死"，张松等整理：《洗冤录汇校》上册，第150页。

第五节 《洗冤集录》与医学
——一个学术史上的公案

一、公案——洗冤知识无医学

在清末西方法医学被引进中国后,关于《洗冤集录》如何定位的问题就产生了。有论者认为,《洗冤集录》不能算法医学。如孙逵方和张养吾二位在1936年第1期《法医学季刊》上所撰的《中国法医学史》认为:"《洗冤录》系吾国刑事衙门所使用之一种检验方法,其检查不用科学方法,其立场不以医学为根据,故不能视为法医学,今为编史起见,除《洗冤录》外又无可取材,故分中国法医学史为三期,第一期《洗冤录》未出现前,第二期《洗冤录》出现期,第三期法医学之输入。"二人认为,前二期运用仅能被称作检验方法而不能视为法医学,因为"生理解剖化学诸科均不发达,且无医学可言,更何论法医学"。① 孙逵方曾接替被国内法医学界誉为"现代法医学之父"的林几任法医研究所所长,其观点当然具有较强的影响力。须稍加说明的是,他文中所用的是"洗冤录",但考虑到既以此作为时代划分标志,则只能指宋慈的《洗冤集录》,而不可能是此后以"洗冤"命名的诸书。

孙逵方立论的一个重要支撑点是不以医学为根据,这个问题不仅困扰着他,而且牵动着其他科技史学者的心。如李约瑟(Joseph Need-

---

① 孙逵方、张养吾:《中国法医学史》,《法医学季刊》1936年第1期。

ham)和《洗冤集录》的英译者马伯良都曾经分别想找出该书与医书的渊源,但所获不多。虽然他们努力寻找之后,指出书中曾引用《五藏神论》《经验方》等与医学有关的书籍,但却坦言,不清楚为何当时的医生对待法医知识如此冷淡。[①] 贾静涛先生亦在论及洗冤检验知识之所以最终落后于西方法医学时指出,一重要原因为尸体检验时"医生不能参预",检验官吏"不具备法医学知识或医学知识"。[②]

此外,又有台湾的张哲嘉等进一步研究,从目录学的角度出发考察并解释,认为传统中医学对人体的关心只到宣告死亡为止,"脉"的跳动是中医能力所及的界限指标:当还有脉动的时候,医者要尽力抢救,脉搏停止之后,医者就无能为力。中医亦不认为对死者的解剖有助于对活体的了解,因此认为人一旦成为尸体就不是分内的事,但此刻却往往是检验学才正开始发挥作用的起点。所以两门学问虽然同样都以人体为研究对象,却以死亡那一瞬间为界限,一个负责生前,一个料理死后。于此,洗冤诸书在中国古代亦历来归为"法家"而非归为"医学"。[③]

二、洗冤与中医

探究古代洗冤之术中有无医学,须先明了医学知识的定位,即是西医还是中医。在当时条件下当然只能依托中医,否则便如同坐在欧洲的赛马场里感叹蒙古无马术一样,看似纵横有据,实则自说自话。何况严格意义上的现代西医亦是文艺复兴之后的产物,而在宋时,西方的这

---

① 张哲嘉:《"中国传统法医学"的知识性格与操作脉络》,《"中央研究院"近代史研究所集刊》2004年第44期。
② 贾静涛:《中国古代法医学史》,群众出版社1984年版,第172—176页。
③ 张哲嘉:《"中国传统法医学"的知识性格与操作脉络》,《"中央研究院"近代史研究所集刊》2004年第44期。

一转变还远未发生。

与前人相比,上述张哲嘉的研究是有创见的,他意识到了要从中医而非西医角度考察问题,同时敏锐地从方法上发现了传统中医与洗冤检验技术之间的差异;但是他在指出异的同时,却也限于其文章的主题而未分析同。那么传统中医与洗冤检验技术之间有无同呢?本书认为,二者是有相同的成分的。

在思维方法上,《洗冤集录》中某些重要方面是中医化的。方法分二层次:操作方法与思维方法。《洗冤集录》的操作方法当然如张哲嘉所言,是非中医的,但思维受哲学、文化等共同影响,则不然。此处可以略举一例:熟悉中医的人都知道,西医只视为有快慢之别的脉跳,在中医理论有浮、沉、迟、数之异,寸、关、尺三部之分,进而演化出二十八种类型之多。其基础就在于中医取象比类的思维特质。《周易·系辞下》云:"古者包羲氏之王天下也,仰则观象于天,俯则观法于地,观鸟兽之文与地之宜,近取诸身,远取诸物,于是始作八卦,以通神明之德,以类万物之情。"在这种哲学观影响下,"中医诊断以司外揣内为基本方法,即观察外在的病理现象(症状、体征等),以推测内脏的变化。而此基本方法的建立,则是源自取象思维的推论"[①]。因为信奉能够司外揣内,所以它不停地在司外上演进,无限繁杂,而不向解剖学进军,这一点与西医是截然不同的。西方医学自古希腊的希波克拉底(Hippocrates)就记载了医生用耳贴近病人胸廓诊察心肺声音,力图最大限度接近病变部位观察诊疗。延此教诲,18世纪法国发明听诊器,放大心肺音,后则直接开胸剖腹取组织做切片。而《洗冤集录》如同中医一样,不重视解剖,检骨只是无奈的选择;为了找寻、区别体表的损伤,通过一

[①] 邢玉瑞编著:《中医思维方法》,人民卫生出版社2010年版,第58页。

个切口就可解决的问题,书中却以一冲洗、二去垢、三糟醋,夏揞衣、冬掘坑的洗罨来发现不显的伤损,通过滴水有无停留观察是真伤痕还是死后之发变。

更重要的是,《洗冤集录》中关于人体结构的理论体系是中医的。方法是连接主客体的桥梁,方法与理论联系在一起。具体到检验中,相关操作的进行与操作后知识的分析汇总,都离不开人体的认知理论。在《洗冤集录》中,最明显的事例即有关骨骼认知的偏差系受中医《内经》等的理论影响所致。

概念是建立在认知上的,《洗冤集录》关于人体重要部位称谓与检骨中对骨的命名亦相应地打上了中医的符记。在中医学中,最需要人体解剖结构知识的两门学科是骨伤科学和针灸学,但是骨伤科学关注的常是关节问题,如唐代《千金要方》中记载云:"治失欠颊车蹉,开张不合方:一人以手指牵其颐,以渐推之,则复入矣。推当疾出指,恐误啮伤人指也。"①又如晚于《洗冤集录》的元代《世医得效方》则记载了肘部骨折和手掌根出臼的复位整复手法:"凡手臂肘出臼,此骨上段骨是臼,下段骨是杵,四边筋脉锁定。或出臼,亦剉损筋,所以出臼此骨,须拽手直。一人拽,须用手把定此间骨,捱教归窠。"②而针灸学出于寻找穴位需要,关注的则是解剖学标志。所谓解剖学标志,是指人身体表各部位由于骨骼、关节、肌肉等固定或活动时形成的凸起、凹陷、空隙的形态学特征。如足太阴脾经重要穴位三阴交的取穴为胫骨后缘、内踝直上三寸处,这里"内踝"就是解剖学标志;又如关元穴取穴在脐下三寸、腹中线上,这里的脐、腹中线亦是解剖学标志。中医关注的是这些特殊

---

① [唐]孙思邈:《备急千金要方》,高文柱、沈澍农校注,华夏出版社2008年版,第131页。
② [元]危亦林:《世医得效方》卷18"正骨兼金镞科·秘论",王育学点校,人民卫生出版社1990年版,第599页。

部位、点位,至于内在的肌肉走向如何,是否为同一条骨骼,则常不论。同样,在《洗冤集录》中,对于人体描述,常是依据解剖学标志来进行的,如前述"顶心、囟门、两额角、两太阳、喉下、胸前、两乳、两胁肋、心腹、脑后、乘枕、阴囊、谷道"①,这里的"顶心""囟门""额角""太阳""喉下""两乳""乘枕"都相当于解剖学标志,"太阳"更是穴位名称,其对应的是颞骨最薄弱中间部分。更明显者,当面对同一骨骼,几处都有标志时,该书亦可根据需要将其拆开命名。如对肩胛骨的描述,《洗冤集录》无端分出肩井、饭匙骨两片,这二者都是明显的解剖学标志,"肩井"本身还是穴位名。又如"腕左起高骨者手外踝,右起高骨者右手踝,二踝相连生者臂骨,辅臂骨者髀骨,三骨相继者肘骨",②其中"踝"是解剖学标志,"肘"则是关节结合处,实际上二者都不独立成骨,分别只是桡骨、尺骨的突出处或桡、尺与肱骨组成的关节罢了。

因此,就此公案来说,《洗冤集录》作为后起于中医学的集成总结性的检验学之作,言其无医学是武断的,二者同系关注人体。它在无其他医学知识影响下,也只能时时浸染着中医学的影响。

---

① [宋]宋慈:《洗冤集录》卷2"验尸",张松等整理:《洗冤录汇校》上册,第35页。
② [宋]宋慈:《洗冤集录》卷3"验骨""论沿身骨脉及要害去处",张松等整理:《洗冤录汇校》上册,第73、74页。

第二章
整齐划一
——清《律例馆校正洗冤录》的诞生

在《洗冤集录》问世之后,宋元时期又出现两本与检验有关的著作,即《平冤录》与《无冤录》。据贾静涛先生考证,目前所见各种名为《平冤录》的版本,都不是《平冤录》原本,国家图书馆所藏《平冤录》实为《无冤录》之下卷。① 《无冤录》的作者为王与,其在命案检验史上的贡献主要为:第一,保存了元代有关检验方面的一些制度史料;第二,指出了《洗冤集录》中的个别错误,如指出气管实在食管之前。② 此后明代亦有《洗冤习览》《洗冤捷录》《洗冤法录》等书出现,③但从现存史料看,该类书籍在检验技术上都无大的突破。到了清代,检验用书则呈现出百花齐放、异彩纷呈的局面,其中最突出的一点就是诞生了官方版的洗冤录——《律例馆校正洗冤录》。

---

① 贾静涛:《中国古代法医学史》,群众出版社1984年版,第181—182页。
② 贾静涛:《中国古代法医学史》,群众出版社1984年版,第183页。
③ 王宏川:《中国历代法医学著述考》,河南省高校图书情报工作委员会编辑:《文献信息工作研究论丛》(2),中州古籍出版社1999年版,第367页。

第一节 《律例馆校正洗冤录》的制定

关于《律例馆校正洗冤录》的制定时间,目前通说为康熙三十三年(1694),如贾静涛即持此论,在贾之前,林几、宋大仁、诸葛计等亦持此论,①更早的陈垣则于清末言其成于康熙年间,但未说明具体年代。②上述论者皆未说明具体依据,笔者所见的清代洗冤诸书,也唯有姚德豫言"康熙年间律例馆荟萃成编,总为四卷,而《洗冤录》乃有全书"③。

事实上,这一说法是有误的,该书其实成于乾隆年间。早在民国时,反中医的"急先锋"余云岫即曾指出,"乾隆朝经律例馆校正颁为官书"④。张伟仁先生则断言《律例馆校正洗冤录》当成于乾隆五年(1740),不过可能因为他未专门指出此事,因而未引起人们注意。张先生之所以持乾隆五年说,相当程度上当跟下文将要分析的《律例馆校正洗冤录》与《大清律例》同期刊颁,而后者一般又称为"乾隆五年律"这一情况有关。⑤ 张伟仁先生此论已经非常接近事实真相,而更精

---

① 林几:《法医学史略》,《北平医刊》1936年第8期;宋大仁:《中国法医典籍版本考》,《医学史与保健组织》1957年第4期;诸葛计:《宋慈及其〈洗冤集录〉》,《历史研究》1979年第4期。

② 陈垣:《洗冤录略史》,氏著:《陈垣早年文集》,陈智超整理,"中央研究院"中国文哲研究所1992年版,第229页。

③ [清]姚德豫著,[清]李章煜重订:《洗冤录解》之"洗冤录解未定稿自序",张松等整理:《洗冤录汇校》下册,第571页。

④ 余云岫:《与陈律师论法医剖验书》,《医药学》1925年第8期。

⑤ 张伟仁先生指出的乾隆五年(1740)是在脚注中,详见张伟仁:《良幕循吏汪辉祖:一个法制工作者的典范》,《台大法学论丛》1989年第1期(笔者所引该文系刊于中南财经政法大学法律文化研究院编:《中西法律传统》第6卷,北京大学出版社2008年版,第290页注29)。

确的时间考证,则系于本书原写作过程中,笔者读到的台湾青年学子陈重方的未刊稿《清〈律例馆校正洗冤录〉相关问题考证》,作者于该文中经过精细考证,提出《律例馆校正洗冤录》正式制定年份为乾隆七年(1742)。陈重方提供的有说服力的资料主要是以下两则:

一为乾隆七年四月二日律例馆总裁官三泰奏报:

> 经刑部议称,应令臣馆俟《律例》告成,即作速校订颁发……律例全书业于乾隆六年十一月内告竣,臣等遂将《洗冤录》一书按依旧编,并以各省督抚送到在外相传各帙,辨异考同,芟繁去复,凡有裨于相验者,悉皆厘订明晰,分类编辑,列为四卷。相应缮写样册,咨送武英殿刊刻,颁发各省,一体遵行。①

二为乾隆七年十二月二十一日闽浙总督那苏图奏折的揭帖:

> 乾隆七年六月二十四日经本馆奏称,切照《洗冤录》一书先经臣等校订,请旨交武英殿□□□,今武英殿刊刻已竣,奏请交原馆拟订颁发之处,具奏照数刷印颁发。②

由上可见,《律例馆校正洗冤录》的校订时间始于《大清律例》纂订

---

① 张伟仁主编:《"中央研究院"历史语言研究所现存清代内阁大库原藏明清档案》,乾隆七年四月二日,A111-012,B62347,联经出版公司1987年版;又见陈重方未刊稿《清〈律例馆校正洗冤录〉相关问题考证》。
② 张伟仁主编:《"中央研究院"历史语言研究所现存清代内阁大库原藏明清档案》,乾隆七年十二月二十一日,A117-063,B65939,联经出版公司1987年版;又见陈重方未刊稿《清〈律例馆校正洗冤录〉相关问题考证》。

之后的乾隆六年(1741)十一月,①并于次年四月毕,"厘订明晰,分类编辑",可以"颁发各省,一体遵行",且刊布时间为乾隆七年(1742)六月。

关于《律例馆校正洗冤录》成书过程,颇有一些掌故和曲折。笔者所见《西江视臬纪事》中有载:

> 刑部为奏请事。江西清吏司案呈,内阁抄出江西按察使凌燽奏前事,等因。乾隆三年九月二十九日奉朱批:该部议奏,钦此。
>
> 该本部议得:据江西按察使凌燽奏称,窃惟命凭检验,而检验之法特详于《洗冤录》一书,问刑衙门莫不奉为标准,所以别伤痕而慎命谳,至为切要。惟是现在遵守,率系坊刻,其间杂采《平冤》《无冤》《笺释》《佩觿》诸说,历久相沿,不无穿凿附会之处,适滋疑窦。雍正十年间,经部臣议准,条奏通行各省咨取原本,再加校订,此诚圣朝明刑慎罚之仁,实亦有司辨难晰疑之本。惟至今未奉颁行,臣愚窃以《洗冤录》一书,既为验伤规则,命案根底,似宜速示准绳,以昭法守,伏祈皇上敕下部臣,即行校正,通颁各省,实为裨益等因,具奏前来。查原任湖广巡抚马会伯奏称,《洗冤录》相传已久,诸家翻刻,每多增删,未能画一,请将《洗冤录》送部,再加校

---

① 一般说的《大清律例》均指乾隆五年律,按照上引资料,则其实际告竣时间当为乾隆六年。关于此点,陈重方文中也有说明,他依据乾隆八年(1743)四月十二日徐本奏折解释:"乾隆六年十月十二日,清、汉律例全书缮竣,请旨刊刻。本日奉旨,知道了,书交武英殿刊刻,钦此。钦遵随经律例馆缮写刻样,陆续咨送前来。今已刊刻告竣。"(见张伟仁主编:《"中央研究院"历史语言研究所现存清代内阁大库原藏明清档案》,乾隆八年四月十二日,A120-025,B67283,联经出版公司1987年版)。可见《大清律例》确实是于乾隆六年内最后缮竣完毕的,推究其因,可能五年修成后,还有缮写、校对等过程,直至乾隆六年方才完毕,又至乾隆八年才刊刻颁行。此程序当同顺治三年律相似,一般人依据顺治律的卷首清世祖"御制序文",推断其成于顺治三年(1646),但其实际刊布是在顺治四年(1647)。(见苏亦工:《明清律典与条例》,中国政法大学出版社2000年版,第111—115页。)当然,是否因此乾隆五年律亦当更名为乾隆八年律,那是另一个学术研讨问题了。

阅、刊发,附入律例遵行等因。经臣部议覆,行文各省督抚将洗冤录送部汇齐、校订、刊发,去后嗣据各该督抚咨送到部,而臣部河南等十一司案卷被火焚烧,复行文各省补录原本送部,去后旋据各省陆续咨送到部,经臣部于雍正十三年咨送律例馆校订在案。嗣经原任刑部尚书傅,于乾隆元年六月二十一日奏准,奉旨纂修律例,现在律例馆依次编纂缮写,进呈御览,恭候钦定,今该按察使奏称《洗冤录》一书,既为验伤规则,命案根底,似宜速示准绳,以昭法守,即行校正,通行各省,实为裨益,等语,应令律例馆,俟律例告竣,即将《洗冤录》作速校订,颁发各省,一体遵行等因。

乾隆三年十一月初四日题,初六日奉旨:依议,钦此。①

其中,《清史稿·马会伯传》称:"(马会伯)调湖北,疏请整饬庶狱,重校刻《洗冤录》,颁发州县,议如所请。"②经查,马会伯于雍正五年至七年(1727—1729)间任湖北巡抚③,说明至迟在此时已有大员要求清廷对《洗冤录》各文本进行统一汇校,雍正皇帝亦对此作了允准。从刑部议覆看,清廷对此的准备,先是搜集各省版本,统一送到刑部,"行文各省督抚将《洗冤录》送部汇齐、校订、刊发",这里面可能包括了"现在遵守,率系坊刻,其间杂采《平冤》《无冤》《笺释》《佩觽》诸说"的诸多版本。汇齐后,再由律例馆校订。但不幸的是,在雍正末年京师发生了一场火灾,"河南等十一司案卷被火焚烧",结果不得不再度要求各省补送原本到刑部,这时已到了雍正十三年(1735),而后即因乾隆继位、

---

① [清]凌焘:《西江视臬纪事》卷1"条奏·请校颁洗冤录",杨一凡、刘笃才主编:《中国古代地方法律文献》乙编第11册,世界图书出版公司2009年版,第333—336页。
② 《清史稿》第34册卷299,中华书局1977年版,第10418页。
③ 章开沅编:《清通鉴》第2册,岳麓书社2000年版,第86、131页。前引文中"湖广巡抚"为旧称,于康熙三年(1664)改为湖北巡抚。

《大清律例》的纂修而中断。

而上述刑部所议覆的江西按察使凌燽的奏折，在中国第一历史档案馆中也有原本。① 但是《律例馆校正洗冤录》的迟迟未能颁发，可能引起各省大员更强烈的期盼，结果是乾隆六年（1741）又有大员具奏请速颁校订洗冤录本。如是年十一月十六日（此时正是《律例馆校正洗冤录》校订启动前后），广西按察使李锡秦即专折具奏：

> 署理广西按察使臣李锡秦谨奏，为呈请颁发《校订洗冤录》为重人命事。查人命全凭检验尸伤……《洗冤录》一书备载检验之法，原本系宋淳祐时湖南提刑宋慈所撰，后经翻刻，增删不一。雍正七年议覆湖南抚臣马会伯条奏，令各省督抚按察司将洗冤录原本全文细加考校辨疑，前诸刻本于原文之外添增之条可采者，附载于后，或各省督抚臬司自有见闻有关于检验者，亦续载篇末，以备参考，各具一部，咨送到部汇齐，再加校订，刊发各省，令各行刊刻，转发州县，附入律例，悉心查阅……迄今尚未颁外省……②

上引文中称马会伯为湖南巡抚，当不确；又称雍正七年（1729）已通知各省咨取原本，此则与前引刑部题本中所称十年（1732）有冲突，准确时间可能当依刑部为准。但若如此，又为何迟至三年始行允准？目前尚无法解释。不过该奏折补充了一点信息，就是清廷要求地方大员咨送《洗冤录》原本到部时，不仅各家版本均当咨送，且见闻中有关于洗冤检验或自认为还有其他可采者，均可于书中附载，以供朝廷采用。后文将述及，《律例馆校正洗冤录》比《洗冤集录》中增有荒诞之

---

① 《朱批奏折》，藏于中国第一历史档案馆，04-01-01-0031-007。
② 《朱批奏折》，藏于中国第一历史档案馆，04-01-01-0072-011。

处,这可能正是原因之一。

从制度的发展进程来看,《律例馆校正洗冤录》校正、刊布时间出现在乾隆朝而非康熙朝,是与清朝一系列规范检验规定的完善相吻合的。史料中未反映出康熙朝出台了任何关乎检验的体制性规定,《大清会典事例》中仅载顺康时期有要求从速检验、严禁诬赖之语,迟至雍正六年(1728)才有:"一大县额设仵作三名,中县额设二名,小县额设一名。仍于额设之外,再募一二人,令其跟随学习,预备顶补。每名给发《洗冤录》一本。选委明白书吏一人,与仵作逐细讲解。"[①]正是因为有了这个规定,才有了雍正七年(1729)马会伯、乾隆三年(1738)凌燽、乾隆六年(1741)李锡秦等大员纷纷请颁《洗冤录》的具奏。可以想见,只有设立了仵作、每人给发《洗冤录》一书后,才可能发现问题。如果《洗冤录》先于康熙年间校订完毕,而个别州县还未设有仵作,法定的读者尚未到位,文本岂不是没有颁发对象了?这一点在广西按察使李锡秦的奏折中也被明白提到,其要求速颁《洗冤录》的理由之一即是"在外相传之《洗冤录》每多错谬,而粤西仵作本无传授又未谙练",并强调"查照定例……供役仵作各发一本,命明白刑书细为讲解,务使晓畅习熟"。[②]

而《律例馆校正洗冤录》虽因《大清律例》纂修推迟,但其刊颁过程中所享受的地位却是同等于《大清律例》的。一者,其刊布规格等同,在清律颁发外省时,发到了藩、臬一级,"在外道府州县为数甚多,若皆从京颁发,不胜其繁,查雍正七年颁发律例时,所有各省道府州县,每省各发

---

① 《钦定大清会典事例》第 20 册卷 851,新文丰出版公司 1976 年影印本,第 15663 页下栏—15664 页上栏。
② 《朱批奏折》,藏于中国第一历史档案馆,04-01-01-0072-011。

该布政使衙门二部,令其照式刊刻刷印,转行分发,并许坊肆刷印"①,而《律例馆校正洗冤录》也是如此:"至外省道、府、州、县皆有刑名之仕,《洗冤录》亦皆所必需。若俱由臣馆颁发,则为数甚多,势难遍及。请照雍正七年颁发律例之例,除将《洗冤录》按数颁发外,再每省另发二部,令布政司照样刊刻转发,并许令坊肆刷印。"②二者,各省大员奉到的迎接礼遇相同,大员们奉到《大清律例》题本中常有"恭设香案,望阙叩头谢恩"之语,③对于《律例馆校正洗冤录》,奉到大员也称"据代办福建提塘官曹淑赍到钦颁臣衙门《洗冤录》一部,臣随恭设香案,望阙叩头,敬谨祗领讫"④。待遇的相同,源于其与律例都是钦定,但同时亦反映了人命、洗冤、检验在清代所受的重视。明白于此,可能也有助于解释为何今日所见清代官箴之书中,几乎每部必提检验之惑了。

第二节 检骨图、格的出台

在《律例馆校正洗冤录》制定颁行之后,还有另一增补工作,就是乾隆三十五年(1770),刑部又题定了检骨图、格,并将其续纂入内。检

---

① 张伟仁主编:《"中央研究院"历史语言研究所现存清代内阁大库原藏明清档案》,乾隆八年四月十二日,A120-25,B67384,联经出版公司1987年版;乾隆八年九月三日,A125-58,B70320;乾隆八年九月三日,A125-63,B70352-70353,联经出版公司1988年版。

② 张伟仁主编:《"中央研究院"历史语言研究所现存清代内阁大库原藏明清档案》,乾隆七年十二月二十一日,A117-063,B65939,联经出版公司1987年版;又见陈重方未刊稿《清〈律例馆校正洗冤录〉相关问题考证》。

③ 张伟仁主编:《"中央研究院"历史语言研究所现存清代内阁大库原藏明清档案》,乾隆八年七月四日,A124-14,B69593,联经出版公司1987年版。

④ 张伟仁主编:《"中央研究院"历史语言研究所现存清代内阁大库原藏明清档案》,乾隆七年十二月二十一日,A117-063,B65940,联经出版公司1987年版。

骨图、格的出台缘于安徽提刑按察使增福的具奏：

一件通行事。乾隆三十五年九月二十一日准刑部咨：广东司案呈，准安徽司传抄……内阁抄出：安徽按察使增条奏，请颁检验骨格并颁发疑难检法一折等因，于乾隆三十五年闰五月十九日奉朱批：该部议奏，钦此。

钦遵抄出到部。本部议得：据安徽按察使增福奏称，查尸身腐烂及相验不实，必须检验之案，全赖骨格为凭，而《洗冤录》第一卷中虽载有检骨之法，沿身骨节一篇，未奉颁有骨格定式。伏查初验命案，男妇止有下体一处不同，而检骨则男女大有区别之处……倘验官填注时，一有舛错，即与生前原伤部位不符，伤有致命不致命之分，罪有应抵不应抵之别。伏思命案检骨，倍难于验尸，若不颁发图格，定有准绳，检验之员，终属渺茫，难免书吏作弊。请将人身骨节，定为检骨图格，刊刻式样，颁发直隶各省，等语。查命案至于检骨，其伤痕之有无隐现，辨晰微茫，自应倍加慎重，以昭遵守。向来直省州县衙门，遇办检验之案，悉就现行相验尸图，于各部位之下填注某骨某伤，其骨殖之全缺多寡，虽俱于揭贴内详悉注明，诚不若专立检骨图格，俾验尸骨者当场依次填注，办理更觉周详。臣等遴派熟练司员，传集各衙门经习仵作，复汇查臣部历来办过检验成案，与《洗冤录》所论沿身骨脉名色形式，逐细推究。臣等复详加考核，先绘仰面、合面人形，周身骨节全图，次列仰面、合面沿身骨格名目于后，并注明男女异同各处，绘图格一本，恭呈御览。伏侯钦定后，交律例馆刻板刷印，颁发直省。仍将检骨图格，续纂入《洗冤录》尸格之后，永久遵行，于检骨之法，殊有裨益。……等因。

乾隆三十五年七月初六日奏,本日奉旨:知道了,钦此。①

检骨图、格的出台,也是缘于宋慈《洗冤集录》载有检骨之法可采,又经过历代的总结,运用日渐成熟。在《洗冤集录》中,具体运用检骨判断死因的主要有两处:一是在机械性损伤中,检骨查看有无损伤后的骨瘾;二是在缢死中,"验两手腕骨,头脑骨皆赤色者是"。② 但是检骨可运用的地方远不仅于此。

如康熙十六年(1677)提出腰肋虚软处损伤,可通过检同侧肋骨以上骨骼来判定:

> 检腰肋虚软致伤骨法。腰肋虚软致伤,腐烂无伤可检,从肋骨上至耳根、头脑各骨,俱有红赤色,伤左在左,伤右在右,未受伤诸骨,俱黄白色。此检骨系康熙十六年蕲水行人(即仵作)廖章奉关至陕西检郑官女被本省巡抚妻兄王三元枪伤左肋身死案。③

雍正十一年(1733)又提出,机械性窒息死亡中,囟门骨对于检验的重要指示作用:

> 雍正十一年,蕲水令汪越孙详请咨部。勒死分自勒人勒并检咽喉腐化骨法。勒有自勒、人勒之分。自勒者,颈间绳索虽围

---

① [清]李观澜补辑,[清]张锡藩重订:《重刊洗冤录汇纂补辑》之"附刊检骨图格",张松等整理:《洗冤录汇校》下册,第507—509页。《重刊洗冤汇纂补辑》系李章煜重刻本《重刊补注洗冤录集证》的第5卷。
② [宋]宋慈:《洗冤集录》卷3"论沿身骨脉及要害去处""自缢",张松等整理:《洗冤录汇校》上册,第76、81页。
③ [清]李观澜补辑,[清]张锡藩重订:《重刊洗冤录汇纂补辑》之"洗冤录备考十一则",张松等整理:《洗冤录汇校》下册,第496—497页。

绕，然在咽喉软骨内，其气犹可出纳，是以十活一死。人勒者，于咽喉软骨间围圆缠紧，软骨尽行碎裂，其气无可出纳，是以十无一活。独是被人勒死，周身及头肩、手足、胸背定有捆缚挡擦瘾痦伤痕。又检验软骨碎裂，如日久，咽喉软骨脆碎，风化如石灰，无可检验者，但检囟门骨，必浮出脑壳骨缝之外少许，骨色淡红，或微青。①

这些都是文献上的记载，实际可能更早已得到运用。凡此种种，都说明了检骨的运用越来越广泛。而检骨技术的发展，却在实践中遇到了文书不能适应的障碍。之前都是在尸格中填注说明，此时已实为不便，不仅影响了检验官员，更直接影响了刑部的复核——案件到了刑部，一般都是书面审，文书的便于理解就更为重要。因此，安徽按察使增福的奏折很快得到了认可，朝廷也依其建议，绘就了检骨图、格，并增纂到《律例馆校正洗冤录》中。

关于奏请者增福，在《清史稿》并没有专门入传。通过有限的钩稽，从《安徽通志》中可知其是镶蓝旗人，于乾隆三十四年（1769）任安徽按察使，次年即升安徽布政使。② 能够得到如此快的提升，可能也与其奏请刊颁检骨图、格并得到赏识有关。乾隆四十四年（1779）二月，他还进一步升任福建巡抚。③ 又依据《上谕档》的记载，乾隆三十三年（1768）九月，即孔飞力（Philip Alden Kuhn）所描述的"叫魂案"于行在查办期间，增福时任热河道，负责部分患病罪犯的疗治、看管工作，④并

---

① ［清］李观澜补辑，［清］张道藩重订：《重刊洗冤录汇纂补辑》之"洗冤录补遗三则"，张松等整理：《洗冤录汇校》下册，第495页。
② ［清］何志基等：《重修安徽通志》卷129，京华书局1967年版，第1439—1440页。
③ 《清史稿》第3册卷14，中华书局1976年点校本，第513页。
④ 中国第一历史档案馆编：《乾隆朝上谕档》第5册，广西师范大学出版社2008年版，第483页。

在随后即被恩赐,"在热河道任内年久,办事亦属奋勉,着加恩赏给按察使衔"①。从这些都可看出他还是一个敏于政事的人。

第三节 《律例馆校正洗冤录》与《洗冤集录》之不同

一、形式上的比较

从卷数上看,《洗冤集录》为五卷,《律例馆校正洗冤录》为四卷。两书分卷之比较详见下表:

表 2-1 《洗冤集录》与《律例馆校正洗冤录》分卷内容比较

	《洗冤集录》	《律例馆校正洗冤录》
卷之一	条令、检覆总说上、检覆总说下、疑难杂说上	检验总论、验尸及保辜总论、尸格尸图、验尸、洗罨、初检覆检、辨四时尸变、辨伤真伪、验妇女尸、白僵、已烂尸、验骨、检骨、论沿身骨脉、滴血、检地
卷之二	疑难杂说下、初检、覆检、验尸、妇人、四时变动、洗罨、验未埋瘗尸、验坟内及屋下葬殡尸、验坏烂尸、无凭检验、白僵死瘁死	殴死、手足他物伤、木铁等器砖石伤、踢伤致死、杀伤、自残、自缢、被殴勒死假作自缢、溺水、溺井、焚死、汤泼死

---

① 中国第一历史档案馆编:《乾隆朝上谕档》第 5 册,广西师范大学出版社 2008 年版,第 491 页。

续表

	《洗冤集录》	《律例馆校正洗冤录》
卷之三	验骨、论沿身骨脉及要害去处、自缢、被打勒死假作自缢、溺死	疑难杂说、尸伤杂说、论中毒、服毒死、诸毒、意外诸毒
卷之四	验他物及手足伤死、自刑、杀伤、尸首异处、火死、汤泼死、服毒、病死、针灸死、札口词	急救方、救服毒中毒方、治蛊毒及金蚕蛊、避秽方
卷之五	验罪囚、受杖死、跌死、塌压死、外物压塞口鼻死、硬物瘾痃死、牛马踏死、车轮捵死、雷震死、虎咬死、蛇虫伤死、酒食醉饱死、醉饱后筑踏内损死、男子作过死、遗路死、死后仰卧停泊有微赤色、死后虫鼠犬伤、发冢、验邻县尸、辟秽方、救死方、验状说	

资料来源：江存孝《清代人命案件中的检验及取证模式》（台湾政治大学2008年硕士学位论文），第60—61页；张松等《洗冤录汇校》上册，目录第1—2页；《律例馆校正洗冤录》（藏于中国社会科学院法学研究所图书馆），"总目"第1a—3a页。

仅从目录比较而言，《律例馆校正洗冤录》要比《洗冤集录》合理得多。如在《洗冤集录》中，"疑难杂说上"与"疑难杂说下"本为论述同一内容的篇章，却分属两卷；"验状说"属检验文书填写中的注意事项，放在最后殊为不合；特别是"死后仰卧停泊有微赤色"是尸体现象的内容，即今日法医学中所说的尸斑，却与卷二的"辨四时尸变"分列不同卷内。而《律例馆校正洗冤录》则大体沿着先述检验方法，次论各类死因鉴定，再论疑难辨别，最后论急救治疗的顺序层层推演，结构分明。

从卷一看，其主要内容是程序性介绍及检验方法概论一类。其中"检验总论"自然属于总论；"辨四时尸变"属于论述尸体现象；"洗罨""验骨""滴血""检地"都属于检验方法；"白僵"实是洗罨的一种特殊应用,书中具体介绍了遇到此类尸体现象如何操作;"验已烂尸"是针对晚期尸体现象出现时如何综合运用洗罨及检骨技术的介绍;"验尸及保辜总论""初检覆检""验妇女尸"皆属于检验操作程序性的,以及相关注意事项的介绍;"验骨""论沿身骨脉"则相当于全身骨骼状况介绍;"辨伤真伪"则属于检验具体展开的第一步——因为先明了是真伤,才进一步判断是自伤与他伤,再判断何因致死。

卷二介绍了几类死亡的检验,其中"殴死""手足他物伤""木铁等器砖石伤""踢伤致死""杀伤"属机械性损伤死亡;"自缢""被殴勒死假作自缢""溺水""溺井"属于机械性窒息死亡;"焚死""汤泼死"属于高温致伤死亡。这几类都属于传统洗冤技术中检验较为成功的地方。至于"自残",从内容看既属于机械性损伤致死一类,又属于检验中的一个思维步骤,它是承接卷一"辨真伪伤"而来的。

卷三介绍的是各类疑难检验,是在当时不开展尸体解剖、主要维持体表检验的条件下,因方法上的限制而陷入一种困境,但实践中又不能不做的检验。校订者将其统一列入本卷,反映了对此问题的认识。而以"疑难杂说"作为本卷的开头,又一定程度上说明了技术上的无奈。

卷四则是各类有关救治的知识,不属于检验的内容,从体例安排上只能置于此处。检验书籍中专录各类救治方法,亦算是一种良法美意,体现了仁人之心。

二、内容上的比较

《律例馆校正洗冤录》相比《洗冤集录》,突出之处是在检验方法上增加了"检地"之操作,该方法曾载于《洗冤集说》:

世有极恶之人,将人打死,烧毁弃掷,竟无骨可检,何以验之?必为详究其打死何时?烧毁何地?但得其焚尸之地,众证分明,则尸伤便可以立检。法当于其烧尸处设立尸场,令凶首见证,亲为指明,将草芟净,多用柴薪烧,令极热,取胡麻数斗撒上,用帚扫之,如果系在彼烧死,则麻内之油沁入土中,即成人形。其被伤之处,麻即聚结于上,大小、方圆、长短、斜正一如其状;凡所未伤之处,则毫不沾恋。既已得其伤形,然无可见之痕,又将所恋之麻尽行除去,将系人形所在猛火再烧,和糟水泼上,再猛烧极热,烹之以醋,急用明亮新金漆桌覆上,少顷取验,则桌面之上全一人形,凡系伤痕纤毫毕见。此先文通公莅任武林时,有凶徒城内打死人,于贡院前焚毁,及得见凶首,于所焚地亲检而得之者,一时共称神奇,然亦未知先君子何由而得此法也。①

《洗冤集说》成书于康熙二十六年(1687),追而溯之,则更早之记载系于《读律佩觿》的"洗冤录补"中,作者王明德称该法得于其父亲,即上述中的"文通公"(仕明又降清的王永吉)任职于杭州之时所用。虽然王明德称赞"据云较之检骨,仍倍分明",但亦称"其理甚不可解",并为未请教其父而遗憾。② 从清朝一些文献记载看,后人亦曾应用过,评价不错。但站在今日角度看,究竟如何?因未有实验数据支撑,不敢妄下评论。该方法主要应用于焚尸案,只要焚尸后未进一步破坏现场(如烧后又将地再犁一遍),则似都可据之以检出尸伤所在。《律例馆校正洗冤录》对此作了肯定,并于卷一专有一门介绍此方法。

---

① [清]陈芳生辑:《洗冤集说》卷5,张松等整理:《洗冤录汇校》上册,第191—192页。
② [清]王明德:《读律佩觿》卷8上,何勤华等点校,法律出版社2001年版,第334页。

在具体死因鉴定上,《律例馆校正洗冤录》对《洗冤集录》个别地方有补充、修正、增加。

对《洗冤集录》作补充者,如对雷击而死之体表损伤的特征性描述:

《洗冤集录》:凡被雷震死者……伤损痕迹,多在脑上及脑后,脑缝多开,鬓发如焰火烧着,从上至下。时有手掌大片浮皮紫赤,肉不损,胸、项、背、膊上,或有似篆文痕。①

《律例馆校正洗冤录》:衡阳人某,被雷击死,身首俱无烧痕,惟左足大指如斜刺一孔,甚深,自脚心起至膝上,焦黄如炙,亦无篆字文。②

这一点补充性的描述类似于当今电击造成的电流斑,雷击死本身即可造成电流损伤。

有对《洗冤集录》进行修正者,如关于手足拳脚所致机械性损伤,修正了《洗冤集录》原说的绝对性,试作如下对比:

《洗冤集录》:凡他物打着,其痕即斜长或横长;如拳手打着即方圆;如脚足踢,比如拳寸分寸较大。(凡伤痕大小,定作拳、足、他物,当以上件物比定,方可言分寸。)③

《律例馆校正洗冤录》:若拳伤亦不尽系围圆,而围圆居多。

---

① [宋]宋慈:《洗冤集录》卷5"雷震死",张松等整理:《洗冤录汇校》上册,第252页。
② 《律例馆校正洗冤录》卷3"尸伤杂说",张松等整理:《洗冤录汇校》上册,第270页。
③ [宋]宋慈:《洗冤集录》卷4"验他物及手足伤死",张松等整理:《洗冤录汇校》上册,第140页。《洗冤集录》原文即作"拳寸",贾静涛据文意及《无冤录》改为"拳手",见[宋]宋慈:《洗冤集录》,贾静涛点校,上海科学技术出版社1981年版,第53页。

至云脚足踢伤,比拳分寸较大,似未必然。足之用以踢人,惟在足前,靴尖鞋头焉能大于手拳?似当斟酌辨之。①

又有区分系生前烧死抑或死后被焚,在《洗冤集录》强调验口鼻灰的基础上,《律例馆校正洗冤录》结合检骨技术的推广,要求深入到喉,检验喉中有无灰烟。现代检查则常更深入到气管,看其中有无烟灰及相应炎症性反应:

《洗冤集录》:凡生前被火烧死者,其尸口、鼻内有烟灰,两手脚皆拳缩。(缘其人未死前,被火逼奔争,口开气脉往来,故呼吸烟灰入口鼻内。)②

《律例馆校正洗冤录》:又按灰烬中检拨出者,口鼻焉能无灰?此须检骨,验其喉与脑中有无灰烟,方可辨其生前死后烧也。③

随着社会与生活发展,有新的致伤、致死因素出现,《洗冤集录》中对此当然不可能有记载,《律例馆校正洗冤录》对此适时作了增加。如火器性枪伤:

受鸟枪伤者,枪眼可验,及于骨者,亦可覆检,惟肚腹空凹之处,日久腐烂无迹,亦可验,须将棺内腐烂等物一并淘洗,如系枪伤,必有枪子。又恐尸亲、仵作怀挟枪子混入图害,务要严防。④

---

① 《律例馆校正洗冤录》卷2"手足他物伤",张松等整理:《洗冤录汇校》上册,第158页。
② [宋]宋慈:《洗冤集录》卷4"火死",张松等整理:《洗冤录汇校》上册,第146页。
③ 《律例馆校正洗冤录》卷2"焚死",张松等整理:《洗冤录汇校》上册,第187页。
④ 《律例馆校正洗冤录》卷2"手足他物伤",张松等整理:《洗冤录汇校》上册,第164页。

又如煤气中毒:

人受熏蒸,不觉自毙,其尸软而无伤……房中置水一盆,并使窗户有透气处,则煤炭虽臭,不能为害。①

又如盐卤中毒:

服盐卤自尽者,发乱,手指甲秃,胸前有爪伤痕,因痛极不可忍,遍地滚跌,自抓掐所致。服卤死者,身不发疱,口不破裂,腹不膨胀,指甲不青,钗探不黑,颇有黯色,洗之即白,遍身黄,两眼合,口中或有涎沫,但其尸虽发变,心肺不烂,取汁煎之,犹能成盐。②

《律例馆校正洗冤录》还记载了一种颇新奇的、可用以逃避检验的闷杀人方式,可能主要用于狱卒坑杀犯人:

高桶二只,叠而合之,约如人身之高下,以下桶贮水令满,入石灰数升,搅浑,将人倒入水中,再以所合之桶盖上,片时即死,名曰"游湖"。其人死后用水洗净,毫无伤迹,面色微黄而白,一如病死。虽云有血倒出,然见灰气即回,而血之应为凝滞于面者,得灰尽解。若非检骨,则不得其实。检骨之法,必在脑壳之内,盖灰滓从口鼻而入,口鼻虽可净洗,而从鼻灌者直入于脑,灰最沉滞,脑内必多灰滓。③

---

① 《律例馆校正洗冤录》卷3"意外诸毒",张松等整理:《洗冤录汇校》上册,第192页。
② 《律例馆校正洗冤录》卷3"诸毒",张松等整理:《洗冤录汇校》上册,第220页。
③ 《律例馆校正洗冤录》卷3"尸伤杂说",张松等整理:《洗冤录汇校》上册,第267—268页。

溯该文字之来源,仍然可见于王明德的《读律佩觿》中的"洗冤录补"。①

相较《洗冤集录》,《律例馆校正洗冤录》的"意外诸毒"门中,还增述一些今人不可解的中毒知识,如"食驴肉,吃荆芥茶,杀人""茅舍漏滴肉上,食之杀人""黄腊炒鸡,人食之胀闷,气塞三日而死""蜜鲊并食毒""河豚风药并食"等。② 笔者曾一度认为它与中药配方的"十八反十九畏"之说相关,但现考之,实更多源于传统医学中的食禁方,如张仲景之《金匮要略》最后两卷即是"禽兽鱼虫并治禁忌""果实菜谷禁忌"。③ 在唐孙思邈的《千金方》中,相关禁忌更达100多处,如"九月勿食犬肉,伤人神气""凡葵菜和鲤鱼鲊食之,害人""腹中宿癥病者食鲤鱼肉,害人"等。④ 关于食禁的严格规定还体现在《唐律疏议》中,其将"误犯食禁"列入"十恶"中之"大不敬":"造御膳者,皆依《食经》,经有禁忌,不得辄造,若干脯不得入黍米中,苋菜不得和鳖肉之类。有所犯者,主食合绞。"⑤

食禁虽然有其古老的文化传统,但到了明清律例中,对其惩处的力度明显降低:"若造御膳,误犯食禁,厨子杖一百。若饮食之物不洁净者,杖八十;拣择(误)不精者,杖六十。"⑥这间接地反映了人们对其认识的理性。李时珍也在一关于"三足鳖"可致人死的传闻中指出,"山

---

① [清]王明德:《读律佩觿》卷8下,何勤华等点校,法律出版社2001年版,第366—367页。
② 《律例馆校正洗冤录》卷3"意外诸毒",张松等整理:《洗冤录汇校》上册,第223页。
③ [汉]张仲景:《金匮要略》,山西科学技术出版社2017年版,第207—227页。
④ [唐]孙思邈:《备急千金要方》,高文柱、沈澍农校注,华夏出版社2008年版,第463—476页。
⑤ 刘俊文:《唐律疏义笺释》上册,中华书局1996年版,第59、745页。
⑥ [清]薛允升:《读例存疑点注》,胡星桥、邓又天主编,第302页。

海经云,从水多三足鳖,食之无蛊疫。近亦有人误食而无恙者,何哉?盖有毒害人,亦未必至于骨肉顿化也"①,表达了对其的质疑。此外,从"意外诸毒"所采内容来源看,除医书外,还有部分来自笔记小说,如宋之《夷坚志》等,②这使其论述中也与全书其他部分体例有所不同,他处甚少采择案例,此处则掺杂几例豆棚闲话之故事,似意在更生动地给人以警示。其中的某些内容在今日看来虽颇显荒诞,但其背后亦隐含了一些道理,如"有一物常食性平,与他物相感,入腹成动物者,如鲙生同酥乳食之,变诸虫"③,虽然混吃食物不会产生"诸虫",但食用生鱼肉确实会因其中含有寄生虫的幼虫(如囊尾蚴等)而致病。但总体而言,此部分内容之添加,实为一种认知上的退步,这可能与其辑订中求全有关,也说明了其对"可采者"的"考校辨疑"之不足。

因此,对于《律例馆校正洗冤录》,就其承接继往,特别是与《洗冤集录》对比来看,在各类死因认识上有了一些新的进步。其贡献主要有二:一为体例合理,便于阅读理解;二为制定了检骨图、格,开历代未有之先例,与检验技术相统一,在文书上满足了各级审理覆核之需要。但就操作方法(检地过于玄妙,故本文不采)、思维方法、理论认知三方面而言,并无突破性的成就,且因杂采各书、校订迅速,其中甚至有荒诞成分,不免造成了负面影响。

另外须指出的是,今人多有将《律例馆校正洗冤录》与《洗冤集录》混用者,以至于明明是清代的资料却用来引证宋代,这类错误已有黄显

---

① [明]李时珍:《本草纲目(校点本)》第 4 册,人民卫生出版社 1981 年版,第 2508 页。
② 《律例馆校正洗冤录》卷 3"意外诸毒",张松等整理:《洗冤录汇校》上册,第 222 页;[宋]洪迈撰:《夷坚志》第 1 册甲志卷 10"草药不可服",何卓点校,中华书局 1981 年版,第 84—85 页。
③ 《律例馆校正洗冤录》卷 3"意外诸毒",张松等整理:《洗冤录汇校》上册,第 224 页。

堂指出。① 但是该类错误的发生,也正证明了《洗冤集录》的影响力:自宋氏之后,虽也有"平冤""无冤"之名,但自明至清,有关检验的专书几乎都是以"洗冤"命名。《洗冤集录》在传统检验用书中,达到了一种类似《黄帝内经》《伤寒论》等中医经典的地位。律例馆以朝廷之力编定检验用书,亦并未另立他名,或考虑将之与平冤、无冤等合而称之。如此种种,皆昭示了宋慈及其《洗冤集录》在中国传统检验领域的开山地位。

---

① 黄显堂:《宋慈〈洗冤集录〉研究中的失误与版本考证述论》,《图书馆工作与研究》2005年第4期。

第三章
异彩纷呈
——清代洗冤文本的兴盛及洗冤技术的发展

清代的检验诸书,除《律例馆校正洗冤录》外,尚有其他以"洗冤"命名的书籍出现。可以说在清代,洗冤类书籍呈现出一种异彩纷呈的局面。从文献学、版本学上说,它当然是丰富的;即使站在当今法医技术的角度而言,它亦是灵动地发展着。最让人感兴趣的是,它在自身检验方法的要求下,与传统中医学渐渐偏离,并与明季西学相参合,发展出了近现代意义上的某些解剖学认知。

第一节　书目要览

清代的检验用书种类之多、之繁,已到了不易统计的地步。如果以包含检验内容为标准,则官箴书如《福惠全书》、地方法律文献如《湖南省例成案》中亦都包含关于指导检验的内容,不仅有制度上的,亦有技术探讨上的。即便仅以将"洗冤""检验""检骨""检尸"等作为书名来统计,亦相当庞杂,仅从王宏川《中国历代法医学著述考》一文的罗列来看,就有69种之多,[①]如果再考虑到版本上的不同,则将更为庞杂。

[①] 王宏川:《中国历代法医学著述考》,河南省高校图书情报工作委员会编辑:《文献信息工作研究论丛》(2),中州古籍出版社1999年版,第358—381页。

况且如果单纯依书名为判断,则《宝鉴篇》《石香秘录》这类歌诀式的纯检验用书又将被排除在外,并且《读律佩觽》等书虽看似无检验之名,但其中的"洗冤录补"则有较多对《洗冤集录》增补的内容——《律例馆校正洗冤录》的一些错误亦源自该书;①而《福惠全书》虽非检验专书,但因该书影响较大(特别是在海外),其中包含的检验知识亦常被后世的洗冤诸书引用。

为便于探讨,兹以贾静涛《中国古代法医学史》中所载各书,列表如下。虽然其所载并非全部,但就内容而言,基本反映出了清代检验知识的大体情况及相关知识的发展脉络。

表 3-1 清代检验用书举例

书名*	卷数	辑、撰者	年代	备注
洗冤录及洗冤录补	2卷	王明德	康熙十二年(1673)	《洗冤录》即王肯堂之《大明律附例笺释》中的洗冤检验三十条,《洗冤录补》则是先列王本《笺释》原文一段,然后提出自己见解以进行增补
洗冤集说	8卷	陈芳生	康熙二十六年(1687)	以《洗冤集录》为中心,参以《无冤录》及《结案式》《未信篇》《读律佩觽》等汇编而成
福惠全书	32卷(卷14—16与检验有关)	黄六鸿	康熙三十三年(1694)	卷15—16 为附于王肯堂《大明律附例笺释》之后"检验尸伤指南附医救死伤法"的合刊本,卷14 为作者个人审案、检验经验总结

---

① 贾静涛:《中国古代法医学史》,群众出版社1984年版,第189页。

续表

书名	卷数	辑、撰者	年代	备注
洗冤录	2卷	于琨	康熙三十四年（1695）	辑于《祥刑要览》卷2—3，以《洗冤集录》为本，附以《无冤录》改编、删削而成，并附元《圣朝颁降新例》
洗冤汇编①	1卷3册	郎廷栋	康熙四十九年（1710）	主要参考《洗冤集录》《读律佩觿》《洗冤集说》等，附疑案十五条
律例馆校正洗冤录	4卷	律例馆	乾隆七年（1742）②	官本，以《洗冤集录》为主、王明德《洗冤录补》为辅，以及其他各家之言
洗冤录备考		国拙斋	乾隆四十二年（1777）	李观澜补辑本《洗冤录》与王又槐《洗冤录集证》中有引用
洗冤录表③	4卷	曾恒德	乾隆四十五年（1780）	附于曾恒德所著《大清律表》之后，正文以《律例馆校正洗冤录》为本，顶栏有自己的经验及《洗冤录补》《洗冤录备考》等各家内容

---

① 另有"曾慎斋"之《洗冤录汇编》（见王宏川：《中国历代法医学著述考》，河南省高校图书情报工作委员会编辑：《文献信息工作研究论丛》（2），中州古籍出版社1999年版，第368页）。但又有称"曾慎齐"作《洗冤汇编》，如姚德豫于《洗冤录解》未定稿自序中说"我朝南昌曾慎齐甫作《洗冤汇编》"（见张松等整理：《洗冤录汇校》下册，第571页）。查日本东京大学东洋文化研究所藏《洗冤录解》刻本，原文亦是"齊"，故汇校本当抄录无误，但是否为"斋"误为"齐"（"齐"的繁体与"斋"相近），则有待考证。至于郎廷栋之《洗冤汇编》，与上述曾氏之书究系二书，还是本来一书，只是不同刊本，姑且存疑。

② 该年代贯书作"康熙三十三年"，兹予以改正。

③ 又依同治十年《临江府志》载，嘉道时的杨巨源也作《洗冤录表》（参见郭霭春主编：《中国分省医籍考》，中国医药出版社2020年版，第1337—1338页），但其与曾恒德之作有何区别，因未见署有杨氏的本子，故无从断定。

续表

书名	卷数	辑、撰者	年代	备注
洗冤录集证		王又槐、李观澜	嘉庆元年（1796）	以《律例馆校正洗冤录》为主体，王又槐增辑在顶栏，章末列附考。李观澜"补辑"有"洗冤录补遗三则""洗冤录备考十一则""检验杂说并检验歌诀"，《洗冤录》的各种欧文翻译本几乎皆采此版本
洗冤录辨正	1卷	瞿中溶	道光七年（1827）	以《洗冤集录》《洗冤集说》《读律佩觿》等校正《律例馆校正洗冤录》
检验合参与检验集证	检验集证2卷①	郎锦骐②	道光九年（1829）	《检验合参》是对刑部颁发尸图和检骨图加以注释，《检验集证》157条，为历年检验成案
洗冤录解	1卷	姚德豫	道光十二年（1832）	对尸体及活体检查的见解，并且有多处对于律例馆本所附的图格提出驳难

---

① 贾静涛未言及《检验合参》卷数，只说《检验集证》为2卷。中国社会科学院法学研究所图书馆藏有《检验合参·检验集证》（竹荞周氏藏版，道光十五年重刊本）一函一册，未分卷。

② 贾静涛作"郎锦麒"，查日本东京大学东洋文化研究所的《重刊补注洗冤录集证》坿录本，其书亦为"麒"，贾静涛可能依此而作认定。但查其他本，多作"郎锦骐"，何者为是？经笔者考证认为当是郎锦骐。理由是：郎自称"古雁门"人，自序"顾历官三十余年矣，由闽而燕而豫，旋来桂、管，决狱不下千百案，自柳州移守桂林，谳狱益多，惟慎之又慎"，而关于其职务署任的一些奏折上写的也均是"郎锦骐"，且这些所署之任正好是闽、燕、豫、桂，与其自序相合，奏折中言其籍贯也是山西人氏，故当作"郎锦骐"而非"郎锦麒"，参见贾静涛：《中国古代法医学史》，群众出版社1984年版，第193页；严世芸主编：《中国医籍通考》第4卷，上海中医学院出版社1993年版，第5641页；《朱批奏折》，藏于中国第一历史档案馆，02-01-03-08096-017、02-01-03-08643-016、04-01-12-0286-013、04-01-12-0289-038、04-01-12-0361-037、04-01-12-0345-103。

续表

书名	卷数	辑、撰者	年代	备注
补注洗冤录集证		阮其新	道光十二年（1832）	在王又槐、李观澜《洗冤录集证》上增补加注而成，附有《宝鉴编》(亦名《洗冤录歌诀》)①
续增洗冤录辨正参考		李璋煜	道光十八年（1838）	《洗冤录辨正》《检验合参》《洗冤录解》三书合刊
重刊补注洗冤录集证		文晟、梁石泉	道光二十四年（1844）	对《补注洗冤录集证》进行补注，并加入《续增洗冤录辨正参考》，附方汝谦撰《洗冤宝鉴》(又名《宝鉴篇》②)
洗冤录补注全纂	6卷	钟小亭	约在道光十七年至道光二十三年（1837—1843）	《补注洗冤录集证》的删削本，加有钟氏"增评"
洗冤录详义	4卷	许梿	咸丰四年（1854）	《律例馆校正洗冤录》的补注本，为清末最受欢迎的检验用书之一，并有葛元煦、藩霨等重刊本，葛氏重刊本增有《洗冤录摭遗》

① 贾静涛与王宏川（见王宏川：《中国历代法医学著述考》，河南省高校图书情报工作委员会编辑：《文献信息工作研究论丛》(2)，中州古籍出版社1999年版，第370页）均认为阮其新编《宝鉴篇》，当误，阮其新自叙"并将所习《宝鉴编》亦附于篇末，以备参览"，张锡藩亦言"近时横州牧阮其新复本又槐之《集证》，而以经验成牍，及世传之《宝鉴编》附之"（见[清]王又槐辑，[清]李璋煜重订：《补注洗冤录集证》阮序、张序，张松等整理：《洗冤录汇校》下册，第454、456页）。另，贾与王文均作"宝鉴篇"，查相关原文均作"宝鉴编"，当误，据原文改正。

② 见王宏川：《中国历代法医学著述考》，河南省高校图书情报工作委员会编辑：《文献信息工作研究论丛》(2)，中州古籍出版社1999年版，第372页。此《宝鉴篇》与本表前载的《宝鉴编》有何异同，尚待进一步考证。据前人研究，此《宝鉴篇》又名《洗冤宝鉴》，作者方汝谦，通州人，乾隆二十二年（1757）进士，曾授山东馆陶知县，目前存世的为清光绪二十七年（1901）京师荣录堂刻本。见王丁旺编：《公安学文献参考书目》，群众出版社1991年版，第460页；俞慎初：《宋慈》，建阳县政协文史资料委员会：《建阳文史资料》第6辑，内部资料1987年版，第49页；翟国璋主编：《中国科举辞典》，江西教育出版社2006年版，第89页。

续表

书名	卷数	辑、撰者	年代	备注
洗冤录义证	4卷	刚毅	光绪十七年（1891）	以《律例馆校正洗冤录》为主体，参照详义，辅以文晟本集证等

资料来源：贾静涛《中国古代法医学史》，第189—197页（本表借鉴自江存孝《清代人命案件中的检验及取证模式》，第62—64页）。

＊对同一书的不同刊本，或虽有增辑但名相同的，皆只录一本。

从清代有关检验用书来看，其发展以乾隆七年（1742）为界，之前的主要以《洗冤集录》《无冤录》为本进行编撰，之后则以《律例馆校正洗冤录》为本。除上表中有备注者外，康熙三十三年（1694）的《福惠全书》合刊之"检验尸伤指南附医救死伤法"，据贾静涛考证，亦系元刻《洗冤集录》的改编本，并有参引《无冤录》之处。① 而此后无论集证、详义、义证还是歌诀、图表等，在体例上都是本之《律例馆校正洗冤录》，这一体例上的变化，亦进而佐证了上文对律例馆本不可能出自康熙朝的判断。

附带指出的是，有人将上述书目分类为官本与坊本，但这个分类可能是值得商榷的。在文献学上，古籍以刻印单位区分，普遍的分类是官刻本、家刻本和坊刻本，②故坊本的对应本并非仅是官本，且无论在中央抑或圣谕中所说的布政使衙门"照式刊刻"，《律例馆校正洗冤录》均指官本，不存在因系地方印刷即是坊本之说。又如下文将重点提及的《洗冤录详义》，其虽是私家之说，但因影响大，三种类型的刻本今日均可见：中国社会科学院法学研究所图书馆所藏的古均阁本即是作者许槤本人的家刻本；而日本东京大学东洋文化研究所收藏的光绪九年与十三

---

① 贾静涛：《中国古代法医学史》，群众出版社1984年版，第189页。
② 曹之编著：《中国古籍版本学》（第2版），武汉大学出版社2007年版，第37页。

年本,则正好一是贵州臬署司刊本,属官刻本;另一本是琉璃厂荣录堂本,为坊刻本。这一可辩论处,也正说明了清代洗冤用书的繁多与驳杂。

第二节　书目脉络

　　清代检验用书主要沿着三个脉络发展:一为集证式的,即用案例来论证;二为以辨正、备考、详义等方式来进行理论上的阐释、升华、提炼;三为通俗记忆式的,如洗冤录表、洗冤录歌诀等。这三个方向各有侧重,并有各自的发展脉络,众流奔腾,蔚为大观,并进而共同将传统的洗冤检验之学推向了最高峰。另需要指出的是,清代之前的元、明等朝,除平冤、无冤二录外,尚有其他检验用书出现,但就其内容来看,多是根据现实需要对《洗冤集录》等书进行删减、提炼,偶尔也加入个人的某些新见,如明代吕坤在《实政录》中针对死亡检验提出通鼻无嚏、勒指不红、遍身如冰三个标准。[1] 但总的而言,无论从书目丰富程度还是内容深度上看,前代的检验用书与技术发展都逊于清。

　　就集证式而言,在安徽省按察使增福奏请颁发骨格的同时,亦有此恳求:"并请逐细检查从前办过各省检验疑难命案。有《洗冤录》中所未开载者,续纂入《洗冤录》内,颁发直省。"但是刑部否决了这个提议:"若检取成案,纂入《洗冤录》,不但案牍浩繁,且致有挂一漏万之弊,所有该按察使请检查从前办过疑难命案,续纂入《洗冤录》内

---

[1]　贾静涛:《中国古代法医学史》,群众出版社1984年版,第137—138页。

之处,亦毋庸议。"①但是增福提出的也确是一种现实需要,因为从《洗冤集录》开始,平冤、无冤、律例馆本等大体描绘的只是经典征象,类似于疾病诊治中的最典型模式,稍有变化则可能让人无所适从;并且如何能让没有受到过检验知识系统训练的科举取士官员,在短期内迅速适应另一个完全陌生的领域——检验尸伤的需要,无疑是一个颇为重要却繁难的问题,而从案例入手,鲜活生动,无疑更容易领会记忆,是个较好的切入口。这一方向自郎廷栋《洗冤汇编》始,该书即附有疑案十五条;王又槐开其大端,"凡成案足征,医书可信,于验伤检骨有关涉者,就原录门类随时附书以备参考。执政卿宰见而许之,咸命公诸世"②;又经郎锦骐《检验集证》发扬,进而不断演进,形成了一种以案例解说律例馆本的检验书籍模式。清代的《洗冤录集证》《补注洗冤录集证》《重刊补注洗冤录集证》等书大体都是沿着这一脉络发展的产物。因该类书籍影响较大,故西文译本几乎都本于《洗冤录集证》一书。③

就阐释类而言,有通过训诂方式的,如《洗冤录详义》中就肩髃、肩井解释"肩髃,即肩头,俗呼肩尖。《仪礼·既夕记》郑注'髃,肩头也'。《韵会》'髃,髆前骨'。《正骨心法》云'即肩甲骨臼端之上棱骨也。今人误以肩井当之,非是'。《续明堂灸经》云'肩井并非骨名,在肩上陷中,乃胆经所过之穴,其形如井,故名'"④。有校勘方式的,如瞿中溶即是以《洗冤集录》《洗冤集说》《读律佩觿》等校勘《律例馆校正洗冤

---

① [清]李观澜补辑,[清]张锡藩重订:《重刊洗冤录汇纂补辑》之"附刊检骨图格",张松等整理:《洗冤录汇校》下册,第508—509页。
② [清]王又槐辑,[清]李章煜重订:《补注洗冤录集证》之"王序",张松等整理:《洗冤录汇校》下册,第452页。
③ 贾静涛:《中国古代法医学史》,群众出版社1984年版,第216页。
④ [清]许梿编校:《洗冤录详义》卷1"骨图",张松等整理:《洗冤录汇校》下册,第611页。

录》:"未须(今脱)用糟醋(二十九页三行)。案:'未须',犹言不应也。若无'须'字,语意便非。"①有通过义理、经验进行提炼与延伸的,如王明德《洗冤录补》、黄六鸿《福惠全书》,其中王明德针对尸体现象下定义云"尸未变烂曰僵结,尸已变烂曰消化"②。针对闷死施之于口鼻有(湿物)搭、(外物)压塞之不同,黄六鸿解释说:"搭则使气闷而绝,压则并气脉不能流转,故伤有不同。"③清代甚至有专门针对尸格、骨格填注进行一一阐释的,针对每一需填注处,解说具体在何部位,有何注意事项,郎锦骐《检验合参》即为是,如该书针对尸格中的囟门和骨格中的囟门骨,总结前说指出:"(致命)囟门(幼小时动未合者便是)。骨格填囟门骨。《洗冤录》'疑难杂说'载:将人致死,或经久腐烂,无迹可凭者,但验囟门一骨,谚称天灵盖,必浮出脑壳骨缝之外少许,其骨色淡红,或微青,皆因罢绝呼吸,气血上涌所致。又《杂证》载:《医宗金鉴》云,颠顶骨,男子三叉缝,女子十字缝,一名天灵盖,位居至高,内函脑髓,以统全体。是名天灵盖,即顶心骨,非囟门。"④

就通俗记忆式而言,《宝鉴编》等为歌诀、《洗冤录表》为图表。如以《洗冤录摭遗》卷下所附《宝鉴编》有云:

洗罨:先将门扇衬其尸,水洗方将糟醋施,衣服盖尸淋热醋,候

---

① [清]瞿中溶撰,[清]李章煜重订:《洗冤录辨正参考》卷1"验已烂尸",张松等整理:《洗冤录汇校》下册,第531页。
② [清]王明德:《洗冤录补》,张松等整理:《洗冤录汇校》上册,第70页。
③ [清]黄六鸿:《福惠全书》卷16"人命下",刘俊文主编:《官箴书集成》第3册,第395页上栏。
④ [清]瞿中溶撰,[清]李章煜重订:《续增洗冤录辨证参考》之"附刊检验合参",张松等整理:《洗冤录汇校》下册,第551页。

尸体软见伤痕。春秋糟醋宜微热,盛夏炎天热不宜,冷极掘坑须火逼,罨尸覆席醋淋之。

……

检骨:掘坑烧炭醋熬渍,取骨穿麻次第联,扛骨入坑蒸两候,出将油伞罩晴天。②

又如图表式的,有曾恒德《洗冤录表》,其正文几乎一字不易地照《律例馆校正洗冤录》列表。在比较之中,非常有利于记忆及查阅。

还有些属于简化纲要式的,即删除具体解说,只略论要点,如《石香秘录》论缢死、勒死及二者之别:

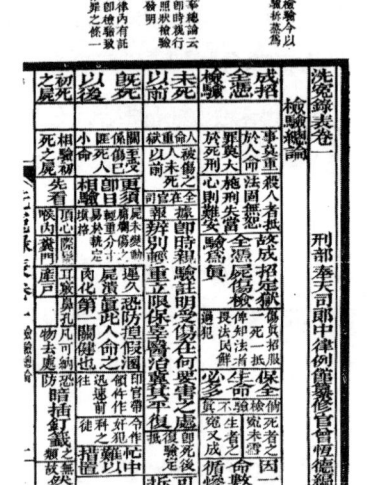

图3-1 《洗冤录表》书影①

凡自缢死者,日久皮肉消烂,检骨则伤映于两耳根前。

凡被人勒死者,咽喉有围颈绳痕,不起向下交匝,结缔在于面前,不拘左右两背,俱曲,两手微握。

凡死后血脉已定,假作生前缢死者,咽喉绳痕俱白,并无颜色。

凡被人叉死者,咽喉中间有手叉痕路,两边有指甲痕,俱有颜

---

① [清]曾恒德编:《洗冤录表》,氏编:《律表》第2册,年代不详,藏于国家图书馆北海分馆。北海馆第2册封面显示为户部,与内容完全不符,综合全书内容推而断之《洗冤录表》应为该书第6册。

② [清]葛元煦辑:《洗冤录掘遗》卷下"宝鉴编",张松等整理:《洗冤录汇校》下册,第720、722页。

色,面赤,唇吻流出涎沫,胸腹有伤。①

上引文字简单明了,无多余之赘语。

需要指出的是,上述三个脉络只是为了论述上方便而作的概括,就单纯一本书籍而言,其归属于哪一类只是就大体而言。实际上,清代检验之书常是相互吸收的。如《洗冤录集证》固然以案例为主,这也是它宝贵的地方,但是其顶栏的"增辑"多为阐释性的,此外,在李观澜补辑本的《洗冤录集证》中亦载有"检验杂说歌诀";又如《洗冤录表》应归入通俗记忆类,但其顶栏内容同样有些阐释及经验总结成分;再如《洗冤录补》固然主要是阐释甚至加以提升的,作者的一些臆想成分严重影响了后世,故而后世不断出现相关的质疑驳正,但其中亦载有一些说明性的案例,如在说明如何分辨生前与死后伤时,载有一患棉花疮的案例,死者因头骨病变,生成很多疮孔,"皆如刀锥所钻,圆俊光溜,遍顶俱满,澄然白骨,不独绝无血瘀,抑且并无一点血痕",经考察后认为系幼时患棉花疮所致。② 该案例在其后检验用书如《洗冤汇编》中亦被引用。

在上述三股脉络发展的过程中,对于检验技术贡献最大的系在经验的基础上提升、总结、推广,进而逐步形成了对旧有学说之驳正。这个过程开始时通常只是案例的发现,在发现之后因与《律例馆校正洗冤录》记载不符,作者也不敢妄下断言,只是谨慎地记以存疑,进而通过后人反复观察,认为原载不确,遂提出驳正,否认原有说法。如关于男女骨骼,《洗冤集录》中认为二者不同,《律例馆校正洗冤录》中亦延

---

① [清]葛元煦辑:《洗冤录摭遗》卷下"石香秘录",张松等整理:《洗冤录汇校》下册,第734页。
② [清]王明德:《读律佩觹》卷8上,何勤华等点校,法律出版社2001年版,第319页。

续了这个错误,甚至在王明德《洗冤录补》影响下又增加了"女人产门上较男子多羞秘骨一块"的说法。这个问题在清代中后期逐渐得到澄清,先是《补注洗冤录集证》中载有案例存疑:"乾隆五十五年,湖南麻阳县民妇张氏福莲尸骨,检无羞秘骨,有两髀骨,无架骨,有胯骨。"①后姚德豫在《洗冤录解》中明确发出质疑:"检骨格于两肋二十四条下注云:'妇人多四条。'髀骨、骨下注云:'妇人无。'今多者不尽多,无者或反有,何也?"但是他并未全面否定原有说法,而是谨慎地提出"似当于格内添注'女骨亦有与男骨相同者'句,以昭核实"。② 直至许槤《洗冤录详义》,才明确地予以否定:"乃敢一言以断之曰:男女骸骨并无异同,其间有不同者,乃人生骨相之殊,男女皆有之,而非以此分别男女也。"③当然,在此过程中,有关通俗记忆类的用书,主要是以帮助识记为目的,此类贡献则相对小些。

第三节 死因知识的积累发展

上文已述及《律例馆校正洗冤录》对此前的一些新认识作了记载,下面介绍的是该书刊行之后有关死因认识的发展。

---

① [清]王又槐辑,[清]李章煜重订:《补注洗冤录集证》卷1"验妇女尸",张松等整理:《洗冤录汇校》上册,第63页。
② [清]姚德豫著,[清]李章煜重订:《洗冤录解》之"髀骨骱骨肋骨解",张松等整理:《洗冤录汇校》下册,第588页。
③ [清]许槤编校:《洗冤录详义》卷1"检骨格",张松等整理:《洗冤录汇校》下册,第643页。

一、尸体现象

文晟报告了五例尸体长时间保存并未腐烂的实例,指出其原因多系"用泥沙掩埋,尸沾地气,经久不坏"。其中一例尸体用沙土掩埋经198日,发现时尸体仍然完好。文晟还介绍了广东潮州有一种特殊的人工保存法:"每用盐数斗罨尸,可经一两年不坏。"[1]许梿《洗冤录详义》亦介绍了几种保存型尸体现象:

余询之掩埋局及老仵作,云:僵尸有红、黑、白三种。红僵面色如生,皮肉红活,有无伤痕,一览即知;黑僵周身灰黯,皮肉干朽贴骨,肚腹低陷,伤难辨认,即用糟醋拥罨,未见分明;白僵色白带黄,皮肉干朽而不贴骨,往往有沿身长白毛者,其伤痕全然不显。更有一种左半僵结,而右半消化者;亦有上半僵结,而下半消化者。[2]

对于这几种僵尸,陈东启教授认为,"红僵"类似马王堆汉墓古尸,属于鞣尸;"黑僵"属于木乃伊;"白僵"与"半身僵结,半身消化"者可能是尸蜡。[3]

---

[1] [清]王又槐辑,[清]李章煜重订:《补注洗冤录集证》卷1"辨四时尸变",张松等整理:《洗冤录汇校》上册,第67页。贾静涛考证出该论系文晟所说,本书信而采之,见贾静涛:《中国古代法医学史》,群众出版社1984年版,第138—139页。

[2] [清]许梿编校:《洗冤录详义》卷1"白僵",张松等整理:《洗冤录汇校》上册,第72页。

[3] 转引自贾静涛:《中国古代法医学史》,群众出版社1984年版,第139页。

二、自伤、他伤鉴别

在《洗冤集录》中提出了看有无抵抗伤等区别，姚德豫则于《洗冤录解》描述了试探伤现象，提出将之作为区别要点。所谓试探伤，就是在致命伤创口旁有一条或多条与伤口平行的同类伤口，多见于腕部或颈部，是自杀的特征性损伤，反映死者在最终的致命性切割前犹豫与试探的心理过程——开始比较浅，而后逐渐加重。姚德豫对此描述说："豫所验自残数伤者，必有深浅，与人杀者迥异。盖自残初下手时，必畏痛缩手而轻，终于忿不欲生，故连砍而重。若凶杀，心狠手辣，无轻划之理矣。至自残，刀必排连，一定之理。若被人杀，强者抵拒，弱者逋逃，即倒地迭殴，亦必转侧挣命，刀痕不能排连，此事理之易明者也。"[①]这一发现补充了自伤、他伤鉴别中的一个关键点。

三、火器性枪弹创

在《律例馆校正洗冤录》后，国拙斋、李观澜等较成功地描绘了火器枪弹创的射入口、射出口等特征。《洗冤录备考》中指出射入口性状是"枪伤围圆肿胀焦黑，或红紫不等"，[②]《检验杂说歌诀》进而将枪创区别为射入口和射出口，并分析了霰弹创及射击距离与伤口状况的关系：

---

① [清]姚德豫著，[清]李章煜重订：《洗冤录解》之"参差深浅解"，张松等整理：《洗冤录汇校》下册，第578页。

② [清]许槤编校：《洗冤录详义》卷2"手足他物伤"，张松等整理：《洗冤录汇校》上册，第164页。贾静涛似也未见过《洗冤录备考》全书，指出其"内容广泛"，但不同书中又引用有不同条，见贾静涛：《中国古代法医学史》群众出版社1984年版，第192页。

"检验鸟枪伤:先看衣上焦眼痕,次验受伤进出门,火药烧处皆黑色,铅铁弹子方圆分,检骨先须论远近,着伤眼孔要数清,进剌向里出向外,伤眼青黑血癥明,铧枪方眼弹沙圆,皮骨血浸眼青元,远则子散难透骨,近则子聚透骨穿。"①对比当代法医学图谱,可以看出该描述是相当细致的。

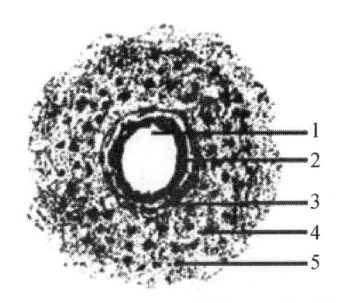

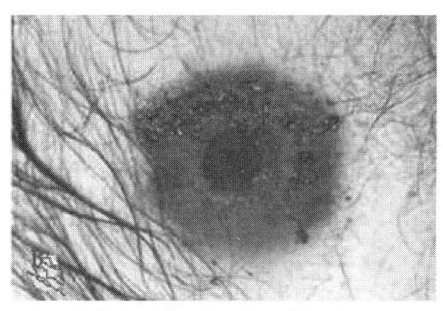

1.组织缺损;2.挫伤轮;3.污垢轮;4.火药颗粒;5.火药烟晕

图 3-2　枪弹创示意图及相关法医学图谱②

四、有关鸡奸的记录

清代始见有涉及这一问题的资料。③《补注洗冤录集证》中载有四个关于鸡奸的案例,提出"鸡奸已成:查验谷道开,内里红肿,委系鸡奸已成。久被鸡奸:查验某粪门宽松,并不紧凑,与屡次被奸情形相符",并且在一则"鸡奸不验粪门"的案例中记载刑部针对鸡奸发生未验粪门的做法指出,"律例虽无查验曾被鸡奸之人粪门明文,但强奸处女则

---

①　[清]李观澜补辑,[清]张锡藩重订:《重刊洗冤录汇纂补辑》之"检验杂说歌诀",张松等整理:《洗冤录汇校》下册,第504页。
②　常林主编:《法医学》,中国人民大学出版社2008年版,第109页。
③　贾静涛:《中国古代法医学史》,群众出版社1984年版,第155页。

有验明阴户是否处女之例,已可类推。且死者既无生供,则必验明死者粪门是否宽松,方可为通奸之据"①。这说明遇到鸡奸案例需检验肛门在清代已是习惯性做法。

五、有关中毒的案例

作为用以提取鸦片的植物——罂粟,至晚在唐代即已传入我国。宋时一度将其作为补品,用以煮粥等;又因其花朵鲜艳,还被人们作为观赏植物种植,②明人有诗赞曰:"庭院深沉白昼长,阶前仙草味群芳。含烟带雨呈娇态,博粉凝脂逞艳妆。"③其毒性则是随着人们掌握了从中提取鸦片的制作技术后而渐被人认识。在清代检验文献中,就描述有鸦片的中毒情形,并认识到鸦片可致假死状态出现。《补注洗冤录集证》载:"若服多毒重,则身冷气绝,似乎已死,若肢体柔软,则脏腑筋络之气尚在流通,实未死也,乃鸦片烈性醉迷之故耳。……三四日后,鸦片之气退尽即活。但身不僵硬,不变色,七日以内,无遽棺殓。"④因为假死时呼吸、心跳等生命指征十分衰微,从表面看几乎完全和死人一样,如果不仔细检查,很容易误作已经死亡,甚至将"尸体"处理或埋葬。对此清人同样告诫:"尝闻老年仵作说,检服鸦片尸骨,伏者居多,侧者亦尝尝有之,平仰者甚少,盖因其人埋在土中,鸦片毒性退尽,仍复

---

① [清]王又槐辑,[清]李章煜重订:《补注洗冤录集证》卷1"验妇女尸",张松等整理:《洗冤录汇校》上册,第64页。
② 赵禄祥、赖长扬主编:《资政要鉴·社会卷》下册,中国档案出版社2009年版,第748页。
③ [明]吴幼培:《罂粟花》,聂振邦编著:《名花诗趣》,黑龙江少年儿童出版社1987年版,第111—112页。
④ [清]王又槐辑,[清]李章煜重订:《补注洗冤录集证》卷4"急救方",张松等整理:《洗冤录汇校》上册,第295页。

醒活,辗转棺中,不能复出,久则真死矣。故其骨殖不伏即侧,实为服鸦片可救之确证也。"①

六、物证上的成就

对于滴血验亲的做法,清人已有质疑。滴血验亲虽可谓当今血亲关系检验之先声,但这种检验方法实为不确,早在康熙年间,即《律例馆校正洗冤录》刊行前,黄六鸿就曾提出质疑:"由此观之,则滴血之事,又未可尽凭也,咐识于此,以俟高明者酌夺之。"②虽然律例馆本仍将其载入,但从刑部的态度来看,对此亦有怀疑,如"乾隆十四年,直督那题:验王贵显骸骨,责令尸兄王贵甫、尸妻杨氏并幼女各刺臂血,如法滴骨,并无沁入痕迹。查幼女因杨氏与陈大毛贵通奸,或非王贵显所生,是以滴血不入。部议再加详审"③。

同时,清代提出了人兽血之辨,《检验杂说歌诀》载:

验凶器:立法认刀盆贮醋,烧红刀搅迹形彰,人身油血属咸性,蚀铁如绣不能装,若将牲血涂刀上,火煅酒渍并如常。(注云:刀痕火烧醋淬,色现如蓝靛;刀蔑马血烧淬,痕亦青,但黯而无色。)

验血衣:绸缎布匹白青蓝,一入人血漆同坚,血新味存可尝试,

---

① [清]王又槐辑,[清]李章煜重订:《补注洗冤录集证》卷4"急救方",张松等整理:《洗冤录汇校》上册,第295页。
② [清]黄六鸿:《福惠全书》卷16"人命下",刘俊文主编:《官箴书集成》第3册,第399页上栏。
③ [清]王又槐辑,[清]李章煜重订:《补注洗冤录集证》卷1"滴血",张松等整理:《洗冤录汇校》上册,第95页。

禽兽血淡人血咸,血旧用水洗不去,酒浸更洗并昭然,即将牲血来浸染,浣濯一加血即完,人血再经用火煅,气臭不比畜腥然,有血青黑无血白,血浸痕处灰不湔。①

七、法医人类学上的成就

清代有了关于人兽骨的区别认识,尽管相当粗糙,但仍可视为一种法医人类学的先声:

> 人畜骨自殊,大小形不一,惟有肋相似,亦各有差别,人肋宽平匾,畜肋长圆窄,勿比人骨白,外坚而内实,颈脊系口差,颜色不符合,细验见分明,不必费周折。
>
> …………
>
> 人骨非黄即白,一经火焚,尽成白色,今验系黑色无髓,其为兽骨而非人骨无疑。②

如果我们追溯法医人类学起源的话,那么这算是一个最初的努力案例了。

不过须指出的是,物证技术的发展是需要相关生化、遗传知识作铺垫的;人类学知识的发展,则需要大规模的观察、测量比对。前者清代

---

① [清]李观澜补辑,[清]张锡藩重订:《重刊洗冤录汇纂补辑》之"检验杂说歌诀",张松等整理:《洗冤录汇校》下册,第506页。
② [清]王又槐辑,[清]李章煜重订:《补注洗冤录集证》卷1"辨人畜骨",张松等整理:《洗冤录汇校》下册,第462页。

并不具备,后者清代亦无专门就此一点的方法论意识。此二者于清代虽有微弱的进步,但尚处于萌芽状态,以当时条件论,能否自然演进成熟也是大可怀疑的。

第四节　方法深入与认知提升

一门学科的发展,最终取决于方法与理论上的成熟,这二者是相辅相成的:理论成熟能更好地为方法带来指引,方法成熟能带动理论的圆满。站在今日角度,我们当然不能说清代检验技术是成熟圆满的,但是,随着检骨图、格的官颁样本通行,检骨方法的推广,由个别的案例积累逐渐发展为大规模的实证考察,在清代显示出一种与传统中医和元、明检验知识积累不同的方法转向,进而提升了相关人体认知水平。在当时的文化、思维整体背景下,达到这样的认知水平是非常不易的,这尤其值得中医史学者、法医史学者的关注。

一、检骨运用之推广

检骨经由《洗冤集录》提出,到清代颁行官方检骨图、格,再经过一系列集证案例的汇总,逐渐形成了清代检验中一门类似于病理学在当今医学诊断中作用的技术方法——今日,在疾病诊断中最后下确定性结论时,常需依靠病理学切片镜检,判断诸如切片组织是否属于肿瘤、良恶分型为何等,都有赖于此,预后转归好坏亦全取决于镜下细胞分型。所以有中医开玩笑称,"西医让人明明白白死",此之谓也。与之类似,从清人的记录看,许多案件最后反复检验,亦都依靠检骨来解决。不同的是,今日病理学是多种检查方法同时并用中的一种,而清代检骨常是不得不采用的最后一种,亦是唯一一种手段。在当时条件下,尸体不可能长久保存,时间一旦耽搁或发生争议,只能检骨。但需要说明的是,检骨技术虽有可采性,能否达到清人确信的那种地步,则尚需今人通过实验数据来作进一步验证。

在《补注洗冤录集证》中,即记载有大量的检骨案例,而在许槤《洗冤录详义》中,则对检骨技术作了进一步的系统总结,除介绍技术操作、注意事项外,对其应用以 24 条目作了引证提炼。[①] 参照传统检验之书描述的几大死因,结合当今法医学分类,可以看出其条目已近乎涵盖所有门类:

表 3-2 《洗冤录详义》中的检骨应用推广

知识分类	《洗冤录详义》中对应条目
总论	"辨生前死后痕""辨人身旧痕""检骨与验尸伤痕不符""造作各色伤痕""尸久腐烂检囟门骨"
机械性窒息	"掐伤咽喉身死检法""闷死检法""自缢检法""被人勒死检法""溺水死检法"
机械性损伤	"肚腹小腹受伤检法""腰肋受伤检法""命门受伤检法""男女下部受伤分别检法""肾子肾囊受伤检法""硬物入粪门死检法""产门受伤检法""木器砖石伤检法"
高低温损伤	"烧死检法""烟熏死检法"
中毒死亡	"中粪毒死检法""毒死检法""受瘴死检法""服鸦片烟死检法"

资料来源:[清]许槤编校:《洗冤录详义》卷 1"检骨辨生前死后伤",第 81a—87b 页。

[①] [清]许槤编校:《洗冤录详义》卷 1"验骨""检骨辨生前死后伤",古均阁许氏藏版,藏于中国社会科学院法学研究所图书馆,第 78a—87b 页。以下所引《洗冤录详义》为此版本的,收藏信息从略。

清代在检骨技术发展过程中,还逐渐提出了"应伤骨"的概念,在《补注洗冤录集证》中通过若干案例进行了描述:

上牙根里右边有紫红色,围圆样,系膝盖跪压左胁应伤。合面致命腰间方骨一伤,围圆一寸二分,不整,紫红色,系拳殴肚腹应伤。致命腰间方骨有紫红色,系左胁被打应伤。

检得已死某氏尸骨完全,量长四尺一寸;仰面致命囟门骨微开,青蓝色,系戳产门应伤;……致命方骨左边第一孔上一伤,如黄豆大,紫红色,有血晕,系肚腹被打应伤;不致命左右胯骨后赤色,余无别故,委系生前被殴身死。①

应伤的提出,使虚怯无骨处的损伤都可得到检验。清人选择观察应伤的几个部位,通常是一为观察方骨(相当于今日解剖学之骶骨),如肚腹受伤,上文检女尸例即为此。一为观察头骨,特别是囟门骨、牙根骨,如男女下部受伤,《洗冤录详义》云:

男女下部受伤分别检法。踢伤致死篇云:凡伤下部之人不分男女,其痕皆现于上而不在下。男子之伤现于上下牙根里骨,伤左则居右,伤右则居左,伤正则居中,女子之伤则又现于上颚,其左右中亦然。《洗冤录备考》云:牙根里骨及上颚有红紫色,头顶骨正中有红赤色。②

---

① [清]王又槐辑,[清]李章煜重订:《补注洗冤录集证》卷1"应伤骨""检验女尸",张松等整理:《洗冤录汇校》下册,第466、472页。
② [清]许梿编校:《洗冤录详义》卷1"检骨",古均阁许氏藏版,第84页a。

一为观察同侧肋骨直到头骨,《洗冤录详义》引述曰:

《洗冤录备考》云:腰肋虚愞,一经腐烂,无伤可检,从肋骨上至耳根、头脑各骨俱红赤色,伤左在左,伤右在右。[1]

应伤的提出可能受到了中医的启发。中医学认为,由于经络系统的相互联系以及信息的相互传输,人体的组织器官之间构成了一个有机的整体,并呈现出结构部位的内外、上下、左右等对应性。因此,在临床治疗中,有时根据需要从其相反的部位着手治疗。如上下反取,《灵枢·终始》中曰:"病在上者下取之,病在下者高取之,病在头者取之足,病在腰者取之腘。"又如左右反取,若治疗面瘫,有"㖞左泻右依师正,㖞右泻左莫令斜"之说。[2]

虽然检骨的具体应用成效有待进一步论证,但随着该技术的推广,检骨几乎成了清代所有检验最后可凭恃的"法宝",如:

烟熏死检法。凡烟熏死者,其骨白如雪,无他色相杂,盖火极变金,五行化气使然。湖北省江罗氏用烟熏本夫江池身死,检得尸鼻骨窍内透出枯黄色,委系烟熏致死。乾隆五十二年检案。

服鸦片烟死检法。凡服鸦片烟死者,其尸周身绵软,面色青黑,心坎、肚腹青色,十指甲青黑色,谷道突出,此余在山左亲验者。嗣在京师有曹姓老仵作云,在保定曾检过此种骨三次,其骨大小俱青黯色,惟龟子骨、手足、十指骨、尾蛆骨俱青黑色,前后所检并无

---

[1] [清]许槤编校:《洗冤录详义》卷1"检骨",古均阁许氏藏版,第84页a。
[2] [明]杨继洲:《针灸大成》卷3"玉龙歌",天津科学技术出版社2017年版,第72页。

异同,可以补《录》中未备。①

同时,检骨技术的推广无疑促动了对于清人骨骼认知的深化。

二、对骨骼和人体若干组织的正确认知

(一) 骨骼认知

洗冤检验知识虽从宋代就已验骨检骨,但始终在一个混沌的世界里打转。检骨中对骨骼的一些基础性认识来自《内经·灵枢骨度篇》,但《内经》的相关记载本有不确,继续沿用自然有误。这些错误在清代得到了纠正,两位重要的纠正者,一是姚德豫,一是许梿。

姚德豫,襄平(今辽宁辽阳)人,②字立斋,汉军正白旗,举人。③ 关于他的个人资料不多,今日可知的是姚德豫作《洗冤录解》时,正署任慈溪县知县,按其自序,此时他已"作吏卅年,承乏九邑"④。姚德豫的家世一度比较显赫,可考的是,其外祖父杨重英官至江苏、云南按察使,曾外祖父杨应琚历任两广总督、闽浙总督、陕甘总督、东阁大学士等职,但杨应琚征缅甸失败,本人被乾隆赐死,杨重英又被羁缅多年,这一外系算是衰败了⑤。祖

---

① [清]许梿编校:《洗冤录详义》卷1"检骨",古均阁许氏藏版,第85a—b、87a页。
② [清]姚德豫著,[清]李章煜重订:《洗冤录解》之"洗冤录解未定稿自序",张松等整理:《洗冤录汇校》下册,第572页。
③ [清]杨泰亨:《慈溪县志》卷16,民国三年据清光绪二十五年德润书院刻版后印,第37页b。
④ [清]姚德豫著,[清]李章煜重订:《洗冤录解》之"洗冤录解未定稿自序",张松等整理:《洗冤录汇校》下册,第571页。
⑤ 马子木:《清代大学士传稿(1636—1795)》,山东教育出版社2013年版。第329—332页;徐珂:《清稗类钞》第19册"忠荩、敬信",商务印书馆1917年版,第9—10页;《清高宗纯皇帝实录》第10册卷772,乾隆三十一年十一月上,中华书局1986年影印本,第482页下栏。

父姚永泰曾任云南布政使，①父亲姚明新是位举人，但可能未出仕，而姚德豫的母亲因出自名门，还是位女诗人，名叫杨琼华。② 姚德豫本人还有位弟弟姚德丰，字稺斋，曾官至两淮知事，③姚德豫于道光十一年（1831）作成《洗冤录解》时，他也作有《增补急救方》，这实际上即是对《洗冤集录》"救死方"、《律例馆校正洗冤录》"急救方"的辑订与增补。④ 可见兄弟二人于传统中国洗冤检验的知识传承上均曾有所贡献。

关于骨骼知识，姚德豫首先对相关既有认识进行梳理：

> 录中言验骸骨者五篇，一曰验骨，二乃检骨篇之仵作喝报四缝骸骨，三曰论沿身骨脉，四曰检骨图，五曰检骨格，皆就男女周身骨节实处言，而所言骨节多少，各有异同，无怪检骨之官临场眩惑，老年刑仵终身由之而不知也。豫细考之五篇之源，各有不同。源远而末益分，亦势所必至者。盖论沿身骨脉，乃《洗冤录》原文第一条，太仓王肯堂载之《笺释》集中，我朝律例馆，稍为正其字句之讹而已。检骨篇则仿验尸篇，并采成案，约略数之。验骨篇大都本于《灵枢·骨度篇》注。若检骨图格，则乾隆三十五年，因安徽增枭使奏请颁发，刑部令司员杂采前三篇并成案而订者也。但《灵枢》之注，今检骨不甚符合，以致现行骨格于采用其书之处，填注时每有参

---

① 章开沅编：《清通鉴》第2册，岳麓书社2000年版，第687页。另依《闽海吟》下册（华龄出版社2012年版，第110页）所言，姚永泰还曾任"内务大臣"，然清代只有"内务府大臣"之说，姑存疑。
② 嶙峋：《闽海吟：中国古近代八千才女及其代表作》（下），华龄出版社2012年版，第301、310页；另见于杜珣编著：《中国历代妇女文学作品精选》，中国和平出版社2000年版，第676页。
③ [清]恩华纂辑：《八旗艺文编目》，关纪新整理、点校，辽宁民族出版社2006年版，第149页；何云波：《中国历代围棋论选》，书海出版社2017年版，第311页。
④ 裘沛然主编：《中国医籍大辞典》（上），上海科学技术出版社2002年版，第442页。

差。……豫故不揣愚陋,于检骨格下,骨名之异同有无,伤之真伪疑似,逐条解明,后之检骨者,庶可一览而得于洗冤之意,未必无小补云。①

清初承接以往误区,对人体骨骼始终存有几大错误认识:一是人体骨骼数,认为天有三百六十五日,人有三百六十五骨。二是骨骼形态,如胸骨,原先认为"胸前三骨,系排连,有左右",这样一根胸骨成了六根。三是男女不同,清代检骨格结尾即刊有"右仰面、合面周身骨节,男子、妇女各别者共四处,俱详注骨格本条下。再妇女产门之上多羞秘骨一块,伤者致命"②。所谓四处不同,即女性枕骨无左右之分;肋骨多男性四条;无髀骨(即无腓骨);尾蛆骨男为九窍,女为六窍。再加上其他记载所称男骨白、女骨黑,男女颅骨后缝即顶枕骨缝有异,女有羞秘骨,共七处不同。

姚德豫则在《洗冤录解》中对上述若干错误作了订正:

至头顶之骨,予检男女骨,皆脑后横一缝,当正直下,别有一直缝,作丁字文,彼此相合,形如锯齿。

两肋骨,妇人亦有不多四条者。

(合面)方骨、尾蛆骨(男子九窍,妇人六窍)、羞秘骨。以上三条,与今检骨皆不符,俱有解,详后。

伏查《金鉴》不主其说,乃得其实。心坎骨,乃胸中间骨一条,直而长,如剑形,从喉下至心窝止,乃相连于上半断第三至第七肋脆骨者。

妇人隐处有羞秘骨乎?曰:无。

---

① [清]姚德豫著,[清]李章煜重订:《洗冤录解》之"验骸骨解",张松等整理:《洗冤录汇校》下册,第580—581页。
② [清]许槤编校:《洗冤录详义》卷1"检骨格",古均阁许氏藏版,第73页b。

或曰人有三百六十五节,按周天三百六十五度,信与?豫曰:否。①

相比姚德豫,关于许梿生平的资料则较为详细,其一生的行状大致如下:

许梿(1787—1862),字叔夏,别号珊林,浙江海宁人。生而绝慧,读书能推究民物。与弟楣笃志经术,精治六书,尤明律学如穷经。清嘉庆二十四年(1819)举人。道光十三年(1833)进士。直隶知县,未赴。荐修《国子监金石志》,书成,改知州,得山东平度。始莅任,决狱捕盗类老吏。河漫州田,为开浚支渠,赋且大入。牧平度八年,邻封有疑狱,大府辄檄委往勘,无不结正或平反者。素留心检验尸伤损,订《洗冤录详义》,俾后之刑官奉为师法云。历官淮安、镇江、徐州知府,并著捍灾赈荒诸绩。升江苏粮储道。方改海运,散遣内河水手,部勒周密,无哗者。梿虽吏事精敏,而日不废学。洞识古篆源流。攻《说文解字》,以为其一家之学也。寝馈久,罗致古今撰述,独推钮树玉、王筠为绝诣。纂《说文流笺》巨篇高数尺,未写定,寇乱散佚。别纂《识字略》,依韵戢叠,盖非初志。考定金石文字,手自钩抚。《古均阁宝刻录》行世亦不及十一。工篆隶,书势茂密,与弟楣齐名。兼通医术,博览群书,往往有所刊误校正。咸丰间,兵事大起,流寓转徙,书策沦失,所著不悉传,承学之士惜焉。卒年七十六。

---

① [清]姚德豫著,[清]李章煜重订:《洗冤录解》之"检骨图格解""龟子骨心坎骨解""羞秘骨解""人有三百六十五解",张松等整理:《洗冤录汇校》下册,第582、584、587、589、594页。

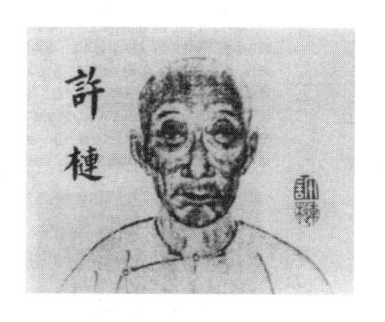

图3-3 许梿像及手迹①

　　由上可见,许梿是位官场能吏,他先后任职山东、江苏,并且官声不错。同时他还通晓训诂学、医术,又是个刻书大家,这些都在《洗冤录详义》中得到了体现:因为有多年任职的经验,又明了医术,所以能写就该书;因为通晓训诂,所以该书中有大量训诂的内容,刚毅在《洗冤录义证》序中评价许梿该书时即批评说"又有引经据典,征及小学训故各条,囿于校勘家习气矣"②,从反面对此作了印证;又因为是个刻书大家,后人称其书为"古均阁本",《洗冤录详义》也和他所刻其他书一样,相当精美。黄裳曾评价说:"道咸间又出现了一位刻书名手——海宁许梿。刊刻之精、校订之勤,以及纸墨装池,在在都极用心。在黄、顾之后,太平天国兵燹之余,为晚清继起的一刻书大家。"③

　　许梿的《洗冤录详义》诞生于咸丰四年(1854)。笔者所见中国社会科学院法学研究所图书馆藏古均阁本体例大致同于《律例馆校正洗

---

　　① 许梿像、手迹、生平均转引自《博学盛德之许家两兄弟:许梿、许楣》,沈炳忠主编:《影响中国的海宁人》,浙江人民出版社2008年版,第139—145页。
　　② [清]刚毅编:《洗冤录义证》"序",光绪十八年粤东抚署重刊本,藏于中国社会科学院法学研究所图书馆。
　　③ 黄裳:《清代版刻风尚的变化》,氏著:《海上乱弹》,文汇出版社2005年版,第98页。

冤录》，所区别者，许梿之《详义》所分四册，其第一、二册对应律例馆本第一卷，第三册对应律例馆本第二卷，第四册则对应律例馆本三、四卷；虽然分册，但内部页码又皆按卷标识，且四册页数大体一致，因此这样分册可能是为了避免按卷分订的厚薄不均问题。第一册开篇有许梿序及《洗冤集录》序，次后目录，再后正文。其中，律例馆本尸格、尸图本属一门，许氏本则分为三门：尸图、现拟尸图、尸格。许氏本第二册本主要论述检骨、滴血、检地方法，各门目

图 3-4 《洗冤录详义》每页编排①

录依次为"骨图""现拟全身骨图""各骨图说""释骨附""检骨格""验骨""检骨""检骨辨生前死后伤""论沿身骨脉""滴血""检地"。相较于律例馆本，"现拟全身骨图""各骨图说""释骨附"都为新增之门（"骨图""检骨格"为乾隆三十五年续辑），至于"检骨""检骨辨生前死后伤"二门，律例馆本为一门，即"检骨辨生前死后伤"，许氏本将其拆开。许本正文各页分为三层，"录原文于下层……上层之上为详义，或拾撦成说，或直抒己见，或抉原文之讹，自一字一句非确有依据不辄下，惧妄作也。其各直省新旧成案有可印证者咸坿，广睹记也，上层为原文各段子目，标而出之，言者愈详，览者愈简也"②。

在对骨骼的认知方面，许梿则在姚德豫的基础上继续作了考察与校正，更为难得的是，在《洗冤录详义》中，他还绘出了人体骨骼图：

---

① 图片引自[清]许梿编校：《洗冤录详义》，古均阁许氏藏版。
② [清]许梿编校：《洗冤录详义》卷首"刻洗冤录详义叙"，古均阁许氏藏版，第1a—b页。

第三章 异彩纷呈　99

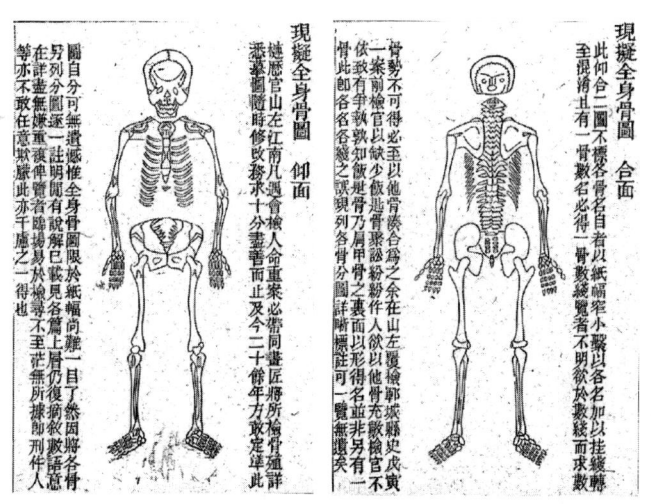

图 3-5　《洗冤录详义》中的人体骨骼图①

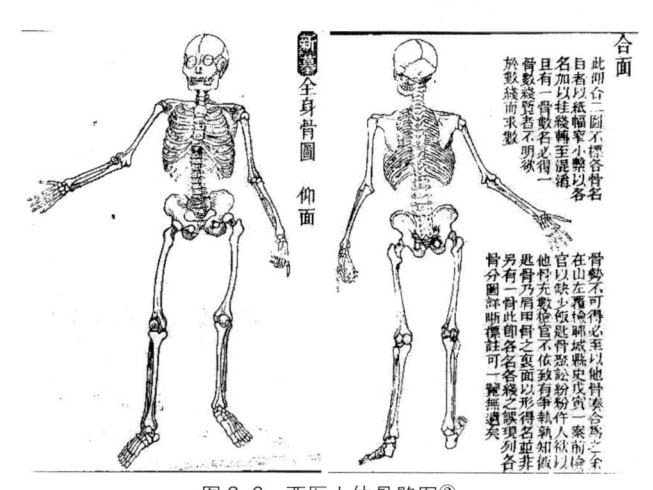

图 3-6　西医人体骨骼图②

---

① 图片引自[清]许梿编校：《洗冤录详义》卷1"现拟全身骨图"，古均阁许氏藏版，第48a—b页。
② 图片引自[清]刚毅编：《洗冤录义证》卷1"全身骨图"，光绪十八年粤东抚署重刊本，藏于中国社会科学院法学研究所图书馆，第83a—b页。

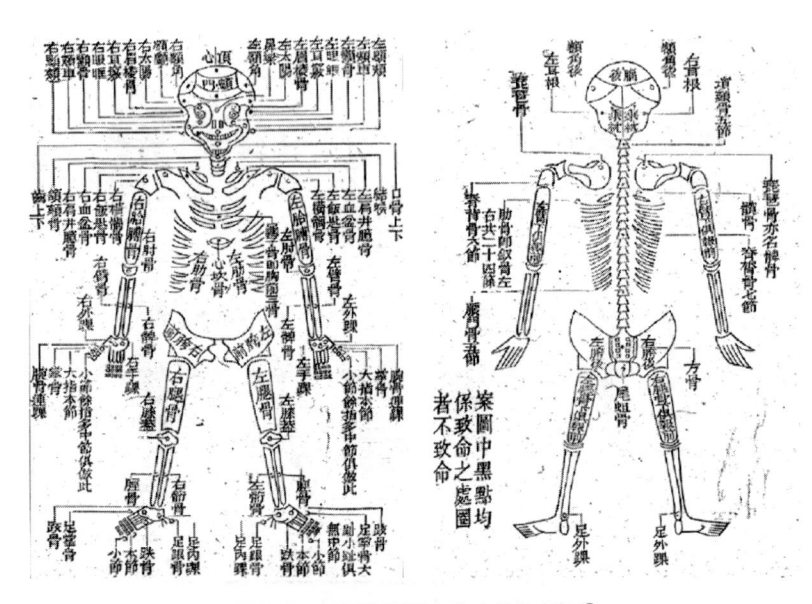

图 3-7 部颁骨格图中的人体检骨图①

　　上述三幅图的差别非常之大，图 3-5 为许梿的绘图，图 3-6 为标准的人体全身骨骼图，图 3-7 为乾隆三十五年（1770）刊定的检骨图。通过对比可以比较容易地看出，许梿的绘图非常接近当今的医学图谱了，而此前的图谱，无论是检验学上的骨图、尸图，还是中医的针灸图谱，都更多是一种示意性的（当然，亦有错误的）表现。除此之外，《洗冤录详义》还配有单独骨图十余幅，并对每幅骨图均一一作出解说，如其中有关人体骨盆的两幅图（图 3-8）：

---

　　① 图片引自［清］许梿编校：《洗冤录详义》卷 1"现拟全身骨图"，古均阁许氏藏版，第 48a—b 页。

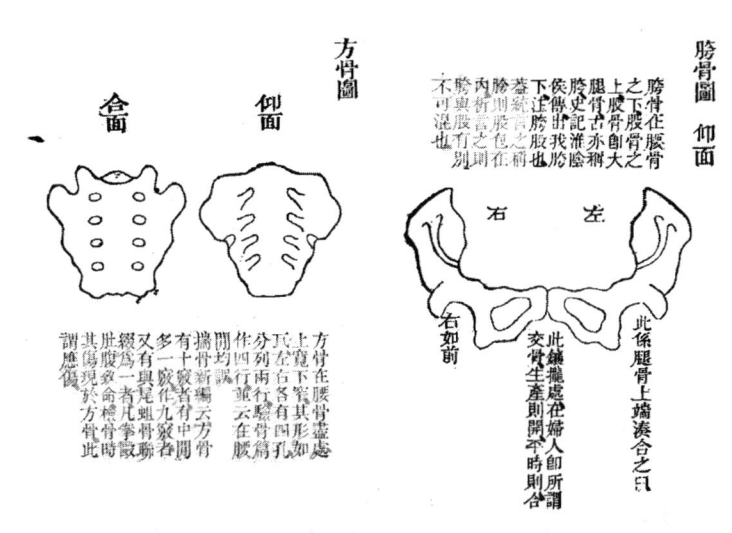

图 3-8 《洗冤录详义》骨盆图①

这两幅图左为骶骨，右为髋骨，二者共同构成骨盆，图中并于髂臼处有标示。

许梿同时还指出姚德豫在骨骼解说上存在的错误，如认为姚德豫将方骨与尾蛆骨某些形态特征相混，"姚德豫《洗冤录解》亦沿此，致误"②。

理论进而影响概念。清代曾出现过两本专门探讨如何填注骨格的检验用书，一本是道光年间刊行的郎锦骐的《检验合参》，它将尸格和骨格放在一起对照论述；另一本就是咸丰年间许梿的《洗冤录详义》。虽然二者都有因此而论骨的，但区别明显。首先，许本在骨格之前附有自己绘的骨图，虽然不是按条描绘（如此亦占用篇幅过大），而是按大体部位来论，但没有受律例馆本影响，他的各部分命名如头骨亦

---

① 图片引自[清]许梿编校：《洗冤录详义》卷1"各骨图说"，古均阁许氏藏版，第58a、60a 页。
② [清]许梿编校：《洗冤录详义》卷1"各骨图说"，古均阁许氏藏版，第58页 b。

直接名以"髑髅骨",然后分正反两面绘图阐述,并没有按骨格中的"顶心骨、囟门骨、两额骨、额颅骨、两太阳穴、两眉棱骨、两眼框骨、鼻梁骨……两耳窍"等来阐述,且直接指出"其实只脑壳一个,下牙床骨一块而已"。① 其次,许梿在骨格中的解说,虽然限于为指导实用服务,不得不按照律例馆本的命名一一解说,但时时指出其不确之处;而郎本虽意识到了某些问题的存在,并大胆指出"凡狱涉疑难,不能尽信于书者不知凡几"②,但他受制于观察的不足,于全书论说中只是亦步亦趋地跟随着图、格予以解说,并且主要遵循的是一种引经注释思维——"查《洗冤录》载'论沿身骨脉',内载云:肩髃之上,尚有臑骨一

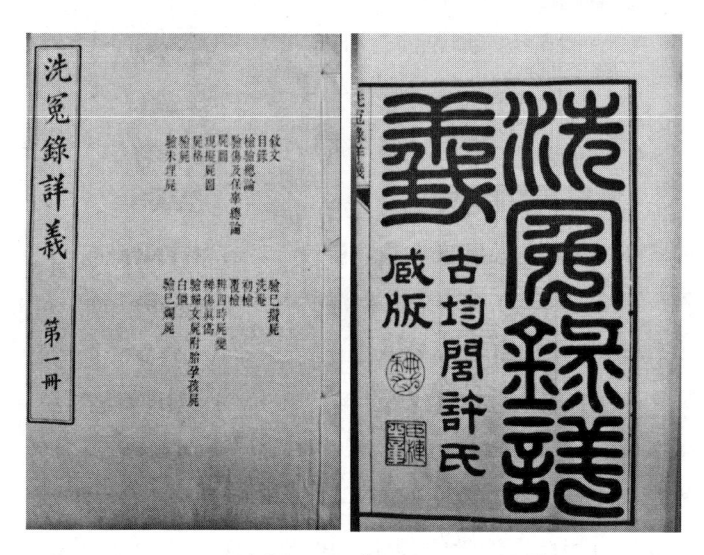

图 3-9 《洗冤录详义》古均阁版本书影③

---

① [清]许梿编校:《洗冤录详义》卷1"各骨图说",古均阁许氏藏版,第49a—b页。
② [清]郎锦骐纂辑:《检验合参》"自序",竹荺周氏藏版,藏于中国社会科学院法学研究所图书馆,第2页a。
③ 图片引自[清]许梿编校:《洗冤录详义》,古均阁许氏藏版。

项,格内不载臑骨。臑字音如,系嫩骨也。"①他因无许氏的实证考察支撑,故只能如此解说。

可以说,许梿的人体骨骼绘图,在传统医史上是开创性的。就此点而言,用"前无古人"来形容并无不当。因此,当许梿之书刊出后,"海内风行,不胫而走"②,也就不足为奇了。

(二) 对人体组织结构的认知

清代除形成了对人体骨骼结构的正确认知外,另一值得关注之处即是对人体组织的认识。姚德豫于"皮膜肉血骨合解"中将人体皮肤分为表皮、真皮;区分了肌肉组织,认识到了骨骼肌与平滑肌的不同;描绘了骨骼肌存在肌外膜及每块骨骼肌的形态;认识到除血液外,还有淋巴和组织液的存在:

> 皮有二,有厚有细。厚皮总包身体,能知觉,与骨及脆骨纯筋之绝无知觉者异,能宽能紧。外面细包皮,乃浮皮也。暑月尸变,不损处青黑(尸变条),暑亦自外入者也。去外浮皮则有伤者,损处血瘀分明矣。若发变,乃腹血发散,腹血自中出者也。将指一点,逐之于中,起指即白色矣,此尸变发变之异也。血聚于皮里膜外而成伤,故皮膜相离(殴死条),膜离于皮,则肉贴骨矣(验已烂尸条)。肉有三,一曰五脏之肉,一曰胃肉与六腑肉,皆名肉而非真切。今所论者,肉块之肉。人周身肉块,共有四百余,每肉块各

---

① [清]郎锦骐纂编:《检验合参》,竹荪周氏藏版,藏于中国社会科学院法学研究所图书馆,第7页a。
② [清]刚毅编:《洗冤录义证》"序",光绪十八年粤东抚署重刊本,藏于中国社会科学院法学研究所图书馆。

有本膜所包,如橙橘之瓤,形各不同。每块之中,有首,有尾,有中肚,开则长,退则缩,惟能长能缩,所以生前刀伤肉痕,花文交出也(杀伤条)。只存骸骨者,骨上有干黑血者为证(已烂尸条)。血有二,周身之血赤色,脉中分派之血黄色。①

上述的"厚皮""浮皮",即分别对应今之真皮、表皮。至于所谓"胃肉与六腑肉",今日对应的主要是平滑肌;而"肉块之肉",今日名为骨骼肌;"五脏之肉"中的心脏肌肉构成,今日又独立作为第三种,称为心肌。其中关于骨骼肌描绘之细致,甚至让人有些惊诧,如"各有本膜所包,如橙橘之瓤","每块之中,有首,有尾,有中肚,开则长,退则缩,惟能长能缩",等等。而所谓"赤色血"是脉管之血,"黄色之血"当是淋巴液。

在"口眼手舌齿合解"中,描述了口眼周围的肌肉:

眼扎毛之肉块有六,上为开有一,下为闭有二。眼睛之肉块有十二,故能开能闭,能垂能外顾斜视,眼位置极高,从脑后骨髓前窍之一点,生二双细筋至目,所以二目同动,不能一上一下也。下叭之肉块有六,上以闭口有四,下以开口有二,左牵右牵,伸出收入各一,而俱听心之使令。手之肉块有五十四,故能或拳或不拳。②

上文"生二双细筋至目"中,"细筋"即今日之视神经。

在"嗓喉结喉解"中,描述了气管、支气管的分支走向,以及气管软骨的特征:

---

① [清]姚德豫著,[清]李章煜重订:《洗冤录解》之"皮膜肉血骨合解",张松等整理:《洗冤录汇校》下册,第578—579页。
② [清]姚德豫著,[清]李章煜重订:《洗冤录解》之"口眼手舌齿合解",张松等整理:《洗冤录汇校》下册,第579—580页。

>豫按喉管前面亦脆骨,背后乃皮肉,非皮非肉,故名皮肉也。从喉至肺中,皆谓之喉管,如猪肺中,亦有无数细脆白骨。喉咙各骨相连,悉如戒指形,前阔后狭。其第一节在口内,人所望见者,人镜经谓之悬癰,俗名小舌;其次节,亦如戒指形;其三节自本形至喉尽处,皆半圜界形。喉之脆骨生于肺,如树木大干,分生小枝。喉之上面,又有小脆骨如窗然,专为开闭,又如笙中簧,不使饮食误入喉内也。①

上述"细脆白骨""悉如戒指形""前阔后狭"的"喉管"即是气管。至于"专为开闭"的"小脆骨",如"如笙中簧",即我们所熟知的会厌软骨,它是组成会厌的重要部分,后者覆于喉腔上部,呈活瓣状,以免吞咽时食物误入气管。

必须指出的是,与许梿不同,姚德豫的上述知识描述,一直是颇为孤寂的——除后人将其书重刊或整本予以附辑外,我们未见到关于它的更详细的征引与探讨。

三、认知的突破

上述清代检验知识的新发展,无论是对骨骼还是其他人体组织的认知,都与传统中医学格格不入。从传统检验上说,清代的发展是对过去着重体表检验的升华与超越;从传统中医学上说,它是对中医重功能、不重形态的背离。并且,它与明季流入中国的西学存在某种参合,

---

① [清]姚德豫著,[清]李章煜重订:《洗冤录解》之"嗓喉结喉解",张松等整理:《洗冤录汇校》下册,第586页。

反映了传统检验知识与古代医学传统间的一道深深的裂痕。

不必讳言清代检验知识的新发展与明季西学的传入存在某种关联。其中最突出的代表即是姚德豫：虽然他在全书的文献征引中提到的医书只有《内经》《医宗金鉴》等，而未有一语提及明季传入的《说概》《图说》等，但正因他关于人体组织知识的论述过于孤寂与另类，让我们不能不进行相关对比。可以看到的是，其中不仅有名词上的借用，如上述的"细筋"提法，而且其文字上更与《说概》有类同之处。如描述眼部结构时，较前文《口眼手舌合解》中的表述，《说概》中有如下文字：

> 问：人两目何为同动？答：其同动者，亦从脑后骨髓前窍之一点，生二双细筋至目，所以二目同动，所以动则同动，不能使眼一向上一向下也。①

至于许梿，则是坦承了自己在获得某种确信后，系以西洋医书知识来比对：

> 余每遇检案，反复审视，不厌周详，方知此骨之为三段而非三条，直骨而非横骨，并证之《人身图说》《人身说概》诸书，均属符合。②

但是我们也不能以此来否定清人的贡献与努力。就骨骼知识的叙述而言，姚、许二人的论说体例与明季西学有显著不同——后者只是就

---

① 董少新、邓可卉校点：《泰西人身说概、寰有诠（外二种）》，周振鹤主编：《明清之际西方传教士汉籍丛刊》第1辑第5册，凤凰出版社2013年版，第48页。此书对《人身说概》《人身图说》一并有点校。

② ［清］许梿编校：《洗冤录详义》之"检骨格"，古均阁许氏藏版，第74页a。

传来知识的概要性介绍，没有给予中国本土既有的见解任何直接的更正，姚、许则是针对前人的舛误进行反复辨疑，这无疑需要长期的观察与实践才能做到。特别是许梿，其按人身部位绘就的十余幅骨图，在《人身图说》中是没有的，后者中只有一幅全身骨图。《洗冤录详义》中细致纤毫的绘就，只能说是源于自身的努力，而不是外界的指引。

而且更重要的是，如果我们将清人的骨学知识与明季西学进行对比，其认知是有胜过后者之处的。最简单如在某些骨骼数量的认知上，《说概》中指出的是人有下颌骨二块，全身骨有三百多块；但如我们所知，"三百多块"正是清人反复批驳的重点之一，姚德豫即明确指出："或曰人有三百六十五节，按周天三百六十五度，信与？豫曰：否。"①关于下颌骨的描述，在许梿的骨骼图中，亦清晰地只绘作一块，"骷髅骨数……其实只脑壳一个，下牙床骨一块而已"②。

因此，姚、许关于知识获取的自陈，基本是可信的。特别就骨学知识而言，若没有西学的传入，许梿仍是能自行绘就其著述中的人身骨图的。姚德豫于序言中即说："豫作吏卅年，承乏九邑"，"仅就一得之愚，管见所及，为近日世所习误者，作解数十篇"。③许梿则自称经过二十年多年的观察后始下定论：

> 梿历官山左、江南，凡遇会检人命重案，必带同画匠将所检骨殖详悉摹图，随时修改，务求十分尽善而止。及今二十余年，方敢

---

① ［清］姚德豫著，［清］李章煜重订：《洗冤录解》之"人有三百六十五节解"，张松等整理：《洗冤录汇校》下册，第594页。姚德豫此论是针对中国传统旧说人身有三百六十五块骨而言，但既然传来西学中也有认为人有三百多块骨，则也可视作是对西学的否定。
② ［清］许梿编校：《洗冤录详义》卷1"各骨图说"，古均阁许氏藏版，第49a—b页。
③ ［清］姚德豫著，［清］李章煜重订：《洗冤录解·未定稿自序》，张松等整理：《洗冤录汇校》下册，第571—572页。

定准此图,自分可无遗憾。①

甚至为明了男女骨相是否有异,他还亲验了几百具骨骸:

> 余历次会检男女各骨,悉心比较,始知旧说之谬。然犹未敢谓男女骸骨并无异同,遽下断语。道光二十四年自山左改官江南,请假回籍修墓,闻里中掩埋局捡拾无主枯骨二百数十具,询诸局董,检取时随手装入瓷坛,惟于坛上标明男女而已。余悯其颠倒错乱,偕至局中,将门扇平放地上,逐坛倾出,略为整理,挨次装入坛中,因得重迭谛视,与历次检案一一吻合,乃敢一言以断之曰:男女骸骨并无异同,其间有不同者,乃人生骨相之殊,男女皆有之,而非以此分别男女也。②

清人的这些努力,是可以和王清任的脏腑解剖相媲美的大事——道光十年(1830),中医学体系内部发生了一次自我否定,出现了一部颇有革命性意味的著作,那就是王清任的《医林改错》。王清任也有感于旧有脏腑之说的矛盾,遂通过自己对死刑犯及兽畜的观察,作《医林改错》一书,书中绘有十余幅解剖图谱。对此,《清史稿》赞曰:"清代医学,多重考古,当道光中,始译泰西医书,王清任著《医林改错》。以中国无解剖之学,宋、元后相传脏腑诸图,疑不尽合,于刑人时,考验有得,参证兽畜。未见西书,而其说与合。"③但是,《医林改错》一书中的解剖多与脏腑有关,而姚德豫与许梿的论断则是与检验有关的、对骨骼和其

---

① [清]许梿编校:《洗冤录详义》卷1"现拟全身骨图",古均阁许氏藏版,第48页a。
② [清]许梿编校:《洗冤录详义》卷1"检骨格",古均阁许氏藏版,补2页b。
③ 《清史稿》第46册卷502,中华书局1977年点校本,第13883页。

他人体组织的认知,与脏腑关系不大。姚、许的努力,正好与王清任一道,为我们拼接出了一幅接近于近现代意义上的人体认识架构。

这些成就的取得,标志着传统检验与传统医学认知间出现了裂痕。洗冤检验知识自其一开始,虽然有某些操作上的"异",但就人体认知而言,与传统医学总体上是"同"的。这个"同",即反映在前文所分析的相同的人体概念术语,乃至相近的取象比类操作方法上。但是随着实践的发展,它对人体产生了更多的了解需求,而这是传统医学渐不能给予的。为此,它开始了自己的探索。

清人的探索,于更深层次言,代表的是一种传统治学方法上的突破。如果说笔者因怯于洗冤检验只是技术操作而不敢将相关方法命名为经验研究方法、理论研究方法,只敢称之为操作方法、思维方法的话,那么洗冤检验中的骨学知识,于清中后期能够发生如此巨大的断裂,无疑要归因于一种研究方法上的突破才能解释与成立。中国传统文化的一个特点是尊经,不独中医为然。经者,常也、法也,大经大法,是之谓也。清代洗冤检验用书虽名目繁多,但几乎都脱不出"洗冤"二字,而用"集证""正义""辨"等命名,本身就是经学治学思维的反映,即便是许梿的著述,名为"详义",但亦有相当部分采用训诂的方法。然而姚、许二人,却最后各自以几十年的观察积累,通过对几百具尸骨的比较揣摸,并最终绘制图谱,这已经是脱离经学思维而转向一种近现代化的实证研究了。

自此,传统社会中关于人身知识的获取,也具有了一种方法论意义上的转向,姚、许的努力与王清任一道,象征着由"医者意也"向注重形态学认知的转向。洗冤检验知识,自其诞生始,因操作方法上的"怪异",就如同一个被父母遗弃的孤儿,宋慈虽然为它接了产,但却无人领养,只能带着父母的基因,孤独地四处游荡,直到此时,它才渐渐找到自己的出路,真正地对人体内部开始了一种实证式的探察与研究。然而,这也只是雾霭中的一丝光亮,并且在当时的时代背景下,在西洋医学的入侵下,它因自身的粗疏与稚嫩而很快被西医的理论浪潮淹没,这段找寻的历程因此并没有得到今人足够的重视。

如果我们再次回到孙逵方的观点,即中国古代"生理解剖化学诸科均不发达,且无医学可言,更何论法医学",那么许与姚不就是一种孙逵方眼中的代表现代知识的"解剖"学吗?就算是按照孙的分类,是否此时至少是转折之前的一个印记呢?当然,同样要承认的是,如果没有西洋医学的影响,这条转折的路大概会是更漫长的。

第四章
官科技
——洗冤检验知识的定位

关于传统检验知识集大成之书《洗冤集录》为何产生于宋代这一问题,学界长期存在讨论,而行文至此,我们可以从洗冤知识的整体发展脉络角度给予回答,同时通过对这一脉络的梳理,我们亦可以对贾静涛先生的另一个观点,即《律例馆本洗冤录》限制了清代洗冤知识发展这一问题进行讨论。笔者认为,回答上述问题,需从洗冤检验知识在传统中国的定位入手。那么其定位是什么呢?笔者进一步认为,洗冤检验是一种"官科技",正是这一点决定了它的诞生、成长与迈进,决定了它在宋代的成就、元明的停滞、清的勃兴与达至巅峰。

第一节 官科技与洗冤检验

所谓"官科技","是中国古代科学技术的体制性、事实性描述"。丁海斌指出:

在我国古代,科学技术活动有一个较为特殊(相对同时代的世界各国而言)的特点与现象,即我国古代科学技术的学习、传播、科技活动的组织与实施多以官方为主,古代科学家多数同时又是政府官员,他们进行科技活动的目的,常常是为统治活动服务或邀宠于皇帝,"集中统一"的特征明显。我们称这种特点与现象为"官科技"。①

在上述形容官方对中国古代科技活动的控制情况时,丁海斌用的是"多"字,是否指所有中国古代科技活动,文中并无反映。不过本书仍借用他的观点,因为至少在洗冤检验知识领域,他的描述是贴切、准确的。在丁海斌的定义中,官科技具有以下"集中统一"的特征:官府组织、推广知识;知识掌握者为官员;知识服务于皇权和政府。

从知识的组织、推广来看,洗冤检验知识服务于办理命案的需要,当然为官科技。同时,宋慈的《洗冤集录》为后代奠定了一个名为"洗冤"的检验知识分类后,其内容亦常与官箴书一同刊颁;清代则集全国之力制定《律例馆校正洗冤录》,且以比《大清律例》更快的速度刊发,可见知识的播散是与官方紧密相连的。

从知识的生产、接受和掌握主体来看,洗冤检验文本的读者群体由作为"义务读者"的仵作与作为"理想读者"的官员构成,②他们为该类知识的拥有者。而从前文所述的检验类书籍之作者来看,亦大都出自从事检验的官员之手。如以"宋元三录"的作者为例,《洗冤集录》作者宋慈"四叨臬寄";③《平冤录》作者赵逸斋生平不确;《无冤录》作者王与"少有成人志度,劬学不辍。尤注意于律,部使者推择为郡功曹。历

---

① 丁海斌、陈凡:《李约瑟现象的"官科技"解读》,《社会科学战线》2005年第4期。
② 张哲嘉:《"中国传统法医学"的知识性格与操作脉络》,《"中央研究院"近代史研究所集刊》2004年第44期。
③ [宋]宋慈:《洗冤集录》"序",张松等整理:《洗冤录汇校》上册,第3页。

丽水、开化、黟三县史。升行中书省,理问提控案牍。佐临海、括苍两郡幕。除湖州录事,未上,引年以乐清县尹致仕"①。此后各类洗冤检验用书的作者则要么为佐幕,要么为官,如王又槐作为"法家老手",既是官箴书《办案要略》的作者,又是《洗冤录集证》的作者。许梿为"国朝许珊林太守"②,其所著《洗冤录详义》一书,本身就基于其多年经验的积累。至于从事检验的仵作,其身份为"役","凡州县额设仵作……每名给发《洗冤录》一部。选委明白刑书一人,与仵作逐细讲解。……该管府州每年随时就近提考一次。考试之法,即令每人讲解《洗冤录》一节"③,是知识的直接运用者。

从知识生产的目的来看,检验知识之目的,为取证之用,所服务之对象,当然是王者之政。宋慈也好,姚德豫等也罢,他们对于洗冤用书作成后的期望,都是通过朝廷采用这个"桥梁",达致刑狱无冤的效果。如宋慈即说,"刊于湖南宪治,示我同寅,使得参验互考"④,姚德豫则是期望其书能在下次律例馆校正时被采用,"刍荛之见,附录于此,以备他日律例馆校正时所采择"⑤。

---

① 《永嘉县志》,转引自严世芸主编:《中国医籍通考》第4卷,上海中医学院出版社1993年版,第5630页。
② [清]许梿编校:《洗冤录详义》"重刻洗冤录详义序(潘霨)",张松等整理:《洗冤录汇校》下册,第605页。
③ [清]薛允升:《读例存疑点注》,胡星桥、邓又天主编,第867页。
④ [宋]宋慈:《洗冤集录》"序",张松等整理:《洗冤录汇校》上册,第3页。
⑤ [清]姚德豫著,[清]李章煜重订:《洗冤录解》之"方骨尾蛆骨解",张松等整理:《洗冤录汇校》下册,第594页。

第二节　官科技与《洗冤集录》

丁海斌总结官科技的产生缘由时指出，官科技产生于四方面需要：官方组织、领导农业生产的需要；服务皇权的需要；行政管理的需要；国家军事、政治活动的需要。① 他是立足于中国古代科技知识的总体而言的，至于每一门类的科技知识，当然各有侧重。检验知识的产生与发展，更多地说来，是与后三者有关，而后三者概而言之，都不外乎是维护现存的政治秩序。

近年来的考古发现和学术研究一再表明：至少自秦汉始，传统中国的检验技术已达到了一定的高度。但是为何《洗冤集录》产生于宋，而不是在"三代以还，中国之盛，未之有也"的李唐？② 若说"华夏民族之文化，历数千载之演进，造极于赵宋之世"③，又为何不是政治实力强于偏安一隅之南宋的北宋？宋慈及《洗冤集录》出现于南宋是必然还是偶然？

事实上，《洗冤集录》作为一部紧紧围绕尸体表面检查，以洗罨、检骨、验毒、滴血四大方法展开命案检验、死伤分析的集大成之书，从方法上而言，除检骨外，验毒、滴血史已有载。洗罨作为一种尸体清洗与更清楚地观睹伤痕的方法，虽未见有更早记录，但想来古人不会连擦拭清

---

① 丁海斌：《清代"官科技"群体的养成与结构研究》，中国社会科学出版社2008年版，第153—155页。
② [宋]司马光：《稽古录点校本》卷15，[美]王亦令点校，中国友谊出版公司1987年版，第589页。
③ 陈寅恪：《邓广铭宋史职官志考证序》，氏著：《金明馆丛稿二编》，生活·读书·新知三联书店2009年版，第277页。

洗工作都不做就直接验视的。至于为人称道的"红光检骨法"中用伞过滤光波,在沈括《梦溪笔谈》中亦有记载(但是非用于检骨,而是用于检验体表尸伤)。① 至于缢死、生前伤、死后伤等一些检验上的知识问题,早在《封诊式》中已有记载。因此可以说,《洗冤集录》的贡献是在方法运用的基础上,通过更多的实践与更细致的观察,进行提炼总结,形成一个系统性的操作指南。

基于上述判断,依笔者之见,《洗冤集录》之所以产生于南宋,正是因为检验知识所服务的王者之政对相关制度作了更为严格的规定。宋代的检验制度趋向完善,从徽宗时开始专门定立"申发验状条限",强调验后即时将验状上报——所谓验状,即相当于检验记录及结论。史载,宣和六年(1124)六月,淮南西路提刑雷寿松奏:"杀人公事,有司推鞫,以验定致死之因为据。"但初检、覆检官吏如不即时申发验状,则稽滞刑狱;若所验不实不尽,虽欲再差官覆检,而尸体已坏烂,难以辨明,往往迁就,不无冤枉。徽宗依其请,令验尸官吏"限当日具验状申所属,仍于状内分明书填验毕申发日时",如有违限,则"从杖一百科罪"。②

为了进一步约束检验官员,孝宗淳熙元年(1174),郑兴裔创"验尸格目",由刑部镂板颁下,于全国使用,"每一次检验依立定字号用格目三本:一申所属州县;一付被害之家;一申本司照会。并依格目内所载

---

① "太常博士李处厚知庐州慎县,尝有殴人死者,处厚往验伤,以糟载灰汤之类薄之,都无伤迹,有一老父求见,曰:'邑之老书吏也,知验伤不见其迹。此易辨也,以新赤油伞日中覆之,以水沃其尸,其迹必见。'处厚如其言,伤迹宛然。自此江、淮之间官司往往用此法。"见[宋]沈括:《梦溪笔谈》卷11"老吏验尸",上海古籍出版社2015年版,第81页。"红光法"的记载年代,原一直有说最早载于皇甫牧《玉匣记》的,但此说已被苏湛于考证后否定(见苏湛:《〈中国科学技术史·年表卷〉五代至北宋部分考证》,《中国科技史杂志》2008年第4期)。事实上,贾静涛一直只持首见于《梦溪笔谈》说(见贾静涛:《中国古代法医学史》,群众出版社1984年版,第87—88页),但后来者皆不察,这也进一步说明了贾氏著作《中国古代法医史学史》的严谨与其奠基地位的不可动摇。

② [清]徐松辑:《宋会要辑稿》"刑法"6之4,中华书局1957年影印本,第6695页下栏。

事理施行"①,所填格目内容,可概括为:接受申请检验公文的时间;承办案人吏请某官初验的时间;检验官宿处距现场里数;到达现场时间;参加验尸人员。另有几项内容是已经明确记载不要求填写,但要求保证做到的,如参加验尸人须有仵作、耆甲、保正副、人吏、尸亲及凶人等;应确定要害致死原因,并已于验状亲自签署;应于当日差人上报检验情况;不应有申报违时、计程迟滞、检验不实、仵作人吏作弊与敲诈勒索等违法情形,如有,则鼓励告发,查实后奖励告发者;覆验后,保证处理好尸体(埋葬),不允许烧化。② 这实际上相当于官员执行检验情况的反映材料及保证书。

到嘉定四年(1211),江南西路提刑徐似道鉴于"推鞫大辟之狱,自检验始。其间有因检验官司指轻为重,以有为无,差讹交互,以故吏奸出入人罪,弊倖不一。人命所系,岂不利害",奏请使用正背人形图,"令于伤损去处依样朱红书画横斜曲直,仍于检验之时唱喝伤痕,令罪人同共观看所画图本,众无异词,然后着押,则吏奸难行,愚民易晓。如或不同,许受屈人径经所属诉告",③从而进一步通过尸亲方、凶犯方的参与,加强对检验者的监督,提高检验的公信力。对于尸体未经检验即定案,宋代还曾明确要求奏裁:"在法,大辟情法相当之人,合申提刑司详覆,依法断遣。其有刑名疑虑、情理可悯、尸不经验、杀人无证,见四者,皆许奏裁。"④

至于宋以前的规定如何,或者说这些规定在前代哪些有、哪些无,

---

① [清]徐松辑:《宋会要辑稿》"刑法"6之5,中华书局1957年影印本,第6696页上—下栏。
② 贾静涛:《中国古代法医学史》,群众出版社1984年版,第61—63页。
③ [清]徐松辑:《宋会要辑稿》"刑法"6之7,中华书局1957年影印本,第6697页上栏。
④ [宋]楼钥:《攻媿集》第6册卷27,丛书集成初编本,中华书局1985年版,第378页。

史料尚不足证,但是至少有两点可以肯定,那就是"验尸格目"和"正背人形图"二者的联合使用,肯定是前代所无的。这二者对于官员及时检验、公正检验,在文书层面上当有较强的约束作用。因为它们将单向的自下而上的官府内部文书,扩展为一种需其他诉讼参与人共同参与才能制作的文书,事后的篡改难度大为提高。在此情况下,对于官员来说,如何确保提高检验正确率就是一个重要的考验了。在这种治理的需要下,自下而上都需要一套更细致的技术性指南面世。从这点来说,宋慈《洗冤集录》在此时的出现是有一定必然性的。可以想见,如果不是宋慈完成此书,亦必有他人完成。此书刊于宋淳祐七年(1247),晚于"验尸格目"出台73年,亦晚于"正背人形图"出台36年,这种时间上的稍稍偏后,绝不仅仅是巧合,而应是历史的必然。

第三节　官科技与清代检验知识之发展

宋以后的元、明两代,检验知识发展上的亮点是不多的。且观元、明二朝之检验制度,与宋并无太多不同,但为何到了清代,却又异彩纷呈,蓬勃欣欣,并且能在传统医学并不过多关注的背景下,发展出与西洋医学参合,乃至一定程度上超过其入华时水平的人体骨学知识呢?

要探究这一问题,我们或许要对明代的检验知识流传与发展再略作补充。就此已有贾静涛、王宏川等作过细密考证,[1]但近来又有人提

---

[1]　除贾、王外,还有张松、南平建阳宋慈研究会也作了一定梳理,见张松等整理:《洗冤录汇校》上册,"整理说明"第1—10页;南平建阳宋慈研究会编:《宋慈文化》,海峡文艺出版社2016年版,第402—435页。

出争议，认为明代检验知识水平并非清人所批评的那样不堪，明代于检验知识的传承中仍有重要地位。① 传承当然是有的，否则知识岂不于后世失传了？明代洗冤用书的一些刊颁体例如节略本、与律例合刊本等，也的确对后世有影响乃至被仿效，但这一时期的最大问题是目前尚不能找到一本有影响力的代表作——对后世影响最大的或许是王肯堂的《笺释》，但它本质上也是个节略本——对于一门知识的流传来说，由独立的分类成书到节略与附刊，本身就是退化的表现。明代检验知识荒疏最典型的例证或恰可以用前述清人王明德的经历来说明：作为《洗冤录补》的作者，也是我们前文所述记载"检地"一法的第一位记录者，该法来自其父——于明代任杭州地方官时亲自试用过"检地"法，说明其父的工作曾与检验密不可分，且其父仕明而降清，于两朝均任要职，②这样的家世，很难发生书籍大量散失的情况。王明德的自述却是，"《洗冤录》之作，不知始自何代。余未及垂髫，即闻而知之，然卒未之或见"，以至于为寻找相关书籍，"旁搜广购，几四十余年，卒莫可得，不意太仓王君笺释集中，乃载及之"③——它的确说明了洗冤用书在明代的重视不够。而其代表性著作《读律佩觽》中收录的"洗冤录原文"一节，也空负"原文"二字，因为不是宋慈原文，而是王肯堂《笺释》原文。

而清代与明代的显著不同，即在于其制度上的重视。自雍正始，中国历史上第一次要求衙门额设仵作，紧接着又推动了洗冤检验用书的统一，即前文反复论述的《律例馆校正洗冤录》的出台。《律例馆校正洗冤录》统一刊版后的28年，即乾隆三十五年（1770），清廷又应安徽

---

① 如陈重方：《洗冤录的文献问题》，《中国古代法律文献研究》2019年第13辑，第237—294页。
② 马子木：《清代大学士传稿（1636—1795）》，山东教育出版社2013年版，第121—122页。
③ ［清］王明德：《读律佩觿》卷8上，何勤华等点校，法律出版社2001年版，第308—309页。

按察使增福之请,将检骨图、格被以附辑的形式纳入其中,由此使检骨工作得以接受各级官员的检视,这同时也成为对各级官员的考核依据,骨学的知识由此不能不引起官员的重视。

在没有检骨格、图之前,"向来直省州县衙门,遇办检验之案,悉就现行相验尸图,于各部位之下填注某骨某伤,其骨殖之全缺多寡,虽俱于揭贴内详悉注明"①。但这种记录方式不易作一一比对,也不便于上级的观览;同时文字上的剪裁,方便了下级略去观察所见与洗冤检验诸书记载不一样的部分。检骨格、图刊颁后,对于图格与所见的不符,清人的最初做法即移验就格、图:

> 论沿身骨脉篇云:肩髃之前者,横髃骨。《续明堂灸经》云:肩髃下横骨曰横髃。今仵人往往以横髃为肩尖之骨,致将横髃本骨凑作肋骨第一条者,不可不察也。
>
> 乾隆五十六年,湖南省覆检麻阳县民妇张福莲一案,据称有胯骨,无架骨。仵作唐明云:胯骨分左右,形如月牙,其两骨梢头镶拢处即名架骨等语。此等臆说全属无稽,不过一时启蒙检官,藉为搪抵地步。近刻《洗冤录补注》反题其言,以为可信,贻误后来不浅矣。②

这并不是解决问题的办法,存在的差错如不纠正,很容易引起纠纷。如姚德豫所说:

> 验骨篇大都本于《灵枢·骨度篇》注。……但《灵枢》之注,今

---

① [清]李观澜补辑,[清]张锡藩重订:《重刊洗冤录汇纂补辑》之"附刊检骨图格",张松等整理:《洗冤汇校》下册,第 508 页。
② [清]许槤编校:《洗冤录详义》卷 1"各骨图说",古均阁许氏藏版,第 51a、58b 页。

检骨不甚符合,以致现行骨格于采用其书之处,填注时每有参差。数十年前民情淳朴,于所告之伤,辨明有无,实究虚坐,俯首无辞,今则刑忤日愚,讼师日诈,执录之矛盾者以相难,以无为有,冀免坐诬。官以其执有成书,莫可究诘,一任尸亲讼师之争辩,案悬莫结。骨脉尚未明,而检伤欲明得乎?①

但是"验骨篇大都本于《灵枢·骨度篇》注",要真正对既有认识展开否定是很困难的,故清人对于实际检验中产生的疑惑,虽在案件中留有记载,但开始时皆认为检验所见只是骨相之异,以个体的"变异"作为理解,而不敢直接质疑。经过一位又一位官员的质疑、观察,直至咸丰年间的许梿才得以正本清源:

右全身骨图仰、合二面并后检骨格,系乾隆三十五年据安徽按察使增福奏请颁发,梿详加考核,与今检案不甚相符。因另拟仰、合二图,并分列各骨图说,以备参考。然图格系部颁之件,遇有检案,仍当遵守,以为法式。至有不符之处,即须详晰声明,免致驳诘,且以杜绝尸亲、讼师执有成书,故意刁难之弊。如检骨格云:肋骨,男子左右各十二条,妇人各十四条,与今所检大相径庭,详后肋骨图说。惟于填格时声说:某人肋骨生就若干条,凑对笋窍相符等语,庶几不至两歧,举此可隅反矣。②

需求产生动力,清代关于人体新认知的产生与突破,关键就在于刑

---

① [清]姚德豫著,[清]李章煜重订:《洗冤录解》之"验骸骨解",张松等整理:《洗冤录汇校》下册,第581页。
② [清]许梿编校:《洗冤录详义》之"骨图",古均阁许氏藏版,又47页a(按:原页码如此)。

部检骨图、格的刊颁运行,逼迫相关官员正视这个问题,进而一步步地推动着相关知识的进步,为该门知识的发展提供了动力。

我们或许可以继续追问:清为何对检验制度予以如此高度的重视?笔者认为,此与清代司法上的进一步高度集权有关。明清虽都是传统中国集权体制的高峰时段,但清代则将相关刑案的最终处断,尽可能归于中央,不仅是死刑,即便流刑的裁断也是如此,[1]其中最为集权的体现即其秋审制度:清代的秋审一改明代派官下沉直省的做法,变为统一上提中央,并要求在原有死刑立决、监候的基础上,再分出缓、实、可矜等类。而秋审中约八成的案件是命案,这提高了对相关证据精确化、标准化的要求,"起衅之曲直,动手之先后,凶犯之首从,伤痕之多寡,以及部位是否致命,殴扎曾否倒地,俱系实缓关键"[2]。至此,检验的重要性,不能不得到上下的重视。[3] 而秋审制度的统一上提正是于康熙初年确立,这即为雍正朝检验制度的完善打下了基础。

当然,强调制度的推动,并不意味着对其他可能影响因子的否定,如理学的作用、儒家仁恕观念的浸润,还有清代朴学的兴起等。理学的确带来了近世的某些理性,[4]对宋人的影响当是使人身观念走出了中古浓厚鬼神化的阴影;朴学也使清人一改明人学问之空疏,[5]并形成了

---

[1] 郑小悠:《清代法制体系中"部权特重"现象的形成与强化》,《江汉学术》2015年第4期。
[2] [清]熙维周辑:《秋曹稿式》卷1"案身",抄本,藏于中国社会科学院法学研究所图书馆。
[3] 相关分析详见茆巍:《清代司法检验制度中的洗冤与检骨》,《中国社会科学》2013年第7期。
[4] 陈来:《宋明理学》,生活·读书·新知三联书店2011年版,"序"第10—11页。
[5] 黄爱平:《朴学与清代社会》,河北人民出版社2003年版,第40—88页;梁启超:《中国近三百年学术史》,崇文书局2015年版,第15—34、94—307页。

一股实证化的考察之风。但至南宋,理学"转向内在",[1]后期则愈发思辨化、文本化,故虽有金元四大家起,解剖学及一切实操相关学科却逐渐冷落与更加边缘化;[2]及至清代,朴学的发展于医学则带来了服古思潮,[3]即《清史稿》所谓"清代医学,多重考古"[4]:时人言必称《内经》《难经》《伤寒论》,"医门之仲师,即儒宗之宣圣"[5]。就此而言,朴学的训诂、考证等"实事求是""无征不信"[6]所蕴含的归纳、演绎思维方式,虽对检验学有积极的作用,但在门类发展与知识获取上则走向了另一条道路。因此,制度对检验学的推动作用是绝对无法忽视的,其官科技的本质属性也是无法改变的。

第四节　对两个问题的最后回应

一、《洗冤集录》与宋代解剖学的关系

《洗冤集录》之前的中国历史上,明确用于医学的人体解剖记载有

---

[1]　〔美〕刘子健:《中国转向内在:两宋之际的文化内向》,赵冬梅译,江苏人民出版社2002年版,第120—149页。
[2]　梁其姿:《面对疾病:传统中国社会的医疗观念与组织》,中国人民大学出版2012年版,第180—181页。
[3]　范行准:《中国医学史略》,中医古籍出版社1986年版,第202—203页。
[4]　《清史稿》第46册卷502,中华书局1977年点校本,第13883页。
[5]　〔清〕陈修园:《长沙方歌括》卷首《劝读十则》,福建科学技术出版社2007年版,第16页。
[6]　梁启超:《清代学术概论》,上海古籍出版社2019年版,第7页。

三次,一为新莽之时,另两次为北宋。①

居摄二年(公元7年),也就是王莽摄西汉孺子婴之政的第二年,翟义起兵失败。王莽复仇,屠杀翟姓三族,翟义的同党尸体被支解分置于五处。唯一逃脱的重要人物王孙庆于九年之后亦落网。作为翟义起兵时的军师,王孙庆的结局如《汉书·王莽传》所述:

> 翟义党王孙庆捕得,(王)莽使太医、尚方与巧屠共刳剥之,量度五藏,以竹筵导其脉,知其终始,云可以治病。②

至北宋仁宗庆历年间(1041—1048),有区希范作乱,被擒后剖而作区希范五脏图,据《宋史》载:

> 转运使杜杞大引兵至环州,使摄官区晔、进士曾子华、宜州校吴香诱赶等出降,杀马牛具酒,给与之盟,置曼陀罗花酒中,饮者皆昏醉,稍呼起问劳,至则推仆后庑下。比暮,众始觉,惊走,而门有守兵不得出,悉擒之。后数日,又得希范等,凡获二百余人,诛七十八人,余皆配徒。仍醢希范,赐诸溪峒,缋其五藏为图,传于世,余党悉平。③

另宋徽宗崇宁年间(1102—1106),医者杨介据泗州死刑犯的尸体对解剖图进行整理、校对,著成《存真图》,又名《存真环中图》。据杨介

---

① 另据《南史·顾觊之传》载,唐赐之妻遵嘱,于死后剖其腹,察视因何故致死,成为新莽、北宋之例外又一例证,但因解剖并非直接用于医学,亦未留有图谱,故不将其视为一种为用于医学的人体解剖。见《南史》第3册卷35,中华书局1975年版,第920—921页。
② 《汉书》第12册卷99中,中华书局1962年版,第4145—4146页。
③ 《宋史》第40册卷495,中华书局1977年版,第14221页。

本人云:"崇宁间,泗州刑贼于市,郡守李夷行遣医并画工往,亲抉膜,摘膏肓,曲折图之,尽得纤悉。介校以古书,无少异者,比区希范五脏图过之远矣,实有益医家也。"①

日本学者冈野诚即认为《洗冤集录》的产生与北宋已有之解剖经验有很大相关性:

> 这样高水平的著作并不是与历史背景没有什么任何联系、凭空产生的。作为《洗冤集录》的基础,在此之前就有法医学著作《内恕录》(亡佚)等著作;而且北宋时解剖学的显著发展也与《洗冤集录》的著述、刊行有很大的关系。作为北宋时代的人体解剖图而被记录下来的其中之一就是"区希范五脏图"。②

冈野诚关于区希范解剖的发生及史料考证是详实的,体现了日本学者一贯严谨踏实的作风,但是这种观点却毫无疑问是值得商榷的。在前面的论述中,笔者已反复强调《洗冤集录》是围绕体表检验进行的,并没有深入人体脏腑。即便有关联,在《洗冤集录》所描述诸种死亡情形中,也只有三种情形在今天看来非做解剖不可:一是在伤病关系的探讨中,但这也如同中医一样,从形诸外而视之内。如该书反复强调"凡因病死者,形体羸瘦,肉色痿黄,口、眼多合,腹肚低陷,两眼通黄,两拳微握,发髻解脱,身上或有新旧针灸瘢痕,余无他故",又如"卒死,

---

① [宋]晁公武:《群斋读书志校证》下册卷15,孙猛校证,上海古籍出版社1990年版,第718页。
② [日]冈野诚:《北宋区希范叛乱事件和人体解剖图的产生——宋代法医学发展的一大要素》,周健译,曾宪义主编:《法律文化研究》第3辑,中国人民大学出版社2007年版,第185页。

肌肉不陷,口、鼻内有涎沫,面色紫赤"①。上述描述完全没有采用当今对于疑似病死者需做的病理切片检查等方法(在当时技术条件下也完全不可能——病理切片检查本就是发端于近代欧洲技术)。另一是验毒,但它采用银针探查等方法。还有一则是检骨,但它也忽略了脏腑而直接切换到了对骨骸的验视。

而无论新莽还是北宋时的解剖,都是关切到脏腑的,新莽之时是"量度五藏",参与绘制区希范五脏图一事的医者吴简记述称:

喉中有窍三:一食、一水、一气,互令人吹之,各不相戾。肺之下则有心、肝、脾,胃之下有小肠,小肠下有大肠,小肠皆莹洁无物,大肠则为滓秽。大肠之傍则有膀胱。若心,有大者,小者,方者,长者,斜者,直者,有窍者,无窍者,了无相类……肝,则有独片者,有二片者,有三片者。肾,则有一在肝之右微下,一在脾之左微上,脾则有在心之左。

至于《存真环中图》,其参与人医者杨介言:

其自喉咽以下,心、肺、肝、脾、胆、胃之系属,小肠、大肠、腰肾、膀胱之营叠,其中经络联附,水谷泌别,精血运输,源委流达,悉如古书,无少异者。②

也就是说,几次解剖的经验都是与脏腑关系密切的,《存真环中图》

---

① [宋]宋慈:《洗冤集录》卷4"病死",张松等整理:《洗冤录汇校》上册,第150—151页。
② 〔日〕丹波元胤编:《中国医籍考》卷16,人民卫生出版社1956年版,第235页。

稍异者,则是还有关于经络的(当然,经络能否解剖得见,在今日看来是大有疑问的),二者与《洗冤集录》所需知识是毫不相关的。事实上,不仅这些知识与当时的洗冤检验毫无相关性,就是与传统中医也关联度甚小。即便是清末王清任到刑场对脏腑的探求,当时也有中医讥为"试思人已死,瘪者瘪矣,倒者倒矣,气已断,何由知是气门?"①引证此言论的目的在于说明,解剖于宋代之发生与《洗冤集录》之诞生无直接相关性。

而发生这种认识错误的原因,只不过是"以今日的语言来讨论历史,难免从当代知识分类的假设出发",传统的检验之学因与今日法医学的密切关联,于是"诱导学者费尽心思,去探究'法医学'与'医学'如何相关"。②而即便考察,又因为历史研究者多数于医学并不了然,不明中医与西医之别,看到医学便认为非有解剖不可,无解剖则不能名之为医学,结果又向解剖上靠拢。而实际上,传统中医并不重视解剖,洗冤检验知识的生成也与解剖无必然关联。

二、《律例馆校正洗冤录》与清代洗冤检验技术的发展问题

法医史专家贾静涛先生曾断言,"颁布《律例馆校正洗冤录》,把法医学的内容'标准化',以图在实际检验中统一内容和根据","将法医学内容法令化,就使法医学的内容成为不可更改的东西,等于给法医学套上了枷锁,使它难以向前发展"。③但是,从本书的分析中有关洗冤

---

① 陆懋修:《论王清任〈医林改错〉》,王璟:《陆懋修医学全书》,中国中医药出版社1999年版,第82页。
② 张哲嘉:《"中国传统法医学"的知识性格与操作脉络》,《"中央研究院"近代史研究所集刊》2004年第44期。
③ 贾静涛:《中国古代法医学史》,群众出版社1984年版,第177、176页。

检验知识在清代的发展脉络可以看出,《律例馆校正洗冤录》不仅不是限制检验知识发展的枷锁,恰恰相反,它是清代检验知识发展的阶段性产物,是造成检验知识在元、明二代迟滞之后蓬勃发展的动力。

站在整个古代科技发展史的角度而言,建立统一标准本身就是中国官科技的特点,丁海斌曾考察指出:

> 我国古代曾由国家颁行了多种工艺规程和技术标准的法令,其中,建筑工程、机械制造、手工工艺等方面较为典型,如著名的《营造法式》《木经》《工程做法则例》等都属于这种技术标准文件。在我国古代,科技成果主要是通过官方推广开来的,如造纸术就是由官方推广到全国的。我们可以想见,这种形式的推广要比当时其他国家的民间传播快得多。而且,我国古代的出版技术领先于世界各国,国家常常把一些重要的科技著作出版颁行,甚至有些作为国家法令来颁布。这种情况在我国古代极为普遍,十分有益于推广先进的科技成果,加快它们的应用进程。①

因此可以说,检验知识的标准化、《律例馆校正洗冤录》的刊颁,正是传统中国科技史中发展模式的一个注脚。

即便是今日的医学与法医学,同样需要行业标准。国外,如欧盟制定有《欧盟部长委员会提案[No. R(99)3]各成员国法医学尸体解剖通用规则》,②美国制定有《法医学尸体解剖执行标准》等,③俄罗斯制定有

---

① 丁海斌:《清代"官科技"群体的养成与结构研究》,中国社会科学出版社2008年版,第160页。
② 参见陈忆九、邓建强、颜峰平:《欧盟成员国法医学尸体解剖规则介绍》,《法医学杂志》2005年第2期。
③ 张海东、杨天潼、刘良:《美国〈法医学尸体解剖执行标准〉介绍》,《法医学杂志》2009年第2期。

《俄罗斯联邦法医尸体检验规则》。① 国内,全国刑事技术标准化技术委员会法医学检验标准化分技术委员会也组织制定了一系列有关法医病理学专业的行业标准,现行的包括:《法医学尸体检验技术总则》(GA/T 147-2019)、《法医学病理检材的提取、固定、取材及保存规范》(GA/T 148-2019)、《法医学机械性窒息尸体检验规范》(GA/T 150-2019)、《法医学新生儿尸体检验规范》(GA/T 151-2019)、《法医学中毒尸体检验规范》(GA/T 167-2019)、《法医学机械性损伤尸体检验规范》(GA/T 168-2019)、《法医学猝死尸体检验规范》(GA/T 170-2019)、《法医学死亡原因分类及其鉴定指南》(GA/T 1968-2021)、《法医学机械性损伤致伤物分类及推断指南》(GA/T 1969-2021)、《人体组织器官中硅藻硝酸破机法检验》(GA/T 813-2008)、《法庭科学硅藻检验技术规范微波消解-真空抽滤-显微镜法》(GA/T 1662-2019)、《法医学死亡原因分类及其鉴定指南》(GA/T 1968-2021)、《法医学机械性损伤致伤物分类及推断指南》(GA/T 1969-2021)。上述标准的制定依据是经长期实践验证的具体操作程序和规范方法,内容上包括:解剖器械和解剖术式的选用;各器官的摘除、检查和取材的方法和要求;器官固定、包装、送检方法和要求;机械性窒息、机械性损伤、猝死、中毒尸体的检验重点和要求;新生儿尸体的解剖方法;等等。按照上述标准进行法医病理学检验、鉴定,其鉴定结果可在不同的检验、鉴定机构间进行比对,能在一定程度上保证同一案例在不同的鉴定机构间得出基本一致的鉴定结论。前述标准的颁布,在很大的程度上规范了法医病理学检验、鉴定常规工作,使法医病理学检验、鉴定工作的实施有了一个基本

---

① 参见阎立强、陈高、张维东译:《俄罗斯联邦法医尸体检验规则》,《辽宁警专学报》1999年第1期。

的规范。①

因此,官方以一种法令化的形式颁布检验规则与标准,并不应被视为对发展的限制,而是一个技术发展到一定程度的必然结果。至于贾静涛所举的几例发现有移情就格之处,虽然就个案而言是《律例馆校正洗冤录》束缚下的结果,但这些都是技术发展中的必然现象——只有冲突产生才有调适,才能不断前进。今天的医学诊断标准也处在不断调适、修正的过程中,如我国对于精神病的诊断与分型,自1979年出台最初方案后,1989、2001年已先后两次推出更新版,其中有的诊断标准今日已和最初版大不相同,②但在当时只能就已有的诊断标准进行诊治,而正是诊治中发现的问题与冲突,才导致了新标准的又一次出台,因此不能因今日之新标准而否定旧标准,认为旧标准无用,毕竟谁能保证、断言百年后人们的认识不会完全颠覆今人的认识呢?只不过在清代,由于技术自身发展缓慢,从对旧认识的质疑、否定到新认识的产生,需要较长的时间,而在这一长时期内,必然会有很多观点冲突的地方。从清末许梿的《洗冤录详义》"海内风行,不胫而走"③,刚毅编撰的《洗冤录义证》虽采用西医的解剖学图谱,但却完全沿用许梿的解说(去掉其训诂部分)来看,新观点事实上都慢慢地得到了接受,而其尘埃落定也只需要清王朝制定一个《律例馆校正洗冤录》之校正本罢了。只是处在千年未有之大变局下,清王朝或已无暇顾及此事。如果假以时日,可能我们看到的《律例馆校正洗冤录》就是一个"许梿版"的了。

---

① 陈忆九、刘宁国、张建华:《试论法医病理学检验标准体系》,《中国司法鉴定》2004年第3期。
② 杨德森、刘协和、许又新主编:《湘雅精神医学》,科学出版社2015年版,第143—144页。
③ [清]刚毅编:《洗冤录义证》"序",光绪十八年粤东抚署重刊本,藏于中国社会科学院法学研究所图书馆。

当然,清代的科技发展模式与今日有诸多不同。如丁海斌书中断言,它是官科技,在这种模式下,官方的需要是指挥棒。因官方制定有检骨格、图,于是骨骼认识得以逐渐并全面地发展,而因未制定其他"解剖"的格、图,于是整个清代的检验著作中只有姚德豫的《洗冤录解》如同"异类"一样地对人体的气管、肌肉形态等作了精细描绘,而后继乏人。并且,洗冤检验知识还处在一种"致用"的文化大背景下。如李泽厚所言,儒学的特征为"实用理性"或"实践理性",且这种实用理性是与中国文化、科学、艺术各个方面相联系相渗透而形成、发展起来的,尤其和兵、农、医、艺等中国四大实用文化联系密切,它甚至构成了"中国整个文化心理的一个重要的民族特征"。①因此,传统检验也好,中医学也罢,都只对最关切的实用部分关心,而对基础的理论部分却始终漠视,方剂学、针灸学、骨伤学的诊断治疗都只是针对症状而言,至于其内在的机理解释则反复围绕《内经》的理论进行诠释。而洗冤检验在这一切大背景影响下,虽有着精妙的观察,却也始终围绕着实用的角度进行描述,至于它发展出的在传统中医看来不可思议的人体骨骼认知,只不过是由于今日看来被视为基础的解剖学科,其中的一部分在传统检验知识中是最实用的致用知识罢了。这是中国传统文化的特性,洗冤知识当然也秉承着这种特性。

---

① 李泽厚:《孔子再评价》,中国孔子基金会学术委员会编:《近四十年来孔子研究论文选编》,齐鲁书社1988年版,第406页。

中篇 ◆ 官仵与文书

非佞折狱,惟良折狱。

——《吕刑》

第五章
官 员

"狱事莫重于大辟,大辟莫重于初情,初情莫重于检验。"①检验如此重要,官员当然需要亲临。在出土的云梦秦简中,检验参与者主要有令史和隶臣、隶妾。② 随着魏晋以降官、吏的分途,令史的地位下降,这一角色逐步由官来担当,宋时即规定:"今后杀伤公事,在县委尉,在州委司理参军。如缺正官,差以次官。"③可见当时主要是由县尉来负责检验,而县尉系佐官。但到了元代,即进一步规定,"检验尸伤,亲速详定。司县承告人命公事,照问词讼无疑,即牒长官,将引典吏、正名司吏、惯熟仵作行人火速赴停尸处,对犯人、苦主,照式并尸帐凶身,亲临检验"④,已是长官需要亲自出场相验了。这种规定在清代更是得到进一步强化:只有在正印官无法到场时,才由佐杂代验。需要指出的是,因存在覆检甚至直接钦派承办官员的可能,自下而上的地方官及中央官都存在参与检验的可能性,本章只论述初验时有法定出现场义务的官员。

---

① [宋]宋慈:《洗冤集录》"序",张松等整理:《洗冤录汇校》上册,第3页。
② 闫晓君:《出土文献与古代司法检验史研究》,文物出版社2005年版,第3—4页。
③ [清]徐松辑:《宋会要辑稿》"刑法"6之1,中华书局1957年影印本,第6694页上栏。
④ [元]王与:《无冤录》卷上"受理人命词讼及检尸例",张松等整理:《洗冤录汇校》上册,第302页。

第一节　正印亲验

一、地方州、县、厅、府

地方长官是否负有第一出现场义务,是与其审级密切相关的。凡负有第一审级义务的一级政权,则必有第一时间出现场义务,而若无法定事由,则必由长官亲自检验。"万事胚胎始于州县",县作为清代第一审级,因而知州、知县作为正印官有相验之责。此外,清代还在少数民族与汉族杂处地方及一些特别地方设厅,在关津冲要地方设州。据瞿同祖考察,光绪年间全国共有 75 个厅,145 个州,1303 个县。① 这里的厅、州皆为散厅、散州,与县平级,其长官知州、同知、通判亦有相验之责。又清代还有直隶厅、州,地位与府相同,正印官既领县又亲民,对于亲辖地,需直接受理该地的户婚、房产、田土、命盗案件;至于某些边远地区的知府,如贵州省的贵阳、石阡等府,也像直隶州一样直接受理案件,这些实际上也相当于第一审级,因此相应的长官知州、同知、通判、知府也有检验之责。

二、京师

京城为天子脚下,卫戍重地,管理与他处自有不同,同时清以八旗

---

① 瞿同祖:《清代地方政府》,范忠信、晏锋译,何鹏校,法律出版社2003年版,第9页。

入主中原,旗人随之驻扎京城,无论从军民分治还是族群管理角度均有必要实行特殊司法管辖。因此,京城的检验制度与地方有所不同。

就京师的审级而言,已故学者郑秦指出:北京城实行两级司法管辖,一级为五城和步军统领,管理治安事务和一般民事纠纷;一级为刑部,管理徒刑以上案件,就是所谓"现审案件"。① "五城"就是指巡城御史及其领导下的五城兵马司,巡城御史是从都察院科道中简派,一年轮换,巡视北京城内的地方治安事务,五城兵马司具体管理各城街坊。步军统领,俗称"九门提督",全衔称"提督九门步军巡捕五营统领",是八旗驻京的卫戍部队长官,也负责北京城的治安和警戒。五城与步军统领都可以受理徒刑以下案件,徒刑以上则移送刑部。除此外,针对驻京旗人、宗室觉罗等有特殊身份者,内务府、八旗都统、佐领都有一定审理权限,宗人府则有会审权。②

但是,京师的初次检验与审级并不同步,京师负初验之责的只有刑部与五城兵马司。《大清律例》之"尸伤检验不以实"条即规定:

> 凡京师内城正身旗人,及香山等处各营房旗人,遇有命案,令本家禀报,该佐领径报刑部相验。街道命案,无论旗民,令步军校呈报步军统领衙门,一面咨明刑部,一面飞行五城兵马司指挥,星往相验,径报刑部。其外城地方人命,亦无论旗民,俱令总甲呈报该城指挥,该城指挥即速相验,呈报该城御史,转报刑部、都察院。若系旗人并报该旗。③

---

① 郑秦:《清代司法审判制度研究》,湖南教育出版社1988年版,第42—43页。
② 胡祥雨:《清前期京师初级审判制度之变更》,《历史档案》2007年第2期。
③ [清]薛允升:《读例存疑点注》,胡星桥、邓又天主编,第865—866页。

所谓正身，系与包衣相对，"包衣"者，满语"包衣阿哈"之简称，意为"家下奴仆"，系八旗制度下世代服役于满族统治者家族的奴仆群体。① 从该条可看出，京师内城正身旗人及香山等处各营房旗人命案，初次检验归刑部；除此之外，内城街道命案及外城，无论旗民，俱由五城兵马司检验。另可注意者，刑部验后能审，但五城兵马司验后不能审，需由巡城御史或其他部门负责审理，清末任职于律例馆的吉同钧曾对此有微词：

> 验尸审案京外情形大不相同。外省验尸与审案均出州县官一人之手，办理尚易；京师分任其事，验尸者不能问案，而问案者并非原验之人，其间两不相见，仅凭仵作一人之结以定罪之轻重。是以贿嘱诡串，弊窦丛生，问案之时，全在详审两造供词及一切证据，更须细查其凶器是否与伤相符，若仅凭尸格伤单定谳，鲜有不为所欺蒙者。②

京师的这种制度设计，可能意在通过提高审断官员的行政级别来达到慎重刑狱的目的。

三、外地驻防旗人

清军入关后，八旗兵逐渐分成两大类，一类为前述京师八旗，一类为分驻各地的驻防八旗。驻防八旗又可分为畿辅驻防、东三省驻防、各省驻防三种，民族成分包括满、蒙及汉族。③驻防旗人带有家属，在日常生活中与当地汉族人民交往日渐增多。为不使驻地满、汉混杂，以致八

---

① 那思陆：《清代中央司法审判制度》，北京大学出版社2004年版，第206页。
② ［清］吉同钧：《审判要略》，宣统二年法部律学馆刻本，（杨）一凡藏书馆藏，第12页a。
③ 那思陆：《清代中央司法审判制度》，北京大学出版社2004年版，第205页。

旗丧失战斗力,许多地方八旗驻军筑起了"满城",如成都、广州、杭州都有这种自成一社会体系的满城。① 但旗民之间纠纷仍不可免,于是理事同知、通判官员及理事厅组织应运而生。顺治末,先于江宁设理事同知,康熙二十四年(1685)又设于杭州,②翌年三月,因广东按察使胡戴仁奏请,西安、荆州、镇江、福州、广州等处"均有旗兵驻防",康熙要求"应将本省事简地方官员内,酌量改设理事厅官一员",③故至此作了全面铺开。

理事厅官员之选用亦大有深意:它系地方属员而不归八旗驻防统属;非八旗属官,却例以满员选补,即使汉军旗人也难跻身其中,而乾隆朝以前,地方知府及以下官吏,均由汉人或汉军担任。究其原因,固然考虑到语言优势(处理旗民交讼,需通满语或蒙语),更是考虑到其特殊身份,易于在案件中协调:非旗人出身无以弹压旗人,非旗人任职又恐损害旗人利益。④

理事厅官员是否参与案件办理,视案件性质而定,《大清律例》之"军民约会词讼"条明确规定,"凡旗人谋故斗杀等案,仍照例令地方官会同理事同知审拟","凡各省理事厅员,除旗人犯命盗重案,仍照例会同州县审理外,其一切田土、户婚、债负细事,赴本州县呈控审理。曲在民人,照常发落;曲在旗人,录供加看,将案内要犯审解该厅发落"。⑤即旗民涉讼的民事类"细故"纠纷,单独由地方州县审理即可,但不能责罚旗人。薛允升对此解释说,"审解该厅发落云云,则州县之不应责打旗人可知矣",这明显是为了保护旗人特权而设的特别规定,否则,

---

① 郑秦:《清代司法审判制度研究》,湖南教育出版社1988年版,第62页。
② 定宜庄:《清代理事同知考略》,蔡美彪主编:《庆祝王锺翰先生八十寿辰学术论文集》,辽宁大学出版社1993年版,第264页。
③ 《清圣祖仁皇帝实录》第2册卷125,康熙二十五年三月,中华书局1985年影印本,第324页下栏—325页上栏。
④ 定宜庄:《清代理事同知考略》,蔡美彪主编:《庆祝王锺翰先生八十寿辰学术论文集》,辽宁大学出版社1993年版,第265—267页。
⑤ [清]薛允升:《读例存疑点注》,胡星桥、邓又天主编,第705页。

"官员擅行夹责旗人者,降一级调用"。① 若是旗人有犯命盗重案,则理事厅官员必须介入,即由地方州县会同其共同审理。

尸伤检验程序当然要受此影响。《大清律例》之"尸伤检验不以实"条规定:"凡外省驻防旗人遇有命案,该管旗员,即会同理事同知、通判带领领催、尸亲人等,公同检验。一面详报上司,一面会同审拟。如无理事同知、通判之处,即会同有司官公同检验,详报审拟。"② 则外省驻防旗人命案之检验官员为该管旗员,会同理事同知、通判、领催,从而最大限度地保护旗人利益并平衡旗、民关系。

第二节　邻邑代验

清代规定遇有命案皆须正印亲验,若遇州县公出,如何处置? 为此规定有邻邑代验制度。需注意者,今人多关注的是邻邑正印代验,实际上邻邑佐贰亦可代验。清代知州下属的佐贰官,为州同、州判;知县下属佐贰官,为县丞、主簿。③

一、代验官员

《大清律例》之"尸伤检验不以实"条规定:"地方呈报人命到官,正

---

① ［清］薛允升:《读例存疑点注》,胡星桥、邓又天主编,第706页。
② ［清］薛允升:《读例存疑点注》,胡星桥、邓又天主编,第865页。
③ 瞿同祖:《清代地方政府》,范忠信、晏锋译,何鹏校,法律出版社2003年版,第17—18页。

印官公出,壤地相接不过五六十里之邻邑印官,未经公出,即移请代往相验。或地处窎远,不能朝发夕至,又经他往,方许派委同知、通判、州同、州判、县丞等官,毋得滥派杂职。其同知等官相验,填具结格通报,仍听正印官承审。"①该条规定了一个比较明确的检验顺序:(1)本邑正印;(2)正印公出,则邻邑正印;(3)邻邑正印公出或交通不允,则本邑佐贰。

考诸史料,该例出台有一相当曲折的过程,薛允升曾针对上条云:"此条系雍正十三年,广西巡抚金鉷条奏定例,乾隆五年改定。"②从《大清会典事例》及相关资料看,薛允升的"五年改定"当指该规定列入条例的时间,而司法实践已于乾隆元年(1736)因山东按察使黄叔琳的具奏而发生变化。

雍正十三年(1735年)定例原文,据《西江视臬纪事》之"杂职委署佐贰不许相验并佐贰录供议详"条载:

  查得饶州府详,人命正印公出,佐贰相验,毋许署佐贰之巡典等员违例往验及佐贰相验应酌案情轻重取供录报等缘由。奉宪台批司妥议详夺。本署司遵查雍正十三年定例:相验尸伤,若州县正印官公出,即令佐贰官相验,不必转请邻邑,以免稽延,如无佐贰之州县,或正佐并皆公出,即转请邻邑相验,倘邻邑正印公出,即委邻邑佐贰相验等语。又乾隆元年定例,嗣后本邑与邻壤相距不过五六十里,仍照旧例,本邑印官公出即请邻邑印官相验,其或邻邑窎远或又他出,方许派委佐贰,而代验之员必系同知、通判、州同、州判、县丞等官,毋得滥派杂职等语,是典史巡检等官原无

---

① [清]薛允升:《读例存疑点注》,胡星桥、邓又天主编,第865页。
② [清]薛允升:《读例存疑点注》,胡星桥、邓又天主编,第865页。

相验之例。①

须指出的是,该条省例系凌燽任江西按察使时所定,但具体年月未载,而凌燽系雍正十一年(1733)九月授江西按察使,乾隆八年(1743)春获准奉母回籍。② 推究该规定当在乾隆元年至八年间出台,当时首领官代验尚未在江西放开,所以仍强调勿许典史相验。从中看出,原雍正十三年定例代验顺序为:(1) 本邑正印;(2) 正印公出,则本邑佐贰;(3) 本邑正佐皆无,则邻邑正印;(4) 本邑正佐皆无,邻邑正印亦公出,则邻邑佐贰。这个顺序与上述律例规定显然不同,导致这一改变的是乾隆元年山东按察使黄叔琳的相关奏折:

> 佐贰即可委署正印,亦何妨委令相验？但佐贰中得委署正印者必系材能出众克胜其任之员,方始遴委,原不多得。若概令相验尸伤,无论官职卑微,吏件尸亲人等不足弹压,而事非切己,苟且草率庸陋者,每轻听吏件填报,多致蒙混。其不肖者利欲熏心,与吏件串通一气,开赇缘贿嘱之端,任意增减。及印官承审惟据尸格定伤,难成信谳,迨不能定案,又不得不详请覆检,是代验本期免于腐烂,而不知愈以增蒸刷之惨也,臣请仍照旧例,凡印官公出即请邻封代验,不得委佐杂以滋弊窦,庶谳决得据其实,而科罪亦可无冤矣。③

---

① [清]凌燽:《西江视臬纪事》卷 2"详议·杂职委署佐贰不许相验并佐贰录供议详",杨一凡、刘笃才主编:《中国古代地方法律文献》乙编第 11 册,世界图书出版公司 2009 年版,第 532—534 页。

② 《清·江西按察使凌燽墓》,熊明陶:《曲阳史话》,皖内部图书(97)004 号,第 240—241 页。

③ 《朱批奏折》,藏于中国第一历史档案馆,04-01-01-0003-012。

黄的建议直接否决了本邑佐贰在本邑正印公出时的第一位顺位代验权,要求将该权力归于邻邑正印,从《大清律例》邻邑代验例的规定来看,相当于是对上述二者方案的折中。当然,这期间可能还有其他官员亦参与了讨论。但上述两份资料还反映出另两个问题:

一是二者都提到"旧例","旧例"具体为何已不可考,明律例中无相关规定,但根据上下文可推究出,原来的旧例都是正印公出时,则以邻邑正印代验。

二是上述两份资料争论邻邑代验与本邑佐贰孰先孰后的问题,亦反映了邻邑佐贰相较于本邑首领、杂职相验有优先权。雍正十三年(1735)的定例中,明确要求在本邑正佐皆公出,邻邑正印亦公出时,则邻邑佐贰相验。对这个优先权的认可在福建省例中亦有反映:"一件遵批议覆事。按察使司史牌:乾隆二十三年六月十七日,奉总督部堂杨批本司详议称,……定例:正印公出,预将公出日期移知邻邑。如遇命案,不必往请,或另请别邑正印,或径请彼邑佐贰;事竣回任,仍移知查照。其例得相验之佐贰公出,仍照例移知。"①该省例出台时间为乾隆二十三年(1758),当时已陆续放开首领官、杂职官代验,但该文献仍然引用该省例,说明这项优先权并未因乾隆五年例对雍正十三年例的修正而废止。

综上可推知,关于邻邑代验的规定经过乾隆元年修正后,其规定实质上为:(1)本邑正印;(2)本邑正印公出,则邻邑正印;(3)邻邑正印公出或交通不允,则本邑佐贰;(4)本邑正佐皆无,邻邑正印亦公出,交通许可,则邻邑佐贰。至于为何邻邑佐贰可代验为人关注较少,可能与清代各州县常不配备佐贰有关。

---

① 《福建省例》下册"(三十一)铨政例·州县因病告假预期关行知照移请邻邑相验",大通书局 1984 年点校本,第 1108 页。

二、制度梳理

(一) 邻邑代验前提

其前提一为正印官公出,二为邻邑非窎远,二者必居其一。为此需对二者予以明确。

邻邑代验前提条件是"正印官公出",但这个"公出"应作泛义解,即一切影响其确实不能立即往验的原因事故存在,这个含义大致相当于现今法学术语中的"不可抗力"。因此,除因公出境外,因病告假、因其他紧要公务不能分身都应当属于公出之列。

首先,因事公出不在本邑当然无可置疑地属于公出之意。

其次,因病告假亦应在包括在内。薛允升云,"(邻邑)如实有本任要务,及患病不能往验,准其据实声明"①。虽说的是州县公出、患病告假需移知邻邑,以免无谓往请代验,耽搁时间,但举此以明彼,则本邑州县患病亦应可不亲验。如道光年间影响颇大的徐倪氏案,该案初发时,知县并未亲验,道光上谕中指出:"已革德清县知县黄兆蕙,于蔡鸿呈报命案之时,近在同城,并不即时前赴相验,迟至两日,始称患病,且无报病文据,尤属情弊显然。"②推而知之,则州县患病可不往验,但需有相关手续。

最后,有紧要公务亦可不亲验。如乾隆十四年(1749)山西按察使多纶请仿甘、滇、黔例,要求允准山西首领官往验:"奴才愚昧之见,请

---

① [清]薛允升:《读例存疑点注》,胡星桥、邓又天主编,第865页。
② 《清宣宗成皇帝实录》第2册卷89,道光五年九月下,中华书局1986年影印本,第430页下栏。

嗣后如遇路毙人命,该州县另有紧要公务不能分身,即令州同、县丞等官酌带谙练仵作速往相验,即为掩埋,仍注明尸单申详,印官查核填格通报,如该州县内未经设有州同、县丞者,即令吏目、典史等官一体往验申详。"① 既然此时本邑首领官都可往验,他邑正印当然亦可代验,因此紧要公务亦应包括在公出之内。只是紧要公务有哪些? 可能包括生员考试、征收钱谷、缉拿盗匪等。

又,公出需申报、移会。王又槐即曾云,"因公出境及回署皆用验文通报"②。验文为上报之文;乾隆二十三年(1758)的福建省例规定,"正印公出,预将公出日期移知邻邑。如遇命案,不必往请,或另请别邑正印,或径请彼邑佐贰;事竣回任,仍移知查照。其例得相验之佐贰公出,仍照例移知"③,则邻邑左右需移会。在《牧令须知》中即载有相关申报、移会文书式样。④ 这种上下左右的通报机制非常必要,有利于节约不必要的延请时间。从宝坻县档案来看,这种相互移文知照应很普遍,如嘉庆二十一年(1816)二月二十六日宝坻县张典史具禀:

宝坻县典史张敬禀者,窃卑职印官奉委赴燕郊,办道公出,兹于本月二十六日,据务本里乡保张士平等禀报,圈子庄民人许汝瑞于本月十六日,因艾自江殴打伊子,前往理论不依,被艾自江等殴伤,延至二十六日,因伤抽风身死等语。查印官公出,例应申请邻封相验,现在香河、武清、宁河、玉田、□□等县均已办道公出,三河、蓟州、

---

① 《朱批奏折》,藏于中国第一历史档案馆,04-01-26-0002-039。
② [清]王又槐:《办案要略》之"论详报",刘俊文主编:《官箴书集成》第4册,第780页上栏。
③ 《福建省例》下册"(三十一)铨政例·州县因病告假预期关行知照移请邻邑相验",大通书局1984年点校本,第1108页。
④ 《牧令须知》卷2"吏房文移稿件式"即载有申报公出、移知公出、申报公回、移知公回文书样本,见刘俊文主编:《官箴书集成》第9册,第225页上—下栏。

亦正值差使临□,实无邻封可请,除卑职饬差拘传犯证候验外,理请□赐委员迅速过境验讯,以免推延,实为公便,□□□禀恭请。①

这份禀文所署日期是二月二十六日,而死亡日期亦在二十六日,当时已明了邻封各县均无正印可代验,故宝坻县典史具禀恳请速派委员相验,一天之内不可能一一具请,在当时交通通信条件下,只能说明事先已移文知照。

从相关资料看,这种做法很可能自乾隆二年(1737)始。该年,云南巡抚张允随在请求分驻佐贰可代验时,即提出:"抑臣更有请者,嗣后凡州县印官公出必令将公出日期移知邻邑,如遇人命免其往请,或另请别邑正印,或径请彼邑佐贰,以免往返稽迟,事竣回任亦即移知邻邑查照。"②

"鸾远"的清律标准为"五六十里",但五六十里到底有哪些辖区,上司则很可能并不明了,为此需提前备案。乾隆十九年(1754)两江总督鄂容安具奏:"其两邑鸾远处所,应令各府查明相距里数,豫行造册报明院司备案,遇相验,印官公出,方许佐杂验伤立单,印官公回覆核。仍将因何事公出,尸所距邻邑若干,或邻邑印官现在乏员缘由声明。"该条建议得到中央认可,"如所议行"。③

(二) 代验之程序

雍正朝《钦定吏部处分则例》即规定:"嗣后州县官如遇邻邑佐贰移请代验人命,将接文及赴程时刻于代验通报文内声明,据报人命之佐贰官亦一面移请邻邑州县官相验,一面将移请代验缘由报明该管府州

---

① 《顺天府全宗》,藏于中国第一历史档案馆,28-4-198-087。
② 《朱批奏折》,藏于中国第一历史档案馆,04-01-01-0022-042。
③ 《清高宗纯皇帝实录》第6册卷455,乾隆十九年正月,中华书局1986年影印本,第933页上—下栏。

查核。"①据此,移请邻邑代验,本邑和邻邑皆需履行上报程序:一为本邑佐贰在移请时需报该管府州查核;二为邻邑正印于验毕通报文内需声明接文及赴程时刻。两相验对,以免迟延,亦避免邻邑验后不报,发生讳命情事,或验后本邑不能及时缉拿,致正凶脱逃而无从追究。

(三)代验之职责分工

邻邑所负责任如同本邑亲验,不应诿卸,应带吏件前往验讯并通详,并承担所验不确之责;对本邑佐杂而言,须负责者唯应事先传讯一干人等候验,并随同在场;当然,亦不得扶同作假,后续侦缉工作自然由本邑负责。

先叙邻邑责任:

一不应诿卸。雍正朝《钦定吏部处分则例》即规定:"如邻邑之州县官并无别故,藉称患病要务,巧为诿卸,不往相验者,经上司查出,将邻邑之州县官,照不应重律降三级调用。如邻邑之州县官实在患病,并要务等事,不能前往代验者,该州县出具确实印结,并取同城官不致扶同捏结,通报上司存查。如有捏饰,将扶同出结之同城官,照徇情例降二级调用。"②《大清律例会通新纂》亦云:"不即检验降一级,检验不确降二级,移请诿卸降三级,俱调用。"③对于诿卸代验者的处分不可谓不重。

二须自带吏件前往。如宝坻县档案中,嘉庆年间的遵化州玉田县典史请求宝坻县代验文书中即有"蒙此拟合具文,申请堂台俯赐束装,

---

① 《钦定吏部处分则例》(雍正朝),蝠池书院出版有限公司2004年版,第339页。
② 《钦定吏部处分则例》(雍正朝),蝠池书院出版有限公司2004年版,第339页。
③ [清]姚雨芗原撰,[清]胡仰山增辑:《大清律例会通新纂》第10册,近代中国史料丛刊三编第22辑,文海出版社1987年版,第3689—3690页。

带领刑仵过境,验讯详报"一语。① 又,曾任湖南宁远知县的汪辉祖曾自述,在乾隆五十三年(1788)正月初九日赶往新田代验途中,"附近居民口禀,舍侧空室有受伤人,僵卧垂毙,余往视,其人佯死,令仵作解衣,始发声"②,亦说明其并非只身前往。

三须讯供并作通详。下为宝坻县档案中一份三河县代验上报文书,其中完整呈现了三河县正印官前往邻县宝坻代验的过程:

> 顺天府东路厅三河县为报明事:嘉庆十四年十一月初五日据宝坻县典史申称,窃照卑县印官赴省面禀地方事宜公出,所有一切文移票委,代折代申在案。今代申一件前事,本年十一月初四日,据得义里乡保刘永广禀称,窃本日有身所管朱家铺庄民人赵璧向身告称,伊弟赵璜于本月初二日掌灯时分因向刘宓索欠不允,将账簿撕破,彼此争殴,经宋连劝散后,伊弟胸膛等处受伤,肚腹疼痛,延至初三日夜间身死,嘱身查看禀报等语。身往看属实,现将刘宓拴住送案,理合禀请验究等情。同日又据尸兄弟赵璧报同前由各等情到县,代接到职。据此查,印官公出,地方遇有命案,例应申请邻封相验。兹据前情,除饬差传集一干应讯人等押犯前赴尸场候验外,拟合具文申请俯赐束装,带领吏仵过境,代为验讯详报等情。据此,除将勘验并讯过供情备录书册外,所有卑职过境代验讯供缘由,拟合填图录供,具文通报宪台查核……③

四须承担所验不确之责。邻邑如验有不周详之处,则上司驳查的

---

① 《顺天府全宗》,藏于中国第一历史档案馆,28-4-197-115。
② [清]汪辉祖:《病榻梦痕录》,台湾商务印书馆1980年版,第170—171页。
③ 《顺天府全宗》,藏于中国第一历史档案馆,28-4-201-070。

仍是邻邑,如宝坻县档案中载:

> 署顺天府东路厅香河县为禀明事,案照敝县代验贵县潘家套民人刘文如即刘占魁自缢身死一案,当经填图录供具文通报各宪在案。兹于本年十二月初六日蒙本府陈批查,该县代验宝坻县刘文如即刘占魁自缢身死,未将缢绳比对缢痕,殊属疏漏,候各宪批示,并移宝坻县知照,缴格存案等因。蒙此拟合移知,为此合移贵县,烦为查照,须至移者……①

说明香河县原代验宝坻县时,未将缢绳与伤痕比对,所以上司批查。从行文上看,上司是向香河县发文,责任落实的是香河县。

本邑之责任,唯有三项:

积极承担者,需拘传一干人等候验。上文所引宝坻县典史恳请上司派员相验的文书中即有"除卑职饬差拘传犯证候验外"一语,这类似于检验的事先准备工作,同时相验时亦应当到场。

消极负担者,不得扶同作弊。道光年间,山西平鲁县知县汤可受代验邻邑朔州张句氏案,"朔州告病吏目张奕璠,当该县与刑仵道及错填尸格,应行改正,曾在旁听闻,乃于改伤一节,又复诿为不知,现经尸亲控有串通贿嘱情弊,必须彻底根究"②,说明其虽不参与检验,并不代表可以一概置之不问。

此外,若凶手不明或已远飏需缉拿时,相关的侦查和缉捕事务则仍是案发州县的工作。宝坻县档案中同样有一案:

---

① 《顺天府全宗》,藏于中国第一历史档案馆,28-4-197-139。
② 《清宣宗成皇帝实录》第3册卷147,道光八年十一月下,中华书局1986年影印本,第249页上—下栏。

为详请通缉事。卷查嘉庆十五年正月二十日,据本县和乐里乡保谭求贵禀报,侯家庄东王建远坟地内,倒毙无名男子一案。因时值卑职赴省面禀地方事宜公出,当经代行典史钟本申请,香河县过境代为验讯,验明无名男子实系因伤身死,凶犯逃逸,业已具文通报,并移会营讯邻封一体协缉,并勒捕悬赏批缉,各在案。迄今凶犯未获,诚恐远飏,拟合造册具文,详请宪台查核俯赐,转请分咨外省通缉,并请饬属一体缉拿,实为公便,为此备由另册具申,伏乞照详施行。①

该案即是香河县代宝坻县验明系凶杀案,但凶手逃逸,所以宝坻县正印详请上司发文通缉,这后续工作是由案发州县完成的。

第三节　佐杂代验

清代在正印官之下的佐杂官具体又分三类:佐贰官、首领官、杂职官。前已述及,知州下属的佐贰官为州同、州判,知县属下佐贰官包括县丞、主簿。至于首领、杂职,知州下属的首领官为吏目,杂职官包括巡检、驿丞、税课司大使、仓大使、闸官、河泊所官;知县属下首领官为典史,杂职官与知州属下杂职者相同。三者总称为"佐杂"或"僚属官员"。② 清代将邻邑正印作为本邑公出时代验的第一候选对象,但如前

---

① 《顺天府全宗》,藏于中国第一历史档案馆,28-4-200-004。
② 瞿同祖:《清代地方政府》,范忠信、晏锋译,何鹏校,法律出版社2003年版,第17—18页。

所述,邻邑代验是有条件的:(1)邻邑相接不过五六十里,当时州县交待扣程限五十五里约一天,[1]即大约一天行程;(2)邻邑未经公出。当二者有一不符时,佐贰方可代验。对于边远地区来说,第一条就常不符合实际情况,其州县所辖几百里至千里者皆有;而现实文官体制又对佐贰代验构成障碍——清代州县并不都设佐贰,瞿同祖即指出,"除了首领官即'吏目''典史'实际上在所有州县均有设置之外,别的僚属官很少设置","佐贰即助理知事官数量之少更引人注目。按1899年《清会典》统计,全国仅设有32个一级知州助理(州同)和35个二级知州助理(州判),345个知县助理(县丞),55个簿记官(主簿)","显然,许多州县没有设置佐贰官"。[2] 若本邑佐贰未设,又邻邑正、佐皆公出,或邻邑正印公出而佐贰未设,或虽然邻邑正佐皆在但确实路途遥远,那么怎么办呢? 在自然面前人力是不得不让步的,尸身的腐败作为自然现象,是不以何等级别官员亲验为转移的。为了及早取得确证、审明案情,只能让其他佐杂官员代验。清代对此制度的放开是渐进的,无论在代验官员层级的放开、代验权限的放开还是代验地域的放开上,皆是如此。

一、层级之放开

(一)首领官代验

先是首领官可代验。乾隆三年(1738),甘肃按察使包括具奏,谈

---

[1] [清]冯煦主修,陈师礼总纂:《皖政辑要》"吏科·卷十二·交待",黄山书社2005年版,第105页。
[2] 瞿同祖:《清代地方政府》,范忠信、晏锋译,何鹏校,法律出版社2003年版,第21—23页。

及甘肃省情时指出：

> 查甘省地方远阔，州县驻城有远至二三百里及五六百里不等，又皆崇山峻岭，高下崎岖，邻封窎远，自应照印官公出佐贰相验之例遵行，方于公事无误。但查甘省共五十七州县六卫一所，内惟肃州、秦州、阶州、兰州、河州、泾州、灵州等七州共有州同、州判八员，张掖、平番、高台、陇西等四县共有县丞、主簿五员，其余各州县俱无佐贰人员可以代验。①

并就此建议遇事当准吏目、典史查验，请求朝廷变通。朝廷对此应允："刑部议准甘肃按察使包括疏请，甘肃原无佐贰之州县，印官公出，遇有命案，令吏目典史先往验明，写立伤单，俟印官回日，查验通报。从之。"②

事实上，这个"特殊政策"各地都很需要，因此接下来各地方大员便纷纷具奏，请求仿效。如乾隆五年（1740）三月，云南巡抚张允随亦提出本省较甘肃之情况更为特殊，"滇省跬步皆山"，且"滇南四时皆如春夏"，尸体更易腐败，而官员配备中佐贰官亦很少，"查滇省州县六十四缺，内设有州同、州判、县丞者仅十一处，又多分防要地，另驻一方，其邻封相去窎远并无佐贰者甚多"，因而提出仿甘肃做法：

> 请嗣后滇省除有佐贰之州县，仍照印官公出佐贰相验定例遵行外，凡无佐贰之州县印官公出遇有命案，照甘肃之例准令吏目、典史带领州县刑书、仵作星赴尸所，写立伤单，报明印官，回日查验

---

① 《朱批奏折》，藏于中国第一历史档案馆，04-01-01-0031-032。
② 《清高宗纯皇帝实录》第2册卷79，乾隆三年十月下，中华书局1985年影印本，第242页下栏。

填图通报,其无同知、通判及州县之知府,或虽有同知、通判、州县而不同城者,遇报命案,知府公出,即令经历、知事就近代验。①

奏折中提到的"经历""知事"系知府的首领官——当时西南一带出于便于弹压等考虑,多设有亲辖地的知府,而这些知府同样设佐贰不多,为此张允随在请求允许州县首领官代验的同时,亦请求允许知府的首领官有代验权。

此后,贵州按察使介锡周、四川巡抚班第亦提出类似请求。因此,清廷不得不在乾隆十二年(1747)规定:

凡黔蜀等省遇有命案,其府州县原无佐贰,及虽有佐贰,而不同城者,印官公出,准令经历、知事、吏目、典史等官,酌带谙练件作速往,如法相验,写立伤单报明,印官回日,查验填图通报。……其各省所属府州县内,有与黔蜀等省相似者,一体酌量办理,其余仍照定例遵行。②

至此,首领官的代验权在清律上获得正式承认。

(二) 分驻佐杂代验

清代首领官虽皆有设置,但他们多系管狱官,与正印同城,而清代州县横跨五六百里者皆有,远行实为不便,且影响监狱安全。有关官员远途相验的辛劳,在汪辉祖笔下亦有所反映:"次早近山二十里,重岩复涧,易筍舆行榛莽中,又五六里,筍舆亦不可行,乃步,又三四里,仄径

---

① 《朱批奏折》,藏于中国第一历史档案馆,04-01-01-0058-035。
② [清]薛允升:《读例存疑点注》,胡星桥、邓又天主编,第866页。

一条,下临深涧,已隆冬,水犹潺潺不绝,足不可容,乃令土人前挽后推,攀林木背涧蟹行,达于尸场。……比出山,则汗浃重绵。"①寒冬腊月,乘轿、步行、攀援,最后都汗湿重衣,其中艰辛实在让今人无法想象,由此可见,远道相验实为不便。而清代除州县府城驻有官员外,还有分驻丞佐及杂职官员,允许分驻官员相验不得不成为进一步的选择。

清代虽有佐贰分驻,但杂职官数目远大于佐贰官,且巡检之类杂职官皆有分驻地。因此,乾隆十八年(1753),广东巡抚苏昌直接提出,分驻的杂职巡检亦可代验,并得到清廷同意:"刑部议覆:广东巡抚苏昌奏称,例载州县命案,如印官公出、邻邑窎远,准佐贰等官代验。广东州县所辖地方,间多辽阔,印官公出,而吏目、典史本城各有责守,未便远赴相验。查巡检同属佐杂,且系所辖地方,请饬就近验报。应如所请,从之。"②

于是清王朝在当年又放开了分防佐杂代验权:

> 凡各省州县同城并无佐贰,邻封窎远地方,遇有呈报人命,印官公出,如原系吏目、典史分辖地方,即日可以往返者,仍饬吏目、典史验立伤单,申报印官覆验。其距城遥远,往返必须数日处所,该吏目、典史据报,一面移会该管巡检,就近往验填注伤单;一面申请印官覆验通报,如印官不能即回,即申请邻邑代验通详。③

至此,在20年的时间里,清廷在强调邻邑代验的同时,对本邑佐杂代验的权力亦一路放开,这条路径就是:先承认佐贰派委代验的可能,

---

① [清]汪辉祖:《病榻梦痕录》,台湾商务印书馆1980年版,第165—166页。
② 《清高宗纯皇帝实录》第6册卷436,乾隆十八年四月上,中华书局1986年影印本,第693页上栏。
③ [清]薛允升:《读例存疑点注》,胡星桥、邓又天主编,第866页。

再接着是首领官，首领官路途过远不能即日往返者，又承认分驻的佐杂官员都可第一时间代验。

二、地域之放开

上述引发政策变动的地方多处西北及南方偏远地区，而随着疆域开发、治理需要，其他地方亦陆续提出派委杂职相验的必要。如热河一地，乾隆二十一年（1756）即有直隶总督方观承提出"口外各厅命案繁多，均应同知、通判亲验，但地方辽远者，常在数百里或千里之外，应令巡检代行相验，倘有别情，报明该厅覆验"，并得到朝廷同意。[①]

至同光年间，随着大规模移民开发导致的社会治理工作愈发繁重，东北地方的代验问题被陆续提出。光绪十年（1884）五月十四日，盛京将军庆裕、奉天府府尹（光绪二年始，奉天府府尹行巡抚事）松林联名具奏：

> 奏为酌拟变通奉省相验勘验章程，恳请饬部覆议，恭折仰祈圣鉴事。……奉省各厅州县所属地方，多半辽阔，有远至四五百里者，甚有七八百里者，印官相验勘验，动辄往返十有余日，设一时出有数案，散处各乡，尤有顾此失彼之虑，亟宜量为变通，以清庶狱。伏查定例，奉天省昌图、岫岩、凤凰城各厅，所属命案，如距厅在三百里以外者，准令照磨及分驻巡检带领谙练吏仵前往代验，填格取结，送交各该厅承审，如有承验不实，照例议处等因在案。奴才庆

[①] 《清高宗纯皇帝实录》第7册卷524，乾隆二十一年十月上，中华书局1986年影印本，第600页下栏—601页上栏。

裕前在广西巡抚任内,亦曾奏请将西隆州属旧州州判,仿照八达州同之例,遇有命盗案件,距州百里以外,即令该州判代验,奏蒙饬部议准,遵办亦在案。此外,如直隶承德府属各州县,亦有委令分防代验章程……奴才等公同商酌,所有奉省之新民厅、辽阳州、宁远州、锦县、通化县、开原县、怀仁县,均属地方辽阔,兼顾为难,除距城二百里以内,遇有命盗案件,责成该印官亲验,不得藉词委验外,其在二百里以外者,各该厅州县案牍不多,无须替代,仍由印官躬亲验勘,倘一时报案叠出,或署中有紧要事件,不能分身,准委令分防佐杂等官就近代为勘验,分别录供、填格、取结。①

庆裕所奏为奉天一事,但该奏折包含几个内容:一是说明他在广西巡抚任内,将广西西隆州的分驻旧州州判代验权放开,这仍属西南片区;二是此前承德已放开佐杂代验,即这一制度正扩散至清朝的龙兴之地;三是现在要求奉天全境放开,进一步拓展分驻佐杂代验地域范围。实际上,此前奉天昌图、岫岩、凤凰城三厅已获允照磨、巡检等代验,并有专门例文。说明在强调正印相验权力的同时,随时间的推进,佐杂的代验权限在全国范围内得到进一步承认。

三、权限之放开

佐杂虽都可代验,但是否拥有全部代验权限?此处所谓权限,不仅指现场勘查、察验尸身,而且指验后是否需印官覆验把关、是否能在验后填格——格指尸格,系清代命案检验文书重要组成部分,又通常填格

---

① 《朱批奏折》,藏于中国第一历史档案馆,04-01-01-0952-026。

与取结连称,结指原(告)被(告)干证(证人)吏仵(检验仵作)四不扶同甘结,清代一个完整的检验程序必须包括上述内容。从史料来看,佐杂拥有完全的代验权限应该始于乾隆四十一年(1776)。

(一) 乾隆四十一年前:佐杂代验权限有别

原先,佐杂代验虽已放开,但不仅顺序上有别,而且权限不同。佐贰权限为"其同知等官相验,填具结格通报,仍听正印官承审"[1]。此处格、结皆须填,当然不需覆验;又"通详或称通报、详报"[2],佐贰官验后通报。这些都是清朝检验的正常步骤,故其与邻邑正印代验相差不大。

而首领、杂职等的权限则有所缩减,薛允升曾在注解邻邑代验条后云:"典史、巡检验填后,印官仍需覆验,此则不必覆验矣。"[3]说明代验需正印官再把一次关。而依清律,彼时首领官的验是验立伤单,仍由印官"查验通报";巡检亦是强调验立伤单后,由印官"覆验通报"。此处的查验、覆验如何理解?按薛允升的解释,覆验"似系即指上条查验填图而言,非覆验尸伤也"[4],似只是形式上审核,但据乾隆二十三年(1758)福建省例,不放开杂职相验的理由是,"迨印官复加洗罨,倘伤痕不符,势必另详请验。是欲速验未腐之尸,反致愈增蒸刷之惨,实于公事无益"[5],则正印官仍需亲自全面操作一次。何者正确?结合下文乾隆四十一年后对佐杂权限的放开,笔者倾向于认为后者可能性更大,且薛允升本就是清末之人,乾隆朝早期情况与其当时差别已经较大。

---

[1] [清]薛允升:《读例存疑点注》,胡星桥、邓又天主编,第865页。
[2] 那思陆:《清代州县衙门审判制度》,范忠信、尤陈俊校,中国政法大学出版社2006年版,第82页。
[3] [清]薛允升:《读例存疑点注》,胡星桥、邓又天主编,第865页。
[4] [清]薛允升:《读例存疑点注》,胡星桥、邓又天主编,第866页。
[5] 《福建省例》下册"(三十一)铨政例·州县因病告假预期关行知照移请邻邑相验",大通书局1984年点校本,第1108页。

相比佐贰,可见首领官及杂职的代验权于乾隆早期是受限的。

(二)乾隆四十一年后:取消覆验规定,佐杂逐渐获得完全代验权

可能正是对首领、杂职的限制过严,导致了实践中地方官员的某些虚套,反不利于责任的落实。贵州巡抚裴宗锡于乾隆四十一年(1776)六月的奏折中指出了这个问题:

> 既云公出自非旦夕可回,邻封既称窎远必非克期可到,设逢盛暑炎天,尸更易于发变,纵加覆验,转不如原验之明,何必尸遭两验,停待多时,致贻暴露之惨。臣抵黔以来,接阅各属详文,似此案件时所常有,虽俱于文内声述复加查验无异一语,亦不过因定例相沿,不得不踵循故套,而果经覆验与否,恐亦在不可必之数,是覆验一节有名无实,大概可知。……应请嗣后……准其一面验立伤单,将尸棺殓,一面报明该印官详加核实,填图通报。如代验之后查有增减伤痕情弊,仍将原验官照检验不实例,分别议处,其不行核实、草率填报之该印官,增定处分。①

裴宗锡的奏折直陈"尸遭两验"虽看似审慎,但实则因尸身改变,"转不如原验之明",且"果经覆验与否,恐亦在不可必之数"。该奏折直接导致了相关例文的修订,《大清律例》"尸伤检验不以实"中的对应例文是:

> 黔省州县命案,如逢盛暑,印官公出,不能即回,邻封窎远,往返

---

① 《朱批奏折》,藏于中国第一历史档案馆,04-01-26-0007-055。

数日者,准代验之杂职等官,取立伤单,将尸棺殓。其州县未行覆验缘由,及原验杂职衔名,俱于原题内声叙。如有伤痕不符等弊,将原验官参处。若印官计日即回,邻封相距不远者,仍照旧例行。①

对比旧有做法,新制不再强调州县正印覆验,在验毕后即可棺殓,且向皇帝题报时,要声叙"原验杂职姓名",以便不符时"将原验官参处",可见其权、责已清晰落实到位。

参看此后所立例文,均未有正印覆验的要求,如乾隆五十六年(1791),左都御史舒常奏称,"五城命案向系正指挥相验,办理竭蹶,请照外省佐贰代验例,正指挥时值事繁,不能兼顾,委副指挥、吏目代验,城内两日,城外三日,违限及规避者,巡城御史查参报闻"②。吏目系属首领官,但将其与副指挥并列而不作区分,且不提覆验,直接用"代验"二字,参照该年所修定例,也是"准委副指挥、吏目代验,仍归指挥承办"字样,③说明了权限上已真正放宽。

而到了道光二年(1822),奉天昌图、岫岩、凤凰城各厅照磨及分防巡检代验例文,则直接用"填格取结"字样,④前引光绪十年庆裕的奏折亦直接云"准委令分防佐杂等官就近代为勘验,分别录供、填格、取结",一一列举,更显明确,亦充分说明了此时杂职官代验权限的完整。至于《大清律例》为何未对以前例文作出修订,推测当与立法技术不成熟有关。⑤

---

① [清]薛允升:《读例存疑点注》,胡星桥、邓又天主编,第868页。
② 《清高宗纯皇帝实录》第18册卷1379,乾隆五十六年五月下,中华书局1986年影印本,第507页下栏。
③ [清]薛允升:《读例存疑点注》,胡星桥、邓又天主编,第868页。
④ [清]薛允升:《读例存疑点注》,胡星桥、邓又天主编,第869页。
⑤ 如《大清律例》"尸伤检验不以实"律文关于检验错误处罚的"正官杖六十,(同检)首领官杖七十,吏典杖八十,仵作行人检验不实,扶同尸状者,罪亦如(吏典以杖八十,坐)之",就是直接沿用明律而未作出及时更改的明显不当。因为在清代,正印亲验一般无须首领同行;首领若验则是代验,此时正印定为公出。

四、实效之考察

此处之实效,并非谓佐杂的代验水准,而是指代验制度落实的情况。虽然自乾隆十八年(1753)广东巡抚苏昌具奏后,所定条例已明确各地首领官及分驻杂职符合条件的均可代验,但从各地反映来看,对此权限的开放在实践中是相当谨慎的。一方面,各地确定能否代验的权力,很可能始终控制在督抚一级,需督抚认为本地需要并允肯后才能实际施行代验。如在乾隆二十三年(1758),福建署崇安县事营前县丞张勤修禀称,"离城窎远村庄,或系县丞、巡检分辖,凡遇人命,令乡保尸亲一面报明分辖衙门,一面禀报州县,照依粤省之例,令该巡检等迅往验立伤单,申请印官覆验通报。若遇印官公出,据报即刻专差申请附近邻封代行覆验",督抚对此作了否决:

> 黔、蜀、粤等省,续经议定,亦止令杂职等官验立伤单,一面仍行申请邻邑印官覆验等因,皆因地方广阔,邻封窎远,不得已而稍为变通。其实杂职中绝少公正干练之员,若任听吏仵增减唱报,草率填单,不特难以凭信,愈致混淆案情。更遇不肖之员与吏仵串通一气,贿嘱寅缘,尤多滋弊。迨印官覆加洗验,倘伤痕不符,势必另详请验。是欲速验未腐之尸,反致愈增蒸刷之惨,实于公事无益。况闽省州县地界,犬牙相错,凡属稍远之区,非设厅员分防,即有县丞移驻,与黔、蜀、粤等省幅幔广袤者情形不同,原可不必仿照办理。应将该署县所禀地方人命,先令巡检等官验立伤单之处,毋庸议。①

---

① 《福建省例》下册"(三十一)铨政例·州县因病告假预期行知照移请邻邑相验",大通书局1984年点校本,第1108页。

督抚之所以否决,一是认为杂职不可靠,二是认为有分驻厅员与佐贰,且地理上本省各州县相距并非窎远,没有借鉴黔粤等省的必要。

同样,对地方佐杂而言,即使要求遵照部例,他们至少在开始亦是很犹疑的。如湖南省于乾隆十八年(1753)六月就将刑部覆准苏昌的建议下发并要求通行遵照,但是乾隆二十一年(1756)黔阳县民妇杨氏自缢身死,该县典史"并不遵例移会安江巡检就近相验,乃申请三百六十里最远之会同县代验",湖南省不得不再次将该定例"通檄遵照","将定例抄发吏目、典史、巡检等官各衙门,嗣后一体遵照办理"。① 虽然其理由之一是典史新署任,于新颁条例不熟,但也可反映出正印亲验观念的影响。

不过,湖南的上述问题同样反映出在南方,特别是在山区实行代验制度是很有必要的。结合上引福建省例的情况,相信在有明确督抚具奏的西南、两广等地,该制度应是得到落实的。特别是结合下文将要分析到的,佐杂之衙门设有仵作,而清代吏役皆有额定(当然,因不足用皆大量配有编外的"白役"),实行一种严格的集权制人事管理。"卑场衙门向无验伤之责,是以不设仵"②;反之,既然设立了仵作,则说明该衙门官员肯定是有检验权的。

---

① 《湖南省例成案》卷20"州县公出遇有命案佐贰及该管巡检先行验立伤单申请印官覆验填图通报",藏于中国社会科学院经济研究所(缩微胶卷版),日本东京大学东洋文化研究所原本,第3a—6b页。

② [清]王定安:《重修两淮盐法志》卷142,续修四库全书吏部政书类第845册,上海古籍出版社2002年版,第498页下栏。

第四节　引申分析

一、正印亲验之缘由

在讨论清代代验时,必须注意到,其制度始终强调的是官员身份,却并不考虑代验时相关仵作水平的高低。在此倾向下,会出现代验邑仵作水平低于本邑的情况。如嘉庆年间,湖北咸丰县知县秦锡畴署竹山县任内代验竹溪县民人王文荣扎伤柯道灼身死一案时,即有原验不确的情况:"当查原验之竹溪县仵作刘希哲业经病故,兹仅提到原帮验视之竹山县仵作胡太畛到案查讯,据称当日本官因伊不甚谙练,责令竹溪县仵作刘希哲验报,伊止跟随帮看,今已日久,不能指清。"①

析其原因,首先与清代高度集权的体制相关。清随明制,在中央集权上有过之而无不及,监察制度上对皇帝的封驳权不再,地方上各级长官俨然一方家长;明代虽亦进入高度集权时期,但州县佐贰官系听从巡按御史的调动,并不完全听州县长官的指挥,故仍相对独立。②然而到了清代,佐贰官不常设,对地方官僚的控驭由原来的平行牵制、上下监督变为上下一途,为了确保命案处理之关键检验的正确性,由正印官来亲自检验是必然的,这样才便于上级监督和事后追究责任。如果考虑到清代处罚的连坐制,那么州县官员负责检验的级别越高,对上级官员

---

① 《朱批奏折》,藏于中国第一历史档案馆,04-01-26-0025-058。
② 柏桦:《明代州县政治体制研究》,中国社会科学出版社2003年版,第77—78页。

而言亦意味着内心确信程度越大,被"连坐"可能性越低。

　　清代强调正印官检验的另一重要原因在于科举取士所塑造的文化观念。科举制度的推行与儒家礼治理想融合,形成了知识、德行、权力三位一体的同构网络。瞿同祖作过统计,乾隆十年(1745)知县中进士比例为 44.6%,并指出低级官员(僚属官员)通常不是州县官职位的候选者,他们只有在上司根据其德行政绩特别推荐("保荐")时才有可能获得此职位。① 和田正广的统计亦表明,县丞、主簿、典史、教谕、训导等县级佐杂官职中,监、贡生占有较大比例,其他低级功名者各占相对稳定的比例,意味着科举产生的各级功名特权,随着晋升可能性的加大,在州县各种职务上仍产生着序列化功能。② 同时,清代为解决财政困难,在奉行轻徭薄赋政策的同时,广开捐纳之门,佐杂中有相当部分捐纳入仕者,"班中科甲寥寥,其济济跄跄,冠裳庞杂者,捐纳最盛,保举次之,仕途多歧,学殖荒落,断断无技,碌碌无能"③,因而不被时人看重。国人历来信奉的是"人命关天"的理念,除前引《礼记·礼运》篇之言外,《孝经·圣治章第九》亦言"天地之性,惟人为贵"。而追求"穷天人之际,通古今之变"的士大夫,他们穷与通的外在标准就是科举与功名,佐杂官功名未能精进,自然影响了人们对他们能力的评价,以致上不足信任,下不足弹压,即所谓"其实杂职中绝少公正干练之员,若任听吏仵增减喝报,草率填单,不特难以凭信,愈致混淆案情。更遇不肖之员与吏仵串通一气,贿嘱夤缘,尤多滋弊。迨印官复加洗冤,倘伤痕不符,势必另详请验。是欲速验未腐之尸,反致愈增蒸刷之惨,实于

---

　　① 瞿同祖:《清代地方政府》,范忠信、晏锋译,何鹏校,法律出版社 2003 年版,第 35—37 页。
　　② 陈东林:《明清地方官职等级结构的比较考察:介绍和田正广关于明清吏治的定量统计研究》,《清史研究通讯》1987 年第 1 期。
　　③ 《用佐杂为幕宾议》,[清]宜今室主人编:《皇朝经济文新编》吏治卷 6,近代中国史料丛刊三编第 29 辑,文海出版社 1987 年版,第 40 页。

公事无益"①。这种认识反过来又增大了上级府道司抚督的审核力度。因此,对于上级官员来说,在本邑正印公出时,优选的方案当然是其他正印之官,对于"小民"来说,正印亲验亦无论如何比佐杂更有信服力。

当然,同是佐杂,亦有高低之分。佐贰官在任职上对科举功名的序列化要求,较首领、杂职更高。周保明的研究显示,清代书吏能够入仕的通常也只是各闸闸官、巡检、京外县典史等职。书吏出身在清代本来就被视为异途,并且在清中期后,于授职上还受到贡、监出身的挤压。② 上述闸官、巡检等也均不是佐贰之职,这就是清代又将佐贰与首领、杂职进一步区分的理由所在,并且佐贰在必要时可以委署正印,因此,清代在本邑正印、佐贰公出时,首先要求邻邑佐贰代验。但是佐贰署正印之权亦渐受到限制,如乾隆四十六年(1781)议准:"各省分发试用初任之佐贰各官,本任是否称职,尚须试看,概不准其委署正印。如州县缺出,一时无正印官可委,只准于现任州同、州判、府经历、县丞内,令该督抚酌量才具,暂行委署。"③笔者推测,这即是此后邻邑佐贰代验在书写中较少被关注的原因。

二、佐杂代验放开之缘由

清代在近似于"顽固"坚持正印亲验的同时,又一步步地放开佐杂代验,其原因有多种,然究其根本,当在于人口激增带来的治理压力。如果结合中国人口史,那么我们可以发现清代放开佐杂相验之时,正是

---

① 《福建省例》下册"(三十一)铨政例·州县因病告假预期关行知照移请邻邑相验",大通书局1984年点校本,第1108页。

② 周保明:《清代地方吏役制度研究》,上海书店出版社2009年版,第270—272、293页。

③ 《清会典事例》第1册卷63,中华书局1991年影印本,第806页上栏。

中国人口又一次大增长时期。传统中国的人口数量虽然历经大起大落和停滞徘徊,但总量整体上呈增长的趋势。公元 2 年至 755 年的 750 余年中,中国人口始终未突破 7000 万;但至北宋,人口峰值已为 14,000 万,南宋达到 14,500 万;明代后期更达到 19,250 万。从北宋至明末的 680 余年中,在人口峰值不断提高的同时,人口的低谷不再低于 7000 万。清代前期长时期的和平、税收制度的改革、精耕细作农业的发展(尤其是地理大发现后美洲高产作物的引进),使中国人口从明末的 15,250 万增加至咸丰元年(1851)的 43,610 万,此后人口数量即使出现回落,但总量仍不曾低于 36,000 万。① 具体到以十年计,乾隆六年(1741)官方人口数 14,341 万,至乾隆六十年(1795)已达到 29,699 万,虽何炳棣承认乾隆六年至乾隆四十年的数字存在低估 20% 的可能,但 50 多年间的人口增长实为惊人。② 而与人口规模的飞跃不同,自汉以后的 1800 余年间,中国的县级行政单位的数量却十分稳定:唐代为 1235 个,清代雍正时期为 1360 个。③ 清代"知县掌一县治理,决讼断辟,劝农赈贫,讨猾除奸,兴养立教。凡贡士、读法、养老、祀神,靡所不综"④,而佐杂官员又较历朝为少,繁重的任务、现实的压力迫使基层正印官不得不将动辄几天、劳师行远的检验任务适当移支给佐杂官僚。

清代对佐杂相验的放开主要从西南地区开始,《大清律例》"尸伤检验不以实"条关于佐杂代验的规定,亦多系西南的"地区性特别法"⑤,有关东

---

① 葛剑雄主编,曹树基著:《中国人口史》第 5 卷(下),复旦大学出版社 2005 年版,第 831—833 页。
② 〔美〕何炳棣:《1368—1953 年中国人口研究》,葛剑雄译,上海古籍出版社 1989 年版,第 54、328—329 页。
③ 〔美〕施坚雅:《中国封建社会晚期的城市研究》,王旭等译,吉林教育出版社 1991 年版,第 41 页。
④ 《清史稿》第 12 册卷 116,中华书局 1976 年点校本,第 3357 页。
⑤ 王志强:《法律多元视角下的清代国家法》,北京大学出版社 2003 年版,第 50 页。

北奉天的,则迟至同光年间才出现。这个时间上的序列结构与当时区域人口的增长、流动史不谋而合:雍正四年(1726)大规模铺开的改土归流政策,正是在西南地区实施的,这个长期由土司统治的多山地带,从此与中央王朝有了更紧密的联系,加之外来新粮食作物都较好地适应了这种多山地带,促使更多的汉人涌入,以至于辖区内人口迅速增加,迫使清廷加强对该地区的管理。明代因实行土官统治未有相关直接经验,刚入主的清王朝则很可能因定都北方而缺乏对西南的直接认识,从而构成了佐杂代验制度首先在西南地区自下而上开放的可能原因。

在湖南南部、湖北北部、江西中部、广东东部山区人口迁入四川,湖南、湖北、江西移民迁入湘西、鄂西南及云南、贵州的同时,山东、直隶等地移民迁入辽东。[①] 但是,后者很明显受到政策的限制——清王朝在这块龙兴之地的开禁问题上长期摇摆不定,东北的人口亦因此始终较少,直到道光二十年之三十年间(1840—1850),每平方千米土地上,奉天19.29人,吉林0.43人;而乾隆十八年(1753),奉天每平方千米土地上更是仅有1.77人。[②] 在自然资源相对充裕,自然条件恶劣之时,人类面临的首要问题是团结起来适应自然、满足生存,而不是人与人之间斗争内耗,更遑论命案发生,故而代验的规定不可能在这些地方诞生。直到19世纪后半期,随着沙俄的步步入侵,清廷于咸丰十年(1860)逐步开禁关外移民。到1880年,辽宁人口达409万,吉林256.9万,黑龙江77.5万。[③] 而前述盛京将军庆裕具奏奉天佐杂代验一事,正是在光绪十年(1884)。

[①] 葛剑雄主编,曹树基著:《中国人口史》第5卷(下),复旦大学出版社2005年版,第721页。

[②] 梁方仲编著:《中国历代户口、田地、田赋统计》,上海人民出版社1980年版,第399页。

[③] 葛剑雄主编,曹树基著:《中国人口史》第5卷(下),复旦大学出版社2005年版,第701页。

第六章
仵作、其他人员及检验工具

清代的检验离不开仵作。刘熙《释名·释天》云:"午,仵也,阴气从下上,与阳相仵逆也。"人死入葬,当属阴事,以阳克阴,可能正是仵作命名之初义。仵作出自行人,在《洗冤集录》中即称之为"仵作行人"或"行人"。行者,系同业之组合,全汉昇曾将宋代行会分为商业的、手工业的、职业的三大类,云"手工业的行会不专称为'行',又有别名为'作'的,这自汉代已然是这样了",并列举有"碾玉作、钻卷作、箎刀作、腰带作、金银打钑作"等,① 那么很可能当时的"作"字,表明了仵作的职业特征——至少不是资本商业性的,而是劳力性的。

对于仵作这一职业的缘起,曾有一小小争议:贾静涛与杨奉琨都认为该职业最早五代当有,② 其依据是《太平广记》曾引五代之《玉堂闲话》载"然后遍勘在城伍作行人,令各供通,近来应与人家安厝坟墓多少去处文状"③,而《洪武正韵·姥韵》云"仵,通作伍",说明五代时就有这个行当了。张哲嘉则认为仵作于晚唐即有,其依据是《汉语大词

---

① 全汉昇:《中国行会制度史》,百花文艺出版社 2007 年版,第 51 页。
② 贾静涛:《中国古代法医学史》,群众出版社 1984 年版,第 59 页;杨奉琨:《"仵作"小考》,《法学》1984 年第 7 期。
③ [宋]李昉等编:《太平广记》卷 172,影印文渊阁四库全书第 1044 册,台湾商务印书馆 1986 年影印本,第 156 页下栏。

典》中所引李商隐辑《杂纂·恶行户》中列有"暑月忤作"一语。① 但进一步细考的话,《杂纂》并非李义山一人所辑,有上、中、下卷,上卷方为李商隐纂,中卷有"恶行户"出处者,实乃宋人王琪(字君玉)续纂,故仍是贾静涛等之说法确当。

关于忤作在检验史中的演变,贾静涛考证认为,"忤作从五代时为丧家埋葬,到宋代成为检验官吏的助手,到元明时成为检验鉴定人员,到清代又有了一套培养与奖励制度"②,比较清晰地说明了他们是如何一步步地由行人的身份演变为政府中的吏役之职。忤作与检验的关系越来越密切,但是正式在律典中规定忤作之设置、待遇、考核、激励等一系列制度的,只有清代,这是清代尸伤检验制度区别于历朝的一个显著性特征。不过,要说明的是,清代的忤作仍同时是从事丧葬殓尸之工作的,《大清律例·户律·市廛》即有条,"旗民遇有丧葬,听凭本家之便,雇人抬送。不许忤作私分地界,霸占扛抬"③。但从事丧殓的忤作与官府充当检验的忤作究系一身二用,抑或两种不同职业人群的统称?姑且存疑。此处所论述的只是官府从事检验的忤作,本书其他各处的忤作一词也均同此。

此外,除了官员和忤作,清代检验中还存在其他参与人员,并且涉及专业检验工具,均于本章一并论述。

---

① 张哲嘉:《"中国传统法医学"的知识性格与操作脉络》,《"中央研究院"近代史研究所集刊》2004年第44期。
② 贾静涛:《中国古代法医学史》,群众出版社1984年版,第174页。
③ 对于这两种分类,王明忠亦已注意到,详见王明忠:《民间古代"法医"——忤作》,《兰台世界》2012年第1期。

第一节　仵作的配置

清代关于仵作额设的规定始于雍正六年(1728),《大清会典事例》载是年上谕:"一大县额设仵作三名,中县额设二名,小县额设一名。"①乾隆五年(1740)年再次强调:

> 嗣后直省州县将额设仵作并不实力奉行,照数募补,仍然忽视者,将该州县照编排保甲地方官不实力奉行例降二级调任,该管道府失于查察,照巡缉失于查察例罚俸一年,督抚罚俸六月。如州县官不将仵作补足,私侵工食银两者,将州县官照干没侵欺例革职提问,道府不行查出,降一级调用,督抚不行查参,罚俸一年。②

在此背景下,清代自上到下对仵作配置都给予了一定重视。

一、具体分布

清代仵作的配置是与相关行政机关是否有初次检验之责任相配套的,凡案发时有第一到现场勘验义务的行政机构,则必配有仵作,

---

① 《钦定大清会典事例》第20册卷851,新文丰出版公司1976年影印本,第15663页下栏—15664页上栏。

② 《钦定大清会典事例》第20册卷851,新文丰出版公司1976年影印本,第15670页上—下栏。

至于覆验,则由其他地方调派仵作。因此它的配置与行政级别无关。在今天的法医及其他技术人员设置中,公安机关自分局到市局、省厅、公安部皆有配备,这是清代仵作设置上和今日显著的不同。不过须说明者,由于资料限制,关于八旗驻防地理事厅是否设有仵作尚不清楚。

(一) 京师

在京城,有初次检验之职责的,系五城兵马司与刑部,因而"在京五城司坊每城额设仵作一名之外,各添设额外学习仵作一名"①。刑部仵作至雍正十一年(1733)始正式设立,是年题准,"人命最重相验,相验全凭仵作。刑部向无仵作,遇有命案,随传五城仵作相验,嗣后刑部专设仵作二名"②,乃自行办理旗人命案之相验。杨乃武案中最后之京城检验即有刑部仵作出马。

(二) 地方州、县、府

"遇告讼人命……在外委州县正印官……督令仵作如法检报。"③州县必配有仵作,前文所述的仵作配额亦皆指州县而言。除州县外,边远地区的一些知府亦于命案有勘验之责,如云南、贵州、广西等地,这些地区原由土司管辖,当初设知府目的是便于弹压,有亲辖地方,又无附郭州县,亦需要增设仵作。如署理贵州按察使宋厚即在乾隆九年(1744)七月具奏:"窃查黔省一十三府内,惟遵义一府,自川归黔止司兼辖外,其余一十二府均有专管地方……但一十二府既有亲自相验之

---

① [清]薛允升:《读例存疑点注》,胡星桥、邓又天主编,第867页。
② 《清会典事例》第11册卷1041,中华书局1991年影印本,第443页上栏。
③ [清]薛允升:《读例存疑点注》,胡星桥、邓又天主编,第864页。

责,亦应照州县之例酌量繁简设立正副仵作,选委明白刑书,将《洗冤录》讲解精熟,以备应用,并照例酌裁皂隶工食,按月拨给以资养赡。"①

(三) 分驻佐杂衙门

州县再往下,还有分驻佐杂,如县丞、巡检等,这些地方亦设有仵作。下图为四川冕宁县档案:

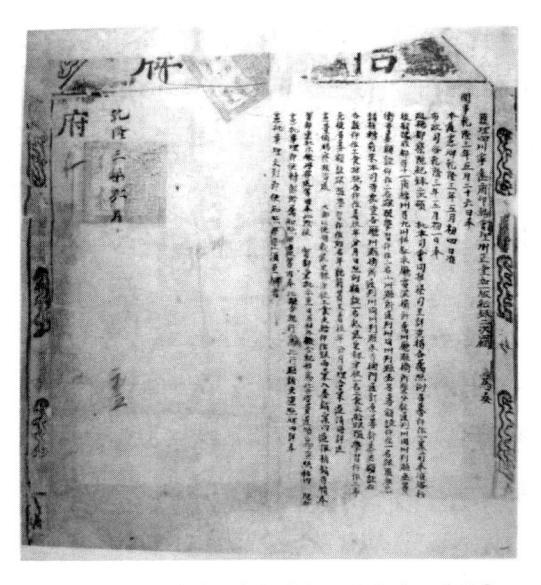

图 6-1　宁远府令详报招募额设仵作清册信牌②
(藏于四川省冕宁县档案馆)

该文书中写道:

> 护理四川宁远府印务会理州正堂加一级纪录二次罗为奏闻

---

① 《朱批奏折》,藏于中国第一历史档案馆,04-01-01-0115-008。
② 图片引自四川省档案馆编:《巴蜀撷影:四川省档案馆藏清史图片集》,中国人民大学出版社 2009 年版,第 9 页。

> 事……查得各属照例召募仵作一案，前奉准咨行后，嗣据成都等十一府、绵州等九州，并叙永厅、雷波卫，所属州厅县卫，暨分驻通判、州同、州判、县丞等□卫，召募额设仵作二名，跟随学习仵作二名，小州县□通判、州同、县丞等衙门召募额设仵作一名，跟随学习□……乾隆三年六月初五日。

乾隆三年（1738），佐杂代验并未完全放开，四川只有正印与佐贰可验，而通判、州同、州判、县丞等衙门已按照例文规定在配备仵作了。

又，在四川南部县，其县丞几裁几设，至道光五年（1825）最终定型为县丞分驻新镇坝，巡检设于富村驿。咸丰七年（1857）的衙役清册显示两处均配有仵作：

> 四川保宁府南部县为通饬查造事，遵将咸丰七年分，卑县正佐衙门现设官役姓名、年岁、籍贯、载粮数目、投充年分及新妆开除，逐一分析造具清册呈赍须至册者。
> 计开……
> 卑县分驻新镇坝县丞额设衙役八名内……
>
> 仵作一名。
> 旧管
> 卢正顺，年四十一岁，瓜面微须，系富义乡一甲民籍，册名卢正顺，载粮五分，于道光二十五年八月初一日投充。
> 新妆无。
> 开除无。
> 实在仵作卢正顺一名，现在供役，理合登明。

习学仵作一名。

旧管

张文炳，年四十三岁，白面微须，系永丰乡三甲民籍，册名张文炳，载粮五分，于道光二十五年十一月二十日投充。

新妆无。

开除无。

实在仵作张文炳一名，现在供役，理合登明。

以上卑县所属县丞衙门额设衙役八名，俱系载粮民籍，并无逾额、滥募、隐匿等弊，理合登明。

一卑县分驻富村驿巡检衙门额设衙役十名内……

仵作一名。

旧管

朱天福，年六十九岁，方面白色微须，系富义乡一甲民籍，册名朱荣华，载粮一钱二分，于道光五年十月十一日投充。

新妆无。

开除无。

实在仵作朱天福一名，现在供役，理合登明。

学习仵作一名。

旧管

汪玉龙，年六十岁，方面白色微须，系永丰乡二甲民籍，册名汪中林，载粮二钱三分，于道光十五年十（下数字不清）日投充。

新妆无。

开除无。

实在学习仵作汪玉龙一名,现在供役,理合登明。①

分驻地设立仵作,直接原因与清律规定有关,清代在坚持正印官相验同时,不得不根据形势需要,允许佐杂特别是分驻的佐杂代验,而如不相应配有仵作,那么代验便是空话。

二、新增与调配

有清一代,随治理需要,行政区划因时而变,为此亦需相应地对官员与吏役配置作出调整。如陕西凤县于乾隆三十年(1765)将留坝一带归通判分驻,"户部议准:……仵作一名,于皂役内拨充"②。又,乾隆五十六年(1791),四川崇庆州怀远镇设州同分驻时,因系原泸州州同移驻,故移带部分仵作前来。③

西南改土归流进程中,随着对土司政权的渗透,相应流官驻地亦增设仵作:"夔州府属之石砫土司马孔昭,于乾隆十九年缘事革职,无合例应袭之人……请将夔州府分驻云安厂盐务同知,及万县市郭里巡检,移驻该地,各支本任俸廉,即用本任关防印信。巡检令司监狱捕务,同

---

① 《南部县正堂清全宗档案》,"南部县正堂兵房为造报咸丰七年间大小正佐衙门官役姓名年岁籍贯载粮数日之清册",目录号5,档案号30,藏于四川省南充市档案馆,转引自里赞:《远离中心的开放——晚清州县审断自主性研究》,四川大学出版社2009年版,第199—216页。

② 《清高宗纯皇帝实录》第10册卷737,乾隆三十年五月下,中华书局1986年影印本,第114页上栏。

③ 《清高宗纯皇帝实录》第18册卷1374,乾隆五十六年三月上,中华书局1986年影印本,第450页下栏—451页上栏。

知需用仵作,由万县拨给一名。"①

在边疆地区,如随着对准噶尔部用兵的胜利并在当地建立有效统治后,仵作等衙役的设立也都被提上议事日程。先是在哈密平叛成功后,"命案仵作,于甘肃轮拨一名,随带尸格,三年一换"②。清廷彻底平定准噶尔叛乱后,根据治理的需要,又于乾隆四十五年(1780)、五十六年(1791)在伊犁、乌鲁木齐等地相应配置仵作,如对乌鲁木齐,"吏部议复:乌噜木齐都统尚安咨称,哈喇巴勒噶逊新设粮员,应建衙署……仵作一名,在甘肃选拨应用。均应如所请行,从之"③。

东北为清朝龙兴之地,禁边政策时有变动,人口亦渐增长,乾隆元年(1736)置四旗理事通判厅,乾隆三年(1738)由李卫奏请,"四旗地方辽阔,命案视东河较多,应增设仵作一名",得到朝廷议准。④

三、逐步充实

清代仵作设置虽然自雍正六年(1728)有明确规定,但是从史料看,此后可能仍有一个逐步充实的过程,而非一规定即完全配置到位。自雍正六年发布上谕后,乾隆五年(1740)强调设立仵作的谕旨中,皇帝即指责官员没有严格遵照执行前述规定:"乃近年以来,外省并不实

---

① 《清高宗纯皇帝实录》第 7 册卷 537,乾隆二十二年四月下,中华书局 1986 年影印本,第 792 页下栏。
② 《清高宗纯皇帝实录》第 3 册卷 181,乾隆七年十二月下,中华书局 1985 年影印本,第 338 页上栏。
③ 《清高宗纯皇帝实录》第 14 册卷 1120,乾隆四十五年十二月上,中华书局 1986 年影印本,第 959 页下栏—960 页上栏;第 18 册卷 1387,乾隆五十六年九月下,中华书局 1986 年影印本,第 625 页下栏。
④ 《清高宗纯皇帝实录》第 2 册卷 78,乾隆三年十月上,中华书局 1985 年影印本,第 231 页下栏—232 页上栏。

力奉行,照额募补,惟藉邻封调取应用。"①并提出了连带性的处罚措施。道光三年(1823)又有御史董国华反映这一问题,称"在部城当差者,仅止二三名,遇有各城人命,重叠报验,传唤不敷"②。

但在更晚一些的地方文献中,则反映出仵作的配置可能已基本到位。如南部县档案中,从咸丰七年(1857)的衙役清册看,县衙设仵作二名、学习仵作二名,县丞和巡检的分驻衙门都设仵作及学习仵作各一名,③完全符合律例要求。又以《新辑刑案汇编》有关光绪年间的安徽省案件为例,未反映有州县不设仵作的情况:

表6-1 《新辑刑案汇编》所载光绪年间安徽省案件情况表

州县	（检验）时间	案件	仵作
六安直隶州	光绪十五年六月	陈仲礼故杀郭小色身死	许进
六安直隶州	光绪十六年五月	江凤塘故杀本宗无服族兄	孙全
六安直隶州下辖的霍山县	光绪十二年三月	胡绍文等三人图财害命陈修八	崔尧
颍州府太和县	光绪十九年正月（十八年十二月案发）	岳金进殴伤无服族人岳金标身死	任凤钧
颍州府太和县	光绪十七年四月	邱广玉斗殴杀死刘存仁后移尸	陈西凤

---

① 《钦定大清会典事例》第20册卷851,新文丰出版公司1976年影印本,第15670页上栏。

② 《清宣宗成皇帝实录》第1册卷61,道光三年十一月,中华书局1986年影印本,第1060页下栏—1061页上栏。

③ 《南部县正堂清全宗档案》,"南部县正堂兵房为造报咸丰七年间大小正佐衙门官役姓名年岁籍贯载粮数日之清册",目录号5,档案号30,藏于四川省南充市档案馆,转引自里赞:《远离中心的开放——晚清州县审断自主性研究》,四川大学出版社2009年版,第199—216页。

续表

州县	（检验）时间	案件	仵作
凤阳府宿州	光绪十四年四月	张顶故杀无服族人张周	夏得
	光绪十五年正月	方继周、方继堂兄弟共殴毙芮凤成	谢廉
广德直隶州	光绪十五年正月	陈天幅擅杀调奸伊妻未成罪人孙大元	王丙南
广德直隶州下辖的建平县	光绪十四年五月	监生陈鹤鸣殴死辞歇雇工赵世珍	印详

资料来源：[清]周守赤《新辑刑案汇编》卷4—6（光绪二十三年图书集成局本）。

上述六安、太和、宿州等州县均很可能设有两名以上仵作，因为案件相距时间太短，不至于都用仵作革退、身故等来解释。又，六安下辖的霍山、广德下辖的建平，亦均设有仵作，正好与前文论断相一致：直隶州有亲辖地方，本身有相验职责，但同时又有下辖县，下辖知县亦有亲验职责，因此上下两级均需配有仵作。

至光绪末年，已有仵作超标配置的情况存在。同样如南部县，光绪三十四年（1908）还曾进行过一次裁减书吏、仵作的行动："正堂史全衔谕各房书吏及仵作等知悉：照得各衙署设立书吏，以佐本官办理公务，自需心地明白、公事熟练者方可承当。……至仵作关系甚重，亦应一律改正，准留十人承值，先行将能验不能验开单呈阅，听候一体考试点验，其各凛遵勿违。特谕。"①从这则堂谕看，当时的仵作已不止十名，呈现人浮于事的状态。

---

① 《南部县正堂清全宗档案》"为谕示八房书吏仵作等事"，光绪三十四年，目录号18，案卷号639，藏于四川省南充市档案馆，转引自里赞：《远离中心的开放——晚清州县审断自主性研究》，四川大学出版社2009年版，第193页。

第二节　仵作的培训与素质

一、培训

雍正六年(1728)要求各州县设置仵作的上谕中同时即规定:"仍于额设之外,再募一、二人,令其跟随学习,预备顶补。每名给发《洗冤录》一本。选委明白书吏一人,与仵作逐细讲解。"[①]从规定来看,仵作是承充后再培训,经过学习仵作阶段,再顶补成为"额设"内的仵作。

(一) 招募与承充

仵作属于衙役一类,中国古代历来有官、吏之别,吏中又有吏、役之分。清代的仵作承充似没有规定特殊的条件,当与普通衙役同。关于衙役的承充,要求是由身家清白的农民承充,禁止官宦、乡绅家仆充当,"其府州县额设祗侯、禁子、弓兵,于纳税粮三石之下,二石之上户内差点"[②],并需进行家庭和社会关系的审查。下图为巴县档案中一份关于仵作承充上报的文书,因其中相关材料不合格,被重庆府知府打回,"仰县官吏即便造具年贯清册,取具亲供、里邻甘结,加具印结各六套,装叙原奉部咨详报本府,以凭转详,毋违"。不过,从官方规定来看,仵作的入门似没有更细的专业上要求。仵作招募、承充后,每年都须将名

[①]《钦定大清会典事例》第 20 册卷 851,新文丰出版公司 1976 影印本,第 15664 页上栏。

[②]《清朝文献通考》第 1 册卷 21,商务印书馆 1936 年版,第 5045 页上栏。

单上报到院司:"每年开印后,该州县将额设学习名数,造具花名清册,申送该管府州,汇册通送院司存案。"①

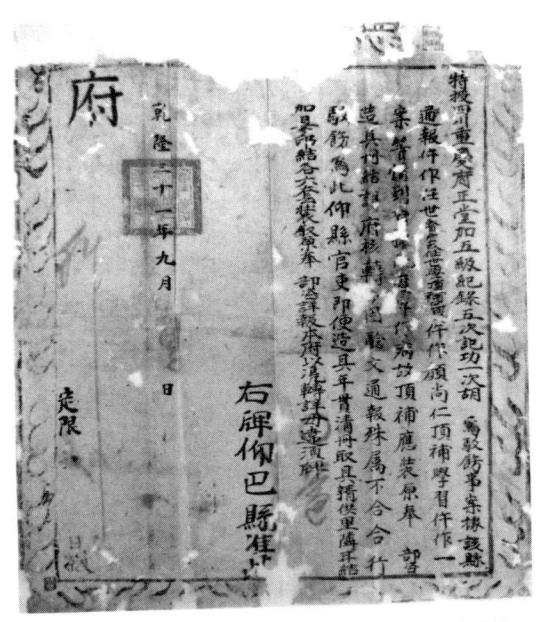

图 6-2 重庆府通报巴县仵作顶补手续不合牌文②
(藏于四川省档案馆)

须注意的是,在某些地方,仵作可能是一种世袭的职业,如宋启兴回忆说:

> 我们宋氏一家,原籍山东济南府齐河县,从明代就从事仵作一业。清初,从山东移民到北京,仍操旧业,在刑部衙门当差,历代相传。到北洋政府和国民党统治时期,就在司法部,后来是北平高等

---

① [清]薛允升:《读例存疑点注》,胡星桥、邓又天主编,第867页。
② 图片引自四川省档案馆编:《巴蜀撷影:四川省档案馆藏清史图片集》,中国人民大学出版社2009年版,第10页。

法院等处供职。

....

就北京一地来说,在整个清代直到解放前,仵作这一行都不出宋氏、傅氏和俞氏这三姓。我的伯父元和(官名)和元会(官名)都干这一行,堂兄启宏、启明也干这一行。傅氏的上代也受业于宋氏,记得傅顺是宋元和的徒弟,他的儿子傅长林是宋启明的徒弟。

....

1919年,北京司法机构里的检验吏才从宋、傅、俞三姓开始把业务传授给了一些外姓人。那时,京师地方检察厅的主管建议,叫他们主持开办一个"检验学习所",训练外姓的检验吏。三家无法拒绝,就办起来了。[1]

仵作如果有世袭的话,那么关于承充等的要求就是一纸具文了,因为既世代相袭,仵作身为贱役,对其后世则不可谓"身家清白"了。

(二)学习仵作

设立学习仵作的目的在于必要时作正身仵作的顶补之用,并通过学习的阶段确保仵作的素质及检验水准。另对于仵作自身来说,学习过程也是个心理调适、环境适应的过程,下图冕宁县档案中即记录有一学习仵作舒弟道于学习期间失踪,后又告退的情况。宋启兴亦回忆说曾有仵作学徒因意外惊吓过度身亡的,[2]虽然是民国事,但也说明了设立该阶段的必要。对于初次配置仵作的地方来说,如果

---

[1] 宋启兴:《忆谈仵作行当》,全国政协文史资料委员会编:《社会杂相述闻》,中国文史出版社2006年版,第126页。

[2] 宋启兴:《忆谈仵作行当》,全国政协文史资料委员会编:《社会杂相述闻》,中国文史出版社2006年版,第127页。

无有经验的仵作传授,朝廷还有专门从别处选派仵作来教习的,如针对东北打牲乌拉(今吉林省吉林市北)一地:"乾隆十二年,(盛京)刑部将仵作李世俊随文咨送将军衙门,转送乌拉教习……如三年差满,教有成效,将李世俊送回本部,即由学习仵作内,拣挑正仵作一名。"①

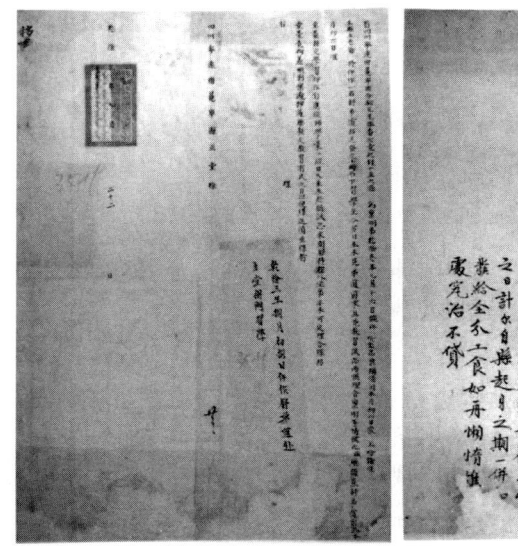

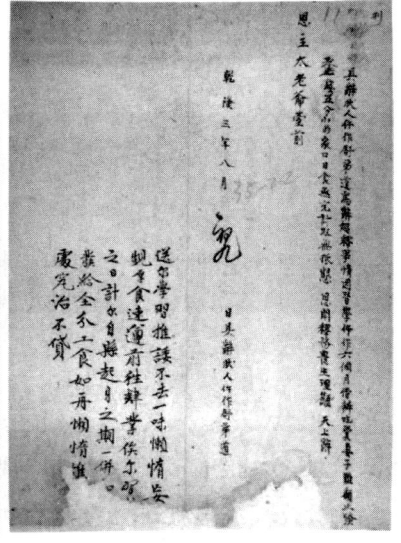

图 6-3 冕宁县学习仵作失踪牒文(左)及告退辞状(右)②
(藏于四川省冕宁县档案馆)

学习仵作何时成为正身仵作,似不是取决于专业水准,而是有无仵作革退、身故,因为清代仵作都有额设标准,同时从业又事实上不受期限的限制。本来依规定,仵作作为衙役中的一类,应有服役期限,清王

---

① 金恩晖、梁志忠著释:《吉林省地方志考论、校释与汇辑》,中国地方史志协会、吉林省图书馆学会1981年版,第111页。
② 图片引自四川省档案馆编:《巴蜀撷影:四川省档案馆藏清史图片集》,中国人民大学出版社2009年版,第8页。

朝曾要求"大小衙门胥役俱令五年为满，改业归农"①，但是瞿同祖早已指出，这条规定很少被严格执行过。② 既然普通衙役不可能有严格服役期限，仵作作为一个特殊的专业者角色，则更不可能。如南部县档案中咸丰七年（1857）的衙役清册载："李得元，年七十八岁，瓜面白色有须，系安仁乡九甲民籍，册名李君宏，载粮一钱七分，于嘉庆七年七月十三日投充。……现在供役，理合登明。"③这名仵作服役长达几十年，并且年近八旬尚不愿告退。面对此种情况，学习仵作就只能耐心等待。巴县档案中亦有一例仵作身故后他仵顶充的："仵作任世贤身故，任世学顶补……颜尚仁顶补学习仵作。"④在南部县档案咸丰七年衙役册中，几名学习仵作最晚都是道光三十年（1850）投充，说明学习时间至少七年了。⑤ 但是对于世袭者而言，则等待与否便并不重要了，后辈只需在时光的消耗中边学习边候顶充就可以了。

（三）正身的培训

即使成为正身仵作后，清律仍规定要继续学习、接受考核。如果系世袭仵作的话，他的学习自幼年就开始了，因此有关规定对无家底者才

---

① 《清朝文献通考》第1册卷23，商务印书馆1936年版，第5053页上栏。
② 瞿同祖：《清代地方政府》，范忠信、晏锋译，何鹏校，法律出版社2003年版，第107页。
③ 《南部县正堂清全宗档案》，"南部县正堂兵房为造报咸丰七年间大小正佐衙门官役姓名年岁籍贯载粮数日之清册"，目录号5，档案号30，藏于四川省南充市档案馆，转引自里赞：《远离中心的开放——晚清州县审断自主性研究》，四川大学出版社2009年版，第204页。
④ 四川省档案馆编：《巴蜀撷影：四川省档案馆藏清史图片集》，中国人民大学出版社2009年版，第10页。
⑤ 《南部县正堂清全宗档案》，"南部县正堂兵房为造报咸丰七年间大小正佐衙门官役姓名年岁籍贯载粮数日之清册"，目录号5，档案号30，藏于四川省南充市档案馆，转引自里赞：《远离中心的开放——晚清州县审断自主性研究》，四川大学出版社2009年版，第199—216页。

有意义。学习的办法是读《洗冤录》，即"每名给发《洗冤录》一部。选委明白刑书一人，与仵作逐细讲解"①。考核的办法则是讲解《洗冤录》，如福建省于乾隆二十五年(1760)即规定：

奉巡抚部院吴批臬司详：查得署长乐县孙舟相通禀：请令州县官于办理公录稍暇之顷，将《洗冤录》一书，唤集刑仵精研讲解，并请上司每年将刑胥提考，分别优劣，酌量劝惩等由。奉宪台批司查议……本署司查……饬令各州县多备钦颁《洗冤录》，将现在各刑书按名各发一部，令其悉心细译，与新旧仵作不时讲解学习。按七杀尸伤之重轻，四时皮肉之消变，逐条辨论，务使精熟明畅。仍令该管州县，时加考察，分别勤惰，酌量劝惩。……②

全国推广则始自乾隆二十八年(1763)陕西按察使秦勇均的具奏：

刑部议覆：陕西按察使秦勇均奏称，州县相验，必经仵作，其未谙《洗冤录》者，恐致命案出入，请令该管上司每年考试一次等语。应如所请，该府州因公过境就近考试，错谬者责革，州县查参，其五城司坊仵作责成巡城御史，照此办理。从之。③

秦勇均的建议于当年即被修订成例。④ 依新修例的要求，普通州

---

① ［清］薛允升：《读例存疑点注》，胡星桥、邓又天主编，第867页。
② 《福建省例》下册"（二十七）刑政例（上）·仵作讲习洗冤录"，大通书局印行1997年点校本，第863—864页。
③ 《清高宗纯皇帝实录》第9册卷686，乾隆二十八年五月上，中华书局1986年影印本，第680页下栏。
④ ［清］薛允升：《读例存疑点注》，胡星桥、邓又天主编，第867页；《钦定大清会典事例》第20册卷851，新文丰出版公司1976年影印本，第15664页上—下栏。

县的仵作考核,路近者由该管府州负责,每年提考一次,路远在二三百里或四五百里以外者,则于该管府州管因公出境时就近考试。五城司坊仵作的考核则由其巡城御史负责。我们并不能从其他史料中找到具体的落实情况,它或者只是于一段时间内有所施行,清廷对仵作素质与水准的把控,更可能是在允许他们师承乃至家传的基础上,通过后文所说的严格的责任惩处来实现。

值得注意的是,从清律"每名给发《洗冤录》一部。选委明白刑书一人,与仵作逐细讲解"①,和更早的《福建省例》的规定来看,学习《洗冤录》的还包括刑书,这可能与他们要从事招供记录有关。因此,有一些案件中出现作弊是由刑书起意造成的,②也有一些案件发生错误是由仵作承充不久、技术不熟,误听刑书导致的。③

二、素质

清代仵作的真实素质如何,由于资料有限,难以全面评介。如果站在现代法医学角度看,自然是需批判者甚多,但是我们只能就当时的技术而论。从现有资料看,至少有一点是不太理想的,那就是掌握检骨技术的仵作可能不多,这一点从清代仵作的关借上即可看出。所谓"关借",即通过关文向他邑借用。如道光年间,浙江德清民妇徐蔡氏被徐

---

① [清]薛允升:《读例存疑点注》,胡星桥、邓又天主编,第867页。
② 《粤东成案初编》卷12"命案·验检弃毁·斗杀命案刑书受犯贿嘱掉换探验银簪教犯翻供捏指毒毙致遭蒸检加等拟军扶同捏饰之仵作及说合过付之犯俱减等拟徒",道光十二年刻本,藏于广东省立中山图书馆,第1a—6a页。
③ 《朱批奏折》,藏于中国第一历史档案馆,04-01-01-0636-015。

倪氏勒死大案,即关借福建仵作;①光绪年间,在湖北郧西县廪生余琼芳身死案中,覆检关借江西仵作,后又请求从刑部调派仵作。② 这些案子都是与覆检时需检骨有关。后文将要论及,清代覆检时一般都要更换仵作,但不在本省内借调,而从他省或刑部借调,就只能说明是仵作的水平问题而不只是回避的需要了。

检骨技术之重要,在前文已有阐述,各地督抚藩臬亦为此三令五申,如乾隆三十四年(1769)湖南按察使王太岳即提出建议并得到上级认可:

> 如果遵例督率刑书将洗冤成法不时讲究,何至不谙检验,乃本司检阅各属命案,往往以仵作不谙检骨具详关借,并声请检验之日起限承审,及关借未到,经年累月,一任延捱,已非慎重刑狱之道。况人命至于检骨,大都案涉周章,迅速查办,真情易得,若拖延日久,难免敝窦丛生。且关借仵作乃相沿陋习,例内并无明文,应请严饬各州县督令刑仵遵照《洗冤录》蒸检之法,逐细讲解,务令熟练,定以半年为期,半年之后,永远不准关借。③

道光四年(1824),林则徐任江苏按察使时亦发现遇有检骨大案,整个江苏省竟唯有一名仵作谙练检骨技术:"苏省命案繁多,且常有检骨之案,乃访查仵作中熟谙者甚少。现在数次开检,争传丹徒仵作经启

---

① 《清宣宗成皇帝实录》第 2 册卷 81,道光五年四月,中华书局 1986 年影印本,第 309 页上栏。
② 《清德宗景皇帝实录》第 3 册卷 178,光绪十年二月,中华书局 1987 年影印本,第 480 页下栏—481 页上栏。
③ 《湖南省例成案》卷 20"严饬各州县督令刑仵遵照洗冤录讲解蒸检之法",藏于中国社会科学院经济研究所(缩微胶卷版),日本东京大学东洋文化研究所原本,第 21a—b 页。

坤前往。以江苏若大省分，而检验专恃一人，已属可诧；况经启坤年逾八十，安能久用？"①

有些省份，如广东，则面对现实，"务实"地规定了仵作可被关借的州县，以及关借的程序、赏赐：

> 本省高要、番禺二县仵作，熟谙检验，各州县遇有疑难要案，准其详明臬司指借，一面移会该二县，谕饬前往，会同本县仵作检验办理，事毕厚给赏犒，以示奖励。至各州县额设仵作传习、查考、雇募、给赏等事，均仍照定例遵行。②

清代仵作对检骨技术不熟练，原因可能是多方面的。但有两点则是大致可肯定的：一当与仵作经验有关，清代讲究速验而不主张蒸检，因此对具体一名仵作来说，遇到的检骨案本身就不多，传统知识不仅重书本，更重经验，遇到案件越少则经验越少，大案愈发不敢临场。二与州县考成压力有关，下文将论及，按规定，检骨的则需通详请检，即由上司批准后再检，从现有资料看，不仅覆检时原仵作一般不参与，其所在衙门仵作亦罕见有参与覆检案例，③亦即覆检并不当然需由本衙门从事。另外就是清代审限极严，但遇有检骨大案，则以开检之日起算，故州县更无虑何时开检，如果拖到自己转任他邑或升任，对个人考成而言，则更可避免错检的责任。

因此，检骨不熟的压力主要集中在院司一级。对此提出的对策，除

---

① ［清］林则徐：《通饬各属选练仵作札》，林则徐全集编辑委员会编：《林则徐全集》第 5 册，海峡文艺出版社 2002 年版，第 51 页。
② ［清］黄恩彤、宁立悌等纂修：《粤东省例新纂》第 2 册卷 7 "移借仵作"，成文出版社 1968 年影印本，第 667 页。
③ 这当与对仵作普遍的防范与检验回避有关，分别见本章第四节和本书第十章的相关分析。

湖南按察使王太岳建议"督令刑仵遵照洗冤录蒸检之法,逐细讲解,务令熟练"外,另就是林则徐在指责江苏仵作整体水准时提出的办法:"凡一府所属有开检之案,由府传知邻近属县,派拨仵作两三名前往学习,庶阅历多而见识定,不致混行填报,可免检验不实之咎。"①

既然州县不积极,那么产生成效则自然不太可能,从上述大员主张提出后的反应来看确是如此。如王太岳提出要求的 20 年后,一代名幕汪辉祖来到湖南任职,乾隆五十七年(1792),他在署道州牧时,被要求委审桂阳县何刘氏四命一案,需要检骨。"今适以委余,疑窦种种,不敢不加详慎,检骨例须访传谙练仵作,永州府属向无其人,即分关郴桂各处名仵,期悉心检验,以雪此狱。"②又如林则徐在江苏作出规定的 67 年后,即光绪十七年(1891),江苏再次强调该办法:"近年每遇大案有因本县无谙练仵作而调之他县,本省无谙练仵作而调之他省者,其中拖累已不待言,若一县中有蒸检之案,使邻近各县仵作咸往观看,似亦使其阅历之法也。"③

第三节　仵作的待遇

清王朝对仵作的经济待遇很重视,皇帝对此三令五申。但是官方

---

① ［清］林则徐:《通饬各属选练仵作札》,林则徐全集编辑委员会编:《林则徐全集》第 5 册,海峡文艺出版社 2002 年版,第 51—52 页。
② ［清］汪辉祖:《病榻梦痕录》,台湾商务印书馆 1980 年影印本,第 216 页。
③ 《江苏省例四编》卷 2"光绪十七年汇例·听讼挈要·慎相验",光绪十六年江苏书局刻本,(杨)一凡图书馆藏,第 5 页 a。作者系于(杨)一凡藏书馆查阅该省例四编,原书标明刻本为光绪十六年,但由此推断当为十七年或更晚,为避免歧义,下文引用该省例四编时,只注明光绪年间刻本,不再标明具体年份。

的待遇主要是工食银,这方面的收入是很微薄的,从实际情况来看,仵作的主要收入并不依赖于它,而在于陋规等非官方收入。

一、工食银等官方收入

一般情况下,仵作的工食银参照衙役,更具体地说是其中的皂隶,学习仵作则减半。这个参照标准的形成,概因雍正六年(1728)额设仵作上谕发布时,在清代量出为入的财政体制束缚下,其本来就占用的是皂隶工食银名额——"大州县酌裁皂隶四名,中州县三名,小州县二名",正与"大州县额设三名,中州县额设二名,小州县额设一名,仍于额设之外再募一二人跟随学习"的仵作配置基本对应。① 而正身与学习仵作的差别是,"每人发给皂隶工食一名。学习者两人共给皂隶工食一名"②。也正因此,在清代方志中,仵作和皂隶的工食银有合并记录的,如道光时的陕西《凤县志》载,"皂隶、仵作一十五名,全俸银六两六分四厘,工食银九十两"③。

关于清代吏役的工食银,周保明曾有详细的研究,他指出,工食银的多少"基本上不分衙门级别的高低为标准,而是以职业类型或工作难易程度的不同在'六两'上下浮动,以示差别",即除书吏没有名

---

① 《钦定大清会典事例》第 20 册卷 851,新文丰出版公司 1976 年影印本,第 15669 页下栏。
② 《钦定大清会典事例》第 20 册卷 851,新文丰出版公司 1976 年影印本,第 15664 页上栏。
③ 道光《凤县志》,陕西省图书馆:《陕西省图书馆藏稀见方志丛刊》第 8 册,北京图书馆出版社 2006 年版,第 583 页。有学人曾经因县志中未列有仵作工食银,而推断当地可能并未设有仵作(如冯贤亮:《明清江南的州县行政与地方社会研究》,上海古籍出版社 2015 年版,第 391 页),这个论断同样是值得商榷的:基于清代的现实,仵作工食银记录的缺失,可能是因为其一并被列在皂隶名下(因而省略),对此更直接的证据当通过档案或对应当地的一些题本来获取。

义上的工食银外,马快、民壮、捕役与皂隶都是围绕六两这个"象征性符号"波动,并有些细微的区分。① 因为仵作参照皂隶的标准,所以他们的工食银在各地遵循"六两"标准的同时,大抵也都与后者保持了同步。

表 6-2 清代部分地区/部门仵作工食银收入情况

州县	江西宁都直隶州		直隶乐亭县		山东邹县		四川重庆府江北厅	
皂、作	皂隶13名	仵作2名,学习2名	皂隶14名	仵作2名	皂隶12名	仵作4名	皂隶8名	仵作1名,学习1名
工食银	76.7两	17.7两	84两(闰加7)	12两(闰加1)	67.26两	22.42两	48两	9两
人均	5.9两	5.9两	6两(闰加0.5)	6两(闰加0.5)	5.605两	5.605两	6两	6两

* 学习仵作简称学习,人均时两名学习仵作按一名正身仵作计。

资料来源:《宁都直隶州志》(重印本),赣州地区志编纂委员会办公室 1987 年 2 月"重印说明"本,出版单位及时间不详,第 209 页;光绪《乐亭县志》卷 12《食货志》,转引自岁有生:《清代州县经费研究》(大象出版社 2013 年版),第 22 页;山东邹县地方志编纂委员会办公室:《邹县旧志汇编》(山东邹县地方史志编纂委员会办公室 1986 年版),第 98 页;江北县县志编纂委员会编纂、重庆市渝北区地方志办公室整理:《江北县志稿(溯源—1949)》(2015)上册,第 148 页。

上表也说明了瞿同祖的一个论断是可疑的。他曾指出,就仵作与皂隶工食银收入的对比来看,"惟一的例外是在山东,该省仵作可获 11.21 两银子的年薪",而除马快外的其他衙役都是 5.6 两。② 但从上

---

① 周保明:《清代地方吏役制度研究》,上海书店出版社 2009 年版,第 243—244、248、252 页。
② 瞿同祖:《清代地方政府》,范忠信、晏锋译,何鹏校,法律出版社 2003 年版,第 108 页。

表的邹县来看，仵作工食银并没有这么高，他们和皂隶都是一年5.605两。除邹县外，山东其他州县的地方史料也有类似反映，如肥城、宁阳的皂隶、仵作待遇也是保持一致的，肥城岁入均是5.559两，宁阳则均是5.605两。①

对于"六两"的显著突破只发生一些特殊地区与衙门，如前述哈密：

> 皂隶十二名，每名月给工食银五钱，随饷估计，在司领销。并照斗级例，每名日给口食银四分，在哈密公费内支给，口粮粟米八合三勺，在哈密粮内支销……命案件作，于甘肃轮拨一名，随带尸格，三年一换，除本地工役照旧支领外，其在哈密口食口粮，照斗级例支给。②

除口粮外，当地仵作等人仅工食银一年已超过20两。其他的则有中央的刑部、东北某些仍实行旗人传统管理的地区如打牲乌拉等。其中，刑部自道光始即实行仵作48两工食银的标准，而皂隶只有每月1.5两；③打牲乌拉的工食银标准，乾隆十二年（1747）至三十一年（1766）是12两，三十一年（1766）后提高到18两。④ 我们并不清楚刑部仵作与皂隶的工食银拉开差距的原因，而打牲乌拉的情况则可能与

---

① 《肥城县志》（嘉庆二十年本），肥城市市志编纂委员会办公室：《肥城县志》上册，泰安市新闻出版局1995年版，第259页；丁昭编注：《明清宁阳县志汇释》上册，山东省地图出版社2003年版，第189页。

② 《清高宗纯皇帝实录》第3册卷181，乾隆七年十二月下，中华书局1985年影印本，第337页下栏—338页上栏。

③ 《司务厅呈稿》道光七年正月十九日，转引自谢蔚：《晚清刑部皂役收入研究》，《史学月刊》2009年第4期，第50页。

④ 金恩晖、梁志忠著释：《吉林省地方志考论、校释与汇辑》，中国地方史志协会、吉林省图书馆学会1981年版，第111页。

东北苦寒有关；同时，在旗人传统管理模式下也没有"皂隶"这个称谓，仵作的待遇是比照当地为衙门服务的铁匠、弓匠标准而设的，也因此，打牲乌拉的仵作还没有我们下文将分析的贱民地位，其子孙"可照上三旗之丁一体当差"。①

仵作的官方待遇并不限于纯粹的工食银，他们可能还享有一些官方的补助。如道光皇帝时，"都察院奏，请将五城当商生息银，酌增正副仵作饭食，以速召募。从之"②。此外，前述的哈密给予口粮也可谓一例，在太仓州下的嘉定县，4名仵作还共有"荒缺0.025亩"③——虽然少，但也算是一种地方性的象征经济补偿了。除此外，仵作在被关借时，还可能有"出差补助"，如乾隆三年（1738），宁远府的要求是"每日每名给钱二钱"④。

除此之外，清廷还提出过一些奖励性措施，同样是在雍正六年（1728），要求对仵作，"若有暧昧难明之事，果能检验得法，洗雪沉冤，该管上司赏给银十两。其检验故行出入，审有受贿情弊者，照例治罪，不许充役"。乾隆元年（1736）还再次强调："仵作三年无弊，事烦之州县赏银十两，稍简者赏银六两，最简者赏银四两。永著为定例。"⑤不过我们并不知其具体的落实情况，它可能因地而异，也可能只是具文。

---

① 金恩晖、梁志忠著释：《吉林省地方志考论、校释与汇辑》，中国地方史志协会、吉林省图书馆学会1981年版，第112页。
② 《清宣宗成皇帝实录》第2册卷99，道光六年六月，中华书局1986年影印本，第611页上栏。
③ 上海市地方志办公室、上海市嘉定区地方志办公室编：《上海府县旧志丛书：嘉定县卷》第3册，上海古籍出版社2012年版，第1931页。
④ 四川省档案馆编：《巴蜀撷影：四川省档案馆藏清史图片集》，中国人民大学出版社2009年版，第9页。
⑤ 《钦定大清会典事例》第20册卷851，新文丰出版公司1976年影印本，第15669页下栏。

二、陋规

瞿同祖早就针对陋规指出,虽然这种惯例是"不正常的""贱鄙的",但它也在法律的默许之内。它必须被看成一种制度,并须把它与政府的财政制度放到一起来考察。① 求助间接资料,宣统元年(1909)湖北省咨议局制订的《厅州县命案报验规则案》第十六条规定:

> 本管印官或委员检验命案随带人役之日给,除轿夫长随由本官自给工食外,其余之日给从左之规定:一、仵作,日给制钱一串……(理由)定例地方官相验命案,一切夫马饭食自行备用,严禁书役人等不准需索分文。顾积久弊生,讹索百出,命案一起,破产者动数十家,例虽森严,率不能守。故本条斟酌变通,凡随带人役各定日给,一以顺人情,一以定限制也。②

清代制钱 1 串即 1000 文,现无宣统元年(1909)湖北的银钱比价资料,依同期邻近省份安徽的情况计,此时 1 两合钱 1900 文至 2000 文不等,③则 1000 文可至少折合银 0.5 两。当天往返可能不大,特别是我们联系到清代检验同时包含有官员现场审讯的话,以来回两日计,也至少需另给银 1 两。当时州县交待扣程限 55 里约一天,④而清代州县皆有

---

① 瞿同祖:《清代地方政府》,范忠信、晏锋译,何鹏校,法律出版社 2003 年版,第 47 页。
② 吴剑杰主编:《湖北咨议局文献资料汇编》,武汉大学出版社 1991 年版,第 293 页。
③ 杨端六:《清代货币金融史稿》,武汉大学出版社 2007 年版,第 178 页。
④ [清]冯煦主修,陈师礼总纂:《皖政辑要》"吏科·卷十二·交待",黄山书社 2005 年版,第 105 页。

百里、千里者亦有,即使以 100 里计,来回四天,现场一天,一次出现场收入则有 2.5 两银子,同期米价每公石合制钱 5250 文,[1]1 公石合今 100 千克,则至少合米 0.38(当天往返)至 0.95(百里路程)公石。湖北咨议局系立宪时代产物,各种浮收费用此时都可能凸显出来,其数字应更具有可信度。而清代凡死伤皆规定要报案,自尽、路毙亦皆须报验,王又槐曾云"余所验冻、饥死者不下千计"[2],当是他为幕一生的数字,汪辉祖则自述他脱幕为官后在湖南出仕四年中,"本境及邻境所验斗殴、自尽等案,不下百十余起"[3],推算下来,本邑一年的相验十余起是有的。无论如何,陋规的收益应当是超过工食银的。

总的说来,虽无法算出仵作全年总收入,但应不至于过于贫苦。如果联系到康熙年间即便取消书吏工食银,亦有秀才愿为之,且他人需出钱才能顶缺,故可以推断仵作的生活状况亦不会差。

第四节　仵作的尴尬社会地位

虽然仵作的设置与待遇能够被皇帝再三强调,其生活亦有保障,但仵作的社会地位却是尴尬的——他们始终被限制在一个"贱役"的身份中。清代的衙役中,民壮、库丁、斗级、铺兵尚具有良民之身份,但其

---

[1]　彭信威:《中国货币史》,上海人民出版社 1958 年版,第 588 页。
[2]　[清]王又槐辑,[清]李章煜重订:《补注洗冤录集证》卷 3"尸伤杂说",张松等整理:《洗冤录汇校》上册,第 244 页。
[3]　[清]汪辉祖:《梦痕余录》,北京图书馆编:《北京图书馆藏珍本年谱丛刊》第 107 册,北京图书馆出版社 1999 年版,第 402 页。

他都属于贱民。① 清代规定,贱役及其子孙"概不准冒入仕籍",也没有资格参加科举考试——早在顺治年间就有衙役本人混入缙绅行列而被参奏革职的事例。他们的后代,即使已被过继给良民为子,仍然不准应试。② 不仅仵作,稳婆接生本是正当的职业,属于良民,但是如果一名稳婆曾被地方官传令验奸,那么她就迹类仵作,属于贱民,从此她的子孙必须"以报官改业之人始,其子孙下逮四世方准捐考"③。

这种限制对于仵作群体来说很明显是不公平的,一方面利用他们的专业技能,另一方面又不给予良好的出身与地位。须知,在传统中国,个人的地位并不是以经济实力来衡量的,瞿同祖指出:"有些贫穷的'生员'全无半点地产,仅依靠其禀膳、束脩或其他职业收入糊口,最贫穷者在饥荒时甚至要向政府申领救济。""许多士绅像《儒林外史》所述,是在取得士绅身份后才获得土地的。"④但因为他们是可能的权力享有者,能进入官的阶层,因此仍然具有崇高的社会地位并被人尊重。传统中国社会的个人始终是家族的一分子,他的荣耀是家族的,耻辱亦是家族的,司马迁曾在《史记·太史公自序》中言:"夫孝,始于事亲,中于事君,终于立身。扬名于后世,以显父母,此孝之大者。"即人们有责任通过自身努力来改变个人的命运进而改变家族的命运,而没身为役,不能进入士流则是无论如何都不能容忍的。有家族即规定"流为邪教、优隶及入各等匪类者,悉行革出,不许入谱"⑤,此处与匪类、倡优并

---

① 瞿同祖:《清代地方政府》,范忠信、晏锋译,何鹏校,法律出版社2003年版,第104页。
② 经君健:《清代社会的贱民等级》,浙江人民出版社1993年版,第126页。
③ [清]姚雨芗原纂,[清]胡仰山增辑:《大清律例会通新纂》第3册,近代中国史料丛刊三编第22辑,文海出版社1987年版,第867页。
④ 瞿同祖:《清代地方政府》,范忠信、晏锋译,何鹏校,法律出版社2003年版,第287页。
⑤ 《曲阜孔府档案史料选编》第3编第1册,齐鲁书社1980年版,第246页。

列,吏役受到社会上何等排斥已可想而知了,广东新安旧族族规中也有子孙"为公役者不得入祠"的规定①。

沈葆桢曾于杨乃武案后上折《请免仵作马快两途禁锢疏》,其中言:"将仵作照刑科书吏一体出身,马快照经制营兵一体出身,俾激发天良,深知自爱,养其廉耻,竭其心力,庶命案盗案来源易清。倘仍作奸犯科,自有加等惩办之法。"②这个要求相对折中,列仵作为吏类,给予其可能的出身,至少可不连及子孙。但从随后的反应来看,这个建议并没有被采纳。

为何仵作被置于这种身份,是一个很让人困惑的问题。中古六朝始,中国进入了一个官、吏分途的时代,清朝典章一承前明,仵作当然亦被置入贱役的身份。但为何在皇帝三番五次对工食银待遇予以关注的情况下,却不能给予仵作稍好一点的吏的出身? 或许可以归因于:在中国传统的政治文化与体制中,王朝信奉的是小政府的治理理念,因为是小政府,所以其参与者需是政治精英,精英不仅是维持政府运作的关键,亦是维持社会运作的关键,清朝大量的社会事务即是由并非在官却有仕宦资格的士绅、生员们来推动完成。而精英的培育与被认可,系通过严格的自我知识教化、自我期许的价值观塑造来完成的,为了维系这种运作模式,便必须对其他可能的权力享有者予以排斥。由于仵作的文化程度很低,他们只能居于比吏还低的位置,一旦给仵作之流以进身可能,就打乱了社会运作模式。

"士有爵禄,则名重于利;吏无荣进,则利重于名。"③这种境遇可能

---

① 嘉庆《新安县志》卷2,转引自经君健:《清代社会的贱民等级》,浙江人民出版社1993年版,第126页。
② 《李菀客讯沈幼丹不通无学》,黄濬:《花随人圣庵摭忆》,李吉奎整理,中华书局2008年版,第893—894页。
③ 《新唐书》第15册卷149,中华书局1975年版,第4795页。

影响了仵作的职业进取,他们非法受财就是自然的事了,也因此备受指责。实际上,自宋慈的《洗冤集录》始,仵作群体就被赋予了一个卑贱而又嗜利作伪不可信任的形象:"年来州县,悉以委之初官,付之右选,更历未深,骤然尝试,重以仵作之欺伪,吏胥之奸巧,虚幻变化,茫不可诘。"①官箴书等亦因此反复告诫相关官员,对于仵作等贱役,可使之而不可信任之。

与此相应的是,仵作的身份转型亦直至清末废科举前后才开始迈步。光绪三十一年(1905),清廷宣布于次年正式废除科举,斯时,诸路人才进仕之路打乱,"四民社会"结构打破,新的断裂社会形成。亦正是在前一年的光绪三十年(1904),陈灿任云南按察使,"设仵作学堂,以精检验"②。而在下诏废科举的同年,直隶法政学堂内设仵作学堂,"比照民壮之例,准其子弟进学堂肄业,一体出仕,与齐民伍"③。更大的转折发生在宣统元年(1909):是年,吉林提法使吴焘设检验学习所,培训中正式引入西学,学制一年半,毕业者为检验吏,量才分省补用,授以从九品之未入流实职。④ 传统社会中的检验者仵作,也正式开始以另一种身份——检验吏,登上近代历史舞台。

---

① [宋]宋慈:《洗冤集录》"序",张松等整理:《洗冤录汇校》上册,第3页。
② 昭通旧志汇编编辑委员会编:《昭通旧志汇编》第6册,云南人民出版社2006年版,第1810页。
③ 《天津县请在省城法政学堂内附设仵作堂禀并批》,南京官报局:《南洋官报》光绪三十一年第24期。
④ 茆巍:《从仵作到检验吏:中国传统检验的转折——以〈吉林提法司第一次报告书〉开学照为起点》,《证据科学》2013年第3期。

第五节　其他参与检验人员

在命案检验中,除正印官、代验的佐杂、仵作外,往往还有刑书及其他衙役到场参验。而根据案件需要,医生、稳婆亦可能参与进来。

一、刑书和其他衙役

《大清律例》"尸伤检验不以实"条明确规定,"凡人命呈报到官,该地方印官立即前往相验,止许随带仵作一名、刑书一名、皂隶二名"①,说明在检验工作中,刑书与衙役不可少。刑书主要是从事记录的工作;至于皂隶等衙役,则发挥着或提前到场做好准备,或印官出马时开道、临场协助弹压等作用。

二、稳婆

稳婆本为收生之用,但在涉及女犯或需要检验当事人是否为处女时,则需她们到场;对于女尸,则常是仵作与稳婆共同检验,如《坐幕刑名底稿》在述及验女尸时云:"带刑仵、稳婆,据仵作邢岱与稳婆郭氏当

---

① ［清］薛允升:《读例存疑点注》,胡星桥、邓又天主编,第864页。

场高声喝报。"①在宝坻县档案中一份光绪年间申请邻封代验的文书中则直接要求"拟合具文申请堂台查核,俯赐带领刑仵、稳婆过境,验讯详报,实为公便"②。关于稳婆在检验中的这种参与地位,最好的说明是满语中的词汇构成:李典蓉承庄吉发先生指点,于其文中指出,在刑部的成语里,稳婆即被直接称作"feye(伤)tuwara(验)hehe(妇)",亦有作"hehe(女)feyesi(仵作)"。③

稳婆参与相验亦须承受社会地位下降的代价,她们一旦参与检验,则"迹类仵作,甘为下贱",从此沦为"贱人",《钦定礼部则例》卷六十《童试事例》规定:"民间收生妇女,果无别项身家不清,其子孙自应准其捐考。地方官概不准勒派验奸。有本非官媒,偶经传验奸情,迹类仵作者,应比照丐户等情愿削籍之例办理。如实系在官应役,传验奸情者,即与仵作无异,不得假借收生名色,朦混捐考。"④

三、医生⑤

首先要明确的是,清代衙门中是有官医的。官医本是自《周礼》中就要求的配置,不过清代官医的首要作用是疗疾,而不是服务检验。自唐始,地方上的官医都被置于一个叫"医学"的衙署中。由于清廷的不重视,清代的"医学"衙署中通常没有医官,而只有一名官医,其角色应

---

① 《坐幕刑名底稿》残卷之"深州郭二狗杀母案",日本东京大学东洋文化研究所藏,复印件见于(杨)一凡藏书馆,页码不详。
② 《顺天府全宗》,藏于中国第一历史档案馆,28-4-243-111。
③ 新疆少数民族古籍办公室编:《六部成语(满汉合璧)》,新疆人民出版社1990年版,第203页;[日]羽田亨:《满和辞典》,学海出版社1998年版,转引自李典蓉:《满文与清代司法制度研究——以"刑科史书"为例》,《政法论坛》2011年第3期,第129页。
④ 杨学为等主编:《中国考试制度史资料选编》,黄山书社1992年版,第402页。
⑤ 具体分析详见茆巍:《清代司法检验活动中的医者》,《文史》2020年第1期。

该是职役化的,不过他们并不会像仵作、稳婆那样,一入衙门即为贱类,而是仍可在外行医。此外,于具体检验中,有涉医需要时,并不一定只有官医介入,民间的医生也有参与,这是因他可能曾参与了对死者之具体救治。

传统社会中医者从事检验范围最广的当属元代,在当时的《儒吏考试程式》中,伤与病都是医者的专属工作领域。不过这是元代医者地位过高、职权扩张的结果,元代太医院院使官品可达正二品,[①]且"帷幄重臣领之,其贵且重"[②]。清代医生则只验病不视伤,伤依清律"凡京城内外及各省州县,遇有斗殴伤重不能动履之人,或具控到官,或经拏获,及巡役地保人等指报,该管官即行带领仵作,亲往验看,讯取确供,定限保辜,不许扛抬赴验"[③],验伤的职能明确归于仵作。故清代医者即便参与验伤,也是只就与伤有关的治疗部分进行补充,而不是主要就伤情本身进行检验,但这些也只是视情况而定,并不是每案必到的。他们在检验中比较确定会参与的,是有关狱囚的病情及死亡的检验,因为这是律例的明文要求,且官方文书详报时必须附有的部分:"州县官承审案件,或正犯、或紧要证佐患病,除轻病旬日即痊者,毋庸扣展外,如遇病果沉重,州县将起病、病痊月日,及医生医方先后具文通报。成招时出具甘结附送,令该管府州,于审转时查察加结转送。"[④]也因此,若发生囚犯病亡的情况,他们仍需到场,依官箴书建议,即是"监犯病故,必先将患病缘由报明,然后查卷填格,叙详取尸亲刑禁医仵,并同监犯人供结,声明并无陵虐致死情由通报"[⑤]。但具体的死亡检验,仍是仵

---

① 《元史》第7册卷88,中华书局1977年点校本,第2220页。
② 傅瑛、雷近芳校点:《许有壬集》卷44,中州古籍出版社1998年版,第521页。
③ [清]薛允升:《读例存疑点注》,胡星桥、邓又天主编,第624页。
④ [清]薛允升:《读例存疑点注》,胡星桥、邓又天主编,第151页。
⑤ [清]王又槐:《办案要略》之"论详报",刘俊文主编《官箴书集成》第4册,第779页下栏。

作负主要之责的。

四、其他可能参与者

虽命案检验需仵作、稳婆之类，但有时可能不能到场，此时则临时根据需要抽调人手。黄六鸿在《福惠全书》中即有一相验任王氏的案例（史景迁《王氏之死》即由该案发挥而来）。案中任某杀妻后图赖，黄六鸿接报后，"次日黎明，鸿单骑亲诣本村，至任姓所居下马……乃问地方，死者尸何在，地方指之曰此浮瘗者是也，遂命启视之。方严寒，残雪在地，面色如生，上着一蓝夹衫，下一白单裤，其两足穿软底红布旧睡鞋一双，缠裹如故。遂唤村中老媪，命视周身有伤否，媪视毕，对曰无。鸿又疑之，乃命媪扶其首，昂其颈而视之"[①]。因是女尸，故黄六鸿命老媪先验视，但又不放心，复又命老媪帮忙抬扶尸首，亲自验看。黄六鸿在康熙年间为官，全面推行仵作配置是在雍正年间，此时黄所在县或根本没有仵作配置，其临时抽调老媪协助检验的行为也可理解。

第六节 检验工具

检验所需要之工具，主要是量尺与银针等。又验尸与检骨不同，后者所需工具则较为繁杂。

[①] [清]黄六鸿:《福惠全书》卷14，刘俊文主编:《官箴书集成》第3册，第376页下栏—377页上栏。

一、清代于工具上之规范化努力

量尺为检验伤损所需,乾隆十二年(1747)对其尺寸之制有所规定:

> 刑部为请颁验伤尺式等事,议甘肃按察使顾济美奏,查刑部最重伤杖,务须检验明确。原以致命不致命,生死攸关,必详加研究,方无错误。其尺寸之制,自不容任意长短,不遵定式,今该按察使既称于藩司衙门移取工部颁发工程制尺,禀明抚臣,照造饬发备用,并请较准通行,俾命案量伤,得以画一遵循等语。相应通行直省督抚,遵照工部颁发制尺,较准分寸,转饬州县,一体遵照办理等因。乾隆十二年五月初七日奉旨:依议。①

银针则为验毒所需,其又名银钗、银探子。关于式样,《洗冤录详义》云:"银钗俗名银探子,约长一尺二寸,圆直如箸而稍细,切忌扁阔。"②王又槐对于银针打造,曾有强调:

> 银针试毒必真纹银打成方可信用,银匠每多抽真换假,或以低色搭配,即当面目击亦能弄弊。有司不知而误用,难以辨伤。惟有多发纹银,饬令成造二三条,另唤工匠抽出一条,入炉倾熔,仍成原

---

① [清]王玉如辑:《条例附成案(乾隆元年—乾隆三十年)》卷2"断狱·量伤照部尺",乾隆三十年贵州按察使司刻本,藏于中国社科院法学研究所图书馆,第356a—b页。
② [清]许梿编校:《洗冤录详义》卷1"验尸",古均阁许氏藏版,第27页a。

色,其针才可备用。①

不过这只是他个人的建议,我们尚不知全国推行的力度如何。

二、检骨所需之物件

检骨主要是针对骨殖之用,故除量尺等器具仍然需要外,更有专门针对骨骼处理准备的一系列物件。清人列有一份清单,兹一并录以志之:

> 附检骨应用物件:
> 官厂一座(要朝南,标顺风旗);
> 洗骨厂一座(离官厂半箭地,下风);
> 土工四名,开火坑一道(长五尺,宽二尺五寸,深三尺),地窖一穴(长六尺,深二尺四寸,阔三尺);
> 灶厂一座、新金漆八仙桌二张;
> 杲桌二张(椅凳足用)、新明黄雨伞二把;
> 小竹签一百枝(长一寸五分,标骨用);
> 大桶二只、水缸二只;
> 水木杓二把、大浴盆二个;
> 竹洗帚四个、竹捞篱二个(捞骨用);
> 大锅二口(地灶就锅)、大蒸笼一架;

---

① [清]王又槐:《办案要略》之"论命案",刘俊文主编:《官箴书集成》第4册,第759页上栏。

铁条六根、铁钳二把；

火锹二把、铁耙三把；

箕斗一副（即拘斗）、鞋刷二把；

蓖箅四张、草席四张；

草苫二条（浸湿蒸骨盖用）、剪刀四把（大、小）；

小刺刀二把、铁寸金锁一把（锁骨桶用）；

阔长板三块、新漆阔大门二扇；

沙盆槌、丝绵四两；

红绿线四两、粗麻绳六两；

小白布二匹（包蒸骨）、红布一匹（包骨入桶）；

围身布二丈；

烧酒、酒糟、米醋、陈酒、香油、白盐、芝麻、姜、木贼草、苍术、甘草、白梅、鸡、鸭、肉白、皂荚、麻黄、松柴、细辛、艾葱、桑皮纸、大油纸、粗毛纸、白棉纸、荆川纸、大笔、徽墨、砚、香炉、烛台、炭灰、灰印、金钗、铜盆、锡壶、被絮、石灰、速香、檀香、线香、粘米、糯米。①

上述物件中，桶、盆等当为骨殖清洗之用；剪刀、小刺刀等当是针对腐肉之割除；醋糟则是为了更好地吊伤显影；新明黄雨伞是为了隔日滤光。但还有些物件则不免让我们颇费思量了，如其中的鸡、鸭、肉白作何用？只能记以存疑。

与验尸还有不同的是，上述这些物品都是由当事人准备的，更准确地说，是申请检骨的一方准备。宋启兴对此作有回忆：

---

① ［清］李观澜补辑，［清］张锡藩重订：《重刊洗冤录汇纂补辑》之"附刊检骨图格"，张松等整理：《洗冤录汇校》下册，第517—518页。

这些东西都得是全新的、鲜洁的,一般都由申请蒸验的一方出钱购置,这么多东西,在任何时代,都是一笔相当大的开支。有些当事人就不得不向仵吏等人设法行贿,简化或者减少这些物品的数量或质量。在这种情形下,当事人有为此卖掉几十亩地的,也有出些钱打点打点,使法官和仵吏皆大欢喜,自己反而节省的。不论怎样,准备供验骨用的布、酒和棉花,照例在事后都归仵作所有,可以公然带回家去的。①

于此,检骨之复杂,又可能给吏仵们提供了一个更大的获取陋规的机会,它或又进一步让我们领会了古人所说的"讼则终凶"这句话的道理所在。

---

① 宋启兴:《忆谈仵作行当》,全国政协文史资料委员会编:《社会杂相述闻》,中国文史出版社 2006 年版,第 128 页。

第七章
检验文书

前文述及,清代曾一度限制佐杂官代验后的填格取结,这里的格指尸格,尸格是清代重要的检验文书。在今日,出具一份法医鉴定,除了有明确的结论外,还必须包括检验过程、分析说明、鉴定结论,并附有照片予以说明,检材也适当地予以冷冻保存以便复查。而在清代,虽然技术条件有所限制,但对相关信息亦会作最大限度的保存。考察来看,清代的鉴定文书除了通说的尸格、尸图及其独创的骨格、骨图外,还当包括仵作甘结、通详文书,几者内容各有侧重,但又相互验证,并显示出一套精巧的表达体系。

第一节 尸格与尸图

所谓尸图,指仰合(即前后)二面人形示意图;尸格则类似于一种固定刊印好重要部位,以供一一填注的表格式检验记录文书。尸图系供填尸格时参考所用,以免填列部位发生错误。

溯其源流,清代的尸格与尸图当追溯到宋时验状。验状之名,后周显德年间(954—960)即有,但细节不可考。贾静涛认为北宋时验状的主要内容就是《洗冤集录》中的"四缝尸首",即将尸体分为四面,从头到脚记载各个部位有何伤损及其性质,最后指出致命伤与死因。① 至南宋,则又有两种重要的检验文书出现,一系郑兴裔所创的"验尸格目",颁发于孝宗淳熙元年(1174),相当于官员执行检验情况的反映材料及保证书;②一系嘉定四年(1211),江南西路提刑徐似道提倡使用的"正背人形图","令于伤损去处,依样朱红书画横斜曲直,仍于检验之时唱喝伤痕,令罪人同共观看所画图本。众无异词,然后着押。则吏奸难行,愚民易晓"③。由是,验状、验尸格目、尸图共用,形成了一个整体,这在古代尸伤鉴定文书发展过程中是一重大突破。元代则划简为一,化四缝为仰、合二面,并省去了验尸格目中的若干事项,从而将宋代的三种检验文书合并为一份"检尸法式",其又名"尸帐"。至于检尸法

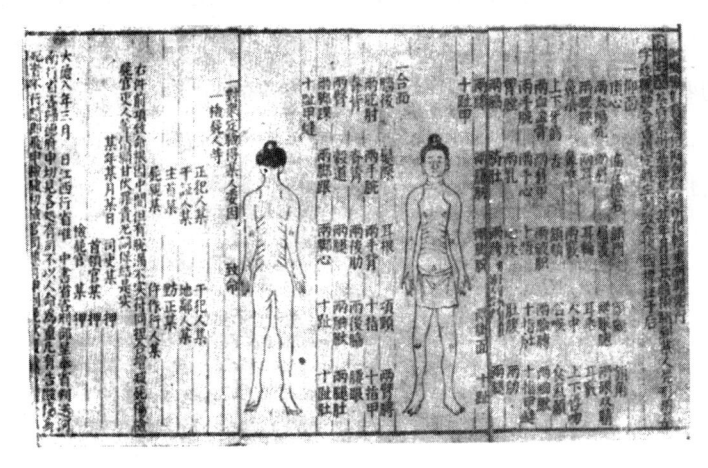

图 7-1 检尸法式④

---

① 贾静涛:《中国古代法医学史》,群众出版社 1984 年版,第 60—61 页。
② [元]马端临:《文献通考》第 2 册卷 167 刑 6,中华书局 1986 年影印本,第 1455 页上栏。
③ [元]马端临:《文献通考》第 2 册卷 167 刑 6,中华书局 1986 年影印本,第 1455 页下栏。
④ 图片引自贾静涛:《中国古代法医学史》,群众出版社 1984 年版,第 98 页。

式中所包含的验尸格目事项,主要是相关检验者姓名及相关干系人姓名(正犯、尸亲、邻证等)。而更复杂的到达现场时间、相关保证等,则置于另一文书——初复检验体式(又名初复检验关文式)中,但后者还包含有一些检验指南、检验中注意事项的知识。①

明代的检验文书则称为"检尸图式",因至今并未发现检尸图式原样,故其与元检尸法式有何区别尚待考证,但笔者推测,很可能只是名异实同。因为在洪武元年(1368)朝廷下发检尸图式的法令中同时提道,"其初复检验官司行移体式,并依已行旧制"②,在总体内容基本相同的前提下,相似的文书分类,只能意味着各自记载要求上的雷同抑或近似。

但到了清代,检验文书相对元明有了一个明显的区别,即是将检尸法式中的图与文再度分开,产生了与前朝不同的文书式样——尸图与尸格,前者示意,后者填注。清代与前朝另一个较为显著的变化,是其尸图、尸格中出现了致命、不致命的标注——这一情况曾令笔者颇感困惑:因为虽然在宋慈的《洗冤集录》中就对身体诸伤是否致命做出了区别,③但这一区分并没有上升到法定的地位;那么为何又在清代于格、图中予以规定,使之具有法令化的意味呢?这一疑问的解答,有赖于韩健平先生的《清代验尸制度改革——〈尸格〉对致命伤的标注》一文。依其考证,此问题是于康熙中后期得以发现并逐步解决的:因为致命伤的明确,涉及共殴人致死时何者论抵的问题。康熙三十三年(1694),先有臣子要求检验用的尸格上必须注明致命伤、不致命伤,但被否决。三十六年(1697),刑部又在再次奏请中表示同意,但由各地自行标注。地方上的不统一,导致五十一年(1712)的一起直省上报共殴命案中,

---

① 贾静涛:《中国古代法医学史》,群众出版社1984年版,第100—102页。
② 《大明律附例》卷28,万历四十年序刊本,日本东京大学东洋文化研究所藏,第27页a。
③ [宋]宋慈:《洗冤集录》卷2"验尸",张松等整理:《洗冤录汇校》上册,第35页。

直省的主犯认定与刑部不同，因为两者参照的致命伤标准不一致。于是，该年经过两次修订，在刑部原采用尸格基础上参酌直省，明确了应统一标注的 22 处致命伤，并在乾隆五年（1740）进一步将其明确修入《大清律例》。① 显然，这一变化和本书此前反复讨论的设立仵作、钦定洗冤用书一样，都是集权制不断强化的背景下司法于全国逐渐得到统一的结果。当然，这个规定在实践中未免僵化且有时并不合理，但它至少满足了证据明晰与司法确定性的要求。具体在尸格中，其仰面各部位分致命 16 处，不致命 37 处；合面各部位分致命 6 处，不致命 20 处。对应于尸图，则以"●"表示致命，以"○"表示不致命。

兹以日本东京大学东洋文化研究所藏填注好的刑部题定验尸图一份详细说明之。② 东洋文化研究所的该份格图共 9 面，首面无他，左上方纵向印"刑部题定验尸图"字样。第二面为仰面尸图。第三面见图 7-2：

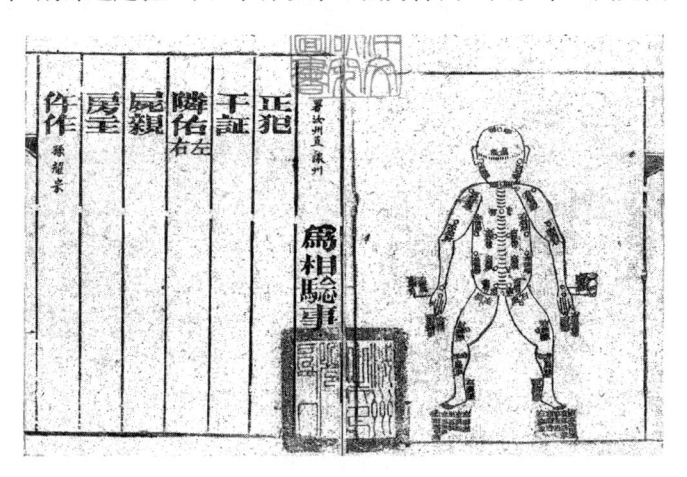

图 7-2 东洋文化研究所藏《刑部题定验尸图》第三面

---

① 韩健平：《清代验尸制度改革——〈尸格〉对致命伤的标注》，《中国科技史杂志》2017 年第 4 期。
② 《刑部题定验尸图》，日本东京大学东洋文化研究所藏，复印件见于（杨）一凡藏书馆。

此面左半为合面尸图,右半即尸格,需一一填明由何衙门检验、正犯、干证、邻佑、尸亲、房主、仵作等信息。从内容看,系汝州直隶州相验,仵作姓名为孙耀宗。下图为第四、六面:

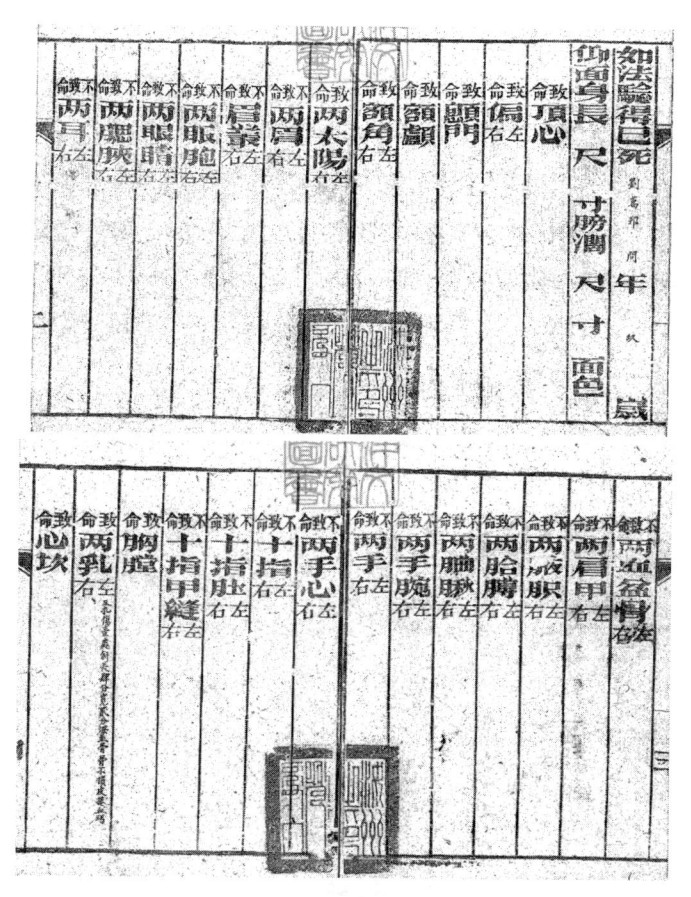

图7-3　东洋文化研究所藏《刑部题定验尸图》第四、六面

此处尸格部分需标明死者姓名、年龄、仰面身长、肩宽尺寸,同时需注明面色,因为按照《洗冤录》,在验中毒、病死时,面色均具有重要意义。接下来便是需一一填注的尸格:先仰面后合面,无伤则不填,所

有部位均已事先注有致命、不致命之分。本次受检死者姓名为刘万邦,全部尸格只在两处填有相关伤损,一为"致命两乳左右"格的"左"字所属一半纵格内填有"刃扎伤一处,斜长四分、宽二分,深至骨,骨不损,皮卷血污"字样,从解剖部位看,此处当系心尖位置,若扎进心室立死无疑,扎进心房则可致心包填塞,虽不致速死,但在当时医疗条件下也必死。另则于"不致命两肋左右"格的"左"字所属半纵格内填有"刃扎伤一处,斜长四分、宽三分,深透内,皮卷血污"字样,此处"透内"如指穿透胸膜,则必有气胸或血气胸发生。下图为最后一面(即第九面):

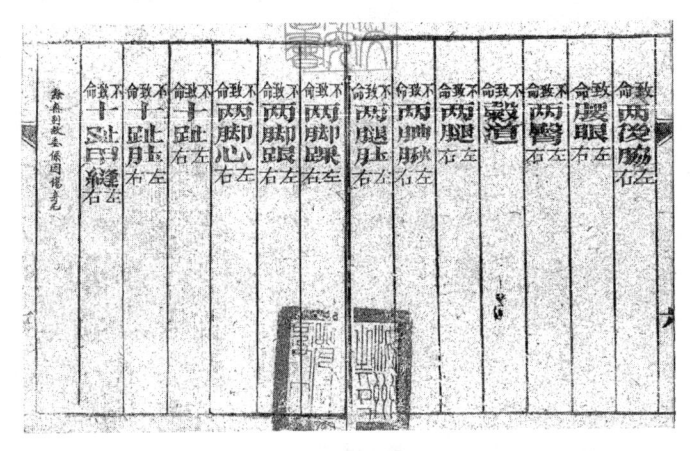

图 7-4 东洋文化研究所藏《刑部题定验尸图》第九面

此面尸格所示部位均无伤损,故均未填,最后发表结论:"余无别故,委系因伤身死。"

第二节　骨图与骨格

前已述及,虽在宋慈的《洗冤集录》中已记录有检骨法,但独立出来以专门文书记录的则只有清代。其始自乾隆三十五年(1770)安徽按察使增福的奏请,后乃刊刻颁行。骨图已于前文有所交待,此处主要叙述骨格。下图取自《洗冤录全纂》[①],为合面骨格图及检骨格开始部分:

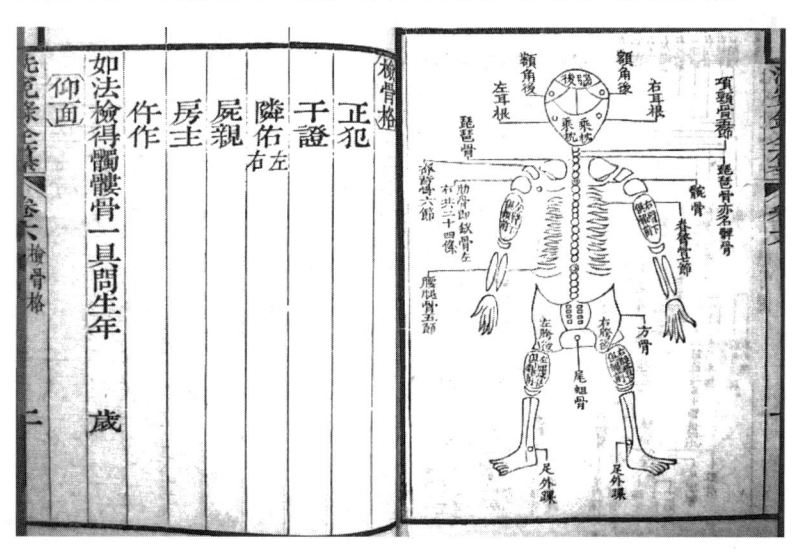

图 7-5　合面检骨图及检骨格开始部分

此处与尸格相似,都要填注正犯、干证、邻佑、尸亲、房主、仵作等的姓名。再下来即为骨格仰面部分,需一一填注内容,直至最后(见下图7-6)。

---

① ［清］华希高辑:《洗冤录全纂》卷6"检骨格",嘉庆八年经德堂刻本,藏于中国社会科学院法学研究所图书馆,第1b—3a页。

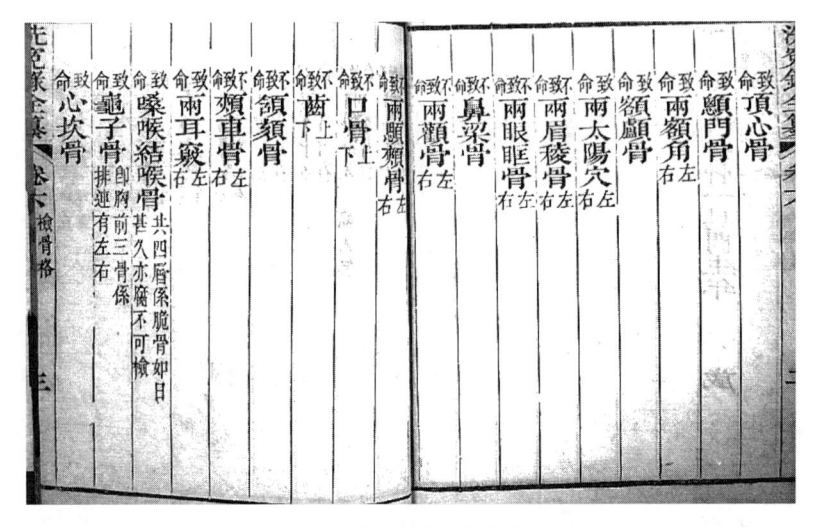

图 7-6　检骨格仰面起始部分

从上图看,每处如尸格一样,均事先刊好致命、不致命字样。全图致命部位仰面有 10 处,合面有 8 处。稍不同的是,对个别部位附有小字注解,如上图的龟子骨格即有"即胸前三骨,系连排有左右"字样。

清代官方颁刊骨格、骨图之设计取决于当时的认识,具体评价已于前文分析,兹不赘述。

第三节　通详类上报公文

以文字记录来反映命案现场的勘查与检验,在睡虎地秦简及居延汉简中已有体现。宋时的验状,虽如贾静涛说系四缝之描述,但考察《洗冤集录》:"凡验状,须开具死人尸首元在甚处、如何顿放、彼处四至、有何衣服在彼,逐一各检札名件。"① 说明验状也有现场勘查内容的记载。在清代,通详中的叙勘即反映了这部分内容。通详中叙勘的另一作用,相当于将宋之验尸格目、元之初复检验体式中有关验尸程序中的一些细节移录于此,统一以文字说明之。具体以下引一样本例示:

某府某州县为报明事。某年月日据(州县)属(以下云云同前)各到(州县),据此,查该村距(州县若干)里,卑职随即饬差拘拿凶犯某人,一面轻骑减从,带领刑仵人役亲诣尸所。先勘得(以下参看初报法内前诣尸所下小注,分别登叙),查该尸(以下仿照初报法内,从该尸所穿衣服起,依次叙至脱去周身衣服止,其周身衣服下注,仍须参看,分别登叙),随令对众如法相验(以下仿照初报法内从仵作某人喝报起,叙至周身颜色止),致命某处何伤,不致命某处何伤,伤痕斜长几分深几分,余无别故,委系因伤身死,报毕,卑职覆验无异,当场填注尸格,并饬取凶器比对尸伤相符,尸令棺殓。讯据乡地某供,与报呈同,据某供是左右邻……据尸亲某供……据凶犯某供……是实,各等供。据此,随验得凶犯某人某某处伤痕(仍叙明部位)属实,当一面取具原被干证刑仵各结,一面将凶犯带回收禁,余人分别保释,除再行研讯起衅缘由,并究明是否有心欲杀,以及在场帮手之人,务得确情,按拟招解外,所有验讯此案缘由,理合填格取结录供,具文通报宪台查核。除径报抚臬道宪外,为此备由云云。

　　计申　尸格一本　仵结一纸②

---

① [宋]宋慈:《洗冤集录》卷5"验状说",张松等整理:《洗冤录汇校》上册,第261页。

② [清]刚毅:《牧令须知》卷6"刑房文移稿件式",刘俊文主编:《官箴书集成》第9册,第265页下栏—266页上栏。

"先勘得"及其后描述是现场勘查内容;"查该尸"直至"报毕,卑职覆验无异"是检验过程的文字描述,既有对尸格的重复,又增加有衣着检验等,同时尸身有无个体识别特征如文身等亦均当描述之。其中的何时接报、何时到、里程数等即是宋、元之验尸格目、初复检验体式中的内容。接下来便是讯取邻证、凶犯,填格取结等程序。因此,通详中的叙勘不仅包含尸格中已填注检验之要点,还包含其没有的检验内容及案件相关现场勘查资料。王又槐曰:"叙勘情形,各省不一,或有绘图贴说者,或有叙入详内而不绘图者,或叙详而又绘图者,总要分晰清楚,令阅者如同亲睹。"①在四川会理档案中有一在水田灌溉纠纷中绘制的勘沟图(图7-7),虽非命案纠纷,但也可类比清时命案勘验绘图的大概情形。

图 7-7　四川会理档案馆勘沟图②

(藏于四川省会理县档案馆)

---

① [清]王又槐:《办案要略》之"论详案",刘俊文主编:《官箴书集成》第4册,第772页上栏。

② 图片引自四川省档案馆编:《巴蜀撷影:四川省档案馆藏清史图片集》,中国人民大学出版社2009年版,第103页。

通详还有一个重要的作用,就是类似于目前鉴定书的分析说明。今日标准的鉴定书在检验与结论之间有专门一部分作此论述。以广州市公安局荔湾分局2009年26号法医学尸体检验鉴定书为例,该案系一坠楼身亡案,现摘要部分鉴定内容如下:

(前略)

二、检验

(分体表检验、解剖检验,记述检验所见各处损伤。如有病理检查,再描述镜下组织病理特征。此部分从略)

三、分析说明

根据死者全身多部位的损伤特征分析,其损伤符合钝性暴力作用所致。同时,死者的损伤具有损伤较广泛(多集中于身体左侧),且体表损伤轻、内部损伤重的特点,结合全身多部位严重的创伤均符合一次性暴力所形成等情形,死者×××的损伤符合高坠伤。从以左侧明显,右肺根部以及在升主动脉弓处撕裂损伤等特征分析,其损伤符合高坠所致,应为左侧先着地,死因是因心脏主动脉弓破裂,致急性大出血休克死亡,这是其死亡的直接原因。

四、结论

死者×××系因高坠致心脏升主动脉弓破裂,导致急性大出血休克死亡。

此处分析说明对于全面理解鉴定结论很有必要。通过分析说明,使检验到结论之间不致过于突兀,可为警察、法官、律师等非检验专业人士阅读提供帮助,也可为业内人士交流对话提供平台。

那么此种分析说明在通详中如何体现?王又槐即曰:"尸伤间有

与《洗冤录》载不符者,须将受伤情形及不符缘由叙入仵作供内,要认得真切,说得确当,不可任意故翻;若有不符,伤痕填入格内,而不叙具仵作口供辨明者,定干驳诘。"①万维翰亦云:"仵作原不叙供,若伤痕有疑似处,须添叙口供,盖详内推勘明白,则可免上司之驳诘矣。"②即分析说明是通过仵作口供的方式来体现。

事实上,不仅通详,一切上报的文书,如题本、奏折中都会体现此功能,因为图、格的填注过于标准化,没有展开论证的空间。下文系清代李毓昌案相关的一份奏折:

又奏检验情形

署山东布政使司朱锡爵谨奏:为提到即墨县已故知县李毓昌尸棺,检明实在情形据实奏闻,仰祈圣鉴事。……兹于六月十一日,据委员会同即墨县知县谭文谟,督同尸属李毓奎、李毓庄,将该员李毓昌尸棺押送到省。……据历城县仵作孙鹤鸣、寿光县仵作牟瑄,检得李毓昌顶心骨、囟门骨俱微有散漫青色,左右腮夹骨俱微有青色,上下牙根里骨微青色,左右车颊骨外面俱赤色,胸前龟子骨上截里面微青色一点,心坎骨系黄白色,两肩、两肋骨俱微青色,余无别故,系受毒后缢死等情。臣与署臬司张彤及知府除(徐)日簪,复加亲检无异。查《洗冤录》,凡中毒尸骸检骨,则骨上下黯黑色,胸膛、心坎骨、牙根、十指尖骨青色。今查李毓昌沿身骨节俱有黑黯及青黑等色,而上下牙根及胸前龟子骨里面俱有微青色,系属生前受毒。但何以龟子骨仅止微青色,而心坎则全无青

---

① [清]王又槐:《办案要略》之"论详案",刘俊文主编:《官箴书集成》第4册,第773页下栏。

② [清]万维翰:《幕学举要》之"命案",刘俊文主编:《官箴书集成》第4册,第738页下栏。

色？讯据仵作供称：凡人中毒，先入四肢，毒气攻心，始能毙命，是以受毒身死之人，胸膛、心坎骨俱作青色，若受毒之后，旋因他故身死，则毒气未及攻心，而其胸膛、心坎等骨即无此色等语。臣又诘以凡检验尸身自缢，《洗冤录》载：两手腕骨、头脑骨皆赤色者是，与牙齿赤色者及十指尖赤色者是，今李毓昌仅指尖有青赤色，头脑骨、牙根等骨均非赤色，何能指为受毒后缢死？又据仵作称：左右车颊骨外面俱系微赤色，手足指尖骨俱青赤色，系生前悬吊之故，是以指为受毒后缢死等语。臣思此案，李毓昌尸身骨节青黑居多，显系生前中毒，而左右车颊骨俱系赤色，又系受毒后悬吊致死。况提验李泰清呈验尸身两袖有血，如系死由自缢，何至口鼻出血？即使有之，自缢之人两手垂下，又何能举袖自拭其血！是可为先受毒后悬吊之明证。……伏乞皇上睿鉴训示。谨奏。①

《洗冤录》或载有中毒或载有缢死，但案中李毓昌系中毒后腹痛旋又被悬吊，两种情形都沾边又都不典型。这时须结合检验所见作出合理解释与分析，该奏折中即通过诘答、讯供方式作了解释。

又，若仵作意见不一时，尸格如何记录呢？这是个无法取舍的问题，但以文字的方式至少可以在形式上搁置这个矛盾。如下案：

　　臣诚安、臣李钧简跪奏：为遵旨覆检据实奏闻事，窃照都察院奏，武清县屯居镶黄旗汉军孀妇韩高氏等呈控伊子韩贵兴被高六等谋产毒毙，该县初验受毒身死，后复请委员检验因病身死，与原验不符等情一案。……至二十六日，紧要犯证，俱已解到，天气又

---

① 即墨市政协文史委员会、即墨市博物馆：《伸雪奇冤录》，青岛新闻出版局2000年版，第25—28页。

属晴明,臣等即将韩贵兴骨殖提至城隍庙,如法蒸罨。眼同两造人证,督令刑部仵作曹永泰、中城仵作王顺详细检验。曹永泰验报:项颈骨五节并脊背骨第五节微有红色,系生前血淤,并非伤痕,其余骨色白净,委系因病身死;王顺验报:项颈等骨微红色,系生前血淤,其牙齿三十个内,二十二个牙根微有青黯,色深浅不等,颔颊骨里边微青色,龟子骨下截微青色,左足趾本节五节俱微青色,实系生前受毒身死等语。各抒所见,出具甘结。……①

该案检验中的两名仵作,一个称病死,一个称毒死,此时尸格中无法作出结论,只能以两名仵作如何喝报分别记录上报。

第四节　仵作甘结

《无冤录》中已明确提到仵作甘结,于检验后,"仵作某人并无增减不实,移易轻重甘结罪文状,并责讫"②。这说明元代已有相关要求,但其价值与作用迄今为止都被研究者忽略。通过研究与考察,笔者认为:至少在清代,甘结在检验文书重要性程度上应提到与尸格、尸图等同地位。关于仵作甘结之重要性,在上文《牧令须知》卷六的通详范本中结尾提到"计申尸格一本、仵结一纸",查阅宝坻县档案亦是如此;又《大清律例》"尸伤检验不以实"条,亦多次提到取结问题,如:

---

① 《朱批奏折》,藏于中国第一历史档案馆,04-01-01-0538-020。
② [元]王与:《无冤录》卷上"初复检验关文式",张松等整理:《洗冤录汇校》上册,第310页。

地方呈报人命到官，正印官公出，壤地相接不过五六十里之邻邑印官，未经公出，即移请代往相验。或地处窎远，不能朝发夕至，又经他往，方许派委同知、通判、州同、州判、县丞等官，毋得滥派杂职。其同知等官相验，填具结格通报，仍听正印官承审。如有相验不实，照例参处。①

这里的"结"是否特指仵作之结，姑且存疑，但至少应包括仵作之结。黄六鸿亦云"今检验讫例取仵作甘结"②，可见此做法实是一惯习性行为。初验甘结笔者尚未见到，但有幸见到一份仵作孙辉为覆验民人王天义尸首事所作的甘结：

咸丰十年

具甘结仵作孙辉，为呈具覆验甘结事。今奉差前诣街东十二里之遥八达屯，居民孙成祥，住得正房一间，四无邻右。房西北相距二里之遥，已死民人王天义埋尸坟之地方，眼同嘎山达增寿、乡约梁永发等将棺刨出，揭去棺盖，将尸从棺舁出，移放平明地面。看得已死民人王天义仰面，头北脚南，头光，尸身盖有蓝布棉袄一件、蓝布夹袄一件、蓝布小棉袄一件、蓝布小夹袄一件，旁放蓝布单裤一条、白布夹袜一双、青布鞾鞋一双，除此另无别物。看毕，掀衣，如法相验得，已死男子王天义，问生年四十二岁，身躯量长四尺五寸，沿身俱已溃烂，面貌无形，须发脱落，两胳膊直，十指微握，指甲色微黄，两腿直合，而脊背近左，从前经仵作乔济德所验得刀戳

---

① ［清］薛允升：《读例存疑点注》，胡星桥、邓又天主编，第865页。
② ［清］黄六鸿：《福惠全书》卷15"人命中"，刘俊文主编：《官箴书集成》第3册，第384页上栏。

伤疤,皮肉俱亦溃烂无形,除此沿身并无别故。详细看得已死民人王天义,脊背近左,刀戳伤疤已经溃烂,验系生前因病身死属实,并无捏饰增减遗漏伤痕情弊,所具是实。①

在这份甘结中,呈述了检验地点、现场、死者衣着、检验过程、检验结论,由于是覆验,还对初验作了回应。细究内容,几乎是对通详中勘验、检验内容作了重复。但是这种重复却得到官方的强调,如乾隆三十二年(1767),福建省还在答复下属州县请示中明确要求"仵作甘结照旧备送"②。

这些都说明了仵作甘结的重要性,那么这种重复有何意义?在通常理解与意义上,这种做法是防止仵作作弊,但是这也可能只是士大夫的片面话语。从有些个案中我们可以看出,仵作甘结起着两种作用:首先是与格、图的验证作用,如果两歧,那么可能引发结论的不确定性,导致重新鉴定。如光绪年间,盛京工部六品官袁祥其妻婚前与李泳智有染,婚后李泳智复潜入袁家作工,并旧情复发,被袁祥发现驱逐。在冀望重新回到袁祥家务工重续旧好幻想破灭后,李遂纠集多人潜入袁家,除两名雇工人未被害外,全家皆被杀光,袁祥之妻亦旋及重伤不治身亡。后李泳智在准备解京前在监仓内死亡,

> 据委员王为澉等具禀,十四日会同相验,仵作陈凤鸣等验报李泳智系刑伤身死,十五日会讯结内改称受刑后毒气内攻身死结报,前后两歧,奏请派员覆验。查李泳智两手心受有伤痕,系讯供时所

---

① 李澍田、潘景隆主编:《珲春副都统衙门档案选编》(上),吉林文史出版社1991年版,第364页。
② 《福建省例》下册"(二十七)刑政例(上)·仵作甘结照旧备送",大通书局1987年点校本,第886页。

责,两脚腕等处木器伤,系所带木枸擦伤,其后肋、后胁、腰眼等伤,谅系上车磕碰所致,且伤甚轻浅,无关紧要,惟据报心坎、肚腹、右手背至右胳肘,及两手十指甲均青黯色,殊不可解,李泳智生前素食洋烟有瘾,是否死后现出,未敢悬揣,又据报右手腕绳痕一道,按摸骨折,查手腕因缚不致骨折,如系被殴又无别项伤痕,种种不符,该仵作素不谙练,伊等也阅历未深,未便稍涉含糊,请另委实任之员带同老练仵作妥为相验。①

仵作甘结的这一印证作用,便产生另外一重要作用,那就是防止官员作弊。因为尸(骨)格系由官员朱笔所填注,非吏仵所能为,而仵作这一亲笔甘结正好与之对应。这实际上是中国传统政治中一个官吏平衡的问题,以官统吏,以吏制官。如光绪年间,湖北省郧西县余琼芳在捐局查问欠账,被郧西县书吏干瑞堂等殴死。在初验有伤后,该县并不追究,致使余琼芳之子余锡五上控,调省审理后,相关方面一致施压,臬司都出面劝余锡五具结免检。后来该案调江西仵作李炯祥前来覆检,验系左后胁受伤殒命,但因该伤表现与《洗冤录》描述并不完全一致(实际上已经相当典型),总督卞宝第执意相难,在仵作出具甘结后,"承审官驳斥不收,该仵作坚执,至于再三,卒勒令于结尾添入不知是打是踢是垫一语",后又逼仵作李炯祥呈递悔词,卞宝第则以覆检与原验不符,请派刑部仵作检验。此事被湖北籍御史屠仁守得知后,两次参劾,朝廷亦改派孙毓汶、乌拉布驰赴该省查办。②

---

① 中国第一历史档案馆:《光绪朝朱批奏折》第106辑"法律",中华书局1996年版,第376页。
② 《清德宗景皇帝实录》卷178,光绪十年二月,卷187,光绪十年六月上,中华书局1987年版(第3册),第480页下栏—481页上栏、第609页上栏—610页上栏;[清]屠仁守:《奏为查办郧县命案冤抑疏》《奏请查办督臣回护疏》,氏著:《屠光禄(梅君)疏稿》,近代中国史料丛刊31辑,文海出版社1969版,第23—29、63—71页。

总督和仵作在清时地位可谓天地之殊,仵作属于贱役,子孙后代连科举资格都没有;而总督则是朝廷大员、一方疆臣。现在总督却出面在甘结上相难,则可以想象其重要性了。

第五节　填写之规范

关于文书填写、描绘的规范化,宋慈已注意到了,其在《洗冤集录》中如此告诫:

> 凡检验文字,不得作"皮破血出"。大凡皮破即血出,当云:"皮微损,有血出。"
> 凡定致命痕,虽小,当微广其分寸。定致命痕,内骨折,即声说;骨不折,不须言:骨不折却重害也。(或行凶器杖未到,不可分毫增减,恐他日索到异同。)①

元代的初复检验关文式,其上的文字另一作用即是发挥统一记录模式之用,②清代沿此路径有了一些更细的要求,文献上也有了更充分的反映。清人黄六鸿曾言如何记录伤损:

> 印官带同仵作、刑书、朱墨、笔砚、纸张,亲身往验,验死者年貌

---

① ［宋］宋慈:《洗冤集录》卷1"检复总说下",张松等整理:《洗冤录汇校》上册,第11页。
② ［元］王与:《无冤录》卷上"初复检验关文式",张松等整理:《洗冤录汇校》上册,第309—313页。

是否状上相同，再验伤痕某某处是否状上相同，记明色道、方圆、深阔、长短、分寸，系何凶器所伤，比对状上所填凶器是否相对，所验伤痕何处是致命重伤，最要比对填记明白，以此为抵命之本也。①

尸上是何处伤痕、或青或紫、或赤或黑、或有血无血，并量大小、长阔、深浅等分寸，令件作指定报明，检官亲临看视无差。押凶犯认明，并尸亲干证等俱认确，然后照报朱笔填入尸格。②

亦即说，对一处损伤而言，应当从致命与否、部位、色泽、尺寸、深浅、凶器等角度进行描述，这是在清代认为的必备要素。从有关资料来看，清朝对记录的各要素作了相当的规范化努力：

（乾隆二十七年山东省例）山东臬司为通饬事：照得《洗冤录》载仰面致命共十六处，顶心、偏左、偏右为三项，名目各异；即奉颁图格内，亦开列甚明。所谓偏左、偏右，原在顶心两旁，然既立有专名，部位各异，则验报伤痕在偏左曰偏左，在偏右则曰偏右，自不得牵连顶心名色。如果伤痕与顶心相连，亦当声明顶心相连偏左、偏右字样。若顶心并未受伤，岂容牵连混报，致滋错綦？又如囟门、额颅、人中、唇吻、牙齿、口舌、咽喉、食气颡、胸膛、心坎、肚腹、脐肚、肾囊、茎物，以及合面之脑后、发际、项颈、脊背、谷道等处，均无左右之分，其或伤痕略向左右两旁，只用填某处左伤一处，或报某处右伤一处，不得开报偏左、偏右字样，致与头上之偏左、偏右混淆。又如伤痕有自仰面透至合面者，相验时只须从仰面起伤处，声

---

① ［清］黄六鸿：《福惠全书》卷14"人命上"，刘俊文主编：《官箴书集成》第3册，第366页下栏。
② ［清］黄六鸿：《福惠全书》卷15"人命中"，刘俊文主编：《官箴书集成》第3册，第383页上栏。

明透至合面。譬如在左手心即称左手心伤一处,透至左手背,长阔若干,不必相验合面时又报左手背一处;其自合面透至仰面者亦然。若仰、合两面重复分报,则似一伤而有两伤矣。……①

该省例在两类规范化上作了努力:一是因为在《洗冤录》的尸格与尸图中有偏左与偏右二部位名称,但该两处均系特指,相当于今日之解剖学(头)顶部偏左、偏右二处,不再指他。故此处明确,其他部位之左或右当写某处左伤,不写某处偏左(古时无标点,这样很可能误会成两处伤);二是为避免重复登记,对于贯通伤,只在一面记录,不得两面同时记录。福建省例还规定:

一件札谕事。乾隆三十二年六月十四日,蒙府宪黄札知:本年六月初八日,蒙按察使司余宪札内开:查人命案件,必以尸伤为凭。当相验时,详填审办,按照图载部位,验明何物伤几处,圆长、斜正各分寸,青、黄、紫、黯各颜色,逐一分晰填注,比对伤位相符,不容稍有游移牵混。前检阅各属报案,填注尸伤,有不称伤一处,而混称一裂、一孔及破裂者;有不注分寸而以茶豆、黄豆、小杯等物作形似者。均属未协,业经通饬详慎妥办在案。乃近日各县相验尸伤,仍多混报,岂前札竟未寓目耶?合再饬遵。札到府时,立即转札所属各县,凡报验尸伤,务必遵照札指详慎妥办,不得混用一裂、一孔等字样,以及茶豆、黄豆、小杯等物作形似,以致游移混淆,有干未便。至通饬事件,凡遇新旧交案,该管经承应禀明新任遵办。此札

---

① [清]葛元煦辑:《洗冤录摭遗》卷上"尸格二则",张松等整理:《洗冤录汇校》下册,第661—662页。

同前札务饬县承一体禀办,如再玩忽不遵,定即提究不贷等因。①

该省例规定,命案大事不得混用乡间俗语,形状、大小描绘不得妄用比喻。关于形状,今日之鉴定书常用几何图形来叙述,如"左小腿下三分之一处有大小 5 cm×3 cm 的长方形挫擦伤";从笔者所见的清代文献来看,当时则常有用"围圆"来表述的,如"下身茎物肾囊刃割伤一处,围圆八寸"②,此处围圆既有描述形状,又有通过尺寸记录表示类似于周长之意。至于该省例中所说的"黄豆"字眼者,倒是所见无多。

四川省亦关于伤之轻重深浅描绘有所规定。在一刘踔子被殴身死的案中,关于他物伤轻重描述的问题,经过华阳县、成都府、臬司、总督几级核议,最后采纳臬司建议:"惟该司所议他物殴伤如皮未破,则填揣按骨损、骨不损字样,皮已破则填皮破骨损、骨不损字样,最为持平扼要之论,仰此录此通饬各属,一律遵照办理,以照核实而免参差。"③需要指出的是,"他物"概念在清律中系特指,在"保辜律"有言:"手足及以他物殴伤人者,(其伤轻)限二十日(平复)。以刃及汤火伤人者,限三十日。"④今日法医学常将凶器分为钝、锐,此处"他物"大致相当于今日之钝器。

有意思的是,道光皇帝关于伤痕性质描述专门发有上谕:

---

① 《福建省例》下册"(二十七)刑政例(上)·报验尸伤不得混用一裂一孔等字样及以茶豆黄豆小杯等物作形似以致游移混淆人",大通书局 1987 年点校本,第 886—887 页。
② 《朱批奏折》,藏于中国第一历史档案馆,04-01-026-0057-087。
③ [清]钟庆熙辑:《四川通饬章程》之"他物伤填注骨损骨不损字样",近代中国史资料丛刊续编第 48 辑,文海出版社 1977 年版,第 175—183 页。
④ [清]薛允升:《读例存疑点注》,胡星桥、邓又天点校,第 624 页。

又谕:给事中金应麟奏,各省相验斗杀之案,填注含混。各省秋审案件,金刃斗杀者最多,凡应实应缓,无不以尸伤为凭,而详核尸伤,又无不以尸格为据。若如该给事中所奏,近来外省填注尸格,有统填"刃伤"者,有扎、划不分者,甚至将骨损者亦填"划伤"。该州县于相验时,凡带划者深不逾分,与扎伤本自迥异,万无不能分晰之理。……嗣后着各该督抚饬令各该州县,于相验时详细辨认,务将扎伤、划伤分晰注明,不得统填"刃伤",以杜牵混。……将此通谕知之。①

因为同样是刃伤,但扎伤和划伤性质不同。从法医学上说,扎伤是主动性的,划伤是被动性的;从清律定罪上说,则有七杀之别,在秋审上有立决、监候之差,所以需将其分辨清楚。道光皇帝作为守成之君,继承了祖父乾隆和父亲嘉庆重视刑名的风尚,此处能就伤之深浅指出扎与划之区别,也算是于洗冤有所心得吧。

又因为清律对于金刃伤有凶器与非凶器之分,并对前者加重处罚,故填注时亦需有所区分。王又槐在《办案要略·论通详》中即曾言:

金刃伤形状稍异者,文内须将金刃式样声明,以免疑惑。又例载,凶器内有"秤锤"名目,而秤物之秤荷亦名"秤锤",罪名出入攸关,须当分晰明白。

例载凶器之刀是专备行凶杀人,不堪他用,故罪科遣戍,如裤刀、顺刀、兵器及备防御有鞘者是也;若镰刀、小刀、草刀、菜刀,凡民间日用所需者,止照刃伤论。凡遇持刀伤人杀人案件,文内须声

---

① 《清宣宗成皇帝实录》第4册卷252,道光十四年五月,中华书局1986年影印本,第827页上栏—828页上栏。

明刀之名目,不可单言刀也。①

前段提醒人们虽然有"秤锤"这个称谓,但它可指两个完全不同的物件,因为有种凶器和秤之组成部分当时都可叫秤锤,因此需说明清楚。刀亦同样如此,有可能属于武器用的,有可能属于日常生活用的,均需声说明确,以免误会。

第六节　文书中仵作与官员的定位

从清代的文书设计结构来看,仵作在其中并没有被设计成一个纯粹辅助性的角色。他们固然非常卑贱,与官员判若天别,但其甘结对官员亲自填写的图格有印证和反制作用,从这点来说,仵作还是被置于一个相对专业的位置,而州县官更多处于一种核查把关的地位。如果用今日国内的法医鉴定类比,类似于遇到更专业问题时,出具专业检验报告的医生和作鉴定结论的法医之间的关系。因为法医对医学知识并不全部了然,鉴定中可能涉及一些更专业的医学问题,如是否伪盲,需做诱发电位检测(诱发电位不受人主观控制,直接检测大脑皮层对外界刺激是否有反应,可排除人为干扰),而鉴定机构多不配置此设备,亦无此人力,故常送到相关医院专科(此处即眼科)做检查,由相关机构出具检验报告后,法医再依此出具鉴定结论。此一来一往之中,法医只是中间人角色,他虽有一定基础知识,但并不熟悉专科情况,真正主导

---

① [清]王又槐:《办案要略》之"论详案",刘俊文主编:《官箴书集成》第4册,第772页下栏—773页上栏。

着最后意见的是出具检验报告的医生——若报告错,则鉴定结论常错。

这一点还可从相关洗冤类书籍中得到验证。如直到清代才产生的重要检验文书——检骨图、格的样版制定过程中,即有仵作的参与:

> 臣等遴派熟练司员,传集各衙门经习仵作,复汇查臣部历来办过检验成案,与《洗冤录》所论沿身骨脉名色形式,逐细推究。臣等复详加考核,先绘仰面、合面人形,周身骨节全图,次列仰面、合面沿身骨格名目于后,并注明男女异同各处,绘图格一本,恭呈御览。①

又如检骨图、格虽已颁布,但其载人体骨骼解剖有种种错误,对于这些错误,仵作亦负有一定责任:

> 妇人隐处有羞秘骨乎?曰:无。《集证》所载:庆元民妇无羞秘骨,以为骨相之异。予检女骨,未见羞秘骨,复询之同官,皆曰未见羞秘骨。且据老仵作云:孕妇产子,则交骨开,若妇女多羞秘骨,无生产之理矣。故知其无也。然则今检骨格云:产门之上多羞秘骨一块。何所本乎?曰:本《洗冤录补》,其文云,一高年行人,卒善而为僧,据云妇人羞秘之处,其骨切不可检,恐误认青黑为伤云云。盖指架骨前胯而言。行人即仵作也。②

而纠正过程中,亦有仵作的一份功劳:

---

① [清]李观澜补辑,[清]张锡藩重订:《重刊洗冤录汇纂补辑》之"附刊检骨图格",张松等整理:《洗冤录汇校》下册,第508页。

② [清]姚德豫著,[清]李章煜重订:《洗冤录解》之"羞秘骨解",张松等整理:《洗冤录汇校》下册,第589页。

《集证》载:庆元民妇无羞闭骨,或以为骨相之异。晟尝奉委检验,必择老练仵作,只得番禺之何发、高要之李明,甚为熟谙。先以此询何发,据云:检过女骨二具,架骨上并无多有一块。《录》注所云多阅一人多一点青之说,殊难凭信。①

因此,在清代检验知识积累发展的过程中,像姚德豫、许梿这样的官员士大夫当然起着重要的作用,但是仵作亦功不可没,他们在实践中亦通过自身经验总结一些知识,这些知识最后都被关心洗冤的士子、官员们参考并记载:

凡服鸦片烟死者,其尸周身绵软,面色青黑,心坎、肚腹青色,十指甲青黑色,谷道突出,此余在山左亲验者。嗣在京师有曹姓老仵作云,在保定曾检过此种骨三次,其骨大小俱青黯色,惟龟子骨、手足、十指骨、尾蛆骨俱青黑色,前后所检并无异同,可以补录中未备。②

这些例证也都说明仵作在知识传承中事实上起着重要的作用。

---

① [清]瞿中溶撰,[清]李章煜重订:《续增洗冤录辨证参考》之"附刊检验合参",张松等整理:《洗冤录汇校》下册,第567页。
② [清]许梿编校:《洗冤录详义》卷1"检骨辨生前死后伤",古均阁许氏藏版,第87页a。

下篇 ◆ 检验与处分

> 检验人命,生死攸关。若纵之,则死者含冤;若诬之,则生者含冤。
>
> ——陈芳生《洗冤集说》

第八章
围绕尸体的博弈

《大清律例》"尸伤检验不以实"条规定：

> 凡人命呈报到官，该地方印官立即前往相验。止许随带仵作一名、刑书一名、皂隶二名，一切夫马饭食，俱自行备用；并严禁书役人等，不许需索分文。其果系轻生自尽，殴非重伤者，即于尸场审明定案，将原被邻证人等释放。如该地方印官不行自备夫马，取之地方者，照因公科敛律议处；书役需索者，照例计赃分别治罪；如故意迟延拖累者，照易结不结例处分。若系自尽，并无他故，尸亲捏词控告，按诬告律科断；如刁悍之徒，藉命打抢者，照白昼抢夺例拟罪，仍追抢毁物件给还原主；其勒索和私者，照私和律科断，勒索财物入官。至该上司于州县所报自尽命案，果属明确无疑者，不得苛驳，准予立案；若情事未明，仍即秉公指驳，俟其详复核夺。①

上述条文相当于清代命案发生后的检验程序规定。它要求官员在命案发生后，迅即前往获取证据、发现真实，但同时也提醒官员要提防可能发生的诬告图赖、藉命打抢、勒索私和、吏役索财等现象。这其中

---

① ［清］薛允升：《读例存疑点注》，胡星桥、邓又天主编，第864—865页。

的纷争与博弈,正反映出一个微观精致的社会图景。

第一节 尸体诱发之纷争

尸体的出现可能是生命自然的终结,但也可能是谋杀等暴力作用的结果。它的出现,特别是在非正常时段、地点的出现,对于一个原先平静的社会来说,意味不和谐因素的介入。古今中外的经验表明,尸体的出现,有时不仅仅只是一个纷争的结果,还可能意味着一个新的纷争的开始。

一、诬告图赖

在清代,人命案件常常会引发诬告。黄六鸿言:"凡告人命,假者居多,真者十之一二,官府见其重大,不得不准。"①清代的图赖之风是一种遍及全国的现象,尤其在经济发达的江南及东南沿海地区更为普遍。图赖的方式大概有以老病之人图赖、妇女撒泼图赖、服毒草图赖、借路遇之尸图赖,甚至杀人图赖等,手段之奸伪刁诈令人咋舌。② 在命案图赖之中,有本人自杀的,如《福建省例》"禁服毒草轻生"谓:"闽省以骠悍之俗,处饥疲之余,加以生齿日繁,生计日蹙,富者朘削积委而罔知任恤,贫者穷极愁苦而无可告诉,宁不知产业久经杜绝,不过藉词以

---

① [清]黄六鸿:《福惠全书》卷14"人命上",刘俊文主编:《官箴书集成》第3册,第365页上栏。
② 段文艳:《清代民间社会图赖现象之研究》,暨南大学2006年硕士学位论文,第6页。

求升斗之需;亦明知毒草非可轻当,方具拼死以搏妻孥之活。"①也有亲族故杀的,《大清律例》即有"凡祖父母、父母故杀子孙,及家长故杀奴婢,图赖人者,杖七十,徒一年半"之语。但上述两种情况,无论自杀或亲族故杀,常常都是为了给家庭、宗族争得更大利益,即如涂尔干(Émile Durkheim,又译迪尔凯姆)所言,是一种"利己性的自杀"②。如广东碑刻即云:"照□□□山产断肠毒草,愚民往往采服轻生……推其意,以为拼此一死,亲属可藉讹钱,可以泄怨。"③

除此,还有借尸图赖的,譬如褚瑛之描述:

假命讹索之案,广东高廉各属为最,他处虽有,无如此之甚也;高廉之中,电茂为尤甚,肇庆之阳江亦如之。有等不法之徒,名曰沙鱼贩,专以藉尸讹诈为务,不论远近,凡有路毙无名乞丐,或江海浮尸,或年老无依、孤贫无人埋葬者,甚至有穷苦不堪之人病将垂死者,卖与沙鱼贩,做假伤讹诈,百奇千怪,丧尽天良,实堪发指。④

进而有盗尸仿造尸体损伤的:"有等奸民,惯盗新墓中骸骨,以皂矾、五棓、苏木等物,造出浅淡青红等伤,卖与诬告人命者,贿通仵作,以此陷害雠家,或竟出仵作一人之手,取获重利,检官不能觉察,曾有诬成大狱者。"⑤

---

① 《福建省例》下册"(二十七)刑政例(上)·禁服毒草轻生",大通书局1997年点校本,第905页。
② 〔法〕埃米尔·迪尔凯姆:《自杀论》,冯韵文译,商务印书馆1996年版,第123—193页。
③ 谭棣华、曹腾騑、冼剑民编:《广东碑刻集》,广东高等教育出版社2000年版,第900—901页。
④ 〔清〕褚瑛:《州县初仕小补》卷上"假命讹索",刘俊文主编:《官箴书集成》第8册,第746页下栏。
⑤ 〔清〕徐栋:《牧令书》卷19"刑名下",刘俊文主编:《官箴书集成》第7册,第426页下栏。

更有甚者，诬告者以"人命关天"理念为护身符，恃"人命"在手，越诉上控，使督抚甚至刑部等衙门都不得不介入审理，致被诬控者牵着鼻子走，花费大量人力、物力，甚至株连不少邻佑，官民广受拖累，到头来却发现是虚诬之案。如光绪年间的黑龙江监生王景殿上控案：王景殿胞兄王景顺于同治十年（1872）因与崔振福有耕地开荒田界纠纷而自缢于崔家，初验即明确系自杀，但王景殿竟自光绪二年（1876）起三次京控，导致四次覆检，东三省的将军、盛京刑部、紫禁城的皇太后都被此事惊动，最后方才验系诬告。而为此将相关犯证、尸棺从呼兰（今哈尔滨）提到吉林，在当时交通条件下，其中困难可想而知。①

二、藉命打抢

除诬告图赖外，藉命打抢之案也不少见。两者之别在于，前者可能非真正尸亲而告，或虽真正尸亲而蓄意牵连多人；后者则尸亲系真，打抢的目标也很明确。康熙年间刘兆麒任闽浙总督时即云：

> 访闻浙中陋俗，每遇人命事情，未曾告官，先率家属凶徒，竟赴仇对人家，罄掠赀财，毁屋坏器，狠同盗劫，势如乱民，甚有凌辱妇女，锁吊人口，沿害邻居者，及至到官，有司但以苦主可怜，都置抄抢于不问。②

---

① 案件相关记录见《朱批奏折》，藏于中国第一历史档案馆，04-01-01-0933-027，04-01-26-0075-023，04-01-26-0075-014，04-01-01-0939-026，04-01-01-0939-027，04-01-01-0939-033。

② ［清］刘兆麒：《总制浙闽文檄》卷4"禁借命冒尸抢诈"，刘俊文主编：《官箴书集成》第2册，第510页下栏。

藉命打抢多发生于妇女命案,如丁日昌亦曾回忆说:

> 自尽命案,若不早结,势必蔓引枝牵,闾阎终无安枕之日。鄙人做穷百姓时,曾亲见邻右有一媳妇与其翁姑角口后,服药自尽。少顷而外氏数十人麇集,少顷而地保、书、差数十人麇集,少顷而轿夫、乞丐百数十人又麇集,叫嚣堕突,鸡犬无声。次日而其姑又自尽矣,其翁乘间脱逃,田屋器用众为瓜分,无少存留,甚至波及亲戚族党,小康之户,顷刻而家破人亡。①

尤可骇人者,有些藉命打抢案件甚至可以演化为直接针对官员身体的攻击。如乾隆十二年(1747),深居京城的乾隆皇帝专门过问了浙江仁和的一起验尸打抢事:"朕闻本年四月内,有仁和县申澍赴省会之东北乡,地名临平镇相验女命,该令因无伤痕可据,本镇民人即聚众辱官,所乘之轿将泥块掷满,而仵作人等悉受重伤,该令逃避入城,事关聚众哄闹,常安何以不行陈奏,着传谕询问之。钦此。"浙江巡抚常安具奏解释说,此事系因汤茂华之媳褚氏小产身亡,褚父带领亲族前来打抢,汤茂华向县报案后,该县验明令殓,但褚父等不肯。该县回署后即将一干人等拘拿,褚父亦已具结认错,尸体也已殓埋,并称"该县所乘之轿并无被掷泥块",仵作受重伤之事亦不确,一干人等正在究讯。乾隆皇帝对此朱批道:"此事与所闻不符,得毋文讳耶?"②可见其对解释并不满意。真相如何姑且不问,但已说明当时藉命打抢类案件的社会影响严重。

---

① [清]丁日昌:《抚吴公牍》卷20"札饬未结自尽命案迅速审结",宣统纪元小春月南洋官书局石印本,第1页a。
② 《朱批奏折》,藏于中国第一历史档案馆,04-01-01-0155-012。

三、勒索私和

私和同样普遍。《台湾惯习记事》称:"清代台湾的汉人不流行以牙还牙的复仇主义,相反的,以金钱取代复仇的赔偿制度,却在台湾广为流行。"①被告方基于可能发生的处罚压力,对于私和常持积极态度,因有助于减轻官府办案压力,清代官方亦常默许此种行为。雍正年间,山西巡抚诺敏在奏折中即提道:

> 州县官员为息事宁人,每有命案发生,只收取被害人亲属免讼之书,以期减刑发落,堂外了结。被害人亲属冀图得些财物,情愿呈文。此习形成既久,愚人以为舍几两银子即可杀一人命,故命案由此增多。②

但私和的问题在于可能因此发生针对无辜富户的勒索现象,即以命案为幌子,置真凶于不顾而专门择富户"讲价"谋财,此时则与图赖类似。如《广东省调查诉讼事习惯第一次报告书》中云:

> (至清末)潮属命案数百年来未有不私行和息者,特分迟早而已,此不独近世为然。书也、差也、绅与衿也、闾阎之细民也,均习为固然矣,官其如彼何?人命至重也,而相习若斯,责成难遐顾,有

---

① 台湾惯习研究会:《台湾惯习记事》第 3 卷下第 7 号,"台湾省"文献委员会译编,"台湾省"文献委员会 1988 年版,第 16—17 页。
② 中国第一历史档案馆译编:《雍正朝满文朱批奏折全译》上册,黄山书社 1993 年版,第 507 页。

难尽责者。则苦主所控之正凶,非正凶,而有财者也。既被控为正凶,不敢家居,走南洋,案悬矣。即久而获之,按诸情实,案亦难定,所谓真正凶者,反逍遥法外焉。此所以末由办抵,而以钱财贿和之相沿为例也。①

又因私和中尸亲家庭或家族内部意见不统一,或利益沾染不一致,和与不和可能屡经反复,甚至反复索财,导致诉讼程序更显繁杂,增加了官方处理成本。如乾隆四十八年(1883),湖南耒阳县民谷大有娶媳款客,有乞丐伍大胜前来求乞并与谷大有发生争执,后者将其拖出家门。讵料是夜伍大胜于附近身死,谷大用畏累而出棺殓埋。伍大胜胞兄伍大有闻知,遂投保查问,谷大用又畏累出钱以免受拖累;但伍大胜堂兄伍大连闻知,恐有致死别情,又赴县具报。如此导致案件的受理发生多次反复。②

四、吏役索财

尸体的出现打乱了社会的正常秩序,为此需要报验。检验之运作,依《大清律例》如前文已述及之规定,"该地方印官立即亲往相验。止许随带仵作一名、刑书一名、皂隶二名,一切夫马饭食,俱自行备用。并严禁书役人等,不许需索分文"。但是法律的规定是一回事,实际运作是另一回事,真正能够做到的并不是很多。究其原因,与可能发生的藉命打抢或对相验不服攻击长官不无关系。如方大湜曾言:

---

① 《广东省调查诉讼事习惯第一次报告书》,转引自赵妮妮:《国法与习惯的"交错":晚清广东州县地方对命案的处理》,《中外法学》2004年第4期,第508页。
② 《朱批奏折》,藏于中国第一历史档案馆,04-01-26-0010-013。

余初任广济时，下乡相验，差役查照向章，开列夫马单请示，单内开列值堂、跟班、书差、厨子、火夫、轿夫、包扛夫、挑夫，共计九十余名，问可减否，对曰：此向章也，不可减，如可减，则前任已减矣。问：何以必须如此之多？对曰：此间民情蛮野，往往有闹厂情事，不多带人役，无以资弹压。①

所谓"厂"即尸厂，清代验尸时常先派吏役前往，做些搭棚清场的工作，便于官员到验，这个地方即为尸厂。

但吏役大规模出动，无异于扰民，与方大湜提到的出验一次差役开出清单九十多名的弊端类似，刘衡亦曾有如下描述：

照得外省命案，毋论殴杀、自尽、路毙，一经报官，书差等视为奇货，勾串门丁，先发干役为前站，前站到乡，辄勒令约保及被告或邻佑人等搭盖棚厂、预备席桌，并向被告人证索取夫价饭食等项钱文，动辄费钱数十千或百数十千，迨官往验，差恐少带人役，不能任意索诈，辄吓禀本官，妄称风闻尸亲纠约多人，恐有不逊，宜多带丁役以助威。官有戒心，辄带领百十人或数十人，肩舆怒马，蜂拥而来。所到之乡，鸡犬惊匿，任役诈扰，不饱不休。若系无尸亲之案，则向地主、山主、塘主、屋主及所在远近邻佑，勒派各项银钱。故往往一路毙之案，案内牵连邻证数十人，家产悉倾，甚则延及二三十里内之富户，谓之"望邻"，亦被吓诈破家，竭良民有限之脂膏，供众蠹无厌之吮吸，地方元气索然尽矣。②

---

① ［清］方大湜：《平平言》卷3"相验命案勿多带人役"，刘俊文主编：《官箴书集成》第7册，第682页下栏。

② ［清］徐栋：《牧令书》卷19"刑名下"，刘俊文主编：《官箴书集成》第7册，第433页下栏。

清代奉行轻徭薄役、量入为出的财政政策,吏无工食银,役则额定六两,无陋规无以维生,正好借此作为索财手段。这个矛盾的结局,可能反而进一步加剧了诬赖、打抢等事件的发生,直接暗示了"无知小民"将自尽等作为对仇家泄愤、索诈的筹码,刘衡接着对此现象评析说:

> 更有甚者,百姓之愚见,地方官每相验一场,被告邻证便须花费,甚至倾家,因此些小事故辄萌短见意,以为拼却一命,便可害人受累,以致轻生之案愈多,一岁之中,一隅之地,亦添出许多命案。嗟乎,夫马饭食所值几何,乃以计较些微之故,致令无罪之民相率就死,是剥民之财,又戕民之命,则皆多带人役滥派夫马饭食之所致。①

检验的目的本是洗冤,但因检验时的多带人役,处置不当,反过来可能被一些无知小民"利用",以之来拼却一死,又与洗冤的初衷相背离。

第二节　博弈产生之原因

围绕尸体产生的博弈并非清代独有的现象,这些问题在宋代即已存在,如《洗冤集录》《名公书判清明集》中都有反映。宋慈在《洗冤集录》中即早已指出:"南方之民,每有小小争竞,便自尽其命而谋赖人者,多矣!"②究其原因,与当时的文化观念及制度本身都存在相关性。本节主要以清代为例对此进行分析。

---

① [清]徐栋:《牧令书》卷19"刑名下",刘俊文主编:《官箴书集成》第7册,第434页上栏。
② [宋]宋慈:《洗冤集录》卷2"疑难杂说下",张松等整理:《洗冤录汇校》上册,第32页。

一、葬礼文化

《礼记·礼运》云:"故礼义也者,人之大端也,所以讲信修睦,而固人之肌肤之会、筋骸之束也,所以养生、送死、事鬼神之大端也,所以达天道、顺人情之大窦也。"中国是个讲"礼"的社会,《周礼·大宗伯》载吉礼、嘉礼、宾礼、戎礼、凶礼等"五礼",葬礼即属凶礼。甲骨文中死字作𠂉,由左右两部分构成,属会意字,"象跪拜,垂首凭吊于骨旁之状"[①],表达了中华民族自古以来对于死者的重视和对于丧礼的讲究。明清时期的葬礼还有一个特点在于:原先受佛教文化影响,中国许多地方流行火葬,如《马可波罗行记》中即记载了甘肃、四川、河北、山东、江苏、浙江一带的火葬习俗,[②]但经过儒士的反对及官方多次谕令的禁止,至此时期火葬风气渐弱,由此加剧了埋葬的成本。

上田信在《被展示的尸体》一文中即曾结合中国葬礼,分析了以尸体作为争论武器的原因,这一论证对于我们分析清代的尸体博弈现象仍有意义。上田信引用人类学家杰姆斯·瓦德松的话指出,到明清为止,中国的"丧葬礼仪"已经发展成一套程序:

第一阶段　通过"哀哭"来公告死讯。一般由死者的女性亲属完成这一过程。"哀哭"也有一定的模式,一般调门较高,使死讯能传知周围。

第二阶段　死者家属披麻戴孝。

---

① 康殷:《文字源流浅说》,荣宝斋1979年版,第33页。
② 冯承钧译:《马可·波罗行记》,上海书店出版社2000年版,第116、235、315、321、329、331、352、359页。

第三阶段　为死者净身,换上寿衣。

第四阶段　为死者提供阴间食物和其他用品。焚烧各类物品的纸制模型、纸钱。

第五阶段　设置死者的牌位,以牌位的名字作为死者灵魂的代表。

第六阶段　向请来的丧葬业者(道士、吹鼓手、处理尸体者)等支付酬劳。在死者平安地离去之前,这一过程必须完成。

第七阶段　移送尸体。唢呐、大鼓等组成的乐队奏乐。

第八阶段　将尸体入棺,封棺上钉是仪式的一部分。一般由死者亲属或地位较高的来宾来完成。

第九阶段　出棺。将死者从生前所在的社区移出,在死者家属、邻居等的行列护送下,棺木被移送出社区。至此葬仪完成。

大多数正常死亡者的尸体是按上述程序下葬的。《吕氏春秋·孟冬纪》言:"国弥大,家弥富,葬弥厚。"但是,葬礼因九个程序中某一阶段发生问题而中止进行的情况也可能发生,如死者家属因家贫无力支付丧葬费用时,尸体一般在第四、第六阶段停留,清时即有人因死后埋葬无着,直接赴他人门前自尽以图安葬的。当对尸体下葬存有强烈异议时,尸体则有可能停留在第八阶段。上田信并指出,妇女出嫁在夫家死亡后,埋葬之前必须由娘家人验尸。验尸通常由死者的兄弟姐妹来进行,如果发现尸体有可疑之处,即可能是自杀或被虐待致死的话,娘家是不允许尸体下葬的,这时夫家要和娘家协商交涉,在取得娘家人同意后才能埋葬死者;娘家如果认为受到了冤屈或不公正对待,演化为藉命打抢就是很自然的事了。① 此种情况下,对于另一方来说,只有走诉

---

①　〔日〕上田信:《被展示的尸体》,王晓葵译,孙江主编:《事件·记忆·叙述》,浙江人民出版社2004年版,第125—129页。

讼程序或非诉讼程序两个选择,而非诉讼程序只能是私和。

二、观念与律例中对于死者的同情

古今中外,人命为大。在基督教社会中,自杀是被严厉禁止的。公元452年的阿莱斯宗教会议即宣布,自杀是一种罪过,而且只能是一种恶魔般的疯狂的结果;公元563年的布拉格宗教会议上,这项禁令又得到刑法的承认:会议决定,自杀者"在弥撒圣祭时不能得到被追念的荣幸,他们的尸体在落葬时不能唱圣歌"。许多习惯法还规定了不同的肉体惩罚,如"在波尔多,尸体被倒挂起来;在阿布维尔,尸体被放在柳条筐里游街示众;在里尔,如果自杀者是男人,尸体就被拖到岔路口吊起来,如果是女人,尸体就被烧掉"。① 但是,中国的传统文化则相反:"社会上认为自杀是弱者的一种反抗,往往表示同情。羞忿自尽的是烈女,合室自焚的是忠臣,厌世蹈海的是烈士。甚至于因恋爱而情死也传为佳话。"②因此,《大清律例》中即有"威逼人致死"条:

> 凡因事(户婚、田土、钱债)之类,威逼人致(自尽)死者,(审犯人必有可畏之威)杖一百。若官、吏、公使人等,非因公务而威逼平民致死者,罪同。(以上二项)并追埋葬银一十两(给付死者之家)。若(卑幼)因事逼迫期亲尊长致死者,绞(监候)。大功以下,递减一等。若因(行)奸、(为)盗而威逼人致死者,斩(监候)。奸不论已成与未成,盗不论得财与不得财。③

---

① [法]埃米尔·迪尔凯姆:《自杀论》,冯韵文译,商务印书馆1996年版,第306页。
② 丁文江:《自杀》,《独立评论》1932年第23期。
③ [清]薛允升:《读例存疑点注》,胡星桥、邓又天主编,第606页。

在这里,引发事端致人死亡的行为人,纵使主观上无意,客观上亦无杀人动作,却必须对之加以处罚,使其对于死亡结果负一定责任。关于此条之适用,沈之奇注《大清律集解》中曾云:

> 威逼之情,千态万状,必其人之威势果可畏,逼迫果不堪,有难忍难受、无可奈何之情,因而自尽者,方合此律。盖愚夫愚妇,每因小事,即致轻生,非必果由威逼也。司刑者多因其法稍轻,容易加人,而不知非律意也。①

这实际导致了清朝有司容易偏袒死者一方——对官方来说,关键不在于不知律意,而是担心尸亲上控,纠缠不休,适当惩处另一方有利于了结事端。但这又在客观上给了图赖者可乘之机,亦变相赋予了藉命打抢者自命的正义感。

三、审转制度

如郑秦先生所言,清朝刑事案件实行的是"逐级复核审转制"②,滋贺秀三亦曾就传统中国重罪案件的反复覆审程序发表感言称:"真不禁要令人感叹'不愧是中国……!'"③尸体带来的不稳定因素,使得命

---

① 〔清〕沈之奇:《大清律辑注》(下),怀效锋、李俊点校,法律出版社2000年版,第706页。
② 郑秦:《清代法律制度研究》,中国政法大学出版社2000年版,第113页。
③ 〔日〕滋贺秀三:《中国法文化的考察——以诉讼的形态为素材》,《比较法研究》1988年第3辑。

案在审理中更被重视,"民命至重……不厌求详"。① 清代的司法程序中,地方上有四级:州县、府、臬司、督抚,中央则有刑部、三法司、皇帝。在案件的处理中,人犯依拟律的轻重而被解审至不同的层级。"斩绞人犯,解归督抚审拟具题;军流止解臬司,专案咨部;徒犯解府并不解司,按季报部,此定章也。"②但是为了体现对命案的重视,相关解审层级均有所上提。如果是涉及人命的流犯,依要求也须具题,③故此时解审仍是至督抚止;同样的,"外省徒罪案件,如有关系人命者,均照军流人犯解司审转"④,即由解府提至解司。徒流人犯在经过地方审转,并咨部题报被核准后,即进入发落执行阶段;但若是斩绞的,通常此后还有秋审,秋审的新事案犯亦须解司。⑤ 解,意味着人犯的长距离流转,从最初的州县始,需一直到府、省(臬司和督抚常在同城),在传统的交通条件下,这将是一场艰苦漫长的跋涉。

与解审相伴随的,是犯证的羁押。为了审讯方便,不仅嫌犯,相关邻证等均可被羁押,后者常被收押于"班房""卡房",而非监狱里。"卡房最为惨酷,大县卡房恒羁禁数百人,小邑亦不下数十人及十余人不等,甚至将户婚田土、钱债细故被证人等亦拘禁其中,每日给稀糜一瓯,终年不见天日。"⑥他们也可能根据需要被解审,于此,又是长途的跋涉。故清人谓"千金之家,一受讼累,鲜不破败"⑦。

---

① 《清仁宗睿皇帝实录》第 3 册卷 196,嘉庆十三年闰五月,中华书局 1986 年影印本,第 598 页下栏。
② [清]薛允升:《读例存疑点注》,胡星桥、邓又天主编,第 858 页。
③ 郑秦:《清代司法审判制度研究》,湖南教育出版社 1988 年版,第 148 页。
④ [清]薛允升:《读例存疑点注》,胡星桥、邓又天主编,第 858 页。
⑤ 郑秦:《清代法律制度研究》,中国政法大学出版社 2000 年版,第 175 页。
⑥ [清]张集馨:《道咸宦海见闻录》,中华书局 1981 年版,第 95 页。
⑦ [清]汪辉祖:《学治续说》之"宜勿致民破家",刘俊文主编:《官箴书集成》第 5 册,第 303 页上栏。

《易》有云,"讼则终凶"。清代严格繁杂的审转制度,过于艰辛的严苛解审、羁押,都可能成为被当事人与吏役用来博弈的筹码。对于官员来说,他们即使为自身计,也必须对此有所顾忌,特别是尸亲的反应。刘衡对此即有总结,论曰:

> (尸亲)不服,往往不肯领尸,或将尸身抢匿,或将尸棺击破,甚则有殴差、碎轿、辱官之事,即不至此,而尸亲以疑役者疑官。官或清填尸格,则疑为删减伤痕;官如简叙供招,则疑为开脱重罪。因而讼师放胆,讦告无休,而疑似之间,遽腾官谤,上司不得不提省发审,遂使谳局之委员、主稿之宪幕、承案之书隶,皆得持柄而摇,且逾限处分,部议随之,种种花销,层层棘刺,乃至同官齿冷,上宪心疑,虽平时眷注优隆,亦为之顿替,幸得保全回任,而所费已不支矣。此其自累者也。①

第三节　博弈中的应对

正因上述种种博弈及其产生的问题,尽快解决"尸体"这个不安定的危险因素就成了摆在官府面前的一项重任,毕竟有些问题是不可能在根本上得到解决或变革的,如对丧葬礼仪的重视和集权制下犯证的解审。官方也为此多次发布有针对借尸图赖、藉命打抢等行为的禁令,

---

① [清]徐栋:《牧令书》卷19"刑名下",刘俊文主编:《官箴书集成》第7册,第433页下栏—434页上栏。

借以晓喻民间,告之如有违反,当从严打击。如康熙年间刘兆麒任闽浙总督时即发布《禁借命冒尸抢诈》谕令:"为此牌行浙江臬司、各府,照牌事理,嗣后凡有告发人命,抄抢事情,若系真正人命,即将凶身按律抵偿,勘定招案,仍将尸亲、借命抄抢之人,分别首从,明正抢夺赃罪,另案问结,不许并招朦混,尤不许宽纵不究。"①乾隆年间福建省亦发布《禁服毒草轻生》谕令:"为此仰闽属军民,地保人等知悉:嗣后遇有雀角细故,断不可轻服毒草,遽尔戕生。"②同治年间,江苏省又勒石立碑,"严禁自尽图赖,以重民命事……嗣后务各自爱其身,毋得逞忿轻生,希图诈害,其亲属亦不许听唆诬告,枉费诪张,所有律例罪名,逐条开示于后"③。不过,从类似文告的反复发布来看,其成效似不是很大。

相比之下,积极地从处理程序上入手,将案件的性质明晰并尽快处理尸体更具有可操作性。这就要求官方迅捷检验、公正定性,使悬置的不稳定因素变得明晰,并减少吏役借检验为名对民间的侵扰,降低双方博弈的筹码;同时尽快将无干凶案的尸体从社会视野中清除,减少纷争喧扰的发生概率。这些都构成了清代检验制度设计运作中必须反复考虑的因素。检验固然要发现真实,但是在真实之外,为了保证真实的取得及其终极意义的实现——洗清冤狱,都必须要将上述弊窦的防止纳入程序运作的重要考虑原则之中。

中国传统的王朝政治是小政府、大社会,士绅起着社会中坚力量的作用。在"人命关天"的大事上,面对着可能发生的种种不和之音,它同样需要发动乡绅等社会力量共同参与到处理工作中来。清代乡绅常

---

① [清]刘兆麒:《总制浙闽文檄》卷4"禁借命冒尸抢诈",刘俊文主编:《官箴书集成》第2册,第510页下栏—511页上栏。
② 《福建省例》下册"(二十七)刑政例(上)·禁服毒草轻生",大通书局1997年点校本,第905页。
③ 江苏省博物馆编:《江苏省明清以来碑刻资料选集》,生活·读书·新知三联书店1959年版,第263—264页。

组织有善堂,其重要作用之一就是积极收殓路毙、自尽之尸体。正如时人所指出的那样:"收埋,善政也,自有遇事生波之棍徒,动辄挟人命图赖,而善政中遂有害焉,非大为之防,则善路阻,而平民之受害不堪问矣。"①如嘉庆九年(1804)设立的上海同仁堂,其前身即是嘉庆五年(1800)知县汤焘与邑人朱文燿、徐思德等共同创设的同仁义冢,后通过募捐筹资购买民宅,扩建为堂。同仁堂的慈善活动亦得到官方的大力支持,如嘉庆十一年(1806),上海县知县苏昌阿勒石示谕:

> 仰保甲居民人等知悉:嗣后同仁堂举行恤嫠、赡老、施棺、掩埋等项,听该董事照依规条经办,毋得藉端滋扰。如有路毙浮尸,不识姓名无亲族收殓者,验无别故,许地保赴同仁堂领棺收殓,并发棚丁殓费六折钱八两,该地保料理。倘有书役、地保人等,再向地主邻右需索分文者,许该董事及被诈之人指名禀县,以凭立即拿官严究,决不宽贷。②

根据余治的《得一录》记载,善堂都有一套完备的运作制度,如制定有《计抄详定规条》,明确堂董对于浮尸验过无伤可先予殓埋;有《报验联单》,其一式两联,一为报验联,一为存根联;有《严禁地保差仵人等籍尸诈扰碑文(南翔振德堂成案)》,"合行勒石永禁";有《严禁脚夫阻挠示》,排除他们对殓尸的不正当干扰:"嗣后如有本家赴堂报葬,及代葬暴露棺柩,该堂着令土工抬埋者,凡尔脚夫毋许把持争阻。倘敢故

---

① [清]余治:《得一录》卷8之4"收埋路毙浮尸章程",刘俊文主编:《官箴书集成》第8册,第588页下栏。
② 同治《上海县志》卷2"建置",转引自陈桦、刘宗志:《救灾与济贫:中国封建时代的社会救助活动(1750—1911)》,中国人民大学出版社2005年版,第418页。

违，定提严究枷责不贷。各宜凛遵毋违特示。"①

　　善堂最初只收埋殓尸，以避免由此发生的诬控图赖情事。随着时间的推移，善堂又主动负责起了本地的正常验尸费用。嘉庆十七年（1812）的《严禁地保差仵人等籍尸诈扰碑文（南翔振德堂成案）》载："其临场书仵差役饭食船价，由堂捐贴。"其后，相关的费用还在逐渐抬高，如咸丰年间的《上海县刘详定尸场经费稿》载：

> 查得奉贤县除路毙浮尸无伤者由堂看明棺验报县立案外，其路毙有伤应行报验者，如在附近处所由堂捐给尸场厂费，暨军轿杂役各项饭食钱五千文，若路远用船，除本官坐船自行捐备外，随从书役另给身盘钱五千，三十里以外再加钱二千，此外一切斗殴杀伤，以及自尽各项命案，无分程途远近，统由堂内给发大钱二十千文，概由原差承领分给，以杜需索情弊，每年刊入征信录内，藉备稽考，立有定章。今上海亦设有同仁、辅元堂办理各项善事，其路毙有伤浮尸，及荒坟野厕缢死等案，应行报验者，堂内本有章程，应需尸场厂费及军轿书役各项饭食杂费，附近地方由堂给钱四千八百文，如路远需船，本官坐船亦自捐备，随从书役另给舟钱一千七百五十文，仍可照旧办理。此外一切斗殴杀伤身死以及自尽各项命案，情愿仿照奉邑条规，亦俱由堂给费，惟上邑用项较繁，应行略为加增。现拟无分远近，每案由堂捐钱二十八千文，应请署内颁给谕单，发交原差，到堂具领。②

　　据上可知，上海县在此堂谕之前，验尸费即由善堂支付，但因奉贤

---

① ［清］余治：《得一录》卷8之4"收埋路毙浮尸章程"，刘俊文主编：《官箴书集成》第8册，第588页下栏—591页下栏。
② ［清］余治：《得一录》卷8之5"尸场经费章程"，刘俊文主编：《官箴书集成》第8册，第592页上—下栏。

县额定最高标准是 20 千文，上海县也提高给付标准，每次加到 28 千文。虽然费用可能有所提高，但实有利于消除验尸带来的不安定因素，反映了官绅之间合力解决问题的努力。

事实上，按清代法律规定："如该地方印官不行自备夫马，取之地方者，照因公科敛律议处。书役需索者，照例计赃分别治罪。"①由善堂出具费用，即属违例之举，但现实中又实为可行，循吏方大湜评论说：

> 昨阅《平江县志》，内载绅商捐资文善堂生息，作为此项经费。凡相验命案，携带丁骨夫役名数，日给工饭钱数并招解用数，一一酌定，通禀立案，仍泐石以垂久远。后遇此等案，由县给印谕，饬堂照发，不准向尸亲、凶手、地邻人等需索分文。此举本违例禁，然例意重在恤民，与其阳奉阴违，扰累百姓，反不如明目张胆，给予应得之数，以免藉口诈索。且由绅商捐备，非索之案内人者可比，例外之举，仍不失例中之意，仿而行之，民间受福多多矣。②

不过从史料来看，上述发动乡绅"群防群治"的工作，有的地方可能无法做到。如徐寿兹曾说，"昔年新淝两县，善望绅董，有给发场费章程，用意颇为周密，曾由升任河南府朱守禀奉批准通饬，卑县并无善堂，无从筹款"，"豫省州县善堂不可多得，情形大抵相同"。③ 但不管士绅参与或不参与，所有由尸体引发的不安定因素，都必须由王朝及其官吏慎重地纳入考虑范围，王朝及官吏才是这项工作的主体。

---

① ［清］薛允升：《读例存疑点注》，胡星桥、邓又天主编，第 864—865 页。
② ［清］方大湜：《平平言》卷 3"验案夫马费"，刘俊文主编：《官箴书集成》第 7 册，第 683 页上—下栏。
③ ［清］徐寿兹：《学治识端》之"勘验命盗由官捐发经费禀"，刘俊文主编：《官箴书集成》第 9 册，第 429 页上—下栏。

第九章
初　验

　　面对报验的尸体,官方须尽早确定死亡的原因,使悬置的因素清晰明了——属自尽的饬交尸亲等殓埋;属他杀的则缉拿凶犯、审案通详,使受到扰乱的社会秩序尽快恢复。对尸体的公正处理,不啻是一种普法教育,无异于是在告诫民众:试图以自尽图赖手段索诈的,都将被明察之目识破;谋故斗杀的,更会受到律例的制裁。而上述这些工作,都仰赖检验制度的运作。本章即讨论其中的"初验",因为上述使命的承载及清代司法制度之约束,故其并非只是简单比照今日之现场履勘、尸身察视即可言之。笔者在此依其现场处理为中轴,分报案、验前、验中、验后讨论之。

第一节　报案

　　命案发生后,于当事人及保甲等须报案,于官员则为管辖,同时还须考虑必要回避之事。

一、报案人

命案发生后多由乡保向官府报案。清代继承了明代的里甲组织,于顺治元年(1644)即置州县甲长、总甲长之役:"各府州县卫所属乡村,十家置一甲长,百家置一总甲,凡遇盗贼、逃人、奸宄、窃发事件,邻佑即报知甲长,甲长报知总甲。"① 乡保之职能,吴吉远云:"乡保为州县政府以下的准政权组织,不仅参与而且直接发挥着州县政府的各种职能,特别是司法职能。"② 戴炎辉先生亦认为"地保本质上系驻乡的差役与本衙的皂快壮班连接者,均系所谓'在官人役'"③。这些基层职役人员是乡民和州县的中间环节,命案的汇报一般要经过他们。④ 如宝坻县档案中即有相关案例:

> 本年五月二十七日,据县属林南仓地方郁汗公报称,切本月二十六日晚,有身带管之林西庄村长齐廷弼、牌头芦奎寻身告称,伊庄住人卢士诚之父卢洪,因病魔难受,投缳自缢身死等语,身往看明,事关人命,理合报请验讯等情。⑤

对于官府来说,乡保报验较当事人直接报验,其信息的真实性和可信度更高。因为报案人不是案件利害关系人,报词中掩饰成分相对较

---

① 《清朝文献通考》第1册卷21,商务印书馆1936年版,第5043页下栏。
② 吴吉远:《清代地方政府的司法职能研究》,中国社会科学出版社1998年版,第94页。
③ 戴炎辉:《清代台湾之乡治》,联经出版公司1979年版,第667页。
④ 王月:《〈清嘉庆朝刑科题本社会史料辑刊〉的史料价值》,《历史教学》2009年第16期。
⑤ 《顺天府全宗》,中国第一历史档案馆藏,28-4-197-115。

少,王又槐即云:

>报词者,乃通案之纲领,要与口供针孔相对,贵于简明、切实,最怕牵扯缠扰。尸亲遇有人命,多有捏砌牵连,轻重不实,若勒令改换,刁徒藉为口实;若据词叙详,情节不符,案难归结。夫命案重情,全以验勘情形、伤痕与犯证各供为凭,仅据尸亲一面之词,何足取信?查地方保甲,例有稽查命盗之责,闾阎巨细,争斗事件,无不投知地保,地保既经查验,则两造之曲折周知,虚实轻重自有公论。当其发觉之初,一同来报,虽未必直言无隐,亦不至旁生枝节,是地保之报词乃案中之纲领也。①

反之,对于亲族告诉者,则需慎防诬告:"轻生自尽命案,尸亲藉为居奇……既埋之后,内有尸亲一二族人,素行无赖,未遂欲壑,赴官首告者每每有之,凡遇轻生之案,若非死者嫡亲之人出头控告,先须讯明因何首告实情,从重责处押带,再传尸属人等核讯,取具供结,酌量办理。"②因此有的地方要求报案亲属以服制为限,服制近者才可,目的就是防止诬告。如四川省于光绪十三年(1887)规定:"至具报命案无论真伪,应以服制之远近为断,先尽三年之服,次期亲,次大功,次小功、缌麻,如五服无人,方准无服之亲出名,大功以下即为疏远,不准混充尸亲,亦不准联名图报。"并对诬告的尸亲规定有惩处措施:"一经审实虚诬,即将图控妄报之尸亲照例从严惩办,不准临时具悔,亦不准违例断给烧埋钱文,并将

---

① [清]王又槐:《办案要略》之"论详案",刘俊文主编:《官箴书集成》第4册,第771页下栏。
② [清]白如珍:《刑名一得》卷上"论命案",杨一凡编:《中国律学文献》第3辑第4册,黑龙江人民出版社2006年版,第33—34页。

三费支发厂费勒令照数赔还。"①

二、报案对象

除杀伤人命案件应报验外,自尽、路毙也皆得报验,宋时即有规定:"诸因病死(谓非在囚禁及部送者),应验尸。"②《大清律例》沿明洪武令之规定:"诸人自缢、溺水身死,别无他故,亲属情愿安葬,官司详审明白,准告免检。"③

京畿重地,天子脚下,人命案件更受重视,乾隆三十八年(1773),巡视中城江西道监察御史邹梦皋条奏定例:

> 凡五城遇有命案,除道途倒毙、客店病亡,经该城验讯属实,即行完结外,其余金刃自戕、投井、投缳等案,俱令该城指挥照例验报,由该城御史审讯,转报刑部核复审结。倘有漏报,将该城官员,指名参处。④

当然,如果当地有善堂,则令善堂先行处理:"如有路毙浮尸,不识姓名无亲族收殓者,验无别故,许地保赴同仁堂领棺收殓。"⑤

自尽、路毙之案按规定应及时处理,除有防止诬告之作用外,尚有

---

① [清]钟庆熙辑:《四川通饬章程》之"藉尸讹诈治罪尸亲分别亲疏",近代中国史料丛刊续编第48辑,文海出版社1977年版,第193—194页。
② [宋]宋慈:《洗冤集录》卷1"条令",张松等整理:《洗冤录汇校》上册,第7页。
③ [清]薛允升:《读例存疑点注》,胡星桥、邓又天主编,第864页。
④ [清]薛允升:《读例存疑点注》,胡星桥、邓又天主编,第867页。
⑤ 同治《上海县志》卷2"建置",转引自陈桦、刘宗志:《救灾与济贫:中国封建时代的社会救助活动(1750—1911)》,中国人民大学出版社2005年,第418页。

两点用意：一系久弃不殓，有碍观瞻，或致疫病，"每至臭秽狼藉，有碍行住之人，深为不宜"①；另一点在于和逃犯进行比对，如宝坻县档案中有"委系自缢所致，并无别故……再无名男丐与奉缉各逆犯年貌不符，合并声明"②之语。当然，可以设想当时之个体识别水平是非常粗糙的。

三、报案状式

为防止尸亲诬告牵扯无干人等，同时亦便于检验，清代要求对于告人命案，告状人须填写粘单，贴在状纸背面，黄六鸿对此即言："尸亲具控，并设有伤器之确单，非是不准。"③关于粘单样式，《福惠全书》有载：

人命伤痕凶器谋助粘单式（此单实粘告状后）
一原告某人，系本尸何项亲属；
一尸伤某人，年岁　身　面　须某处伤系何物伤；
一被伤某人，年岁　身　面　须某处伤系何物伤；
一凶器某物，系某人犯持用，今存某处，已获未获；
一谋令凶犯某人，系某处人约　岁　身　面　须，已获未获；
一下手凶犯某人，系某处云云；
一助殴凶犯某人，系某处云云；
已上单报是实，如虚甘罪，原告某人　押；

---

① ［清］葛元煦辑：《洗冤录摭遗》卷下"洗冤录摭遗补"，张松等整理：《洗冤录汇校》下册，第776页。
② 《顺天府全宗》，藏于中国第一历史档案馆，28-04-200-005。
③ ［清］黄六鸿：《福惠全书》卷14"人命上"，刘俊文主编：《官箴书集成》第3册，第366页上栏。

谋令、助殴有人则填，无则注无。①

四、管辖

关于命案检验的管辖，《六部处分则例》规定：

> 凡京师内城正身旗人，及香山等处各营房旗人命案，令该佐领径报刑部相验；街道命案，无论旗民，令步军校呈报步军统领衙门，飞行五城指挥相验；外城地方命案，亦无论旗民，令总甲呈报该城指挥相验。如互相推诿，查明地界，将不应推诿之员罚俸一年。其外省州县交界地方命案，如有推诿，亦照此议处。②

由上可知，清代检验管辖权之分配系以尸体发现地为准，相当于现在的犯罪所在地管辖。康熙年间任职蒙阴县知县的陈朝君即曾以跨界为由，拒绝受理一起非发现于本辖区内的尸体的案件，称"但问其死之地，则在沂水莫子峪杨立名蚕场内焉，而尸骸又系沂水民徐美等看守，离蒙交界，相隔八里，真所谓风马牛不相及也"，因此"恳祈宪台，或亲往踏勘，或委员查验"。③

该规定在若干省例中亦得到强调，如山东省即曾有规定"交界地

---

① ［清］黄六鸿：《福惠全书》卷11"词讼"，刘俊文主编：《官藏书集成》第3册，第328页上栏。

② ［清］文孚纂修：《钦定六部处分则例》，近代中国史料丛刊第34辑，文海出版社1969年版，第872页。

③ ［清］陈朝君：《莅蒙平政录》卷下"详文"，刘俊文主编：《官藏书集成》第2册，第727页下栏—728页下栏。

方命案总以尸在何县即责成何县办理,移尸亦然"条云:

> 查例载人命呈报到官,该地方官立即亲诣检验等语,可见命案总以尸在何州县,即应归何州县审办,此系一定不易之理。……至于既验之后,更不容再有推诿,盖原验之员不为承审,而辄委之于犯事地方,设或案犯与尸亲明知承审者非原验之员,各供因为任素狡展……究出移尸情由,藉此推诿者,即将推诿之员记大过五次,如有未经相验互相推诿,及因推诿而致令尸变者,例照严揭请参,以为不肖州县玩视者戒。(同治六年六月)①

五、回避

对接受报案之官员而言,于决定管辖与否的同时,还须考虑有无回避的必要。《大清律例》"听令回避"条规定:

> 凡官吏于诉讼人内关有服亲及婚姻之家,若受业师(或旧为上司,与本籍官长有司),及素有仇隙之人,并听移文回避。违者,(虽罪无增减)笞四十;若罪有增减者,以故出入人罪论。②

检验作为诉讼中的一个子环节,当然也要强调回避。清律检验中的回避主要有两类:一是吏役涉及命案,二是狱囚的监毙。

---

① 《东省通饬》卷3"交界地方命案总以尸在何县即责成何县办理移尸亦然",仁山氏手抄本,复印件见于(杨)一凡藏书馆,页码无。
② [清]薛允升:《读例存疑点注》,胡星桥、邓又天主编,第687页。

（一）吏役涉案

《清实录》载乾隆四十六年(1781)，左副都御史哈福纳上奏提出：

> 五城官吏仵作，验办本城吏役所犯命案，难免徇庇。请嗣后各城有吏役命案，该巡城御史速调别城指挥，带本管书吏、仵作验办，令本城者回避，各省州县亦照此办理。得旨允行。①

《刑幕要略》亦云：

> 地保衙役一切在官人等有犯命案，详请本府委验。（衙役人等自应详请委验，至地保应否请委，查省例办。）②

如此，则吏役犯有命案，本管官需回避，禀请委验；地保涉案则各省做法不同。至于京城，因其特殊体制，巡城御史与五城兵马司验、审分离，故本城吏役有犯命案者，本城兵马司不能验，但负责的巡城御史则可审。

（二）狱囚监毙

《大清律例》"陵虐罪囚"条规定：

> 刑部监犯患病沉危，医生呈报救治后，提牢官回堂移会满、汉

---

① 《清高宗纯皇帝实录》第15册卷1137，乾隆四十六年七月下，中华书局1986年影印本，第213页下栏。
② ［清］不著撰者：《刑幕要略》之"断狱"，刘俊文主编：《官箴书集成》第5册，第25页上栏。

查监御史,即日赴部查验。如有监毙人犯,无论因病、因刑,及猝患暴病身死,不及呈报救治者,均移会满、汉查监御史,率领指挥一员,限一日内,赴部会同刑部司官相验。①

而《大清律例》"有司决囚等第"条关于地方斩绞人犯病故则规定:

> 凡应拟斩绞人犯……遇有在监病故,无论曾否结案,及已未入秋审情实缓决,该州县立时详报,该督抚据详派员前往相验。若时逢盛暑,或离省窵远之各厅州县,该管道府据报,即派邻近之员往验。②

又,《牧令须知》卷6"徒流以下病故详"条规定:

> 监犯病故,必先报病,其报故文。以禁卒报呈云云,等情到州县,据此查某人系卑州县通详某人案内之犯,前经患病,据该禁卒呈报,当经验明,拨医调治,于某年月日通报在案,兹据具报病故前来。当经带领吏仵,亲诣监所,将尸移放平明地面,眼同刑禁医学,同号犯人,如法相验,据仵作喝报(照命案式叙法),各等供。据此随经验讯明确,实系病故,禁卒人等,并无凌虐情事,除将尸棺(饬属领理、抬赴义塚浮厝、关传尸属赴领)外,合将监犯病故验讯缘由,填图、录供、取结、加结,具文详报宪台鉴核。③

---

① [清]薛允升:《读例存疑点注》,胡星桥、邓又天主编,第827页。
② [清]薛允升:《读例存疑点注》,胡星桥、邓又天主编,第861—862页。
③ [清]刚毅:《牧令须知》卷6"刑房文移稿件式",刘俊文主编:《官箴书集成》第9册,第262页上栏。

据此,则在押因犯监毙,其验报程序为:(1)刑部:无论因何故身死,均为提牢官移会满、汉查监御史会验。(2)地方上:a. 徒流病故的,本管州县亲验,此处本管非指原初发案地解,而是所在监仓地解;b. 斩绞重犯,报督抚派员相验,如暑天或路远,则报道府派员相验。

又《大清律例》"尸伤检验不以实"条规定:

> 差役奉官暂行看押人犯,有在押身死者,无论有无陵虐,均令禀明本管官,传到尸亲,眼同验明,不得任听私埋。如有私埋情事,经尸亲控告破案者,官为究明致死根由,详请开检,无庸取具尸亲甘结。……至差役私押毙命之案,应令禀请邻封州县,传到尸亲,眼同验明究办。若有私埋匿报,以及一切凶徒挟仇谋财,致毙人命,私埋灭迹者,经尸亲告发之后,如业将致死根由究问明白,毫无疑义,而尸伤非检不明者,亦即详请开检,按例惩办,均无庸取具尸亲甘结。①

此条系就非在监看押人员而言,薛允升曾有注云:"此暂行看押人犯,或系紧要案证,或系轻罪人犯,且有无人保领者,既未便任其散处在外,而又不能一律收禁,是以交差暂行看押。"②说明它执行的标准与在监死亡相似,因为都是轻犯或是干证,所以本管官都可亲验;但对私押在押身死的,则因可能涉及吏役勒财不遂故杀人命,故本管官需回避。

但地方上斩绞人犯狱毙,一概禀请委验,于窎远人稀之处实为不便,为此有些地方酌有变通。如台湾淡水厅于同治十年(1872)即提出:"离郡窎远,所有斩绞人犯在监病故,详请委验,诸多窒碍,可否就近移请邻封

---

① [清]薛允升:《读例存疑点注》,胡星桥、邓又天主编,第868页。
② [清]薛允升:《读例存疑点注》,胡星桥、邓又天主编,第868—869页。

正印官验讯详报。"督抚覆准:"查该(厅)最近邻封,系属(噶)玛兰厅(今宜兰县)、彰化县,拟请兹先定以甲乙年份,预为订委,行令遵照。嗣后遇有斩绞人犯病毙应行相验事件,如甲、丙、戊、庚、壬等五年则移请(噶)玛兰厅指验,乙、丁、己、辛、癸等五年则移请彰化县验讯。"①

(三)其他

此外还有一些特殊案例需回避者,如王又槐《刑钱必览》卷二载:

> 署内雇工长随人等如有自尽等项,并亲戚人等殴死人命,及受刑后自尽病故等项,事涉嫌疑者,当酌看情形,或请委别员验审以免回护之嫌。其书役有犯命案,应照例禀请委员相验。
>
> 署内亲戚杀人,务将凶手拘禁,一面禀报本府委员相验承审,以避嫌疑。如离府路远或值热天,不妨自验,声请委员承审。②

这两点较特殊,即都是官员雇请的雇工、长随或亲戚家人等有犯命案,一般均当禀请委验,以避嫌疑。

第二节 验前

此处所谓"验前",系指抵达现场之前官员的初讯过程及其他相应

---

① 《福建省例》下册"(二十八)刑政例(下)·淡水厅斩绞监犯病故酌定邻封相验",大通书局1997年点校本,第1047—1048页。
② [清]王又槐:《刑钱必览》卷2"办理衙署命案",嘉庆十九年刻本,第11页a。

之准备活动。

一、狱贵初情

接到命案报验后,主管官员并非简单听其报词,而是于此阶段即应进行必要案情调查与初讯,清人称之为"狱贵初情":"狱贵初情,固也。而以得之尸场者,为至初之情,更真而易结。故相验之顷,即命案之所以定局。若不得确供,遽下尸场,以后便多情窦,费周章矣。"①《大清律例》"尸伤检验不以实"条亦规定:"务须于未检验之先,即详鞫尸亲、证佐、凶犯人等,令其实招以何物伤何致命之处,立为一案。随即亲询尸所,督令仵作如法检报。"②这种做法,连深在禁中的道光皇帝也相当明了:"谕内阁,御史廖敦行奏审理命案宜慎初验一折,所奏是,地方人命案件既重落膝初供,而其要尤在当时相验。"③

可见,清代重检验,亦重初情。为何需要有此初讯?因为它对于主管官员尽可能获得确情、平息讼争具有重要意义,可防止查验者被当事人虚诬报词牵偏方向。乾隆二十年(1855),长沙府知府刘尚质禀文即讲道:

> 据报案宜即讯供也……殊不思尸亲淳顽不一,兼有地棍讼师从旁唆簸,籍命居奇逞刁妄报,或隐匿真情而变幻起衅根由,或挟嫌怨而牵累无干,或混添伤痕而妄指多人,情伪百出,原不足凭,当

---

① [清]葛元煦辑:《洗冤录摭遗》卷下"洗冤录摭遗补",张松等整理:《洗冤录汇校》下册,第756页。
② [清]薛允升:《读例存疑点注》,胡星桥、邓又天主编,第864页。
③ 《清宣宗成皇帝实录》第2册卷92,道光五年十二月上,中华书局1986年影印本,第486页下栏—487页上栏。

其来城初报之时,事在仓猝计虑未周,随即当堂查讯,彼必胸无定见,语多破绽,一一穷究,自难掩饰。①

关于其具体操作,《牧令书》中有如下论述:

> 凡有尸亲呈报人命,立即收词看明,传唤尸亲,如有地邻同至,一并唤入。详问其与死者是何亲属,是何项人,凶手系何姓名,为从与在场共若干人,均系何项人,与死者有无亲故,因何事起衅,有无主使喝令,平日有无冤仇,再问是何凶器,致伤何处,据供按验。先问尸亲,次问地邻,一一问取确供,令刑书写录,呈阅标朱。仍教刑书带赴尸场,以凭查对。此皆率尔取供,纵有诈伪,不无破绽,所谓迅雷不及掩耳也。取供看毕,将尸亲押起,随官赴验,勿令先归,致有抢打凶手、伪作伤痕之弊。②

需要说明的是,此处所载讯问次序为先问尸亲,后问地邻,但按《牧令须知》卷六的通详样本,则是先叙乡地、邻佑,再叙尸亲,最后是凶犯。③ 不过考虑到后者描绘的是验后承审录供过程,实践中具体如何,可能视办案官员经验习惯与思维认识而有所差异。

---

① 《湖南省例成案》卷19"检验尸伤慎速各条款",藏于中国社会科学院经济研究所(缩微胶卷版),日本东京大学东洋文化研究所原本,第42a—b页。
② [清]徐栋:《牧令书》卷19"刑名下",刘俊文主编:《官箴书集成》第7册,第420页上栏。
③ [清]刚毅:《牧令须知》卷6"刑房文移稿件式",刘俊文主编:《官箴书集成》第9册,第265页下栏—266页上栏。

二、专差星赴

讯问取得落膝初供后,印官"立即专差妥役,星夜赴尸所,押地保看守尸身,锁拏凶手,追取凶器,先到尸场候验",同时"票上务须朱笔严批,去役不得索取银钱,尸属不得吵抄凌辱"①,这相当于为官员到场作好预备工作。宝坻县档案中即有对嘉庆二十一年(1816)务本里圈子店民人许汝瑞被打后抽风身死案中,经乡保报案后官府活动的记载:

为此仰原役即协□乡牌,将后开人等限　日内分别拘传尸场听候验讯,去役毋得刻延干咎,速

计传

乡保张士平　圈子庄牌头许汝爽　甲长许汝桐　两邻　六户庄牌头刘自信　尸兄许汝祥　尸侄许太龄　许富龄　拉劝人刘君安　许汝隆　张朝安　劝回人张俊卿　说合人艾显周　司守忠　许汝信　张盛武　郭焕章　张福周　常继先

并拘

凶手艾自江　艾士宓　艾维印　帮殴人艾士俊　艾继官　艾继庆　艾士太　艾福朝　艾七　艾八

持枪人艾士万②

此处用"原役"一词,可能与死者许汝瑞系被打后抽风而死,原已

---

① [清]徐栋:《牧令书》卷19"刑名下",刘俊文主编:《官箴书集成》第7册,第420页上—下栏。
② 《顺天府全宗》,藏于中国第一历史档案馆,28-4-198-086。

验过生伤,当时依清律作了保辜,现仍派当时参与验生伤之役前往,一则熟悉情况,二则原出验时已收受过相关费用,再派的好处是其较新役可能相应少收点验尸费用。在清代检验活动中,这是一个非常容易出问题的环节:不派役前往不便于官员到场开展勘验工作,派役前往又易脱离监管滋扰事端。因此,在宝坻县档案中,亦有派役提前到现场计传人证拘系凶手时,官员特别声明"去役毋得违延滋扰干咎"。

去役的另一个用处是搭盖尸厂。如前所述,清代验尸地常搭有棚,谓之"尸厂",这在清代是比较普遍的做法。该风俗起于何时有待进一步考证,但明代吕坤就验尸弊端指责时已说"检验之时,承委官嫌其凶秽,皆不近尸,又犯人扭锁跪棚,多不同看"①,说明其时搭棚已很普遍。如果是检骨的话,尸厂有两座,如在贾静涛著《中国古代法医学史》中录有光绪十年(1884)"钦使检骨"图一幅,其上有文字"钦差查办湖北余姓一案。孙、乌两星使抵省后,示期于五月初七日落厂重验尸骨"。对此,贾静涛解释为"清代验骨现场分设官厂、洗骨厂各一座。官厂是检验官监视检验的地方,上搭棚席,下设公案。落厂,即建立起官厂与洗骨厂"。② 从该图画来看,的确有棚两座。但此处"落"似更应解释为"莅临"之意,而非"建立"之意,因为搭盖尸棚是衙役而非官员之事。

三、携役临场

在星差专赴之后,即是官员带领吏、役等准备临场了。清人对此环节反复强调两点:一是减少吏役讼累,二是讲求速验。

---

① [清]葛元煦辑:《洗冤录摭遗》卷下"洗冤录摭遗补",张松等整理:《洗冤录汇校》下册,第747页。
② 贾静涛:《中国古代法医学史》,群众出版社1984年版,第125—126页。

（一）减少讼累

对此问题的处理很容易陷入两难之中：因担心不能现场弹压而多带人役，又因多带人役而易勒索取财，加剧尸亲等的不信任。清代的循吏即为此于官箴书中反复告诫："一遇命案，立即问明，单骑前赴，兼裹数日粮，从仆二人、刑书二人、干役二人、快头一人、仵作一人、皂隶四人，不令远离一步，以杜私弊。"①方大湜则颇有自信地说："远近百姓往尸场观看者，多则数千，少则数百，差役岂能有如此之多？百姓如肯讲理，即少带差役亦必不敢滋闹；百姓如不讲理，即多带差役亦复何益？"②

但多亦罢，少亦罢，其中仍然涉及前文反复提到的检验费用问题——在吏役索财的背后，更深层次的是清代财政体制问题。瞿同祖即指出，由于州县官们已认识到衙役的薪水不敷生活费，所以他们一般都会容忍衙役们索取"船费"和"饭费"。③ 周保明亦指出，"陋规的收取已经完全公开化"，在现有巴县档案的记载中，"除了前列词讼规费之外，其他房科均有数额基本固定的规费"。④

因而在无善堂出资的情况下，官员若欲减少吏役讼累就只有两条路可选：一条路是官给费用，如光绪年间的上蔡知县徐寿兹曾自捐费用，其中仵作一名"每日给饭钱二百文"；⑤另一条路则是直接索之于

---

① ［清］徐栋：《牧令书》卷19"刑名下"，刘俊文主编：《官箴书集成》第7册，第423页上栏。
② ［清］方大湜：《平平言》卷3"相验命案勿多带人役"，刘俊文主编：《官箴书集成》第7册，第682页下栏。
③ 瞿同祖：《清代地方政府》，范忠信、晏锋译、何鹏校，法律出版社2003年版，第111页。
④ 周保明：《清代地方吏役制度研究》，上海书店出版社2009年版，第513页。
⑤ ［清］徐寿兹：《学治识端》之"勘验命盗由官捐发经费禀"，刘俊文主编：《官箴书集成》第9册，第430页上栏。

原、被,但明定数额,如光绪二十三年(1897)十二月,四川省潼川府向督、藩、臬、道等上级官署汇报其拟定的下属三台县书差规费条规十八则,其中即有"寻常案件,刑件下乡斟(勘)验,五十里以内者,原、被告各给夫马钱四百文,各给饭食钱二百文;五十里以外者,照里数加增,最远者以三千文为止,不得多取"①。

(二) 讲求速验

如前所述,古人之验主要是体表,故其验的过程实际上并不拖沓,所谓"速验",更多是指速抵现场。对于速验之重要,觉罗乌尔通阿有言曰:

> 速验,一则尸骸免其暴露,众证免其拖连;一则尸未发变,伤痕好看。皮肉未破者,则色或青黑紫赤长圆,而拳棍砖石与跌磕之伤易验也;皮肉已破者,则痕或平卷深阔长短,而刀符枪镰之伤易验也。原告报有凶器,以凶器与伤痕比对,而是否所伤易知也;以凶器与凶犯认看,而是否所持易明也。②

此论说明速验好处甚多,这实是当时技术条件的必然要求。今天,尸体可先送殡仪馆冷冻保存,再择机解剖检验,而当时只有露天等待,听任其腐败进程自然发展,故越早验,则伤损越明确,越易折服尸亲、凶犯,使讼师不致刁诬,案件得以早结。褚瑛即针对"假命讹索之案"提出自己的办案体会:"欲除此弊,惟有一经报案,不论命之真假,不计路之远

---

① 《三台县书差规费章程》,光绪二十四年刊发,鲁子健:《清代四川财政史料》(上),四川省社会科学院出版社1984年版,第566—568页。
② [清]觉罗乌尔通阿:《居官日省录》卷3"人命",刘俊文主编:《官箴书集成》第8册,第98页上—下栏。

近,即时前往亲验。……庶几棍徒咸知生畏,此风可以挽回,愚民可免遭害矣。"①

反之,如果不能及早速验,则尸体腐败,无从相验,只能通过检骨来解决。而"蒸检犹如活受凌迟,是其惨毒较戮尸为更甚"②,清人视之为莫大之惨事,无论在儒家仁政还是佛家因果看来,都是极不祥、极不当之事,也从反面推动官员追求速验。

速验之重要性,为历代所重视。宋时即规定:"诸尸应验而不验(初、覆同);或受差过两时不发(遇夜不计……);……各以违制论。"③《大清律例》"尸伤检验不以实"条律文一承前代,只是增加了小注,规定"若(承委)牒到托故(迁延)不即检验致令尸变……正官杖六十"④,《六部处分则例》亦规定:"命案呈报到官,地方官不即检验致令尸变者,降一级调用(公罪),凡代验迟延照此例行。"⑤对于京师一地,则明确限定时日,于乾隆五十六年(1791)规定有"城内两日,城外三日,违限及规避者,巡城御史查参报闻"⑥。

为保证官员速验,清代的通详文中都要求记载接报时间、相隔里数等,来反映其检验速缓,如《牧令须知》卷六有命案通详样本,其中载"某府某州县为报明事,某年月日据州县属(以下云云同前)各到州县。据此,查该村距州县若干里,卑职随即饬差拘拿凶犯某人,一

---

① [清]褚瑛:《州县初仕小补》卷上"假命讹案",刘俊文主编:《官箴书集成》第8册,第747页上栏。
② 《湖南省例成案》卷20"慎选仵作讲读洗冤录",藏于中国社会科学院经济研究所(缩微胶卷版),日本东京大学东洋文化研究所原本,第27页b。
③ [宋]宋慈:《洗冤集录》卷1"条令",张松等整理:《洗冤录汇校》上册,第5页。
④ [清]薛允升:《读例存疑点注》,胡星桥、邓又天主编,第863页。
⑤ [清]文孚纂修:《钦定六部处分则例》,近代中国史料丛刊第34辑,文海出版社1969年版,第868页。
⑥ 《清高宗纯皇帝实录》第18册卷1379,乾隆五十六年五月下,中华书局1986年影印本,第507页下栏。原文是针对副指挥、吏目代验而言,但由此也可推算对正指挥亲验时限要求当至少不低于此。

面轻骑简从,带领刑仵人役亲诣尸所,先勘得……"①。乾隆二十年(1755)湖南省颁"检验尸伤慎速各条款",亦根据长沙知府刘尚质的建议规定:

> 湖南各属通报命案,有声明某日据报,即日前往,程途若干,何时到彼之语者,有仅称前诣相验,并不声明程途里数、临验时日者,是否据报即往,无凭查核。应请通饬各州县,嗣后凡遇通报相验命案,务将何时呈报到案,何时起身前往,程途若干,何时到彼相验,于文内声叙明白,以便查核。倘尸亲原系当时呈报,或仅隔一二日,而相验时尸已发变或竟腐烂,必缘该州县相验迟延之故,总其详内声明即日往验,显系捏(饰)。饬令该管府州,就近察查揭报,以为玩视民瘼者戒。②

第三节　验中

抵达现场之后,即有一系列尸伤相验工作,同时也仍要围绕之进行必要的验讯工作。

---

① [清]刚毅:《牧令须知》卷6"刑房文移稿件式",刘俊文主编:《官箴书集成》第9册,第265页下栏。
② 《湖南省例成案》卷19"检验尸伤慎速各条款",藏于中国社会科学院经济研究所(缩微胶卷版),日本东京大学东洋文化研究所原本,第48b—49a页。

一、讯凶投首

官员到现场后,与重尸亲落膝初供的道理一致,有凶犯的,要先提审凶手,"及至尸所,备取被告、凶手确供"①,然后再验,这亦是为验后取其甘结等服务的。"轻拆不如详检,详检不如速验,速验不如细审,果能审出真情,则无事检拆矣。"②

验之前亦可具结投首,意在鼓励诬告者主动说明事实,减轻后面的工作;同时,若尸体已高度腐败,无凭相验,验前具结投首则更有意义,因为如此可免蒸检,避免对尸体的无谓损坏。《大清律例》"诬告"条即规定,对验前投首的可以减轻处罚:"控告人命,如有诬告情弊,即照诬告人死罪未决律治罪,不得听其自行拦息。其间或有误听人言,情急妄告于未经验尸之先,尽吐实情,自愿认罪,递词求息者,讯明该犯果无贿和等情,照不应重律治罪完结。"③

二、免验

通过初步讯问及抵达现场后了解的情况,如果发现系自缢、病故之人,主管官员可决定不予检验,即免验。关于免验,宋时即规定:

---

① [清]徐栋:《牧令书》卷19"刑名下",刘俊文主编:《官箴书集成》第7册,第420页下栏。
② [清]徐栋:《牧令书》卷19"刑名下",刘俊文主编:《官箴书集成》第7册,第426页上栏。
③ [清]薛允升:《读例存疑点注》,胡星桥、邓又天主编,第690页。

> 诸因病死(谓非在囚禁及部送者),应验尸,而同居缌麻以上亲,或异居大功以上亲至死所而愿免者,听。若僧道有法眷,童行有本师,未死前在死所,而寺观主首保明各无他故者,亦免。其僧道虽无法眷,但有主首或徒众保明者,准此。①

清代关于免验规定大体相似。须注意者,所谓免验不代表官吏不到现场,而是到了现场后再决定免验:"自尽等案准告免检例内,原云官司详审明白,所谓详审明白者,似宜亲诣尸所,相视情形,并讯取众供确凿,毫无疑义,如尸亲恳求免验,亦不妨当场准结,以顺下情,仍一面通详立案。"②

(一) 免验情形

清时免验,可由官方直接决定。《大清律例》"尸伤检验不以实"条规定:"遇告讼人命,有自缢、自残及病死,而妄称身死不明,意在图赖诈财者,究问明确,不得一概发检以启弊窦。"③官员通过验前讯问尸亲、凶犯,可大致获得确情,如若确系自缢、病死等,则不予检验。

亦有亲属恳请后,官方再决定的。对此《大清律例》"尸伤检验不以实"条亦有规定:

> 诸人自缢、溺水身死别无他故,亲属情愿安葬,官司详审明白,准告免检。若事主被强盗杀死,苦主自告免检者,官与相视伤损,将尸给亲埋葬。其狱囚患病,责保看治而死者,情无可疑,亦许亲

---

① [宋]宋慈:《洗冤集录》卷1"条令",张松等整理:《洗冤录汇校》上册,第7页。
② [清]王又槐:《办案要略》之"论命案",刘俊文主编:《官箴书集成》第4册,第759页下栏增注。
③ [清]薛允升:《读例存疑点注》,胡星桥、邓又天主编,第864页。

属告免覆检。若据杀伤而死者,亲属虽告不听免检。①

此外还有妇女下身免验的规定,即"命案尸亲求免验下身,取免验甘结附卷"②。但需要说明的是,妇女下身虽可免验,若案涉他杀、奸情等则须慎重。至于男子则无免验下身之理,如王又槐即主张:"妇人轻生自缢、自戕、投水、病毙,下身无伤者,取具尸亲免验甘结,若告称谋故、殴死、服毒、跌伤及处女因奸致死者,又当验明下身,以免日后诬指翻控。若男子下身不论有伤无伤,从无免验也。"③

在宝坻县档案中,有一妇女下身免验的尸亲甘结:

> 具拦验甘结,尸父孙永兰、尸母孙赵氏、尸叔孙永惠、尸兄孙仲魁,今于
>
> 与拦验甘结事,依奉结得,身孙永兰、孙赵氏之女,身孙永惠侄女,身孙仲魁之妹,赵孙氏投坑身死,蒙恩验明,并无遗漏伤痕。所有下身,身等业已看明,并无伤痕,恳恩免验,身等情愿出拦验甘结。所出甘结是实。
>
> 嘉庆二十五年九月十四日拦验甘结 孙赵氏 孙永兰 孙永惠 孙仲魁④

路过官员病故者亦得免验。宋时即规定:"诸命官因病亡(谓非在

---

① [清]薛允升:《读例存疑点注》,胡星桥、邓又天主编,第864页。
② [清]徐栋:《牧令书》卷17"刑名上",刘俊文主编:《官箴书集成》第7册,第375页下栏。
③ [清]王又槐:《办案要略》之"论详案",刘俊文主编:《官箴书集成》第4册,第773页上栏。
④ 《顺天府全宗》,藏于中国第一历史档案馆,28-4-198-154。

禁及部送者），若经责口词，或因卒病，而所居处有寺观主首，或店户及邻居并地分合干人，保明无他故者，官司审察，听免检验。"①王又槐亦曰："路过官员病故，有亲属同伴者，可无庸查验。无亲属者应验明通报，声说看明，实系病故字样，不必填格。应临时斟酌，不可拘泥也。"②

关于免验，对诬告图财者固然可直接决定不验，但对于尸亲等恳请后可免验的，则需由尸亲等提出并履行相关程序后才可决定。如妇女下身可免验时取免验甘结附卷；发保犯人身死的则一定要家属拦验，否则与例不符，必干议处。乾隆年间，即有贼犯陈应柱患病发保，"尸子人等即行掩埋，该县并未往验，亦并无尸亲拦验，与免验之例不符"，知县因此受到处分的事例。③

（二）慎重免验

免验是存在风险的，即使充分考虑习俗免验妇女下身也是如此。如道光年间，隋何氏丈夫隋刚与刘士幅共租蒙古人田地一块，立有联名契据，刘士幅又于隋刚身故后，未继续分给隋家共耕粮食并更改原租赁契约为单名假契。道光十五年（1835），隋何氏前往催讨不果，气忿自伤额颅，后因痰疾上壅倒地，是夜身死。当时的负责官吏及仵作"验明隋何氏尸身有额角自残土块伤一处，鼻口向右歪斜，口流涎沫，肚腹发变，脊背后肋腰眼均有血癍，委系受伤后因痰症身死。并据尸弟何文元、尸侄隋廷有、尸子隋小子拦验下身，具结领埋，录供详报"。但是仅仅两年后的道光十七年（1837），尸弟何文元竟然不服京控，而其理由

---

① ［宋］宋慈：《洗冤集录》卷1"条令"，张松等整理：《洗冤录汇校》上册，第7页。
② ［清］王又槐《刑钱必览》卷2，清嘉庆十九年刻本，第9页a。
③ ［清］王玉如辑：《条例附成案（乾隆元年—乾隆三十年）》卷2"断狱·患病发保犯人身死未经相验议处"，清乾隆三十年贵州按察使司刻本，藏于中国社科院法学研究所图书馆，第351a—b页。

就是隋何氏系身体下部受伤身死。①

故官员对于手中的免验权不能不慎重。乾隆年间,湖南省曾就浏阳县详报罗氏患病身死一案发布指示,其中称"类多患病身死或气忿自尽之案,尸亲因不遂其欲,辄行架控,以图泄忿,各州县均应于据报之时,先唤保邻犯证,究明身死实情,如系自尽、病故之件,即可不必启验,以免死者惨遭暴露庶为妥协",这本是减轻州县负担的事。但乾隆二十八年(1763)桂阳县表示反对,认为"楚南民情刁悍",诬告私和普遍,需提前应对尸亲上控。最后又经督抚考虑,将原指示修改成"不必启验原指已经埋葬者而言,并非指未埋请验之尸也",已经殓埋的唤取保邻问讯明确的可不启验,如果"为日未久,一经告发,均应立时迅速驰往验明"。②

故白如珍说:"虽有准告免检之例,无如人情刁诈,变幻百出,不可不置身于无过之地也。"③从宝坻县档案来看,路毙、自缢之人都有相关检验文书。实际上,在大多数情况中,官员既已带件作抵到现场,且邻证已经拘系、尸厂已经搭建,验一次又有何妨?何况,清代检验不似今天需作解剖,常只是体表察视,即从宝坻县档案来看,其中有关路毙的检验记录并不复杂。可见官员须在律例的规定下,慎重地把握好习俗与刁诈人情应对的平衡。

三、现场勘查

验尸前还有现场勘验的工作,如宋慈在《洗冤集录》中提到有关缢

---

① 《朱批奏折》,藏于中国第一历史档案馆,04-01-01-0785-011。
② 《湖南省例成案》卷20"自尽病故案件州县官迅速往验",藏于中国社会科学院经济研究所(缩微胶卷版),日本东京大学东洋文化研究所原本,第10a—13b页。
③ [清]白如珍:《刑名一得》卷上"论命案",杨一凡主编:《中国律学文献》第3辑第4册,黑龙江人民出版社2006年版,第33页。

死案件的检验时云:

> 先要见得在甚地分,甚街巷,甚人家,何人见,本人自用甚物,于甚处搭过。或作十字死襟系定,或于项下作活襟套。却验所着衣新旧,打量身四至,东西南北至甚物,面覷甚处,背向甚处,其死人用甚物踏上,上量头悬去所吊处相去若干尺寸,下量脚下至地相去若干尺寸,或所缢处虽低,亦看头上悬挂索处,下至所离处,并量相去若干尺寸。对众解下,扛尸于露明处,方解脱自缢套绳,通量长若干尺寸,量围喉下套头绳,围长若干。项下交围,量到耳后发际起处,阔狭、横斜、长短。然后依法检验。①

这是与通详中的"叙勘"一部分相对应的,如王又槐云:

> 叙勘情形……遇盗窃强奸杀奸自刎等案,处处形迹,尤须验得确切,叙得明白。自缢命案,其缢处高低尺寸,及有无垫脚物件,檩梁大小,尘土动静,缢绳长短粗细,套头式样,均须逐一声明。至无关案内之闲房道路,不必冗叙。若孤村独户,四面所距村庄道路里数,有关涉者,亦须开明。其盗窃刨坟及仇盗未明大案,注明有无墩台营房,相离里数。定例离墩铺五里者,作有墩铺防兵论。路毙受伤,及无伤而被禽犬残毁者,尸旁脚迹血迹,并携带遗物,俱要叙明。②

---

① [宋]宋慈:《洗冤集录》卷3"自缢",张松等整理,《洗冤录汇校》上册,第80页。
② [清]王又槐:《办案要略》之"论详案",刘俊文主编,《官箴书集成》第4册,第772页上—下栏。

四、验尸

清代验尸，大体依照尸图、尸格中的要点进行。有关验尸之顺序，《福惠全书》即云：

> 检尸次序止作两面，与验法作四面不同。从正面头上检起，解头发，量长若干，分开顶发，检顶门、囟门、左右两太阳穴，擘双睛、鼻孔、口齿舌，脸上须看有无刺字，或已有用药烂去，字痕黯淡及成疤者，用竹笆于痕处挞之即现。看两耳连喉下、左右两臂、手掌手背、十指指甲、心胸、两乳、乳傍、胁肋、脐、大肚、小腹、阴囊、外肾、玉茎（妇人产门）、左右两大小腿、脚、脚底板、十趾、趾爪。翻身背面，看脑后承枕骨、颈项、背脊、腰脊，臀后看有无笞杖痕，看粪门。尸上是何处伤痕，或青或紫，或赤或黑，或有血无血，并量大小、长阔、深浅等分寸，令仵作指定报明，检官亲临看视无差，押凶犯认明，并尸亲干证等俱认确，然后照报，朱笔填入尸格。检毕，令各书押于尸格之后。其身尸某处，或有雕青、灸痕、疮痕之类，俱宜开填尸格之内。①

须要说明的是，黄六鸿说"检尸次序止作两面，与验法作四面不同"，所谓"四面"，指宋慈《洗冤集录》而言。在《洗冤集录》中，验尸是分正头面、翻身、左侧、右侧四个部分来进行的。② 从元代起，化繁为

---

① ［清］黄六鸿：《福惠全书》卷15"人命中"，刘俊文主编：《官箴书集成》第3册，第382页下栏—383页上栏。依清代对检、验二字的区分，王又槐此处检当作验解。
② ［宋］宋慈：《洗冤集录》卷2"验尸"，张松等整理：《洗冤录汇校》上册，第35页。

简，即变四缝为仰、合二面，黄六鸿此说与当时的鉴定文书要求相一致。

清代从案件处理的角度要求速验，但实践中案情性质多变，道路远近不一，官员勤惰不同，如果到达现场发现尸体高度腐败的，只能采用蒸骨这种技术。白如珍即谓："命案有并未报官私自掩埋者，或经访闻，或尸亲告发，如审有谋故斗殴重情，则先开棺验明尸伤，若尸久腐烂，无从相验，即叙明凶犯证佐各供，通详请检。"①因蒸骨更多地与覆检相联系，故其具体的程序将于覆检部分详述，此处不再赘述。

验尸中另一种特殊情形是尸体无法寻获，如被水冲走等。"凡听断，依状以鞫情，如法以决罚，据供以定案"②，清代在供证充分的情况下，是可以定案的。《粤东成案初编》中即有一案：道光元年（1821），彭文开因窃割无服族弟彭文炳麦，适彭文炳与族人彭绍秋、彭乌能看见，打斗中将彭文开杀死，"同姓不宗之彭亚当路过瞥见，救阻不及"，"彭文炳即与彭绍秋将尸抬至附近鹅地河边，丢入河内，经黄政在对岸河边捕鱼望见，时值春水涨泛，尸身立时漂没"，后彭文炳在监病故，彭绍秋逃逸未缉获，从刑部反馈来看，并未认为彭文炳缉获不当。③但是这种情形显然是少之又少的。

具体验尸过程中，有如下注意事项：

（一）防仵作弊

清律要求官须亲自察验，这一方面缘于对仵作的不信任，另一方面也是官员考成责任的需要。在《律例馆校正洗冤录》中即记载了种种

---

① ［清］白如珍：《刑名一得》卷上"论命案"，杨一凡主编：《中国律学文献》第3辑第4册，黑龙江人民出版社2006年版，第34页。
② 《钦定大清会典》卷55，新文丰出版公司1976年影印本，第579页上栏。
③ 《粤东成案初编》卷12"命案·验检弃毁·应抵命案弃尸以失据供定案"，道光十二年刻本，藏于广东省立中山图书馆，第50a—52b页。

防范仵作作弊的识辨之术,官箴书亦对此再三强调,如李渔言:

> 检尸之弊多端,难更仆数,其显而易见者,备载《洗冤》等录,人所共知。另有一种奇弊,谓之买尸造伤,不惟伤假,并尸亦假,令人莫可测识。有等奸民,惯盗新墓中骸骨,以皂矾、五棓、苏木等物,造出浅淡青红等伤,卖与诬告人命者,贿通仵作,以此陷害仇家;或竟出仵作一人之手,取获重利。检官不能觉察,曾有诬成大狱者。所以检尸一事最难,不但伤之真假宜辨,并尸之真假亦宜辨也。①

觉罗乌尔通阿亦言:

> 人命,印官亲验尸伤,是第一要着。不可委之佐贰,亲验则经目分明,自己放心,刑仵不敢轻易作弊。凡伤如缢死与被勒有别,溺死与抛尸有别,自刎与被杀有别,生焚与毁尸有别,真假在此,印官总宜眼见。勿得以尸身臭味为秽,勿得以死尸近身为凶,远坐高棚,香烟缥缈之中,而听其喝报也。若仵作受尸家贿买,造伤虚捏,以假为真;受凶家贿买,隐伤不报,以重作轻。人命关天,生死含冤,是谁之过欤?倘有前弊,被人告发,上司另委他官,亦难辞相验不实之咎矣。莫若忍臭味于一时,省葛藤之无已,为至当耳。②

防仵作弊的办法,是官员平时要熟悉洗冤技术,临场时在仵作喝报

---

① [清]徐栋:《牧令书》卷19"刑名下",刘俊文主编:《官箴书集成》第7册,第426页下栏。

② [清]觉罗乌尔通阿:《居官日省录》卷3"人命",刘俊文主编:《官箴书集成》第8册,第98页下栏—99页上栏。

后要亲自察验。不过验尸时,秽气实难令人忍受,特别是面对高度腐败的尸体时,呼吸稍有不当,即有令人作呕之感,因此清代即有官员提出应对之法:

> 令多烧苍术,以辟秽气。先令仵作刑人将尸洗净,然后带同仵作,面同尸亲,赴尸旁,照式量验。背风而立,口内先含生姜一块,右手用真阿魏一块,持以掩鼻,使秽气不得入。验毕退三五步,令醋泼炭于地上,跨而过之,使秽气脱然。①

所谓阿魏,系极臭之中药材,取其掩鼻,大概有"以臭攻臭"之目的。也有如方大湜主张以其他气味克毒的:"如恐站立上风,仍有秽气,只用新布小手巾,醮烧酒掩鼻,秽气自不能入,麝香切不可用。"②以今日法医看来,掩鼻实为不当,因为在遇到有些毒物中毒如有机磷中毒时,打开胃部会闻到特殊气味,掩鼻则会影响相关判断。只是尸臭与书香固不相容,不让士大夫们掩鼻又能如何呢?

(二) 当众面验

《大清律例》"尸伤检验不以实"条载:"检验自尽人命,如尸亲远居别属,一时不能到案,该地方官应即验明,立案殓理。"③推而知之,通常情况下检验尸伤时尸亲皆应到场,仅自尽可作例外。须说明者,自尽案尸亲不到场,是可不到,能到仍应到。如道光二十一年

---

① [清]徐栋:《牧令书》卷19"刑名下",刘俊文主编:《官箴书集成》第7册,第420页下栏。
② [清]方大湜:《平平言》卷3"初验不可草率",刘俊文主编:《官箴书集成》第7册,第683页下栏。
③ [清]薛允升:《读例存疑点注》,胡星桥、邓又天主编,第865页。

(1841），抽查漕粮御史王庆元自勒身死，赛向阿、黄爵滋前往验讯，"臣等即当遴派章京司员，带领吏仵，前往东便门外大通桥天后宫庙内，跟同尸子王绍政，如法相验。据忤(仵)作曹兴等喝报……"①强调尸亲到场，目的是当面查明真相，易于解释说服，对于诬告的亦可当场质对。白如珍即谓："自尽命案尸亲不到，一面审详，一面关传，如尸亲后到，取供补详结案，或有尸亲图诈挟制，故意避匿者，须访缉唆讼把持之人，根寻到案。若真正命案尸亲实在远出，不能即到者，验讯明确亦须先行详报。"②

除尸亲外，其他人等也须到场。宋慈于《洗冤集录》中即强调，"凡到检所，未要自向前，且于上风处坐定，略唤死人骨属或地主（湖南有地主，他处无）、竞主，审问事因了，点数干系人及邻保，应是合于检状着字人齐足。先令札下硬四至，始同人吏向前看验。"③《牧令须知》卷六的通详样本，即有"对众如法相验"字样。④乾隆初年江西省则特地规定："嗣后印官遇有人命，呈报到案，务遵定例，亲诣尸所，眼同尸亲凶犯人等，验明……"⑤宝坻县档案中，提前派役前往计开的名单下都注有"到"或"不到"字样，或只在未到者下标有"未到"二字，此即诣验之时清点到场人员的记录。图9-1为会理州衙的一份传讯单，虽然并非命案，但从记录方式上看与宝坻县档案中的命案传讯单并无二致。

---

① 黄大受辑：《黄少司寇(爵滋)奏疏》，近代中国史料丛刊续第185辑，文海出版社1975年版，第80页。
② [清]白如珍：《刑名一得》卷上"论命案"，杨一凡主编：《中国律学文献》第3辑第4册，黑龙江人民出版社2006年版，第36页。
③ [宋]宋慈：《洗冤集录》卷1"检覆总说上"，张松等整理：《洗冤录汇校》上册，第10页。
④ [清]刚毅：《牧令须知》卷6"刑房文移稿件式"，刘俊文主编：《官箴书集成》第9册，第265页下栏。
⑤ [清]凌燽：《西江视臬纪事》卷2"详议·请通饬印员相验之法详"，杨一凡主编：《中国古代地方法律文献》乙编第11册，世界图书出版公司2009年版，第550页。

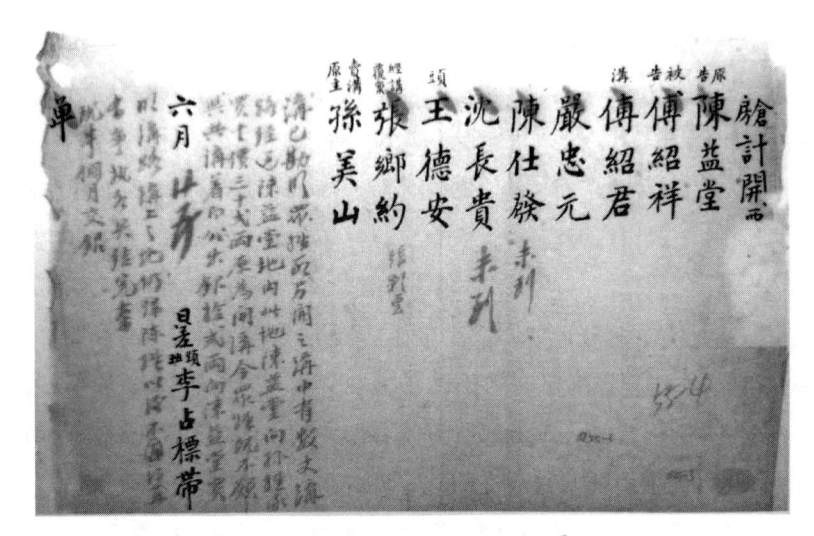

图 9-1　四川会理州衙役提讯单①

（藏于四川省会理县档案馆）

唯众人到场时，稍有不慎便易发生哄闹，故须注意弹压，这是对官员平时官声及检验技术的综合考验。如嘉庆二十五年（1820），湖北省孝感县汤辅清之妻汤汪氏因被其夫责骂，乘夜投塘身死，结果在验尸时汪氏娘家"汪春元等男妇多人，并有生员汪澍、职员汪春来等肆行哄闹，俱不许起尸出验，该件作见汪姓人众，急图脱身，即藉尸已发变，捏称腐烂"，造成相验工作无法正常进行，汪家又借机京控，引发了一系列事端。②

（三）凶器比对、证据保全

对于凶器等物证的查验与保存同样是初验过程中的重要事项，如

---

①　图片引自四川省档案馆编：《巴蜀撷影：四川省档案馆藏清史图片集》，中国人民大学出版社 2009 年版，第 104 页。

②　《朱批奏折》，藏于中国第一历史档案馆，04-01-01-0633-023。

黄六鸿云：

> 如凶器已获，即问凶犯是否所持伤之器；如未获，即问凶犯提取，立限原差取到，仍问明凶犯是否此器。若系金刃所伤，凶仗或有血痕，亦未可定也，须试看，然关系不在此。凶器验明，便摘取凶犯认凶器认状，亲笔花押，免其日后展辩。将认状附卷，凶器上用白棉纸裹束，上写某案某人凶仗，官用朱笔点过贮库，库吏随持贮库凶器赃物簿，注明某案某人某凶器，前件下于某年月日收贮讫。列前件者，日后解审上司，如并解凶器，以便于前件下，再注取解某衙门审验字样也。①

黄六鸿说的主要是金刃凶器，而对于缢死的，则缢绳亦当保存好。如在宝坻县档案中，有光绪二十一年(1895)的嘉善里郭孙氏自缢身死案，其通详文中即有"除将一干人等省释，缢绳带回存库，尸棺饬属领埋"字样。② 此外，在宝坻县档案中还有一嘉庆八年(1803)着鞋脚踢肾囊致人死亡的案件，对于鞋也作了"凶鞋贮库"的处理。③

关于毒杀的，则"服毒自尽，取验盛药器皿，有无余剩毒药，叙入详内"④。古人判断是否中毒常用银针，银针验后须附卷保存，如《粤东成案初编》载："经前署州赵荣饬令仵作用银簪探验咽喉、谷道，取出微黄

---

① [清]黄六鸿：《福惠全书》卷14"人命上"，刘俊文主编：《官箴书集成》第3册，第366页下栏—367页上栏。
② 《顺天府全宗》，藏于中国第一历史档案馆，28-4-243-112。
③ 《顺天府全宗》，藏于中国第一历史档案馆，28-4-201-004。
④ [清]王又槐：《办案要略》之"论详案"，刘俊文主编：《官箴书集成》第4册，第773页上栏。

色,洗擦即去,前署州赵荣因既经探验,即将银簪包封,发房附卷。"①如果日后怀疑验毒是否正确,须再取出原验银针察看。

(四) 确定致命伤

《大清律例》"斗殴及故杀人"律云:

> 凡斗殴杀人者,不问手足、他物、金刃,并绞(监候)。故杀者,斩(监候)。若同谋共殴人,因而致死者,以致命伤为重,下手(致命伤重)者,绞(监候)。原谋者,(不问共殴与否,)杖一百、流三千里。余人(不曾下手致命,又非原谋,)各杖一百(各兼人数多寡及伤之轻重言)。②

因此确定致命伤对于何人抵命非常重要,宋慈在《洗冤集录》中即已指明:"凡伤处多,只指定一痕系要害致命。"③清代为此即在尸格上统一标明了致命伤与不致命伤,以便对比,前已详叙,故在此不再赘述。

五、验毕质对

这是同尸亲、邻证、凶犯到场相对应的:在尸亲人众到场的情况下,及时质对说明,有利于释疑解惑。系诬告则当场化解,系不明真相则当

---

① 《粤东成案初编》卷12"命案·验检弃毁·斗杀命案刑书受犯贿嘱掉换探验银簪教犯翻供捏指毒毙致遭蒸检加等拟军扶同捏饰之件合过付之犯俱减等拟徒",道光十二年刻本,藏于广东省立中山图书馆,第2页a。
② [清]薛允升:《读例存疑点注》,胡星桥、邓又天主编,第581页。
③ [宋]宋慈:《洗冤集录》卷1"检复总说下",张松等整理:《洗冤录汇校》上册,第11页。

众指出，以防止聚众哄闹打抢等现象发生。如《西江视臬纪事》中载：

> 查议得瑞州府详请通饬印员相验尸伤，眼同尸亲验明，即取尸属输服甘结，以杜妄控一案。查人命全凭检验，少有疑似未明，则凶徒狡展，尸亲捏控，讼师刁唆，棍徒挟诈，弊不胜言。故律载，告讼人命，正印官于未检之先即详鞫尸亲、证佐、凶犯，实招以何物致伤何处，立为一案。……嗣后印官遇有人命，呈报到案，务遵定例，亲诣尸所，眼同尸亲凶犯人等，验明本尸被伤若干处所，执要害致命去处，或现于肢体，或伤入筋骨，分别颜色、围圆、长短、实在分寸，当场究明，是何伤仗致伤，比较确切，复逐一指问尸凶人等，质对明白，亲填尸格。①

此外，湖南省于乾隆二十年（1755）亦规定："尸亲所告伤痕，如验得有无、轻重、大小及部位不符者，当下必诘问尸亲，指令亲看折服，取具相符确供，方可填图、掩棺。"②

当场质对说明的过程，有时取决于官员性格与行事作风，可能有极其戏剧化的呈现，如嘉道年间历任多地亲民官的高廷瑶曾述其经历道：

> 有报从兄踢杀其从弟者，验之伤固无二也。将殓，忽其妇持半段木至案前，曰：此助殴者之械，即伤证也，所指助殴为从兄之兄。余察其械，乃乡村负担具耳，谓妇曰：尔前词无助殴语，此何来？曰：翁弟实使我呈验。问翁弟何在，一荛男子应声自人丛中跃出，

---

① ［清］凌燽：《西江视臬纪事》卷2"详议·请通饬印员相验之法详"，杨一凡主编：《中国古代地方法律文献》乙编第11册，世界图书出版公司2009年版，第544—550页。
② 《湖南省例成案》卷19"汇饬各衙门文案内紧要字句不可减省各款"，藏于中国社会科学院经济研究所（缩微胶卷版），日本东京大学东洋文化研究所原本，第8页a。

跪案下,曰:某即是。余谛视之,曰:氏夫之死,有助殴者乎?曰:有。果手足伤乎?抑他物乎?乃指妇所呈曰:此械是也。余顾妇曰:尔村妇,未知比对伤痕法,今当先藉尔翁弟,试与尔观。饬役擒仆,即以械侧势击下,指示妇曰:此侧击痕,尔夫身有此伤否?又横势击下,曰:此横击痕,尔夫身有此伤否?凡经二十击,讯知,乃其自用荷筱者,断弃无用,因与踢杀者之兄有隙,故藉此诬陷。既诘责,察与本案无干,释之去,观者啧啧称快。①

高廷瑶所述乃当今法医学中关于棍器伤之特征性损伤的问题,特别是横击于人体,常形成典型的"竹打真空"或谓之铁轨样损伤,这是其他器物不可能做到的。高当众比对,既让诬告者出了丑,亦让大众信服,提高了自己威信。

又如江苏省例中介绍一案件处理,亦颇有戏剧性:

真情顺理成章,伪必有隙可指,第不当场指明,不能折服其心。阜府前代江宁县事,有老妇服毒图赖,相验时于尸身怀内取出讹人字纸,每言其本身则写他字,尸亲以为奇货。因语其世有自称为他者乎?尸亲遂无可置喙,不复逗习。②

图赖者的这种错误颇有些像《水浒传》中戴宗拿着假冒书信去救宋江,模仿出了蔡京的笔迹,却用错了图章,结果被人识破,入了监牢,险些丢了性命。

---

① [清]高廷瑶:《宦游纪略》卷上,刘俊文主编:《官箴书集成》第6册,第11页下栏—12页上栏。
② 《江苏省例四编》卷2"光绪十七年集例·听讼挈要·辨情伪",光绪年间江苏书局刻本,第5页b。

六、填格取结

（一）填格

在众人无疑、皆能信服后，接下来就是检验文书的填写工作——填写尸格等，这项工作理应由官员完成。"验官亲验无差，押凶犯认明尸伤，并尸亲干证等，俱认确，然后朱笔登记。"①由于古人对尸体皆有忌讳，"拖毕，此笔不要，向前丢去"②。

（二）取结

在此环节当然首先要取仵作之结，其重要性已在前文叙述，兹不赘言。同时，尸亲、凶犯等结亦需取具。取结有"四不扶同"之说，明代《慎刑说》中有"仍严责吏仵，眼同原被干证，取四不扶同甘结"③，《补注洗冤录集证》注则云："四不扶同甘结，原被干证即吏仵也。"④此处的"干证"指证人，今西宁方言中仍有"你说我偷了你家的猪娃子，谁是干证?"之语。⑤

从宝坻县档案来看，尸亲、邻众甘结的取具，有可以联合一起出具的，邻众如乡保、牌头等共同出具，尸亲如尸父、尸夫等共同出具，这可

---

① ［清］黄六鸿:《福惠全书》卷15"人命中"，刘俊文主编:《官箴书集成》第3册，第381页下栏。
② 蔡申之:《清代州县故事（二）》,《中和月刊》1941年第10期。
③ ［清］陈芳生辑:《洗冤集说》卷8"告明辜限"，张松等整理:《洗冤录汇校》下册，第390页。
④ ［清］王又槐辑，[清]李章煜重订:《补注洗冤录集证》卷1"验伤及保辜总论"，张松等整理:《洗冤录汇校》下册，第422页。
⑤ 林有盛:《西宁方言寻古》，青海人民出版社2003年版，第502页。

能与可联合出具甘结人的立场比较一致有关。如果是妇女,则有其娘家人另出一张的。甘结的具体内容为何,当因具甘结人身份略有差异。其中尸亲出具甘结多同时包含下文述及的领埋内容,有的标题直接即是"领埋甘结"字样,有的标题虽仅"甘结"二字,但内容中写有领埋。此外,尸亲甘结中关于案情与检验内容的描绘,江西省曾要求"须声说实系眼同验明,或金刃,或手足他物,凶伤几处字样"[1]。

在此照录宝坻县档案中记录的嘉庆五年(1800)张有禄被打致死一案中的尸亲甘结以作例证:

甘结

> 具甘结尸母张史氏、尸妻李氏、尸兄张有功、尸弟张有寿,今于与甘结事,依奉结得身子张有禄,实系被赵辅臣用木棍一棍打伤囟门,越日因伤身死,并无二伤,今蒙验明,所有尸身情愿领埋,所具甘结是实。[2]

甘结可能是用笔书写的,如道光年间的漕粮御史王庆元自勒身死案,验后"委系无伤自勒身死,取具忤(仵)作并尸子甘结存卷"[3];亦有打手摹画押的,如褚瑛说:"命案相验后向尸亲云:'伤已验明,必与尔伸冤',令其出具领尸掩埋甘结,亲打手摹存案,案内无关紧要之人当堂开释。"[4]

---

① [清]凌燽:《西江视臬纪事》卷2"详议·请通饬印员相验之法详",杨一凡主编:《中国古代地方法律文献》乙编第11册,世界图书出版公司2009年版,第551页。
② 《顺天府全宗》,藏于中国第一历史档案馆,28-4-197-001。
③ 黄大受辑:《黄少司寇(爵滋)奏疏》,近代中国史料丛刊续第185辑,文海出版社1975年版,第80页。
④ [清]褚瑛:《州县初仕小补》卷上"回署排衙",刘俊文主编:《官箴书集成》第8册,第746页下栏。

因甘结对于案件审结之重要性,故官员可能会抑勒尸亲出具甘结。如咸丰年间,山西汾县知县王应昌诬良民乔栖鸿为盗,立毙杖下,经该管平阳府知府王溥访闻禀揭后,"将案发交太原府知府保龄、候补知府万济审讯,该府等抑勒尸亲,出具病故甘结"①。又如光绪年间,浙江归安县有民众抗粮被拘后死于狱中,委验知县"受朱鉴章(即归安知县)属托,许给尸亲银钱,希图了结,尸亲不允,强捉其手画押,竟有折损手指之事"②。

甘结有利于平息当事人的争议,减少不必要上控,但若过于考虑此点,对甘结内容可能要求过细,对于当事人反而不利。如江西省例专为此规定:

> 除取件作并无增减匿漏甘结外,并取尸亲当场同验伤痕,实系几处并无隐漏结状,一并入详通报。如印官仍有糊涂验报,及检验不公,抑勒尸亲具结情弊,察出严参。如尸伤已明,而尸亲习挦图诈者,据实详明,听候察究,分别治罪。再所取尸亲之结,只须声说实系眼同验明,或金刃,或手足他物,凶伤几处字样,其下手正凶确系何人,致伤凶器确系何物,自应官为详鞫,不得一概勒取尸亲结状,致滋扰累。如此则凶犯狡卸之端可绝,尸亲诬捏之弊自除矣。③

同时须补充说明的是,虽然吏仵、邻证的甘结都应取具,但前文中

---

① 《清文宗显皇帝实录》第4册卷242,咸丰七年十二月下,中华书局1987年影印本,第750页上栏—上栏。
② 《清德宗景皇帝实录》第6册卷403,光绪二十三年三月下,中华书局1987年影印本,第264页下栏—265页上栏。
③ [清]凌焘:《西江视臬纪事》卷2"详议·请通饬印员相验之法详",杨一凡主编:《中国古代地方法律文献》乙编第11册,世界图书出版公司2009年版,第550—551页。

将仵作甘结单列出划入检验文书一类,而尸亲及他人甘结未列入,这一区别划分是基于仵作特殊的身份而作出的。

七、保辜疗伤

验尸所遇伤为尸伤,但如遇有受伤而人未死者,或一案伤及多人而其中有未死者,在清代均需保辜。所谓"保辜","保,养也;辜,罪也。保辜,谓殴伤人未致死,当官立限以保之。保人之伤,正所以保己之罪也"①,意指加害行为人致人受伤后,依照法律规定,确定一定的期限,让加害行为人积极为受害人疗伤养伤,视期限届满时的伤情再进行定罪量刑。蔡枢衡先生认为"保辜制度理当创始于西周"②。保辜需立甘结,《牧令须知》卷六即有其标准样式一份:

具保辜结

具保辜人某某,今于　　与保辜结事。依奉保得小的因何起衅(仍须载明时刻),用手足他物金刃汤火致伤某人某某等处,伤痕蒙恩验明,辜限若干日,查手足他各二十日,金刃汤火各三十日,余限各十日医治(查例载,折破堕胎刃伤筋骨者辜限各五十日,余限各二十日),如限内因本伤身死,情甘抵偿,保辜是实,某年某月某日具保辜某人。③

---

① [清]薛允升:《读例存疑点注》,胡星桥、邓又天主编,第623页。
② 蔡枢衡:《中国刑法史》,广西人民出版社1983年版,第208页。
③ [清]刚毅:《牧令须知》卷6"刑房文移稿件式",刘俊文主编:《官箴书集成》第9册,第263页下栏。

保辜制度创立本意,在于督促凶手一方对被害人加紧治疗,以减轻责任。但有官员担心若将伤者交与被告,恐家贫无法治疗;交与原告,又恐盼其死以图赖索诈,故往往亲自承担起治疗责任,如刘衡说:

  本府前在广省八年,川东五任,于初到任三五日内,延请内外科良医各一人,邀入署内居住,及外科药料先行预备。遇有斗殴受伤之人,验明后即将受伤者抬入署中空仓内,其墙壁裂缝处所用厚纸裱糊严密,不令烈日寒风侵入,令受伤者及行凶者之亲属各一二人,并老成书役一二人同住仓库内,眼同医生经理,又派老成家丁一人,专管受伤者医药饮食诸事,未有不应手而效者。①

这已是在承担急救医院的工作了。此外,保辜疗养固有利于增强凶手的救治责任感,同时亦有利于当场固定证据,如不久后死亡,保辜甘结就是一份很好的当时伤情供状。

八、覆讯

  《牧令须知》叙初报法云,"验毕,卑职复加亲验无异,当场填注尸格,将伤仗与伤痕比对相符,饬令将尸棺殓,取具仵作不扶甘结附卷,随当堂查讯。……如自尽者,加看拟议详结(不用覆讯)"②,可知验后一般均有覆讯工作。

---

 ① [清]徐栋:《牧令书》卷19"刑名下",刘俊文主编:《官箴书集成》第7册,第433页上栏。
 ② [清]刚毅:《牧令须知》卷6"刑房文移稿件式",刘俊文主编:《官箴书集成》第9册,第259页下栏。

覆讯的具体操作，《牧令须知》卷六的通详样本载："卑职覆验无异，当场填注尸格，并饬取凶器比对尸伤相符，尸令棺殓，讯据……"①以下即记录讯问乡地、邻佑、尸亲、凶犯。覆讯与"狱贵初情"的讯问不同，后者是重"落膝初供"，减少尸亲诬赖及讼师干扰，便于获取真实情况，甚至决定是否免验等；覆讯则是因验毕后需通禀通详而行，目的在于进一步明确事实，固定口供，减少上司驳诘可能。

但是，验后审具体在何时进行，不同官员间可能有很大差异：有当场进行的，也有带回署衙的。其各有利弊，加之案件亦有不同，故不能一概而论。王士俊在谈其任官体会时，曾得意地说："余三任州县，所定命案不下百余，惟于当场研取确情，从未在堂录囚。"②这即是他的个人经验。

九、交发殓埋

（一）入土为安

古人信奉的理念是"入土为安"，验毕后及时殓埋，无论从案情处理上，还是民众心理上，都具有其重要性。对于大多数案件，尸体交由尸亲殓埋自不必提。对于无主之尸需要及时殓埋者，如同验尸费用一样，该项殓葬费用有由官员出的，如潘杓灿谓："路死之尸，或陆行卒于途中，或水面漂浮……若遇此等尸骸，先宜示令地方不许不报，报明即

---

① ［清］刚毅：《牧令须知》卷6"刑房文移稿件式"，刘俊文主编：《官箴书集成》第9册，第265页下栏—266页上栏。
② ［清］徐栋：《牧令书》卷19"刑名下"，刘俊文主编：《官箴书集成》第7册，第423页上栏。

当捐俸一二金。"①也有由善堂或其他乐善好施之人出的。出于对殓埋的重视，皇帝亦再三发布谕令：

> 顺治十年题准，凡遇地方道毙之人，果系饥寒所致，查无别情者，即行瘗埋。司坊各官不得藉名检验，株连无辜，开奸人骗诈之端。②

> （康熙）十六年覆准，凡有自缢投水身死之人，当日总甲等带同尸亲据实呈报。地方官查自尽是实，别无他故者免检，即令殓葬。若并无他故，该地方官不即完结，及总甲与尸亲当日不即据实呈报，妄行掯勒，并衙役检验之人，有吓诈情弊者，事发之日，将地方官议处，总甲人等俱枷号四十日，责四十板；若受财者，计所受之财，从重治罪。如有他故，听尸亲即日呈告，该地方官当时检验，将尸收殓审理，若实系自缢赴水身死，捏词控告者，亦枷号四十日，责四十板。③

（二）无主标记

对于无主尸体的殓埋，薛允升曾经抱怨说：

> 《周礼·蜡氏》：有死于道路者，则令埋而置揭焉，书其日月

---

① ［清］徐栋：《牧令书》卷19"刑名下"，刘俊文主编：《官箴书集成》第7册，第437页上栏。
② 《钦定大清会典事例》第20册卷851，新文丰出版公司1976年影印本，第15667页下栏。
③ 《钦定大清会典事例》第20册卷851，新文丰出版公司1976年影印本，第15668页上—下栏。

焉，悬其衣服、任器于有地之官，以待其人。(注曰：有地之官主，此地之吏也，其人，家人也。郑司农云：揭，欲令其识取之，今时揭橥是也。有地之官、有郡界之吏，今时乡亭是也。)掌凡国之骴禁。(注曰：禁，谓孟春掩骼埋胔之属。)今律例均不载。①

在薛允升看来，无主尸体虽须埋葬，仍应作相关标记，将其个人识别标志如衣物等保存下来等待家属认领，并为其未载入律例而感遗憾。实际上，对于无主尸体的标记，在清代并非不做，只是许多地方都未明确规定罢了。潘杓灿即云，路毙之尸，"相验明白，开造有无伤痕，约略年纪，填注面貌、衣服，如有携带行李、财帛，公验贮库，以俟亲人识认，遂将捐去银两买棺盛殓，且勿牢钉，令土工扛至义塚地上，培土暂埋，标立记号，待日久无人寻认，再从其便"②。余治在《得一录》中记载善堂的运作规章时，亦有"嗣后遇有路毙有伤浮尸，及在荒坟野厕自缢自尽，无属出认者，即于此单内填明尸身、年貌、服色，赴县呈报，以凭诣验，所有尸身上衣帽、鞋袜，随尸棺殓，字札、银钱、物件储库，棺交地保收管，听候分别查办"③的记载。

(三) 注意事项

尸体是否交尸亲殓埋，首先应考虑到覆检的可能性。如果可能性很大，则尸体不能交尸亲而应交地保等，并作好相关标识。这有利于覆检时确定是否为原尸，亦可避免尸体被破坏或伪造伤痕。如嘉庆二十

---

① ［清］薛允升：《读例存疑点注》，胡星桥、邓又天主编，第867页。
② ［清］徐栋：《牧令书》卷19"刑名下"，刘俊文主编：《官箴书集成》第7册，第437页下栏。
③ ［清］余治：《得一录》卷8之4"收埋路毙浮尸章程"，刘俊文主编：《官箴书集成》第8册，第589页下栏—590页上栏。

五年(1820)发生在湖北孝感的汤汪氏投水一案中,汤辅清之妻汤汪氏因被其夫责骂,乘夜投塘身死。初验时,因汪家集男妇多人在场哄闹,署孝感知县王纲又不能有效弹压,以致无法正常开展检验工作,只得草草了事,"谕候详检,当即将棺封记,交保看守"。次日王纲又谕令县差张同仁"同保正在汪氏尸棺上加土,盖用灰记,并在棺木两旁私插白筷二只,作为记认"。后尸父汪春元赴院司呈控,尸兄汪德彰则京控,并由步军统领衙门具奏,案交湖北巡抚杨懋恬督同臬司陆言亲自审讯。因原有灰记,且准备开检时查看封条灰印暗记俱存,又交与保正看守。虽尸亲声称尸被调换,但因有各项准备防范工作,故其指控未被采信:"臣查,此案未经启检之前,即将该县先后派令看守尸棺之差保人等逐一提讯,佥称尸棺并未有人移动,取有供结,及经检验细加查点,该尸所穿衣服,俱与两造所供并县府卷内清单丝毫不爽,现又检系溺水身死,其实系汪氏尸身,并非调换,已属确凿。"①

如果不能充分预料到覆检,或虽预料到但未由地保等"在官人役"来保存而擅交由尸亲,可能导致一系列负面影响。如光绪年间引发三次京控、四次覆检的黑龙江监生王景殿呈控其兄被谋害案,其兄初验即明确实死于自缢,但王景殿纠缠不休,在前三次检验均无伤损的情况下,第四次蒸检竟然发现颅骨损伤(第五次又检仍系自缢,并指出四检时发现的颅骨损伤乃系死后伤)。之所以四检时出现如此之大的反复,官方的一个根本性失误就是令尸棺始终置于王景殿家:"讯悉:该省覆验后,尸棺即厝王景殿家园内,迨奉天委员锡章前往启视,据称封条损失,布单已换,其中不无可疑。"②

---

① 《朱批奏折》,藏于中国第一历史档案馆,04-01-01-0633-023。
② 《朱批奏折》,藏于中国第一历史档案馆,04-01-01-0933-027,04-01-26-0075-023,04-01-01-0939-026,04-01-01-0939-033。

还须注意的是,在官员考虑能否交与尸亲殓埋的同时,还存在交与尸亲而不予领取的情况,这一般就意味着事态的严峻——尸亲等对检验结果完全不信赖。刘衡即警告说:"尸亲微有风闻,势必不服,往往不肯领尸,或将尸身抢匿,或将尸棺击破,甚则有殴差、碎轿、辱官之事。"①

但是,若过分考虑覆检之可能,又会影响正常安葬,对于死者入土、家人感情实为不利。江西省于乾隆初年曾为此专门谕示:

> 遵查州县一切命案,身尸既已报官检验,则伤迹已明,自应即着尸亲领埋,一面照例通详以免经年暴露。乃江省详报一应命案,相验之后,均将尸棺封交地保,必俟结案后始行给埋,历年相沿,俨同成例。本司细察其由,总缘江俗嚣讼,每多验后翻控,而州县之谙于检验精确不移者,又率不多得,故初检、覆检往多互异,虑其翻更于后,故不敢给埋于先,实亦习而不觉其非者也。②

光绪十二年(1886),针对京师命案办理中的此类问题亦有上谕:"嗣后相验案件,各衙门务当循照例章,分别迅速办理,毋任吏役勒索滋弊等因。钦此。"刑部就其中验后发交领埋的奏覆是,无论内城抑或五城,"于验明后即令尸属殓埋……并非案结始行下票,历经遵照办理,从无延误之处",同时表态,嗣后"应仍谆饬该司员,以后遇有相验案件,不得稍有稽迟"。③ 刑部的奏覆或有些文饰,但恰反映了殓埋环节于检

---

① [清]徐栋:《牧令书》卷19"刑名下",刘俊文主编:《官箴书集成》第7册,第433页下栏。
② [清]凌燽:《西江视臬纪事》卷2"详议·命案检明即许掩埋议详",杨一凡主编:《中国古代地方法律文献》乙编第11册,世界图书出版公司2009年版,第585—588页。
③ 《钦定大清会典事例》第20册卷851,新文丰出版公司1976影印本,第15674页上—下栏。

中的重要。

因此,仅就交家属正常殓埋与否即需有大智慧:既需要对自己检验水平的信心,亦需要将案情整体把握清楚,还需要平衡仁政教化下的民本之心与集权体制下的己之考成。

第四节　验毕

尸身处理完毕后,现场工作即告结束,下面即是释放无干、回衙、向上司禀报等工作。

一、释放无干

勘验、录供工作完结后,释放无干人等非常重要,这有利于减少不必要的讼累。当然,无干释放的另一面即是将必要的犯证带回羁押。清朝的狱政环境不良,用于人证等临时羁押的"班房""卡房"更是恶劣,瘐毙之事常有,且人证等关押过久实无必要。故姚德豫谓:

今之牧令,能杀生人乎哉?案有枉纵,则尸亲可告,犯供可翻,上官可提,部院可驳。今之牧令,可杀生人乎哉?然牧令不能冤杀正犯,而能冤杀无辜干连之人。苟不详慎于始,尸亲告而干连人证拖累矣;犯供翻而干连人证拖累矣;上官提,部院驳,而干连人证拖累矣。小民以力为食,一人在官,全家失养,拖累日久,不死其身,则死其父母妻子。而牧令且以正犯无枉纵,告无过也,是无杀人之名有杀人之实。①

清代之邻证拘羁,除与州县玩惰相关外,亦与其制度设计中的案件详报后需等待上司进一步批示有关。"自尽命案情节无疑,拟议止于杖责者,亦应随详完结,即通报之件一面具详,一面先行审理,此历来楚省各有司皆如是办理。"②而他杀案件在向上司通详之后,上司可能反复驳诘,"从来盗贼人命重大事情,院道不得不批府厅,府厅不得不批州县者,势也。府厅三四驳而后详之司道,司道三四驳而后详之抚按者,例也"③。"案有犯证,尚须覆讯者,势不能不暂予羁管。繁剧之处,尤所多有"④,致成兹累。因此,关于自尽、病毙等案,要求于尸场审定明确后,即将原被邻证人等尽行释放,以免拖累,"若州县官有故意迟延拖累者,革职(私罪)"⑤。

关于邻证人等,清律设计有保释制度:"凡内外大小问刑衙门设有监狱,除监禁重犯外,其余干连并一应轻罪人犯,即令地保保候审理。"(雍正五年,1727)⑥"直省审办案件,轻罪及干连人证,交保看管。"(同治九

---

① [清]姚德豫著,[清]李章煜重订:《洗冤录解》之"为干连人等全活数命解",张松等整理:《洗冤录汇校》下册,第597页。
② 《湖南省例成案》卷7"议驳祁阳县条禀自尽命案随详拟结各条",藏于中国社会科学院经济研究所(缩微胶卷版),日本东京大学东洋文化研究所原本,第42a—b页。
③ [清]武攀龙:《严批驳以清积案疏》,[清]贺长龄等编:《清经世文编》(下册)卷93,中华书局1992年版,第2292页。
④ [清]汪辉祖:《续佐治药言》之"押犯宜勤查",刘俊文主编:《官箴书集成》第5册,第328页下栏。
⑤ [清]文孚纂修:《钦定六部处分则例》,近代中国史料丛刊第34辑,文海出版社1969年版,第868页。
⑥ 《钦定大清会典事例》第20册卷839,新文丰出版公司1976年影印本,第11546页下栏。

年,1870)①。律例虽规定应由地保保释,但保人的身份实际上是多样化的,胡铁球曾于歇家的研究中,详细考证了歇家可能于传统司法中的参与作保。② 清末曾作幕的陈天锡则回忆说:"保人由当事人自己去找,只要是在当地做生意的商家,或其他由主官认可的正当人士都可以作保……因为保人的责任,是担保到应审的时候交出人来,到时交不出来,并不是罚钱了事,而是要收押保人的。"③

实践操作中,可能并不需一对一的担保,而是根据需要一人替多人作保。在宝坻县档案中即有一嘉庆二十四年(1819)闰四月案发(凶犯刘文成当即被乡保捉获),第二年因上司批驳,地保邻证等被再度传唤,于受讯后一干人等被允回家时所出具的保状:

保状

具保状民人王福安住南苑庄,今于

与保状事,依奉保得刘文成殴伤褚守才之妻身死案内:牌头赵国举,邻佑刘云,人证褚云峰、褚文智、褚文宵,暂行回家,听候传唤,如有错误,惟身是问。所具保状是实。④

上述中的保人王福安不在讯问计开名单之列,他即应系官方认可之保人,我们并不清楚其更具体的身份。从上述保状来看,他一人担保了牌头、邻佐、人证等的保释及日后必要时的随唤随到。

---

① 《钦定大清会典事例》第 20 册卷 839,新文丰出版公司 1976 年影印本,第 11548 页下栏。
② 胡铁球:《明清歇家研究》,上海古籍出版社 2015 年版,第 440—443 页。
③ 张伟仁:《魔镜——法学教育论文集》,清华大学出版社 2012 年版,第 200 页。
④ 《顺天府全宗》,藏于中国第一历史档案馆,28-4-198-161。

二、回署排衙

检验完毕后官员打道回府,衙役需做好迎接工作,"回衙吩咐茶房,预备大堂,大案原差,预备炮竹,伺候排衙"①。排衙即衙役分列站好,候州县升堂问案;预备炮竹,当取辟邪之意。从后人相关考证来看,这一仪式应该是由长随具体安排。②

三、通禀通详

验讯工作需及时上报,主要文书有通禀与通详,通常是通禀在前,通详在后。③《六部处分则例》规定:

> 地方人命案件,州县官于亲诣相验之后,限五日通禀。如迟至十日始行通禀者,记大过一次;十五日,记大过三次;二十日通禀,即照应申不申律,罚俸六个月。倘有心讳匿不报,别经发觉,仍照讳命例议处。④

---

① 中国社科院近代史研究所图书馆整理:《衙役职事》,中国社会科学院近代史研究所近代史资料编辑部编:《近代史资料》(总91号),中国社会科学出版社1997年版,第23—24页。
② 辛德勇:《〈衙役职事〉补正》,中国社会科学院近代史研究所近代史资料编辑部编:《近代史资料》(总95号),中国社会科学出版社1998年版,第296页。
③ 那思陆:《清代州县衙门审判制度》,范忠信、尤陈俊校,中国政法大学出版社2006年版,第82页。
④ [清]文孚纂修:《钦定六部处分则例》,近代中国史料丛刊第34辑,文海出版社1969年版,第870—871页。

又《六部处分则例》亦规定通详期限及迟延处分：

地方人命案件，州县官于亲诣相验之后，即用印文通详。如先未通详，仅止通禀，直至获犯招解，始行补详；或犯已就获未及通详，因卸事而移交后任补报，均照事件迟延例。逾限不及一月者，罚俸三个月；一月以上，罚俸一年；半年以上，罚俸二年；一年以上，降一级留任。①

如讳命、讳窃、讳盗，则其处分更重。《六部处分则例》即规定：地方有杀死人命，州县官知情隐匿不行申报者，革职。

（一）通禀

《牧令须知》录有通禀格式，兹抄录如下：

敬禀者，窃某年月日，据州县属某村乡地某人报据村人某投称，伊某人因某事向某人起衅，被某人用某凶器致伤某某处身死，往看属实，理合报请诣验等情，并据尸亲某呈同前由，各到州县。据此，卑职随即饬差拘拿凶犯某人，一面轻骑减从，带领刑仵人役，亲诣尸所相验无异，提讯凶犯某供，随讯乡地尸亲邻证各等供，均与报词同，当将凶犯带回收禁，余人分别保释，除再研讯确情，并依限填格录供，具文通报外，所有验讯过此案大概情形，先行通禀宪台查核。除径禀抚藩臬道宪外，肃此具禀云云。②

---

① ［清］文孚纂修：《钦定六部处分则例》，近代中国史料从刊第34辑，文海出版社1969年版，第871页。
② ［清］刚毅：《牧令须知》卷6"刑房文移稿件式"，刘俊文主编：《官箴书集成》第9册，第265页下栏。

（二）通详

通详已于第七章内录有格式，兹不赘述。

需要说明的是，对于自尽、病毙人命，同样需要通详。清朝曾一度取消病毙之案专案详报制度，实行按季汇报院司，结果遭到反对，原因是担心健讼者上控之时，上级无案情可掌握，因此需尽早上报，以便抚臬及早掌握实情。对于此一经过，《大清会典事例》载：

> （乾隆）二十二年议准：自尽、病毙案件，验讯果无别伤别故者，仍照旧例录供，填册专案通详院司，覆核存案，若案情可疑，办理疏漏者，指驳究审。
>
> 又奏准：查酌归简易条内，凡有自尽、病毙案件，各州县免其逐件通详，止令按季汇报。又议准：嗣后随时详报该管府州，直隶州详报该管道员，按季造报院司。如道府直隶州迁就扶同，一并参处，固已慎重周详，惟民情诈伪，多以健讼为能。凡有户婚田土等事，经州县审明定案，毫无疑义者，犹复赴上司衙门告官告吏。有自尽、病毙人命更视为奇货可居。悬梁自尽者，则称殴死之后假装自缢；投河自溺者，则称斗殴推入河中毙命；实系病毙者，则称遍体鳞伤身死，地方官捏报病故；更有出嫁之女，因翁姑管教，愚妇无知，轻生自尽，其父母已查明确实，情愿殓埋者，而伯叔兄弟捏称父母受贿私和，种种奸伪难以枚举。此等刁徒往往赴院司控告，全凭州县验讯详审，与呈词查对，酌核情节，讯明如系假捏，立时责处，递籍收管，庶可惩诬告而遏刁风。今若仅报道府直隶州查核，按季汇报院司，则未经报到之时，刁徒乘

机赴控，无案可稽，虚实难以遽定，批准审虚，虽治以诬告之罪，而良善之拖累已属难堪。况州县各官之才识不同，勤惰亦异，若仅详道府直隶州，仍按季汇题院司，恐滋讳匿，转启不肖书役乘机舞弊之端，即道府直隶州亦难保其必无疏漏，应令各州县仍即相验讯供，专案通详，该上司就案核结，随时参酌，于属员既可观其才具，而刁徒亦可藉以惩儆。①

至于京师自尽之案，甚至需向皇帝奏报，如康熙十二年（1673）谕："近问刑部呈报缢死者甚多，关系人命，深为可悯，着将缢死人数月底汇写启奏，不必用印。"②当然，这只是供皇帝了解民瘼之用，而非对具体案情的参与。

四、侦缉凶犯

清代人口异地流动相对较少，他杀命案，邻里纠纷者居多，故凶手易缉。唯陌生人作案仍有，因此勘验之后，需加紧侦缉。《钦定大清会典事例》载：

> 雍正四年议准：路死人命，即以仇盗未明通报，自报出之日，扣至三个内，查明是仇是盗。即按报出之日，扣限一年，缉获凶犯。若三个月内不能查明是仇是盗，先行题参，罚俸三月，仍按始初以

---

① 《钦定大清会典事例》第20册卷851，新文丰出版公司1976年影印本，第15671页上—下栏。
② 《钦定大清会典事例》第20册卷851，新文丰出版公司1976年影印本，第15668页上栏。

仇盗未明报出之日,扣限一年缉获。如逾限不获,将该地方官照缉凶不力指参,吏部照例议处。①

清代实际执行缉捕者主要为捕役、汛兵,民壮及团练亦应协缉盗贼,但缉捕总责则属州县官及捕官(吏目、典史、巡检等官)。② 缉捕要犯或重犯时,又常须详明督抚,转咨各省通缉。《大清律例》载:

> 脱逃要犯,务将该犯年貌、籍贯、有无须痣,详细开明,行文通缉。各州县于文到之日,差捕认缉,一面填写印票,分给各乡总甲,遍行察访。如果遍缉无踪,年底取具甘结,转详咨部,仍令接缉务获,知照销案。③
>
> 州县广缉重犯,不得滥给缉票。先将该犯年貌、案由并差役年貌、籍贯及所差名数,一面详明督抚知照各该省;一面改用通关,给与差役携带在身,密行侦缉。如有踪迹,即将通关呈报该地方官,添差拿解。如缉无踪迹,仍投换回文,以为凭验。④

但凶手何人之确定与缉拿并非易事,光绪七年(1881)江苏省规定:

> 常州府钱守禀各属无名伤尸之案可否定限严缉分别惩儆。……光天化日之下,时有无名伤尸,甚至久未破获,实属不成

---

① 《钦定大清会典事例》第20册卷851,新文丰出版公司1976年影印本,第15669页上栏。
② 那思陆:《清代州县衙门审判制度》,范忠信、尤陈俊校,中国政法大学出版社2006年版,第92页。
③ [清]薛允升:《读例存疑点注》,胡星桥、邓又天主编,第767页。
④ [清]薛允升:《读例存疑点注》,胡星桥、邓又天主编,第768页。

事体……近年来地保禀报无名伤尸之案,因无尸亲控究,一验一详,已成故套……嗣后凡正属州县遇有无名伤尸之案,不论有无失物,以报验之日起,如一月不将凶犯缉获者,记过一次;三月不缉获者,记过二次;半年不缉获者,记大过一次。每案递加,积至大过三次小过九次,应即撤任。①

即使在当代,科技投入普遍化、警力配置远高于清代,确定犯罪性质和缉获凶手仍是难题。而由上述清代规定之严,亦不难理解其讳命现象存在之正常。

---

① 《江苏省例三编》卷2"光绪七年臬例·无名伤尸定限严缉分别惩儆",光绪九年江苏书局刻本,第8a—b页。

第十章
覆　检

检验结果作为命案审理的中心证据,对于案情分析、案件定性、刑罚适用,都有着关键意义。但是初次检验因各种原因,难以保证总是正确的;或虽然正确,但因尸亲、凶犯狡抵不服,或官员心中有疑,这就需要发动覆检。因覆检之中多需检骨,故本章先论检骨诸事项,再论覆检制度。

第一节　慎重开检

如前所述,清代有验有检,严格意义上的检只指检骨。检骨在操作程序与相关制度规定上与体表检验有很大不同,这些不同,除了由技术上的差异所造成外,更与文化观念有密切的关系。

一、检骨之文化观念

古人历来信奉"全身","'全身'意识根深蒂固的影响,使中国人甚至连对死后尸体不能保持完整都怀有极大的恐惧"①。《礼记·祭义》言:"天之所生,地之所养,无人为大。父母全而生之,子全而归之,可谓孝矣。不亏其体,不辱其身,可谓全矣。"反映在传统刑罚中,即虽然斩、绞在西方人看来并无二致,但斩刑在中国传统刑罚中始终被视为重于绞刑。而对于逆伦重犯,纵使病故,仍要"剉尸"。嘉庆二十一年(1816),刑部即在一说贴中强调:

> 查律载:谋杀祖父母、父母及期亲尊长外祖父母、夫之祖父母、父母,已杀者皆凌迟处死。注云:监故在狱者,仍戮其尸。又例载:杀一家非死罪三人及支解人为首监故者,仍剉碎死尸、枭首示众各等语。诚以寻常斩决斩候人犯于未经到官之先,及在监在途因病身故者,均以已死免议,即属法外之仁。惟谋杀祖父母、父母,律注云:监故在狱,仍戮其尸。……磔斩所以惩既往,而枭示所以警将来。凌迟之剉尸者,皆系伦纪名分攸关,及残忍无复人理者,罪干恶逆不道,实覆载所不容,未便以先伏冥诛,幸逃宪典,因本身所犯罪重不得以身故免议也。②

"身体发肤,受之父母",前述中国古代有限的几次人体解剖,都施于反逆之人。对全身与全尸的关注,还会进一步延伸为对棺柩与坟冢保存完整的在意。传统堪舆观念认为,坟墓不仅是死者的安息之所,而且因其选址之"气""势"的吉凶,还会影响后代的福荫,有时更被赋予一种神乎其神的意蕴。破坏它,不仅会让死者不安,更影响其家族之兴衰——这无疑是种"损阴德"的行为,古人坚信惊扰阴宅会受到报应,

---

① 何显明:《中国人的死亡心态》,上海文化出版社1993年版,第161页。
② 《凌迟斩枭病故分别剉尸枭首》,[清]祝庆祺等编:《刑案汇览三编》第3编,北京古籍出版社2004年版,第2223—2224页。

《搜神记》即载有汉广川王发栾书冢生疮而死的故事。①

在这种文化观念影响下,开检无疑是一种相当"另类"的行为。须知,在坟山争讼中,即使只掘坟开棺、不触动尸体,清人都主张不应轻易为之:"踏勘坟山不得其平,遂有掘墓以验其铭石,起棺以验其殉葬之宝物以为证,此断断不可轻举。铭石犹在棺外,宝物则附及其身,岂有别无剖断,而自犯开棺见尸之咎乎?且暴露骸骨,大非仁政,冥冥之中鬼亦增其怨恫矣。"②那么,取出尸体进行蒸检以确定死伤原因,就更是一件让人谨慎的事。清人检骨的一些操作细节我们并不清楚,但从民国时期的操作来看,它在起尸出棺后,首先有个尸身卸割、洗刮的过程,"将尸者之四肢并头颅分别割下,用刀将皮肉筋悉数割去"③,然后再施以蒸煮,"以瓮一口为锅,入以醋盐白梅,同骨煮千百沸,取出,用水洗净,向明处照看"④,与"剉尸"相比可谓有过之而无不及!"检尸与凌迟不异,上干天和,破家荡产,又是第二件事。不可不思,不可不慎。"⑤汪辉祖亦曾举自己身边一例告诫说:"昔有强干太守,号称吏才,每逢发审命案,辄以详检塞责。半年之间,骨殖多提省垣,而太守以暴病死,家属仳离官所,遗榇难归。论者谓有鬼祸,其或然欤?!"⑥

---

① [晋]干宝:《搜神记》,贾二强校点,辽宁教育出版社1997年版,第108页。
② [清]黄六鸿:《福惠全书》卷20"杂犯",刘俊文主编:《官箴书集成》第3册,第238页下栏。
③ 《逆伦案开棺蒸检记》(一),《申报》1921年3月19日第10版。
④ [清]黄六鸿:《福惠全书》卷16"人命下",刘俊文主编:《官箴书集成》第3册,第398页下栏。
⑤ [清]觉罗乌尔通阿:《居官日省录》卷3"人命",刘俊文主编:《官箴书集成》第8册,第100页上栏。
⑥ [清]汪辉祖:《学治臆说》卷下"详开检宜慎",刘俊文主编:《官箴书集成》第5册,第285页上栏。

二、开检制度

正是在这种普遍的对尸身敬畏、对检骨操作的恐惧下，同时也为了便于上级掌控案情的进展，清人在检骨操作中表现出相当的审慎。

(一) 通详(禀)请检

不管何种原因需要检骨，州县官都是没有决定权的，必须通详(禀)请检。据《朱批奏折》《军机处上谕档》《粤东成案初编》所载，关于开检发动，站在州县官员角度，除"通详请检""通禀请检"外，还有"详请会检""禀请委员会检""经该县通详请检批府委员检审"等字样，都用"请"字，《处分则例》中更有"州县详请开棺检验之案，以接奉上司批准之日起限"①，皆说明地方州县没有实施检骨的决定权。

至于其决定权，首先可以肯定存于督抚层级，如《粤东成案初编》中即有"刑部咨广东司案呈，内阁抄出，两广总督阮等奏……又经录供通详请检，当由臣等委员前往检明"②、"广东巡抚康疏称……该县恐系原验尸身不实，以致犯供狡展，即行检举，通详请检，批府检审"③等等记载，说明督抚完全可以掌握这一在清人看来颇为"烫手"的权力。但是前文两广总督后用的是"臣等"，又该如何理解？考诸同一文本内

---

① [清]文孚纂修：《钦定六部处分则例》，近代中国史料丛刊第34辑，文海出版社1969年版，第870页。
② 《粤东成案初编》卷12"命案·验检弃毁·斗杀命案刑书受犯嘱掉换探验银簪教犯翻供捏指毒毙致遭蒸检加等拟军扶同捏饰之件作及说合迁付之犯俱减等拟徒"，道光十二年刻本，藏于广东省立中山图书馆，第1a—3b页。
③ 《粤东成案初编》卷12"命案·验检弃毁·殴伤身死件作误报服毒毙命致凶犯藉端狡展检验定案件作拟徒刑书免议"，道光十二年刻本，藏于广东省立中山图书馆，第7a—9a页。

还有"经臣阮于兼署抚篆任"字样,可知督、抚既然由一人身兼,则如果将"等"理解为复数,联名奏报者就必须包括作为一省刑名总汇的臬司在内。那么臬司是否有这一权力?对此,更为直接的证据出现在朱批奏折中,以嘉庆年间武清县韩高氏呈控案为例,"韩高氏不肯输服,该县复详请,臬司饬委宁河县知县缪绂,会同该县札调大兴县仵作张宽,并宁河县仵作范起瑞,取具两造甘结,开棺蒸检骨殖"①。其中直接提到"臬司饬委",说明臬司对于检骨一事也是有直接决定权的。

但是,这一权力有可能发生一些事实上的转移,特别是随着发审局的设立:为应付京控、上控及处理疑难复杂案件,在清中后期普遍设立发审局,为"首府之专司"②,前文提到的汪辉祖的告诫中即有"昔有强干太守,号称吏才,每逢发审命案,辄以详检塞责"一句,结合《病榻病痕录》,可知其所指的就是湖南长沙知府裴某。③ 正因为他是发审局的负责人,所以虽为一府正印官,却能够决定将全省的疑难命案以详检来搪塞。但即使如此,发审局亦只能"详",即一种类似建议臬司、督抚的权力,后者至少还有形式上把关的权力。

需注意的是,不仅是开检,就是对于坟山争讼中的掘坟,州县官都可能没有决定权。如清代案牍《徐公谳词》记载有"葛行德冒祖争山案",原告葛行德与被告程正迪皆称同一块田上两冢为自家祖冢。争论中的一个焦点就是坟中有"二棺三棺之不同"。解决这一问题无须开棺,只需掘坟就可以验证。但县令不能决定此事,知府徐士林亦认为,"本府提核前后供词卷宗,并饬县封解碑石,复委天堂司巡检,服同两造,绘呈山图,齐犯庭讯,个中情节,了若指掌。固无庸挖验,以致祸

---

① 《朱批奏折》,藏于中国第一历史档案馆,04-01-01-0538-020。
② 李贵连、胡震:《清代发审局研究》,《比较法研究》2006 年第 4 期
③ [清]汪辉祖:《病榻梦痕录》,台湾商务印书馆 1980 年版,第 147—148 页。

及枯骨也"①,这间接说明了州县官对于掘坟与否,很可能是没有决定权的。如此,它和检骨的烦琐程序一道,说明了清代官员对此类与人们传统观念严重抵触之行为的慎重。

当然,将这一权力集中于省一级,其原因固然可能一方面出于对传统文化观念的敬畏,另一方面也当与检骨的技术相关。前文已述及,无论官员还是仵作,熟悉检骨技术者都不易得,可能需要全省调集,甚至从外省关借,将这项权力集中于省,可便于在作决定的同时进行官、仵选派;并且清代检骨以多名官员会检居多,这样可通过智力的集中、权力的捆绑,形成比较确定的检骨结果,降低多次覆检的概率。从笔者掌握的案件资料来看,只发现一个案例没有调派官、仵,这是发生在嘉庆年间的广东罗定州一私盐贩被盐埠巡丁发现并打斗致毙的案例,该案系初检,"该州获犯陈得贵到案诣验,适尸身业已发变,无凭相验……案关人命非检不明,当经通详请检,奉批检审,嗣据该州检明"②。它可能与该州的仵作本已掌握了检骨的技术有关,但程序上仍是"通详"并向上级作出请示。

(二) 尸亲到场

前文已述,"州县详请开棺检验之案,以接奉上司批准之日起限。迟延十日以内者免议,逾限……一年以上革职。如奉文后适值阴雨连朝,或尸亲患病不到,但准其声明扣除"③,说明尸亲必须临场才可开

---

① [清]徐士林著,陈全伦等主编:《徐公谳词:清代名吏徐士林判案手记》,齐鲁书社2001年版,第205页。
② 《粤东成案初编》卷12"命案·验检弃毁·格杀之案见证未到尸亲不能指证检验定案",道光十二年刻本,藏于广东省立中山图书馆,第36页 b。
③ [清]文孚纂修:《钦定六部处分则例》,近代中国史料丛刊第34辑,文海出版社1969年版,第870页。

检。《粤东成案初编》中亦有如下文字:"该府因尸亲尚未提到,未便遽行启检,复经催提尸妻谭邓氏到府,经该府西彰阿督同委员……检明。"①检骨时尸亲到场,除兼有与体表相验中相同意义外,更有其独特之处,即个体识别的需要。无论是尸棺远途相运,还是到埋尸地开棺,必须要尸亲指认明白确系原尸,开检工作才有意义。这当然离不了尸亲,因此在检骨完毕后的通详文中,依《牧令须知》载,亦必须如此记录:

> 当令尸亲某先行认明棺木,据称委系某人殓尸原棺,随饬起开棺盖验视,皮肉消化无存,又令某人等近前细视形似,并令认明当日相验情形,亦各指称实系某人尸身,就经当场取具切实认状,饬令仵作将棺内骨殖,逐一取出。②

(三) 尸亲认可

尸亲认可是指在可检可验时,该决定权掌握在尸亲手中,官员一般不能代为决定。如光绪年间经历五次检验的王景殿京控案中,有关第三次检验情况,黑龙江将军丰绅在给朝廷的奏折中写道:

> 据该委员锡章咨呈,十月初三日,行抵尸所……并据王景殿及其父兄等均当场声称,尸身皮肉溃烂,仅剩骨殖,方肯蒸检,如未消

---

① 《粤东成案初编》卷12"命案·验检弃毁·殴伤身死仵作误报服毒毙命致凶犯藉端狡展检验定案仵作拟徒刑书免议",道光十二年刻本,藏于广东省立中山图书馆,第9页b。

② [清]刚毅:《牧令须知》卷6"刑房文移稿件式",刘俊文主编:《官箴书集成》第9册,第261页下栏。

化,仍前干僵,请照白僵法检验,再四开导,坚执不移,实属意存狡执等因,呈报前来。……奴才等查是否仍按白僵检验,抑或蒸骨检验,以免委员疑难而杜尸亲狡执。并该委员声称,蒸检应令尸亲自取尸头,否则全尸蒸检之处,边疆例案不全,相应请旨,饬下刑部核议,指示遵办。①

也就是在丰绅具奏的同时,王景殿再度京控,声称"尸身并未溃烂,勒令出具蒸检甘结,多方挑剔,意图消弭,请交吉林将军提验"②。黑龙江将军地位相当于直省督抚,亦是一方长官,但对两可之中的是验是检,也不敢擅自决定。

(四) 检时起限

清代案件审理有严格的审限规定:寻常命案六个月,州县三个月解府州,府州一个月解臬司,臬司一个月解督抚,督抚一个月咨题,都是以人犯到案之日起限。③ 但是如果需要检骨的话,"准其以开检之日起,另扣承审限期"④。可见涉及检骨的案件,其时间起算与普通相验有所不同。

此规定起自乾隆五年(1740):"查旌德县吕金生推跌江天仲身死一案,始因炎暑,尸已棺殓,未经相验,继因供词互异,复行开检,通详并请以复检之日起限解审、具题,于乾隆五年正月初六日奉准部覆

---

① 《朱批奏折》,藏于中国第一历史档案馆,04-01-26-0075-023。
② 《朱批奏折》,藏于中国第一历史档案馆,04-01-01-0939-033。
③ [清]薛允升:《读例存疑点注》,胡星桥、邓又天主编,第805页。
④ [清]薛允升:《读例存疑点注》,胡星桥、邓又天主编,第152页。

在案。"①在检骨案中，检时起限的规定是完全必要的，此前清朝承审期限中只准扣封印日期以及解府、解司、解院程限，犯证患病时日，②如不作如此规定，仅检骨的请示汇报、官件调配就可能将全部审限消耗完。

（五）其他

此外，还有两点须注意。一为检骨因不考虑尸体腐败情况，故可远途运输检验。如清代四大案中，李毓昌案案发地在江苏，尸骨运回原籍即墨，但后来检骨系在山东济南；杨乃武案中，案发地在浙江余杭，但葛品连尸棺系提到京师检验。长途运输尸棺，必须考虑尸身被调换的可能性，为此需作好尸源识别、尸棺保护工作。如杨乃武案中，其女儿回忆说："杨昌濬（浙江巡抚）派候补知县袁来保做押解委员。刘锡彤（余杭县知县）也是一道去的……葛品连的尸棺装在船上，每到一个州县，都要加贴一张封条，有两个差人看守。"③

另一点就是验尸费用。初验中，可能两造都要出，同样以前述光绪二十三年（1897）四川省潼川府拟定的三台县书差规费条款为例，"原、被告各给夫马钱四百文，各给饭食钱二百文，五十里以外者，照里数加增，最远者以三千文为止，不得多取"④。其虽由官方制订，但隐含的前提是，此前实践中均为原被各付，且双方给付无差。但检骨因其多系对

---

① ［清］王玉如辑：《条例附成案（乾隆元年—乾隆三十年）》卷2"断狱·身死溃烂不即请检以致迟延部议革职"，乾隆三十年贵州按察使司刻本，藏于中国社科院法学研究所图书馆，第347页b。
② ［清］薛允升：《读例存疑点注》，胡星桥、邓又天主编，第805页。
③ 杨濬：《记我父杨乃武与小白菜的冤狱》，《文史资料选辑》编辑部编：《文史资料精选》第1册，中国文史出版社1990年版，第61页。
④ 《三台县书差规费章程》，光绪二十四年刊发，鲁子健：《清代四川财政史料》（上），四川省社会科学院出版社1984年版，第567页。

原验不服提起覆检,故当是谁提起谁出费用。据宋启兴回忆,检骨需要大量的配套工具等,"一般都由申请蒸验的一方出钱购置"①。当然,如果初次检验时需要检骨,如何出具费用则须另作考证了。

第二节　清代覆检与前代之异

许梿在《洗冤录详义》中云:

> 刑律检验尸伤例云:凡人命重案,必检验尸伤,注明致命伤痕。若尸亲控告伤痕互异者,许再行覆检。又云:各省州县同城并无佐贰,邻封窎远,遇有呈报人命,印官公出,如原系吏目、典史分辖地方,即日可以往返者,仍饬吏目、典史验立伤单,申报印官覆检。其距城遥远,往返必须数日,该吏目、典史据报,一面移会该管巡检就近往验,填注伤单,一面申请印官覆检通报。如印官不能即回,申请邻邑相验,此即现在初检、覆检之例,与古时初、覆检异。②

许梿的这番论述中指出清代覆检制与前代有异。但他只言"现在",对于"古时"情形并未明确指出。考诸前朝,此处的"古时"之做法当是指"必要性覆检制"而言,但在清代,实行的则只是控告或发现有

---

① 宋启兴:《忆谈仵作行当》,全国政协文史资料委员会编:《社会杂相述闻》,中国文史出版社2006年版,第128页。
② [清]许梿编校:《洗冤录详义》卷1"检骨格",古均阁许氏藏版,第34页b。

异后的"选择性覆检制"。

贾静涛早就指出,在宋代,除四至八或九月因天气原因,或自缢、投水、病患死等无法或无需重新检验外,规定其余命案均必须自动再检验一次,此即"与初检的正确与否无关,是例需进行的程序"①。《洗冤集录》所引条令中,关于覆验官员的规定即是:

> 诸尸应覆验者,在州申州;在县,于受牒时牒尸所最近县(状牒内各不得具致死之因)。相去百里以上而远于本县者,止牒本县官(独员即牒他县)。诸请官验尸者,不得越黄河、江、湖(江河谓无桥梁,湖谓水涨不可度[渡]者),及牒独员县(郭下县所[听]牒,牒至,即申州,差官前去)。②

在元、明二代,实行"必要性覆检制"也是可以确定的,这从当时所下发的官方文书——初复检验体式或行移体式中即可看出。明律"检验尸伤不以实"条附例规定:"凡遇告讼人命,除……外,其果系斗杀、故杀、谋杀等项当检验者,在京初发五城兵马,覆检则委京县知县;在外初委州县正官,覆检则委推官(万历十八年定例)。"③推官在明代只置于府,说明明代的必要性覆检任务主要由上级官厅完成。而清律"尸伤检验不以实"条虽承袭明律,其中也有"初复(覆)检官吏相

---

① 贾静涛:《中国古代法医学史》,群众出版社1984年版,第56—57页。
② [宋]宋慈:《洗冤集录》卷1"条令",张松等整理:《洗冤录汇校》上册,第6页。张松等汇校本"湖谓水涨不可度者"中的"度",查贾静涛点校本及韩健平影印校注本皆作"渡";同样,张松等汇校本"郭下县所牒"中"所",贾本与韩本均作"听",且查韩本所附影印本原文也均是"渡""听"。参见[宋]宋慈:《洗冤集录》,贾静涛点校,上海科学技术出版社1981年版,第2—3页;[宋]宋慈:《洗冤集录》,韩健平校注,湖南科学技术出版社2019年版,第22—23页。
③ 《大明律附例》卷28,万历四十年序刊本,日本东京大学东洋文化研究所藏,第26a—b页。

见扶同尸状"字样,但在文献中,无论是官箴书的文书样式,还是案牍、奏折、档案中,笔者均未发现有与前朝类似之必要性覆检做法。因此,清代应只在对初次检验有疑后才会发动覆检。其中缘故,当与由宋到清司法制度自身的变化有关。宋代实行的是鞫谳分司制,将案件的审理分为审、判等若干环节,每一环节均由不同官员负责,在审后还有专门的录问程序,州一级即要求由邻州官员前来录问,大辟翻异的,更是频繁地由邻州、邻路别勘。① 在这种平行稽核背景下,作为命案之中心环节的检验,当然地能由邻县官员覆检(验)。但是在清代,对于案件质量的控制主要通过纵向的控驭,且州县佐贰官本来就少,府的推官又于康熙六年(1667)正式取消,②必要覆检制也就当然地向选择制转变。

但是,许槤论述中也有不确之处,他称清代覆检只针对两种情形而言,这是有偏差的。首先,其说的后一种情形于清律中更准确的称呼是"覆验"而非"覆检"。且清代于乾隆四十一年(1776)后已取消了正印对首领官、杂职官的覆验,故事实上不存在正印对佐杂的覆验了。许槤的引证有误可能与他个人的经历有关,其本人系浙江海宁人,为官后地方上的任职只是山东、江苏,具体为山东平度州知州,江苏淮安、镇江、徐州知府,最后官至江苏粮储道。③ 如前所述,清代虽放开佐杂代验,但督抚事实上有决定对本地区是否适用代验的权力,许槤为官之地人口稠密、交通便捷,县治所辖范围也较西南为小,故很可能至迟到许槤任职之时,佐杂代验仍未在当地开放,他亦因不知西南等地特点而未了

---

① 王云海主编:《宋代司法制度》,河南大学出版社1992年版,第286—298页;戴建国:《宋代法制初探》,黑龙江人民出版社2000年版,第204—219、231—236页。
② 《清圣祖仁皇帝实录》第1册卷23,康熙六年七月,中华书局1985年影印本,第315页上—下栏。
③ 支伟成:《清代朴学大师列传》,岳麓书社1998年版,第176—177页。

解该条例变动情形。其次,他将清代覆检第一种情形限于尸亲控告伤痕互异,单纯就律文的引用来说是正确的,但就实际适用情形而言则未免过窄,在司法实践中,官员对原验有疑时也可发动覆检,具体可见下文阐述。

　　清代的"选择性覆检"与前代"必要性覆检"相比,除上述之别外,另一不同是再度检验结论的优先地位不同。依《洗冤集录》载,"检得与前验些小不同,迁就改正。果有大段违戾,不可依随,更再三审问干系等人,如众称可变,方据检得异同事理供申。不可据己见便变易"①,意即覆检所得的情况如果和初验的只有很小的出入,就可以迁就同意初验结果;如果有很大出入,就不能随便同意,必须反复审问案件关系人,如大家认为初验和实情不符,才能根据后检结果,把和初验有哪些相同和不同的地方向上报告说明,而不能根据一己之见,随便否定初验的结论。② 而清代覆检制则不同,一般情况下采纳的是覆检结论,当然亦会适当尊重原验官、忤意见。究其原因,可能系必要性覆检制下多是邻县覆验,忤作亦是随带而来,官僚体制下平级之间自然易于协商,且这种制度的设计安排就是为了在抵牾中取得最佳共识结论;而清代的必要性覆检制下,则是多个官员会同检验或上级直接督同检验,忤作亦可能集全省之力甚至外省抽调,无论官员层级还是技术水平,都有很大不同,因此覆检结论当然地占据优先地位。

---

　　① [宋]宋慈:《洗冤集录》卷1"覆检",张松等整理:《洗冤录汇校》上册,第34页。
　　② [宋]宋慈:《〈洗冤集录〉今译》,罗时润、田一民译释,福建科学技术出版社2005年版,第56页。

第三节　覆检提起主体

一、尸亲

清朝要求检验完毕后，尸亲出具领埋甘结，如果尸亲不领埋，那么就等于对检验结论直接表示不认同。当然，尸亲虽然出具甘结，但事后出于种种事由亦可表示不认同。无论上述何种情况，其都相当于提出了重新检验的要求。

尸亲的异议是最易发动覆检的，对于原验官员来说，如果尸亲的异议是在现场提出，或通过喊禀等方式直接对他表示，那么他最好的处理方式是立即考虑是否覆检。在这一点上，尸亲是占据相当主动地位的。如乾隆五十九年（1794），山西介休县张文耀被人发现吊死在树上，知县徐大纬验后，"即据仵作喝报，张文耀委系自缢身死，填格通详"，但尸子认为有疑，"屡向该县喊禀"，"该县徐大纬因思相验时尸已发变，虽值阴雨之后，原验缢痕本觉散漫，情有可疑，即据情详请委员会检"。①

若尸亲在本管衙门具控无效，可通过上控的方式表达自己的异议。虽然清律规定，当事人的上控当逐级提出，"军民人等遇有冤抑之事，应先赴州县衙门具控。如审断不公，再赴该管上司呈明"②，"若越本管官司，辄赴上司称诉者，（即实，亦笞）五十"③，但是在笔者所见资料中，

---

① 《朱批奏折》，藏于中国第一历史档案馆，04-01-26-0014-005。
② ［清］薛允升：《读例存疑点注》，胡星桥、邓又天主编，第679页。
③ ［清］薛允升：《读例存疑点注》，胡星桥、邓又天主编，第675页。

对命案原验如果覆检得实，即使是越诉、京控，亦未有受过处分的。如嘉庆年间，龙游县生员祝薰的工人华林茂因纠纷被廖有幅家工人曾秀兆殴伤身死，初验因仵作受贿未能得实，祝薰和尸叔直接到臬司衙门呈控，覆检得实，在浙江巡抚杨頀的两份奏折中，检验一干人等都有处分，但未提及对于呈控人的越诉处分。①

二、被告及其家属

被告同样能以不肯具结、画供等方式表示异议，亦可由亲属以喊禀、上控乃至京控等方式发动覆检。与尸亲一方相比，他们行事相对温和，越级上控者甚少，笔者尚未见有直接越省京控的，其启动的方式亦更多是间接的，特别是在被告确系被诬的情况下——被告常常只是强调自己单方面的冤抑，而并非直接对原检验质疑。在不能定罪的情况下，官方由此可能在事实的迷道中反复迁回，最后才考虑到覆检。以清代四大案中的李毓昌案和杨乃武案作对比：李案中，尸棺经初验系自缢运回后，其叔父李泰清直接赴都察院具控，"查见伊侄箱内皮衣血迹生疑，自行开棺验视，见尸身青黑，用银簪入口探视，始知被毒身死，假作自缢情弊，赴京控告"，"案关职官身死不明，究被何人谋害，自应彻底根究，以期水落石出。惟所称尸身受毒，必须派员检验，以辨虚实"。②而杨乃武案中，杨的家属到县具禀一次、省里上控一次、京控两次，在省里上控时，"(巡抚)杨昌濬派了个候补知县郑锡滜做密查委员，到余杭

---

① 《朱批奏折》，藏于中国第一历史档案馆，04-01-01-0566-039，04-01-01-0567-046。

② 《都察院奏折》，即墨市政协文史委员会、即墨市博物馆编：《伸雪奇冤录》，青岛新闻出版局2000年版，第8页。

去密查"杨乃武到底有无买砒霜,结果"(原审余杭知县)刘锡彤就知道了讯息,先与幕客商议,作好了布置,叫陈竹山先去通知钱宝生(原供系卖砒之人),叫他按前具甘结承认卖砒是实",直到二次京控后,刑部官员才想到可能是检验有误,遂发动覆检。①

不过,如同对原告及尸亲的宽容一样,纵有越诉,如果覆检得实,被告及家属亦极大可能免受处分。如乾隆年间的湖南县谷大用被控殴毙乞丐一案中,谷大用在办理儿媳婚礼时,与上门乞讨的伍大胜发生冲突,将其拖出家门,不料伍大胜当晚死去,谷大用畏累私埋,被尸亲报官。初验系他杀,谷大用亦"畏刑诬服",但诬供出的主犯谷发乃之母谷张氏不服,亲自带领谷发乃(事先闻风逃走)等赴巡抚衙门具控,结果"批司详委清泉县知县李玳馨,带领仵作文光检验",由此直接发动了一次与初验结果迥异的重新检验。覆检得实后,私埋一干人等都受到拟杖处分(因恩诏赦免),对于越级到巡抚衙门上控的谷发乃及其母则未提到有受任何处分。②

三、官员

提起覆检的官员既可能是原验一方(兼指初验、覆检),亦可能来自上级。他们当然可能因尸亲、凶犯或凶犯家属等的不输服、具控而发动覆检,但因其角色的差异,官员提起覆检还有两点不同之处。

一是基于亲验者的角色,当检验结论本身不能达成时,此时不待当事人任何异议即须主动提起。如在检验完毕后,有关仵作之间意见不

---

① 杨濬:《记我父杨乃武与小白菜的冤狱》,《文史资料选辑》编辑部编:《文史资料精选》第1册,中国文史出版社1990年版,第45—67页。

② 《朱批奏折》,藏于中国第一历史档案馆,04-01-026-0010-013。

统一，或仵结、通详、尸（骨）格中的描述、结论互相矛盾，此时事实上不能达成检验结论，负责检验的官员只有提起覆检。此一种只可能由验官自己提起，而不可能由上司来发动。

二是基于审理者的角色，这是审验合一与逐级覆核审转制下的必然结果。对于验官来说，两个因素共同存在；对于他们的上级来说，则是逐级覆核审转制下的压力使然。官员们必须主动考虑各证据的相关性、证据对事实建构的充分性，如果证据不能成立，就需考虑到是否有覆检的必要。

证据的相关性特别体现在"伤杖相符"上。"伤"为损伤，"杖"为凶器，如果伤杖不相符，不能解释损伤系由该物造成，那么就可能有覆检的必要。如乾隆年间李若梅掐死尹王氏案中，初验系自缢身死，知县将案件通详后，"前督抚臣以咽喉痕印仅止七寸，又不斜入耳后，且未获有缢带，与自缢情形不符，批饬严查"，下属在不能解释的情况下，只得通详请检。①

证据的相关性还体现在报词、供证与检验结论等的一致性上。如乾隆年间，刑部尚书胡季堂轿夫徐四等在轿房聚赌，无赖姚二意欲参赌，不获允许，因为清代严禁赌博，姚二遂自行割肉一块恐吓勒索，结果28日后身亡。经报案后，中城指挥验系自伤身死，"与原报不符，因恐未确，复令西城指挥相验，又系自伤身死"②。

即使证据彼此吻合，但由此建构的事实是否合理，这亦是官员必须考虑的。如乾隆年间，安徽五河县张自盛先被王士举用棍殴打右额角，6日后又被胡学礼"用铁锄钩殴伤左胳肘及左膝，跌地擦伤右臁韌，即

---

① 《朱批奏折》，藏于中国第一历史档案馆，04-01-26-0010-018。
② 《军机处上谕档》，乾隆六十年十一月二十三日第7条，藏于中国第一历史档案馆，盒752，册号1。

于十三日(即次日)殒命"。原验以前伤为致命处,后伤非致命处,故以前犯拟抵;但刑部认为前伤后仍能争殴,故予以驳诘。安徽省在再次审理后,饬委前往检明,原验腿无伤,现检两腿有伤,原验左膝下木器伤一处,现检左膝下旁生骱骨骨折碎成四块,遂以后犯拟抵。① 事实上,在《刑案汇览》中我们就可看到,刑部常通过类似的质疑方式,要求地方上重新审理。

四、皇帝

"生杀之权操之于上",清朝的皇帝特别是乾隆、嘉庆、道光非常熟悉刑名,因此他们有时会直接对一些案件作出指示,当然亦能发动覆检,也正是基于对皇帝的崇信,清朝即曾一度发生过"控诉事件,口称必须面见皇上"②之事。

如同刑部(除现审案件及钦交案件外)一样,皇帝亦不能言词审理,他只能根据题本、奏折等分析判断,如果有异议,他可能直接要求官员作出覆检。如嘉庆时,宣武门城班云骑尉巴哈布台城身死,巴哈布与格图肯等同在该城值班,嘉庆皇帝对案情表示怀疑,"墙上俱有垛墙,何至遽尔失足坠地","同班岂无一人望见其来台城","以前语言辞色有无端倪,或先有与人口角等事,均应向格图肯等究问","着刑部派员向伊家询问巴哈布平日有无病症,在家曾否别有忧郁隐情,再覆验尸身有无伤痕,是否自行失足抑系被人推

---

① 《朱批奏折》,藏于中国第一历史档案馆,04-01-12-0199-032。
② [清]薛允升:《读例存疑点注》,胡星桥、邓又天主编,第681页。

跌"①。嘉庆的提问已相当专业——医学本科制培养的重点目标是建立临床思维,嘉庆皇帝这一系列提问,至少已符合精神卫生专业本科培养目标了。

第四节 启动程序

虽然各方都可启动覆检,但从相关案牍资料来看,尸亲与其他发动主体是有异的。

一、尸亲

尸亲不输服、具结请检的,没有不覆检的,并且通常无须履行一系列向邻证人等、原验刑件调查取证的过程。如若向府州县提出要求,往往都会得到直接通详请检的处置:

> 韩高氏不肯输服,该县复详请,臬司饬委宁河县知县缪绂,会同该县,札调大兴县仵作张宽,并宁河县仵作范起瑞,取具两造甘结,开棺蒸检骨殖。②
>
> 该府廷毓等,因尹瑟玉等坚供殴毙,非检不明,详经饬委前任

---

① 《军机处上谕档》,嘉庆十七年九月初七日第1条,藏于中国第一历史档案馆,盒号863,册号3。
② 《朱批奏折》,藏于中国第一历史档案馆,04-01-01-0538-020。

巴东县知县罗拔,会同署建始县知县陈瞻燧检明……①

如果是向不需请示批准的衙门提出,则有如下案例:

尸母白张氏坚称,伊子白二实系被诬拷打受伤殒命,情愿具结求检,当即委员提取白二尸棺到郡,饬委道府督率朝阳县知县德兴、滦平县知县福永开检。②

该尸亲狡执颛求具结,情愿剔骨检验,当即饬令该件作毛宗俊如法蒸检。③

惟尸弟于希元同尸子于万湖,坚供原验于希敏尸伤实有隐漏,结求开检,随委员提取于希敏尸棺。④

张泳泰坚不输服,即赴副都统衙门具控。饬令张泳泰呈请覆验,指定致死伤痕,具结开验,该同知移取左司件作张峻,亲诣尸所开棺,验得……⑤

上述档案中采用的都是"即""随""当即"等用语,可见其接受尸亲要求后发动覆检之迅速。特别是第二例,二验后不服,乃现场具结、现场开检。

---

① 《朱批奏折》,藏于中国第一历史档案馆,04-01-26-0010-018。
② 《朱批奏折》,藏于中国第一历史档案馆,04-01-01-0573-034。
③ 《朱批奏折》,藏于中国第一历史档案馆,04-01-01-0767-047。
④ 《朱批奏折》,藏于中国第一历史档案馆,04-01-26-0062-111。
⑤ 《朱批奏折》,藏于中国第一历史档案馆,04-01-01-0591-031。

二、其他各方

与尸亲相比,其他各方发动复检的流程则相对曲折。如果是被告人一方申请,即使直接指出原验可能有误,受理官员也不会立即考虑覆检,用语上多为如下类型:

> 该吏目李延坚供,王玉周并非刑伤身死,闻有在家自行服毒情形。讯之案证尸亲人等,供俱游移,是否确由刑伤身死,亦皆不能实指,罪关出入,非检不明。由道录取供结,详经奴才等,札委候补知县樊恭佩,率领谙仵,押带原被告案证人等,调同原验官开棺验明。①

该案系由道一级审理,受审者辽阳州吏目李延指出原验有误,并且后来覆检结果亦证实了他的说法。但是其发动覆检仍然要经过如下程序:(1)受理官员讯问相关人等后,相关人等不能指实,考虑可能确实有误;(2)由道录供;(3)通详请检。

如果是官员直接考虑要覆检的,他也需要在权衡后再作决定;而其作出决定、提出申请后,上司同样要再度斟酌后才考虑是否同意。在《粤东成案初编》中有:

> 两造各执一词,不能定案,周岱即录供通详请检。经臣阮于兼署抚篆任内,以案情前后互异,批府提审,该前府赵逢源提案覆讯,

---

① 《朱批奏折》,藏于中国第一历史档案馆,04-01-26-0078-057。

仍照州详请检。复经臣陈以所详情节支离,显有不实,饬令再加研鞫,该前府赵逢源提案覆讯,犯证供情仍与前审相同,提讯刑书林广川、仵作陈泰,均坚称原验尸身实有服毒情形,该前府因原验银簪有毒,案涉疑似,又经录供通详请检。当由臣等委员前往检明。①

文中的周岱系化州知州,从案件材料看,最后作出开检决定经过了几次周转:(1) 知州请检;(2) 未批准,批府提审;(3) 知府请检;(4) 未批准,饬令再审;(5) 知府再次请检;(6) 同意请检,委员前往。从开始请求到最后批准经过了三次申请。

即便是皇帝,也可能在覆检问题上持慎重态度,如前述嘉庆皇帝对云骑尉巴哈布台城身死案的上谕,其中即有"着刑部派员向伊家询问巴哈布平日有无病症,在家曾否别有忧郁隐情,再覆验尸身有无伤痕,是否自行失足抑系被人推跌"②,是先调查,再覆检。

所以,在清代发动覆检时,程序上对尸亲明显有利,这当与他们的身份有关,即因亲属的死亡获得了一种强烈的道义上的支撑。其他各方即使对原验有异议,但出于对死者的尊重、对尸身传统观念的顾虑,都要经过进一步调查取证后才考虑开检的必要性。

---

① 《粤东成案初编》卷12"命案·验检弃毁·斗杀命案刑书受犯贿嘱掉换探验银簪教犯翻供捏指毒毙致遭蒸检加等拟军扶同捏饰之仵作及说合过付之犯俱减等拟徒",道光十二年刻本,藏于广东省立中山图书馆,第3页b。
② 《军机处上谕档》,嘉庆十七年九月初七第1条,藏于中国第一历史档案馆,盒号863,册号3。

第五节　无限救济

清律规定:"凡人命重案,必检验尸伤,注明致命伤痕,一经检明,即应定拟。若尸亲控告伤痕互异者,许再行覆检,勿得违例三检,致滋拖累。"①不得违例,但并非不可。由于史料的繁杂,现无法对三检在命案中所占比例进行统计,但至少有些个案是经过了反复检验的。如乾隆年间,湖北建始县李若梅掐死尹王氏案,前后五检;同光年间,黑龙江监生王景殿因胞兄自缢而京控案,前后也有五检。

即便是刑部亲自检验,也可对之提出质疑。如乾隆年间,海升殴死伊妻吴雅氏一案,初验并经刑部审讯后,"尸亲贵宁以伊姐吴雅氏并非自缢,不肯画供","经刑部奏请,特派大臣覆检",检验结果"实系缢死"。但是"贵宁仍以检验不实,复在步军统领衙门,以海升系大学士阿桂亲戚,刑部显有回护等情具控",于是发动第三次检验,案情终于迎来反转,"吴雅氏尸身并无缢痕"。②

甚至秋审之后,仍能发动覆检。如道光年间,东北民人于登贤其弟于登魁被殴后身亡,原验系拳脚伤,但于登贤不服,坚称其弟死前告之系铁器伤,为此发动了京控。案交吉林将军保昌后,先后组织了一次体表相验与两次开检。虽然检验时间不详,但此案已于道光十四年(1834)秋审,而于登贤于当年六月由都察院解回吉林,保昌于十五年

---

① 《钦定大清会典事例》第 20 册卷 851,新文丰出版公司 1976 年影印本,第 15663 页上栏。

② 《大清十朝圣训(乾隆)》第 5 册卷 206,五十年四月丁酉条,文海出版社 1965 年版,第 2717 页。

(1835)三月具奏,推测至少有一次开检在秋审后。①

第六节 原验官仵临场

覆检中,官员不一定更换,如因原检官员通详请检、通详会检的,当然他也需亲自检验;仵作则一般会进行更换,因为清人多认为原验不确与仵作不够谙练有关,甚或疑其作弊,为此仵作再度参与检验者不多,至于开检大案更是频繁关借仵作,甚至有从外省借调的。那么,覆检时如果发生人员更动,原验官仵将处于何种位置?兹引三次京控、五度检验的王景殿案为例:

表 10-1 王景殿案历次检验情况

检验次数	检验时间	地点	检验官员	检验仵作	原官、仵
初验	同治十年(1871)	黑龙江呼兰厅	刑司行走佐领多斯洪阿	雅绷阿	
二验	光绪二年(1876)	黑龙江呼兰厅	副都统衔协领廉忠、刑司行走云骑尉蒙古巴图、署呼兰同知文夔	常安、长江、戴连生	未提到
三验	光绪三年(1877)	黑龙江呼兰厅	盛京刑部主事锡章	尹春山、陈凤鸣(锡章拣带)	委员"赴尸所检验,本省前验各官仵作,及原被人证亦饬赴尸所伺候"

---

① 《朱批奏折》,藏于中国第一历史档案馆,04-01-01-0767-047。

续表

检验次数	检验时间	地点	检验官员	检验仵作	原官、仵
四检	光绪四年（1878）	吉林（改交吉林将军铭安审办）	铭安"饬吉林同知选带仵作，奴才带同刑司司员，户兵司协领，及调吉委员"	汪升	（1）四检发现有囟门伤，铭安"亲加验视"，"随饬奉省所调仵作细看"；（2）"原验官仵均坚称，初验覆验囟门实无此伤"；（3）"据原验（二验）官廉忠等禀诉，两次相验实无此伤"；（4）"原被人证及原验各官仵又皆具结请验"
五检	光绪四年（1878）	吉林	铭安，奉天昌图府知府赵受璧（专调来为检验），"并刑司部员"	商荣、尹春山（三验时奉省调来仵作）	（1）"所有初验仵作雅绷阿、覆验官黑龙江协领廉忠、云骑尉蒙古巴图、前署呼兰厅同知文蘷，及仵作常安等，所验均属相符，……应即饬回"（常安系二验仵作）；（2）"该仵汪升（四检）供词闪烁"，讯出受贿之事

资料来源：《朱批奏折》，藏于中国第一历史档案馆，04-01-01-0933-027、04-01-26-0075-023、04-01-26-0075-014、04-01-01-0939-026、04-01-01-0939-027、04-01-01-0939-033。

在王景殿案中,除二验中的原验官、仵不确外,三验、四检、五检中对原检官、仵都有交待,他们都需于再度检验时临场,并对检出伤损有发表自己意见的机会,五检明确后他们均被饬回。需稍作说明的是,五检中有三验的仵作尹春山,这是目前笔者所见资料中唯一一例参与过原验的仵作仍能参与到覆检中的情况。这可能与该案三验并未真正完成有关:三验中,因王景殿以尸亲身份坚持不肯具结开检,负责检验的官员锡章无法定夺,黑龙江将军丰绅等只得向皇帝作了具奏,而王景殿反过来又以官员"抑勒开检"为由再度发动了一次京控。当然如此解释前验仵作参与覆检是否成立,尚需进一步史料补充验证。但无论如何,原验仵作极少参与覆检是无疑的。

　　王景殿案绝非孤证。从史料看,覆检时原检仵作一般应到场,检验歌诀语"开检作弊本无良,必调前仵并临场",《洗冤录备考》中也有"覆检,必调前检人役同验官封,眼同开棺"之语①,这些是最好引证。原检仵作的到场,当然与考虑到他们对覆检的认同有关。此外还应基于两个重要考虑:

　　一是与清代覆检的程序有关。如前所述,清代命案初验后,除尸亲提起外,一般总是穷尽其他手段后才覆检,包括调取原来仵作讯问。如广东化州赖品超伤毙谢松,贿嘱刑仵,捏指因毒身死,初验后系伤毙,但银针被刑书调换,两造供词迥异,州请检未准后,"该前府赵逢源提案覆讯,犯证供情仍与前审相同,提讯刑书林广川、仵作陈泰,均坚称原验尸身实有服毒情形,该前府因原验银簪有毒,案涉疑似,又

---

① [清]李观澜补辑,[清]张锡藩重订:《重刊洗冤录汇纂补辑》之"检验杂说歌诀",张松等整理:《洗冤录汇校》下册,第503、500页。

经录供通详请检"①；史料中即有仵作因此而在监中死亡的，如在道光年间乐昌县蓝友薩致伤谭定梆身死案中，初验不实，韶州府覆检，但到司后蓝友薩又翻异，结果仵作盛洸被提讯，在南海县监"患病提禁取保病故"。②

　　二是与上报时对原验不确需作出解释有关。清代若覆检与原先检验结论相异，需要追查比对，"彼此参差者，必拘原仵，对讯研究，有无真正伤痕，以成确案"③，系原验不确的，则需讯问原仵作令其出解释。这个程序类似于在遇到疑难要案时，需于通详中借仵作之口通过一讯一供的对答方式作出解释。如在道光年间一起照磨违例代验案中，昌图厅居民于希元认为其兄身死检验不确，少了一处损伤未记录，经覆检明确后，对原验仵作进行了讯问并得到其解释：

　　　　到省经该委员陈鉴、章朝敕调取隔属谙练仵作，眼同尸亲犯众，开棺覆检，验得……又据刑书岳昆、仵作王东昇供称，伊等奉济本官饬派，随同照磨张步骞相验于希敏尸身，左额角接连左太阳刃伤一处、左肩甲刃伤二处、右肩甲铁器伤一处、左腿偏外刃伤一处、腰眼刃伤一处，均经当场喝报，填写伤单，送厅呈验。以后济本官审办，不知如何将左肩甲尸伤遗漏一处，并将腰眼一伤漏未填报，

---

①《粤东成案初编》卷12"命案·验检弃毁·斗杀命案刑书受犯贿嘱掉换探验银簪教犯翻供指毒毙致遭蒸检加等拟军扶同捏饰之仵作及说合过付之犯俱减等拟徒"，道光十二年刻本，藏于广东省立中山图书馆，第1a—6a页。

②《粤东成案初编》卷12"命案·验检弃毁·殴伤身死仵作误报服毒毙命致凶犯藉端狡展检验定案仵作拟徒刑书免议"，道光十二年刻本，藏于广东省立中山图书馆，第7a—12a页。

③ ［清］陈芳生辑：《洗冤集说》卷8"听断人命法"，张松等整理：《洗冤录汇校》下册，第408页。

伊等并不知情等语。[①]

原验官员一般亦应到场。可能更多地与一旦重新检验后发现原验不确,依清律需追究他们责任,为此务取他们输服有关。如道光年间,"顺天通州民妇康王氏之姑康陈氏,与姨甥石文平口角,为石文平殴伤,愤懑自缢。石文平贿嘱康王氏,伪称病故。而康王氏之戚王二素与有怨,扬言康陈氏之死,系康王氏、石文平因奸谋毙。指挥萧培长,王莹访获审讯,康王氏等畏刑诬服"[②],结果刑部官员杨文定发现案情中疑窦颇多,请旨复讯,道光皇帝亲自指示覆检:"此案着派赛尚阿、祝庆蕃,会同刑部,调取直隶谙练仵作,提同犯证及原验刑仵人等,详细覆验,悉心审讯具奏。钦此。"在覆检证实原验错误之后,"赛尚阿、祝庆蕃,会同刑部详细覆验……委系自缢身死,取具原验各官结称,眼同覆验,实系自缢等语。"[③]甚至有专门为他们安排一场覆检的,如嘉庆年间,涿州差役田德等将民人李国全共殴致死,并伪装自缢,二检同初验,三检为保定府知府杨志信,"确系是殴非缢,尚恐不足以服委验各员之心,又添委因公来省之大名府方其昫、署正定府沈长春,会同保定府办验审鞫,并传令委验之易州徐用书、沧州周世綮等随同阅看",徐、周二人即是二检官员,这最后一次检验工作完全是为了使前验官员折服而设的。[④] 因此,在上引王景殿案中,四检时"据原验(二验)官廉忠等禀诉,两次相验实无此伤""原被人证及原验各官仵又皆具结请验",都反

[①] 《朱批奏折》,藏于中国第一历史档案馆,04-01-26-0062-111。
[②] [清]陆以湉:《冷庐杂识》卷2"典狱",冬青校点,上海古籍出版社2012年版,第45页。
[③] 中国第一历史档案馆编:《嘉庆道光两朝上谕档》第49册,广西师范大学出版社2000年版,第48页下栏、63页上栏。
[④] 《朱批奏折》,藏于中国第一历史档案馆,04-01-27-0018-013。

映了覆检中对前验官员意见的考虑。

原验官、仵在不参与检验的情况下还需到场,其角色是微妙的:仵作既然能被置于监狱,其角色相当于证人;至于官员,他们当然不会被直接置入监狱,但即便赋予他"督同覆验"的任务,实已置于待质对的地位。这一点在王景殿案中的原验官员的种种表现上已有反映:他们需对有覆检结果中不利于自己的地方当场反馈。又如杨乃武案,刑部会审覆检前的上谕是:"刑部奏承审浙江民妇葛毕氏毒毙本夫一案,援案请饬提验一折,着杨昌濬将余杭县知县刘锡彤即行解任……传令刘锡彤眼同检视,以成信谳。"①刘锡彤上京另一角色是押运尸棺,"其葛品莲棺木着刑部派司员前往余杭,眼同刘锡彤验明加封,一同解京"②。从担当来看,刘锡彤仍似一案件审办者的角色,其自认亦是如此:"闻其先两次赴刑部质讯,自恃年老,咆哮万状,至庭诟问官,谓:'我乃奉旨来京督同检验,非来就鞫。尔曹乃先录我供辞,何愦愦作司官耶?'"③但是在其他官员的日记笔下,则录为"浙江葛毕氏一案轇轕久矣,至是提知县及葛品莲尸棺"④,"以葛品莲之柩已于十七日递至京,置朝阳门外海会寺,余杭知县刘锡彤及其门丁六人都待质,闻前日已检验,且门丁已鞫讯录供也"⑤,用的是"提"字与"待质"等词。这种模糊、歧义之处,只能解释为出于对一个官员身份的尊重罢了。

---

① 朱寿朋编:《光绪朝东华录》第 1 册,中华书局 1958 年版,第 298 页。
② 《杨乃武案野史征存》,黄濬:《花随人圣庵摭忆》(中),李吉奎整理,中华书局 2008 年版,第 562 页。
③ 《杨乃武案公私资料续辑》,黄濬:《花随人圣庵摭忆》(中),李吉奎整理,中华书局 2008 年版,第 611 页。
④ 《杨乃武案公私资料续辑》,黄濬:《花随人圣庵摭忆》(中),李吉奎整理,中华书局 2008 年版,第 605 页。
⑤ 《杨乃武案公私资料续辑》,黄濬:《花随人圣庵摭忆》(中),李吉奎整理,中华书局 2008 年版,第 610 页。

第十一章
输服下的终结

依清律,"遇告讼人命……督令仵作如法检报。定执要害致命去处,细验其圆长、斜正、青赤、分寸,果否系某物所伤,公同一干人众质对明白,各情输服,然后成招"①。无论是否覆检,清代命案检验最后都需有个终结,这个终结通常都以取得当事人的输服为标志。

第一节 终结方式之诸面相

输服的主体除当事人外,还有原验官、仵等。从实际案例来看,在无刻意回护的情况下,官、仵相对容易输服,因为在科层制下,对于上级的意见,下级必须补充说明或遵照改正,否则会受到处分,如"各省咨题案件,经刑部驳至三次,该督抚不酌量情罪改正,仍执原议题复,刑部即自行改拟,将承审各官并该督抚,俱照失入、失出各本例议处"②。通常来说,仵作输服后原验官员才可能输服,而原验官员输服后,取得尸亲输服才有终极意义。但是,尸亲、凶犯及其家属则不然,案件的处理

---

① [清]薛允升:《读例存疑点注》,胡星桥、邓又天主编,第864页。
② [清]薛允升:《读例存疑点注》,胡星桥、邓又天主编,第876页。

直接关系到自身或家人,甚至是面临斩枭寸磔等刑罚,因此很可能顽固不认,这时就必须有一系列方式进行应对。

一、解释

这是口头上的释理,主要是凭借《洗冤录》文本等解释检验结论的依据。如汪辉祖说:

> 刁悍尸亲或妇女泼横,竟有不可口舌争者,执发变为伤据,指旧痕为新殴,毫厘千里,非当场诘正,事后更难折服。宜将《洗冤录》逐条检出,与之明白讲解,令遵录细辨,终能省悟。此亦屡试有效,切不可惮半日之烦,贻无穷之累。①

二、质证

口头解释并非总是有效,《洗冤录》中记载的经典征象亦有不完全符合的可能,则需进一步通过质证来应对。所谓质证,依清人实践,就是通过调取目击证人、原验仵作等进行质对,必要时还需调取物证,如将伤痕进一步比对等,以期达到输服目的。以道光年间何文元案为例,热河都统耆英最后在说服阶段经历了如下过程:

---

① [清]汪辉祖:《学治臆说》卷下"当场奉洗冤录最可折服刁徒",刘俊文主编:《官箴书集成》第 5 册,第 285 页上栏。

奴才复委办事司员理藩院郎中聆善,刑部郎中张晋、严达,候补主事王景瀛,热河道丰林,督率原检官覆验无异,检查《洗冤录》所载图说均相昭合,当向各尸亲等再三剖析,逐一指示,尸夫侄隋廷有、尸女刘隋氏等暨各证佐均俯服无词,而何文元以颊车骨等处绿色指为伤痕,琵琶骨等处蓝色指为受毒,以自裁自残之伤指为刘士幅殴毙之据,左额角漏填伤痕指为仵作贿匿,咣咣置辩,狡展异常(所谓蓝色系因"带有铜器入棺浸染")。……奴才以何文元终不输服,案无结日,复将命案人证提集,亲加鞫讯,并令尸亲证佐四面□质,何文元仍属狡诈,坚不画供,奴才面令何文元将其不服之处亲具供结。随据该犯亲写供结,当堂呈递,奴才详细检阅。

何文元所提各点均经其一一查实,其中还指证说原仵与现仵勾串,亦经过详细调查,确认"维时任贵(原仵)监禁在狱,并未与之(现仵)见面"。①

上述过程不可谓不繁杂,从该奏折来看,整个说服过程可分三大步骤:(1) 依《洗冤录》讲解,其他尸亲皆示输服,但何文元不输服;(2) 提齐人证,再度鞫讯,并命众人对质,但仍不输服;(3) 命何将不服之处出具供结,经调查后认定供结所述之处皆为虚诬。如果再考虑到当时的交通条件,一一提齐人证是件非常费时费力的事情。

在最极端的情况下,如对贿嘱仵作反复具控又不输服的,若能查获相关证据,那么当事人自然立刻输服。如王景殿案中,王于四检中买通仵作汪升,喝报有囟门致命伤,五检中识别出该致命损伤系死后伤时,王景殿"先于尸场一味刁狡,不肯领尸",负责办理的吉林将军铭安"细

---

① 《朱批奏折》,藏于中国第一历史档案馆,04-01-01-0785-011。

心研诘",发现有贿嘱原作之事,"乃该仵汪升供词闪烁,仅认于相验后王景殿曾托王兴忠、于英林酬谢银四十两,伊未收受,及提王兴忠、于英林质讯,又与汪升所供互有异同"。于此,进行了三次京控的王景殿"翻然悔罪,结称伊兄王景顺委系生前自缢身死,京控呈内所指踢伤,皆其诬捏,情愿领骨归葬"。①

三、直接认定

这是在不能取得输服的情况下的不得已之策。直接认定有两种情况,一种是依众证直接认定。因为即使面对质证,虽明显处于下风,当事人心服而口不服的情况仍然可能存在,特别是有些本意即是诬控的,那么这时只有直接认定了。如何文元案中,在何文元经历种种说服手段后仍不肯输服的情况下,随案件进展,主管官员又搜集到更关键证据:何文元在具结开检同时,曾托人带信给隋何氏二女杨隋氏、刘隋氏,令其考虑拦验,但二女并未领会何文元意图,以为既系母舅呈请开检自不当拦验,而这一反常行为显示出他既想拖累他人又害怕因虚诬反坐。种种证据判断,何文元显然在狡展,于是耆英具奏:"案情验讯得实,未便以何文元坚不承招,再事迁延,遂其罗织之愿,应据众供拟结。……查例载……审办案件坚不承招者,即据众供情况奏请定夺。"②

但是,直接认定在使用上非常慎重。从上例中耆英奏折推断,既然参照的是"坚不承招者,即据众供奏请定夺"这一条,那么依相关清律:"其有实在刁健,坚不承招者,如犯该徒罪以上,仍具众证情状,奏请定

---

① 《朱批奏折》,藏于中国第一历史档案馆,04-01-01-0939-027。
② 《朱批奏折》,藏于中国第一历史档案馆,04-01-01-0785-011。

夺,不得率行咨结。杖笞以下系本应具奏之案,照例奏请。其寻常咨行事件,如果讯无屈抑,经该督抚亲提审究,实系逞刁狡执,意存拖累者,即具众证情状,咨部完结。"①则一般都要具奏。

二是通过程序上的驳回来直接认定。对不肯承认检验结论,必须开检又不愿具结再检的当事人,官方即推定其输服,原则不上予受理,直接采纳已有认定;如果同时又反复具控的,甚至会直接定罪。如道光年间,四川参将西林宝之妻伊尔根觉罗氏几度具控其夫身死不明,道光皇帝先后两次降旨,一次派海龄"验明覆奏,实系烟熏致毙,并非因伤身死",一次"派穆彰阿等覆加详验,据奏该尸身皮僵腐烂,据件作结称委无刀伤"。但是伊尔根觉罗氏仍然不服,却又不肯具结请检,道光皇帝对此最终表示:"乃该氏倚恃妇人,始终坚执,既不输服,又不肯具结蒸检,实属刁健异常,自未便任其狡展,致滋拖累。伊尔根觉罗氏罪应拟军,系官员正妻,照例纳赎,着交该旗严加管束。"②

第二节　输服之意义

从清代覆检终结诸可能上来说,因为具奏定夺程序上太严格,尸亲不肯具结而予以驳回的也不多见,所以输服占了绝大部分。"编筐编篓,贵在收口",清代诬告之风盛行,而司法资源有限,检验完毕后的输服与否,就相当于对之前的整个程序的收尾与总结,属实则拟律,属虚

---

① [清]薛允升:《读例存疑点注》,胡星桥、邓又天主编,第84页。
② 《大清十朝圣训(道光)》第2册卷63,十年四月丁丑条,文海出版社1965年版,第1069页。

则反坐;并且若确系虚诬,则输服即相当于认罪供状,省去另一个诉讼程序重新启动时收集证据、讯问两造等烦琐工作。但是,站在整个制度设计更为宏观的背景来说,输服之用意还不仅限于此。

一、赋予了当事人检验结论证据能力确认权

"证据能力,是从形式方面考察证据的资格;证明力,是从实质方面考察证据的价值。"① 在清代的命案处理中,除判权(死刑)事实上主要掌握在皇帝手中外,官员集侦、审于一身,合审、验为一体,② 其采集证据的权力限制相对较小。那么在这种情况下,对证据可靠性的把关就更为重要。检验结论作为命案的核心证据,可靠与否直接影响到一系列证据的综合运用,因此在其最后采信之中专门强调当事人的输服就具有特别重要的意义。如在《朱批奏折》等档案资料中,常看到如下记载:

> 该县随以患乌痧胀病死者本与毒死相同,断为染患瘟疫身死,韩高氏不肯输服,该县复详请,臬司饬委宁河县知县缪绂,会同该县,札调大兴县仵作张宽,并宁河县仵作范起瑞……③
> 另委候补同知袁纯德会同史湛覆检,因腿骨胫骨俱有火灸斑痕,仵作鲁开运等报系自缢,尹瑟玉不服,史湛等亦恐所检未确,禀请添员会同另检。④

---

① 李学灯:《证据法比较研究》,五南图书出版公司1992年版,第46页。
② 参见森田成满:〈清代の人命事案に於ける事実認定の仕組み〉,《星薬科大学一般教育論集》18,東京:星薬科大学,1999,第30页。
③ 《朱批奏折》,藏于中国第一历史档案馆,04-01-01-0538-020。
④ 《朱批奏折》,藏于中国第一历史档案馆,04-01-26-0010-018。

因为当事人不肯输服,即需覆检,覆检结论无非三种,但与原验相同的仍占一定比例,因此它影响的不是证据力的问题,而是证明能力。即结论若无当事人输服,事实上无法作为证据使用,只有通过再度覆检等手段取得输服后,方能完成其形式上必备的要求,从而发挥其证明力作用。

这个设计还对官员、幕友对案件进行的剪裁构成一定制约。不同于覆检制度的"选择性",对于命案审理,清代实行必要覆核审转制,案件审拟后,不待当事人提起,自动沿着州县府司院部的程序在流转,任何一级在覆审过程中,若发现问题,原审各级都可能受到处分。因此在通详、具题过程中,相应各级为了减少处分,亦严格把关,稍有不符,即予驳诘:

> 案之干驳者,难以言尽,姑略举其大端,如报词与口供不对者驳,填伤与《洗冤录》载不符者驳,伤与凶器不对,及与犯供不合,或遗漏错误者皆驳,供情率混游移者驳,供不周密而疏漏者驳,前后彼此供情迥异者驳,供看不符拟议未协者驳,覆审与初报翻异者驳,事无情理无证据者驳,顾此失彼轻重不平者驳。①

在这种覆审、驳诘制度之下,清人特别擅长案件剪裁,刑名幕友强调"立干删枝,逢弯取直,如水落槽"②,"宛如在场亲见一般"③,证据锻造得越整齐,发现问题的可能性自然越小,但与事实出入的可能性也越

---

① [清]王又槐:《办案要略》之"论驳案",刘俊文主编:《官箴书集成》第4册,第778页上栏。
② 《居官资治录》之"幕论",转引自高浣月:《清代刑名幕友研究》,中国政法大学出版社2000年版,第79页。
③ [清]葛士达:《审看略论十则》,[清]刚毅:《审看拟式》卷末,光绪十八年刻本,日本东京大学东洋文化研究所藏,第2页a。

大。因此在依靠官、仵凭知识得出检验结论的同时,必须防范其借权力进行篡改的可能性。而当事人由于自身利益相互冲突,原、被告双方之间如果能够输服,其防止力度无疑会大为增强。

当然,从认识论上来说,这种相互印证模式的证据能力设计,也极大限度地满足了人对事实真相的内心确认。"认识'真理'的基本途径有两条:一条是由别人告诉你;一条是你自己去发现。前者可以称为'告知真理',后者可以称为'发现真理'。"①在检验中,将尸体的检验报告同当事人输服相结合,就是两种真理认识途径的结合。从而一定程度上避免了"乱罚无罪,杀无辜,怨有同,是丛于厥身"②。当然,站在今日法医学角度来说,由于清代洗冤技术的粗糙,当事人的目击、经历往往比检验更接近于事实本原,因此强调当事人的输服,在当时情况下也更有意义。

二、赋予了当事人小民声说冤抑权

清代实行必要覆核审转制,不待当事人提及,案件自动流转,在流转中,案犯随之审转,其他人证则视情况而定。如果官员伪捏输服,则仍需要对之进行提防。又或者,当事人对于原检验之官、仵已不信任,自身冤情重大,仍由他们检验不能信服,必须获得更大的重视。诸此种种,都可以通过上控乃至京控进行救济。

从表面上看,清代对越诉,特别是越级京控持禁止之势,如前述清律规定:"凡军民词讼,皆须自下而上陈告。若越本管官司,辄赴上司

---

① 何家弘:《司法证明方式和证据规则的历史沿革——对西方证据法的再认识》,《外国法译评》1999年第4期。

② 《尚书·无逸》,《十三经注疏》影印本,中华书局1979年版,第222页上栏。

称诉者,(即实,亦)笞五十。""为事官吏生监军民人等,赴京奏诉一应事情,审系被人奏告,曾经督抚或在京法司见问未结者,仍行原问各该衙门,并问归结。"①但实际上,因其对于监督吏治、体察民情具有重要意义,故又一直对此持容忍之态。嘉庆四年(1799),正式掌权的新皇帝即规定:

> 嗣后都察院步军统领衙门,遇有各省呈控之案,俱不准驳斥。其案情较重者,自应即行具奏,即有应咨回本省审办之案,亦应于一月或两月视控案之多寡,汇奏一次,并将各案情节,于折内分析注明,候朕披阅。倘有案情较重,不即具奏,仅咨回本籍办理者,经朕看出,必将各堂官交部严加议处。着为令。②

故而各级官吏对于上控必须保持一种审慎姿态,"上控之案有事关命盗重情,乃控涉官吏赃私劣迹者,督抚应即亲提人证,率同司道,详加研鞫,速行拟结。倘有应亲提而委审,或发交原问衙门者,经科道纠参,或朝廷查出,即将该督抚从重惩处"③。

究其原因,这是皇权体制的必然结果,借用寺田浩明的"首唱"与"唱和"论来比喻的话,一次次的审理就如同一场场的"首唱"与"唱和",皇帝才是真正的首唱者,"国法"就是他向"万民"——最广范围的"唱和者"——提出的建议或约定。各级的审理只是在较为微观的场景中,他的代理者与小民发出的共鸣音不同的唱和罢了。"国家"统治

---

① [清]薛允升:《读例存疑点注》,胡星桥、邓又天主编,第676页。
② 《钦定大清会典事例》第22册卷1002,新文丰出版公司1976年影印本,第17092页下栏。
③ 陶希圣:《清代州县衙门刑事审判制度及程序》,台北食货出版社有限公司1972年版,第57页,转引自里赞:《远离中心的开放——晚清州县审断自主性研究》,四川大学出版社2009年版,第230页。

的内涵即"可以理解为无非就是'首唱和唱和'而已"。① 当事人不服后的上控,从某种程度上说,就是对皇帝首唱者地位的认同,这个认同经过级别越多、戏剧成分越高,唱和效果就越显著,皇权的地位随之越加得到凸显。对冤抑越重视、洗刷冤情越多,上天亦会越眷顾皇权,否则,"冤人吁嗟,感伤和气;和气悖乱,群生疠疫;水旱随之,则有凶年"②。

因此,不输服就是对枉验的抗争权:对原告来说,是他们本欲申冤,但检验没有反映出亲属的冤杀、屈死;对被告来说,是他们本不当负责,而检验却将他们可能枉作"以杀止杀"的对象。《川省诉讼习惯调查报告书》中即指出"不遵断,则不具结,则不得上控,此原则也"③。他的不输服,为他获得更高层的重视,赢得一个公正结论提供了更大的机会。

第三节 强调输服之可能弊端

清代多次覆检都与不输服,反复具控,乃至京控有关,这是其设计必然承受之后果。但问题可能不仅仅在此,站在一个更广阔的角度而言,输服之设计与服辩之规定相一致。清律"狱囚取服辩"条规定:

---

① 〔日〕寺田浩明:《明清时期法秩序中"约"的性质》,〔日〕滋贺秀三等:《明清时期的民事审判与民间契约》,王亚新、梁治平编,法律出版社1998年版,第179页。
② 《旧唐书》第6册卷50,中华书局1975年点校本,第2147页。
③ 《川省诉讼习惯调查报告书》第九项,转引自里赞:《远离中心的开放——晚清州县审断自主性研究》,四川大学出版社2009年版,第231页。

狱囚取服辩(服者,心服;辩者,辩理。不当则辩,当则服,或服或辩,故曰服辩。)凡狱囚(有犯)徒、流、死罪,(鞫狱官司)各唤(本)囚,及其家属(到官)具告,所断罪名,仍(责)取囚服辩文状(以服其心)。若不服者,听其(文状)自(行辩)理,更为详审。违者,徒流罪,笞四十,死罪杖六十。其囚家属,远在三百里之外,(不及唤告者)止取(本)囚服辩文状,不在具告家属罪名之限。①

但是,若不服辩如何? 依清律:

内外问刑衙门审办案件,除本犯事发在逃,众证明白,照律即同狱成外,如犯未逃走,鞫狱官详别讯问,务得输服供词,毋得节引众证明白即同狱成之律,遽请定案。其有实在刁健,坚不承招者,如犯该徒罪以上,仍具众证情状,奏请定夺,不得率行咨结。杖笞以下系本应具奏之案,照例奏请。其寻常咨行事件,如果讯无屈抑,经该督抚亲提审究,实系逞刁狡执,意存拖累者,即具众证情状,咨部完结。②

"服辩"二字,辩为过程,服为结果。清律"尸伤检验不以实"条要求检验之后,"公同一干人众质对明白,各情输服,然后成招","公同一干人众质对明白"是过程,"各情输服"是结果。对于实在不能输服的,前文耆英说"应据众供拟结。……查例载……审办案件坚不承招者,即据众供情况奏请定夺",援引的亦是该条。

因此,对作为审理制度之子环节之一的检验制度进行层层剖析,如

---

① [清]薛允升:《读例存疑点注》,胡星桥、邓又天主编,第871页。
② [清]薛允升:《读例存疑点注》,胡星桥、邓又天主编,第84页。

同进行遗传检测一样,最后发现它的 DNA 源自构成它之初始的父系、母系——这个设计决定了输服有其自身优越性的同时,可能导致另一个弊端,就是逼供。

滋贺秀三曾云:

> 尽一切努力不断向终极真理接近而又决不可能到达真理本身,就人类活动的一点来说,诉讼与学术是共通的。但是两者之间决定性的区别在于,诉讼关系到人的生命、身体和财产而直接左右人们的命运,因而不能设想被搁置起来留待将来的解决,不得不在现在的时间和空间内就得出结论。于是,通过一定的程序——在文明各个阶段的当时条件下还不可能考虑有比此更加完善的那种程序——并以由完成这种程序而得来的结论代替真实本身。诉讼便由这样一种构造而形成。①

清代的诉讼,关键在于事实,而不在于拟律。如寺田浩明所说:"只要犯罪事实一旦确立,刑罚也就确定下来。"②在诉讼过程中,"对于官员来说,事实认定不仅具有浮动性,而且更具有流动性","即便官员在这个过程中不会为了符合自己已经认定的'假说'而去设计证据,但亦会随着'假说'的形成而进行证据的安排"。③ 而清代事实认定的衡量指标就是有无取得口供:

---

① 〔日〕滋贺秀三:《中国法文化的考察——以诉讼的形态为素材》,《比较法研究》1988 年第 3 辑。
② 〔日〕寺田浩明:《日本的清代司法制度研究与对"法"的理解》,〔日〕滋贺秀三等:《明清时期的民事审判与民间契约》,王亚新、梁治平编,法律出版社 1998 年版,第 117 页。
③ 江存孝:《清代人命案件中的检验及取证模式》,台湾政治大学 2008 年硕士论文,第 169 页。

就清代的司法实务而言,州县的重罪案件程序是以取得罪行的自供状为目标而进行的……以让犯人自己从头至尾叙述犯罪的全过程这种形式作成称为"招状"的文书,将此读给本人听后取得其签字画押。只要没有获得这样的罪行自供状,就不能认定犯罪事实和问罪。反过来,一旦自供状中记下的内容为本人所承认就被认为不会有误,关于事实的审理即告结束。①

在检验结论确信过程中,同样可以发生此类问题:官员通过仵作喝报完成的检验,如果和原有报词、已勘证据结合起来,确定自己的心证,在完成他自己认为对事实"真相"的建构之后,就可能全力以赴地向这个方向去努力,"强窃盗人命,及情罪重大案件正犯,及干连有罪人犯,或证据已明,再三详究,不吐实情,或先已招认明白,后竟改供者,准夹讯……"②。这同样可以适用于输服的取得。如杨乃武案中,最初即是在检验失误的情况下,先是刑讯葛毕氏取得输服供词:"葛毕氏受刑不过,因伊夫尸身验系服毒,难以置辩,遂诬认从前与杨乃武通奸,移居后杨乃武于初五日授与砒毒,谋毙本夫。"然后再对杨乃武施以同样手段,最后铸成冤狱。③ 不过,与其他类型案件相比,命案检验中,从情感上、文化上,对于尸亲施用刑讯的可能性都稍小。

所以汪辉祖即强调:

词讼细务,固可不必加刑矣,或谓命盗重案,犯多狡黠,非刑讯

---

① 〔日〕滋贺秀三:《中国法文化的考察——以诉讼的形态为素材》,《比较法研究》1988年第3辑。
② [清]薛允升:《读例存疑点注》,胡星桥、邓又天主编,第819页。
③ 《光绪三年二月刑部定案奏折》,余杭县政协文史资料委员会、浙江省政协文史资料委员会编:《余杭杨乃武与小白菜冤案》,浙江人民出版社1993年版,第120页。

难取确供,此非笃论也。命有伤,盗有赃,不患无据。且重案断不止一人,隔别细鞫,真供以伪供乱之,伪供以真供正之,命有下手情形,盗有攫赃光景,揆之以理,衡之以情,未有不得其实者。特虚心推问,未免烦琐耳。顾犯人既负重罪,其获罪之故,当听其委婉自申,不幸身罹大辟,亦可于我无憾。若欲速而刑求之,且勿论其畏刑自诬,未可信也。纵可信矣,供以刑取,问心其能安乎?①

汪辉祖提出了"隔别细鞫","真供""伪供"正乱之用,察伤寻迹等办法,不过正如我们在清人官箴书、日记中常看到的,在一些情节重大的案件中,清人常视刑讯为当然之事。究其原因,一方面当然与中国"以刑止刑、以杀止杀"的洗冤文化本身有一定关系,另一方面也与证据设计、审理制度中的输服、口供要求密不可分。

第四节 命案检验之终结标准

行文至此,我们大致可对清代命案检验终结的标准作一总结。

一、结论明确,文书统一

这是形式上的要求。清代的鉴定文书由尸(骨)格、图,通详类上

---

① [清]汪辉祖:《学治臆说》卷上"要案更不宜刑求",刘俊文主编:《官箴书集成》第5册,第276页下栏—277页上栏。

行公文,仵作甘结三部分构成。首先结论应是明确的,如果仵作之间不能形成统一的结论——如在武清县韩高氏等呈控伊子韩贵兴被高六等谋产毒毙案中,二检时两名仵作之间意见截然相反,并且都肯"各抒所见,出具甘结"①——那么就只能再次检验。同时官员对仵作的结论应能认同,在排除仵作作弊的情况下,他必须对仵作的解释表示认可。在《洗冤录集证》中,大量的非典型案例都是通过仵作的"供曰"来达成官员内心的确认。

其次,文书之间要相互统一,如果通详与尸格不一致,也是不合格的,如在张泳安控其弟被人殴毙案中,三检仍不能决,吉林将军富俊指出初验的错误之一就是"所验尸格填注五伤,而详文内又称十伤"②。又若尸格与仵结矛盾,也是不可的,如在盛京工部六品官袁祥被其妻奸夫灭门案中,凶犯李泳智解转途中死去,"仵作陈凤鸣等验报李泳智系刑伤身死,十五日会讯结内改称受刑后毒气内攻身死结报,前后两歧",如此只能"奏请派员覆验"。③

二、情、迹相符

这是证据力上的要求。此处系参用郑克的说法,郑克肯定物证等的作用,"证以人,或容伪焉……证以物,必得实焉",但又主张:"若辞与情颇有冤枉,而迹其状稍涉疑似,岂可遽以为实哉?"④这里的"辞与

---

① 《朱批奏折》,藏于中国第一历史档案馆,04-01-01-0538-020。
② 《朱批奏折》,藏于中国第一历史档案馆,04-01-01-0591-031。
③ 中国第一历史档案馆:《光绪朝朱批奏折》第106辑,中华书局1996年版,第376页上—下栏。
④ [宋]郑克编撰:《折狱龟鉴译注》,刘文俊点校,上海古籍出版社1988年版,第366、10页。

情"与"证以人"相对应,当指言词审讯后的主观证据;"迹其状"和"证以物"相对应,当指勘查后的客观证据,贾静涛谓之"情迹论"。① "情迹论"的核心是主、客观证据间吻合相符,在事实解释与建构中不存在冲突,对命案检验来说,更具体的指其所获得的证据与其他主、客观证据相一致,清人亦说"伤痕分寸要与凶器及受伤情形相符""夫命案重情全以验勘情形、伤痕与犯证各供为凭"。②

这一点是侦查的常识,现在仍然适用。在今天的命案勘查中,鉴定人到达现场须先了解案情,出具的法医鉴定书中,亦专有"案情简介"一部分作出简要说明。特别是在有些命案中,死因鉴定即使用尽检验方法都可能无法得出,如高坠伤死亡,是自杀是他杀,没有案情分析,没有取得过去病史,很难得出最后的结论。

对于清人来说还不仅仅于此,情、迹相符也是审验合一体制的必然要求,验官本身就是审理者,他当然要考虑伤杖是否相符,报词、供证与检验结论等是否一致,依据证据建构的事实是否合理,等等。验官不仅仅在检验中相当于今日的法医,还相当于其他技术人员、侦查员、检察官、法官(但不能判,真正的判在皇帝)等;同时,清朝的必要覆核审转制,又决定了验官始终处在一种等待上级审核的状态,他们必须将上述问题反复考虑,免致、减少驳诘。清朝的检验制度设计中也充分体现出这种结合考量的要求,它承继以前的经验,强调"狱贵初情",重落膝初供;强调报词正确,重乡保报案;强调证据及早获得,重正印速验,种种规定都体现出了对案情全面把握的要求。同时,结合诬告制度,对报词、证言不实的尸亲、证人实行如虚反坐的惩处,从信息搜集上也尽可

---

① 贾静涛:《中国古代法医学史》,群众出版社1984年版,第84—85页。
② [清]王又槐:《办案要略》之"论详案",刘俊文主编:《官箴书集成》第4册,第771页下栏—772页上栏。

能地过滤了虚假成分。

即使是清人单纯的检验结论,本身就包含着现场勘验、讯供后的综合成分。在清代的尸(骨)格、图填写中,必须直接注明是哪种凶器所伤,这需要结合案情分析而不能只靠检验。即便在今天的法医鉴定中,也只在鉴定书上标明系钝器伤还是锐器伤,准确的凶器分析最多只是在案情分析研讨会上口头说明,很少直接落笔写明。对于清人来说,虽然环境相对简单,作案凶器相对较少,但如果不仔细探究案情,亦难保不出偏差。考虑到清朝的检验技术,要实现不枉杀的目标就更需要充分结合对案情的了解及其他证据的获得。这一点在检验程序运作中也得到体现,"人命初拘凶人到官,须急追出行凶器杖,使检验比对伤痕,以成确案"[1],追查凶器即带有了现场勘查、讯问的内容,一定程度上已超出尸伤检验的范畴了。

三、众等输服

这是证据能力上的要求。从理论上说,《大清律例》之"尸伤检验不以实"条规定:"遇告讼人命……督令仵作如法检报。定执要害致命去处,细验其圆长、斜正、青赤、分寸,果否系某物所伤,公同一干人众质对明白,各情输服,然后成招。"[2]其中原、被输服的标志就是具结画供等。

在原、被输服中,更重要的是原告方及尸亲输服。如前所述,在清代,尸亲不输服导致重新鉴定的可能性要大于被告,特别是在反复引发

---

[1] [清]陈芳生辑:《洗冤集说》卷8,聚锦堂藏版,中国社科院法学研究所图书馆藏,第26页a。

[2] [清]薛允升:《读例存疑点注》,胡星桥、邓又天主编,第864页。

重新鉴定的京控中。这可能缘于他们作为尸亲的一方,占据着道德和舆论上的制高点,传统观念中对死者的同情很容易转移到他们的身上,使他们可以通过反复的具控而影响案件流转程序。同时,清代广泛存在的诬告恶习,也使尸身必然成为官府防范的对象。在初验的整个程序设计中,乡保报案的强调、如虚反坐的告知、落膝初供的速取、尸亲到场的必要,实际上主要针对的都是尸亲;在覆检中同样如此,请检具结的必备、不能到场的检验中止,都同样体现了对尸亲的重视。甚至在《湖南省例》中,检验完毕后的输服设计更是直接指尸亲而未指凶犯:"尸亲所告伤痕,如验得有无、轻重、大小及部位不符者,当下必诘问尸亲,指令亲看折服,取具相符确供,方可填图、掩棺。"①

如果是覆检,从清朝实际的程序运作来看,还必须考虑原验官、仵对重新检验结论的认可。因为在清朝的制度设计中,如果检验有误,官、仵都会受到处分,重者革职,乃至流放、充军,因此如果他们表示异议,就必须进行慎重考虑。在《朱批奏折》《粤东成案初编》有关覆检与原验不同的案件中,在覆检结论被采纳后,都会在奏折、题本中对原验错误进行解释,比如原验仵作供称"不能辨认的确""当日误认""日久不能指清止尚记忆"等等,这事实上即是对原先检验不当的确认。特别是王景殿案中,原验官、仵一再地在覆验现场说明原验情况,否定新取得结果,这都表明他们的认同是重新确立检验结论的重要标准。

---

① 《湖南省例成案》卷19"汇饬各衙门文案内紧要字句不可减省各款",藏于中国社会科学院经济研究所(缩微胶卷版),日本东京大学东洋文化研究所原本,第8页a。

第十二章
过错与处分

若覆检时发现原验有误,则相关的官吏须受到严厉惩治,或虽无错误,但通详迟延,亦需受惩,本章即论述有关处分事宜。在"从严治吏"思想的指引下,中国古代对于检验错误,至少在律条中一向主张严格处分。《唐律·诈伪律》"诈病死伤检验不实"条即规定:"诸有诈病及死、伤,受使检验不实者,各依所欺减一等。若实病、死及伤,不以实验者,以故入人罪论。"[①]宋时条令则云:"诸尸应验而不验(初、覆同),或受差过两时不发(遇夜不计,下条准此),或不亲临视,或不定要害致死之因,或定而不当(谓以非理死为病死,因头伤为胁伤之类),各以违制论。即凭验状致罪已出入者,不在自首觉举之例。其事状难明定而失当者,杖一百。吏人、行人一等科罪。"[②]清律在借鉴明律"尸伤检验不以实"条惩治相关过错官员之规定的同时,也不断发展完善,构成了一套严密的预防、处分体系。

---

① 刘俊文:《唐律疏义笺解》下册,中华书局1996年版,第1758页。
② [宋]宋慈:《洗冤集录》卷1"条令",张松等整理:《洗冤录汇校》上册,第5页。

第一节　清代有关处分之规定

一、《大清律例》

清律中,"尸伤检验不以实"条的例文主要是有关检验的体制性、程序性规定,而律文则是专门针对检验错误加以惩处的规定:

> 凡(官司初)检验尸伤,若(承委)牒到托故(迁延)不即检验,致令尸变,及(虽即检验)不亲临(尸所)监视,转委吏卒(凭臆增减伤痕),若初(检与)覆检官吏相见扶同尸状,及(虽亲临监视)不为用心检验,移易(如移脑作头之类)、轻重(如本轻报重,本重报轻之类)、增减(如少增作多,如有减作无之类)、尸伤不实,定执(要害)致死根因不明者,正官杖六十,(同检)首领官杖七十,吏典杖八十,仵作行人检验不实,扶同尸状者,罪亦如(吏典以杖八十,坐)之。(其官吏仵作)因(检验不实)而罪有增加者,以失出入人罪论(失出减五等,失入减三等)。若(官吏仵作)受财故检验不实(致罪有增减)者,以故出入人罪论;赃重(于故出、故入之罪)者,计赃以枉法各从重论(止坐受财检验不实之人,其余不知情者,仍以失出入人罪论)。①

---

① ［清］薛允升:《读例存疑点注》,胡星桥、邓又天主编,第863—864页。

薛允升言:"此仍明律,顺治三年,添入小注。"清律多本明律,前已多有述及,之所以如此,一方面固然与法律自身传承有关,更多的还在于清王朝入主中原之初制度条例尚不完善,故不得不大力吸收明廷的既有典章文化。顺治帝在《大清律集解附例》序文中即说"朕惟太祖、太宗创业东方,民淳法简,大辟之外,惟有鞭笞",这是清王朝对自己入关前法律体系的描述,如此简略的法律自然无法适应对统一多民族国家治理的需要。因此,入关当年(1644),摄政王多尔衮就下达了"自后问刑,准依明律"的上谕,①清律由此与明律建立起了紧密的联系。

二、则例与事例

苏亦工曾指出:谈到明清的法律,人们自然会想到"律",如《大明律》《大清律》。其实,在明清两代的法律渊源体系中,律典只是其中最有代表性的一员,律典以外的法源还有会典、例及成案。② 在关于官吏处分的规定中尤其如此:清代对检验错误的处罚,除见于律典外,更多还载于相关的处分则例中。

则例中与本章讨论主题密切相关的为吏部处分则例。清代则例繁多,且频繁纂修,乾隆十一年(1746)确定了吏部则例十年一修的原则,直至道光十年(1830)停止了十年一修例的做法,但未确定续修年限,至光绪九年(1883)又确定了二十年一修的原则。王锺翰先生统计称,其所见各部则例有三四百种,并于《钦定吏部处分则例》后附小注云所见者有"雍正十一年四七卷十六册,乾隆四十四年同,

---

① 苏亦工:《明清律典与条例》,中国政法大学出版社2000年版,第116页。
② 苏亦工:《明清律典与条例》,中国政法大学出版社2000年版,第40页。

嘉庆五年十四册，十五年十六册，二十一年二十册，二十二年五二卷，道光六年同，十二年同，二十三年二七册，同治四年二十册"①，其版本之繁可见一斑。

至于会典事例，与则例相比，一个重要区别是编撰体例不同。一者，"事例一般是附着在会典之中或之后的，与会典形成一个共同的整体；清代的则例却往往是独立于会典之外的单行的行政法规"；二者，"事例与单行的则例在收录的方式和目的上也有一定的区别，单行的则例前面通常冠以'一'，一般不记载制定的时间，而会典中的事例则冠以'〇'，注明某年因某事而制定"。② 会典事例的这种编撰体例的好处是，对于则例中有关制定时间能给予很好说明，有助于明晰有关规定的整体发展脉络。不过就本章所论及的检验处分而言，两种编纂体例在内容上基本一致，故本章为便于论述，侧重于以处分则例来进行阐述，对于事例则参照引用。

关于检验错误之处分，依《清会典事例》载，康熙朝时尚只有四条，分别为"凡检尸官员，听信仵作，有伤报无伤，或将打砍伤痕报称磕跌伤者……上司批令覆验竟不覆验，将伤痕不行全报者""违例三检者""委令武职典史等官检尸者""实系殴伤致死，而捏报伤风及因他病死者"，③这样的简单规定当然不能解决不肖州县因玩视人命而存在于检验中的种种问题。从后世的《吏部处分则例》来看，其相关立法的完善是逐步进行的，并于嘉庆朝才基本定型。具体见下表：

---

① 王锺翰：《清代则例及其与政法关系之研究》，氏著：《王锺翰清史论集》第3册，中华书局2004年版，第1703页。
② 苏亦工：《明清律典与条例》，中国政法大学出版社2000年版，第44—45页。
③ 《清会典事例》第2册卷125，中华书局1991年影印本，第626页下栏。

表 12-1 《吏部处分则例》所列检验相关条目变化

时代	条目
雍正	相验、检验不确（附违例三检）、委令杂职验尸、不报凶犯（附地方凶犯已报司府未报督抚处分）、州县讳命知府未报督抚处分、殴死捏报病死、重犯捏报病故、掩埋结案隐匿不报、命案自行查出免议、贿纵诬告人命、验尸迟延、失察前官讳命、五城命案推诿不报
乾隆	相验、验尸迟延、相验延迟议处上司、检验不确、违例三检、委令杂职验尸、川省自尽路毙人命、相验斗殴重伤不实、讳命、殴死捏报殴后伤风、重犯捏报病故、沿河州县漂流受伤浮尸不行验报、州县自行查出免议、贿纵诬告人命、失察前官讳命、五城命案推诿不报
嘉庆	检验尸伤、相验生伤、率准拦验、不详请委员相验、开检迟延、命案详报迟延、命案推诿、讳命、致毙多命重案、五城命案、云南旧衙坪地方命案
光绪	检验尸伤、相验生伤、率准拦验、不详请委员相验、开检迟延、命案详报迟延、命案推诿、讳命、致毙多命重案、五城命案、云南旧衙坪地方命盗等案

资料来源：雍正、乾隆、嘉庆三朝则例资料取自《钦定吏部处分则例》（蝠池书院出版有限公司 2004 年版）；道光朝吏部处分资料蝠池书院版刊载有误，为礼部处分资料，不予引用；光绪朝则例取自文孚纂修《钦定六部处分则例》（近代中国史料丛刊第 34 辑，文海出版社 1969 年版）。

从上述条目变化来看，雍正、乾隆两朝是检验处分制度的发展期。在康熙朝只有四条处分规定，但到了乾隆朝则已有 16 条规定，是原先的四倍之多。但是例文的增多，亦带来了体例上的繁杂，仅从乾隆朝则例来看，就显得繁乱。为此必须进行进一步的形式完善，这项工作就是在嘉庆朝完成的。嘉庆朝则例的贡献除内容上更充实，如增加针对检骨迟延的"开检迟延"条之外，更在于其体例上的趋于合理，具体表现在三个方面：一是结构严密，雍正、乾隆两朝的处分则例是一目一条，且排序零乱，而自嘉庆朝则例始，则为一目下几条，如乾隆朝则例中的"讳命、沿河州县漂流受伤浮尸不行验报、州县自行查出免议、失察前官讳命"四条实质上都与讳命有关,只是有具体表现不同,及主观上故意或过失之别,故嘉庆则例将它们统一置于"讳命"目下,经过这种调整之后,结构上就显得较前朝匀称。二是在嘉庆则例之前,查缉凶犯条皆置于检验条文之前,这与实际办案程序相违,嘉庆则例则予以调整。三是嘉庆则例明确于每一处分事项上注明公罪、私罪,这与嘉庆二十五年(1820)上谕"着吏兵二部各将处分则例悉心确核,于各条下皆注明公罪、私罪字样"直接有关,[①]清人认为,"凡官罪有二:曰公罪,有处分以励官职;曰私罪,有处分以儆官邪"[②],故对公罪从轻,私罪从严,公、私罪注解分明,有利于处分时进一步明确轻重。

嘉庆朝以后的则例亦有所变化,但皆细微。将光绪朝则例与之相比,个别地方有所减轻,如将"官吏验尸听凭仵作将有伤报称无伤,或将打伤、砍伤报称跌伤、磕伤者,降二级调用"改为"降一级调用",[③]这可能与继续贯彻嘉庆等皇帝公罪从轻思想有关;但亦有加重处分的,如对于尸亲拦验,光绪朝则例规定"致正凶漏网者,将地方官照讳命例革职"[④],这是前朝未有之严格规定。但总体而言,认为嘉庆朝确定了后世则例的基本内容与体例是无疑义的,就与检验有关的处分规定体例来看,光绪朝则例与其近乎完全一致。因此,与清朝有关检验的体制性、程序性规定在乾隆朝完善相对应,有关处分性规定则在嘉庆朝得到完善,至此,清代洗冤检验的制度性框架也得以最终完成。

---

① [清]文孚纂修:《钦定六部处分则例》,近代中国史料丛刊第34辑,文海出版社1969年版,第23页。
② 《钦定大清会典》卷11,新文丰出版公司1976年影印本,第128页下栏。
③ 《钦定吏部处分则例》(嘉庆朝),蝠池书院出版有限公司2004年版,第530页上栏;[清]文孚纂修:《钦定六部处分则例》,近代中国史料丛刊第34辑,文海出版社1969年版,第868页。
④ [清]文孚纂修:《钦定六部处分则例》,近代中国史料丛刊第34辑,文海出版社1969年版,第870页。

三、律、例规定的检验诸错误

（一）检验错误之类型

沈之奇于《大清律辑注》中就"尸伤检验不以实"条，于律后注云："此条首节分五项看，而其罪则同也。一则托故不即检验……一曰不亲临而转委……一曰官吏扶同尸状……一曰不为用心检验……一曰致死根因不明。"[①]又于律上注云："五项中，惟移易、轻重、增减是检验尸伤不实，其余皆违检验律令之罪耳。"[②]可见，沈之奇是依律将检验错误分为五项二类。不过需要指出的是，沈之奇对于两类的具体划分或有不当，因为不为用心检验所致移易、轻重、增减，与致死根因不明，实都可归为检验不实一类。故本书认为，对清律中五项检验错误更恰当的分类当为：一系检验不实，包括移易、轻重、增减与致死根因不明；二为检验有违律令，清时无令，实为违反条例或则例，即托故不往、不亲临检验、扶同尸状。

但实际错误绝非仅此五项。参照光绪朝处分则例，可知还有其他诸多差错发生的可能，兹描述如下表：

表12-2　光绪时期检验错误类别及相关细则

检验尸伤	滥派杂职检验
	黔蜀及其他各省准令杂职代验而正印不即通详

---

① ［清］沈之奇:《大清律辑注》，怀效锋、李俊点校，法律出版社2000年版，第1032—1033页。
② ［清］沈之奇:《大清律辑注》，怀效锋、李俊点校，法律出版社2000年版，第1034页。

续表

	州县移请代验托故不往
	命案呈报不即检验
	听凭仵作喝报致检验错误
	批令覆检而不覆检
	违例三检
	借检验因公科敛
率准拦验	未审视明白即准拦验，或妄听拦验致正凶漏网
	诬告人命于验前拦息或吐露实情而不加惩治
不详请委员相验	例应详请委员相验而不详请
开检迟延	详请开棺检验接奉上司批准迟延不检
	通禀迟延①
命案详报迟延	相验后未即用印文通详或仅通禀而未通详，及接任官不为详报者
命案推诿	京师及外城州县命案不及相验而推诿
讳命	杀死人命知情讳报
	前官讳命接任州县不能揭报
	不知情不行申报
	被伤尸身漂流过境地保不报，或地保报而地方官讳匿不报
云南旧衙坪地方命盗等案	云南永北厅分驻旧衙坪人命检验之经历相验不实

资料来源：文孚纂修《钦定六部处分则例》，第865—877页。需说明者，表中用语并非原文，同时需指出，因为本论文描述的是尸伤检验，而处分则例"相验生伤"条所描述的属于活体损伤检验，本文不将其纳入几种错误的分析视野。另"云南旧衙坪地方命盗等案"后半条属盗案，本书不予引用。

---

① 通禀迟延置于此处有所不当，当属于讳命内容，但则例结构如此，不作改动。

上表中，"检验尸伤"条中"听凭仵作喝报致检验错误"子条与律文中检验不实一类有对应关系，"滥派杂职检验"与律文中"不亲临而转委"相对应，"州县移请代验托故不往"子条自然与律文中"托故不即检验"对应。至于"扶同尸伤"，则系清律袭用明律条文，但在实践中取消了必要覆检制，使得该类实无存在意义，则例中自然不可能有相应处分规定出现。

因此，依处分则例，参照清律，可将所有错误重新划分，共为三类：一类为检验不实错误，包括听凭仵作喝报不为用心检验、致死根因不明及清律中的受财检验不以实。二为检验前程序性错误，包括"检验尸伤"条中除"黔蜀及其他各省准令杂职代验而正印不即通详""听凭仵作喝报致检验错误"二子条外其他各子条、"率准拦验"条、"不详请委员相验"条、"命案推诿"条及"开检迟延"条中的"详请开棺检验接奉上司批准迟延不检"子条。三为检验后的上报性错误，包括"黔蜀及其他各省准令杂职代验而正印不即通详"子条、"通禀迟延"子条、"命案详报迟延"条、"违命"条。

总之，通过律文与则例等规范，清廷构建了一个严密的错误惩治体系。[①] 这三类错误中，除检验不实外，各条均如条文所言，且容易理解，故下面具体针对检验不实错误作一解读。

（二）检验不实的认定

上文中检验不实依则例与清律列举了三类表现。一为检验受财，此种行为应受处罚自无疑义。二为致死根因不明，则清代于此认定是

[①] 除枚举的上述归类外，参考清律及则例，还可附加上其他错误，如现场弹压不力，归入验前错误；勒取仵结、篡改文书，亦可归入上报类错误。法有一定，情有万变，一一列举始终有不周延的地方，此三大类已可基本说明清代检验中的错误类型，故不再对更细可能一一列举。

否需考虑到技术上的难易问题？从现存案牍看，一般似不予考虑。虽然在《律例馆校正洗冤录》中，已明确地将伤病关系、中毒致死或置于"疑难杂说"门，或置于该门之后（同一卷），说明已意识到了这类检验的困难性，但在惩处时都未加宽贷。① 三为不用心检验。清律中例举为"移易（如移脑作头之类）、轻重（如本轻报重，本重报轻之类）、增减（如少增作多，如有减作无之类）"等情况，处分则例中则列举了"听凭仵作将有伤报称无伤，或将打伤砍伤报称跌伤磕伤者""将无伤报称有伤，或将跌伤磕伤报称打伤砍伤者""数处伤痕将致命者报出，不致命者遗漏未报，再或拳伤报称踢伤、木器伤报称铁器伤之类无关罪名出入者"几种。特别值得注意的是最后一点，即"数处伤痕将致命者报出，不致命者遗漏未报，再或拳伤报称踢伤、木器伤报称铁器伤之类无关罪名出入者"，此处不可站在今人角度，谓结论正确即可，个别一两处体表损伤不记录影响不大，在清代，任何一处损伤所见都须详细记录，否则就有"玩视人命"或"受贿匿报"之嫌。如在道光年间何文元一案中，本来初验结果为"验明隋何氏尸身有额角自残土块伤一处，鼻口向右歪斜，口流涎沫，肚腹发变，脊背后肋腰眼均有血瘀，委系受伤后因痰症身死。并据尸弟何文元、尸侄隋廷有、尸子隋小子拦舁下身，具结领埋，录供详报"，后何挟嫌诬告，覆检后"核与平泉州原验尸格，惟左额角自栽伤一处系属漏填"。这点差异无论对案情还是结论可谓毫无影响，

---

① 笔者所见的反证有《大清律例会通新纂》一例，其云："乾隆二十一年福建黄虔殴伤姚低身死一案，南安县邹召南初验不实，旋即自行详请委员会检审出实情，应邀免议。部驳：此案尸亲原报指定鼻梁一伤，该县何得任凭仵作并不填报，迫尸亲审讯时又坚供实系打伤，何得竟不同？草率已极，其详请覆检乃迫于两造各执一词，不得不请检立案，其实并非疑似难验之伤，必须蒸检，未便遽援审出实情之例免其议处，应将该县邹召南照例降二级调用。"见[清]姚雨芗原纂，[清]胡仰山增辑：《大清律例会通新纂》第10册，近代中国史料丛刊三编第22辑，文海出版社1987年版，第3690页。其中有"其实并非疑似难验之伤"语，似考虑到了检验难易，但该处更应理解为系针对需否蒸检而言。

但主持覆检的耆英仍具奏"原验仵作任贵虽讯无得贿匿报情事,第于隋何氏左额角一伤未经看出,实属疏忽,任贵应革役,依不为用心检验尸伤仵作杖八十律杖八十","平泉州知州祥庆于仵作漏报伤痕虽系无关罪名,究有失察之咎,应请旨敕下吏部照例议处"。①

又,检验不实认定时间以何时为准?从现存案牍看,该时间系以通详与否来划分。凡通详后,即便人犯未解审,仍在本级衙门,后通过再度覆讯发现有误,或"恐案情未确"请求覆检,其错误都视为已铸成,只有减轻处罚而绝无免除处罚之可能。如嘉庆年间,贵州湄潭县民人周成先夜间仓猝身死(实为病死)一案中,原知县定为中毒而死,未经详报,由接任知县复讯无异后,便以中毒通报,但是在通报完后的再度复讯中,因进一步追究砒霜来历,及周杨氏(周成先之妻)极口呼冤,始觉有疑,于是再度上报。从事后看,先前的误报并未造成不当影响,但巡抚福庆在具奏中仍称:

  署湄潭县事候补知县积德于相验命案重情并不用心细核……疑为挟嫌谋毒,刑吓承认,即行录供移交,接署县朗洞县丞潘廷凤接准移交,亦不详慎推鞫,遽照诬认之供,草率一讯,率行通报,均属不合,旋于案未成招时,自行据实检举,禀请提省质讯检验,得以平反,虽未回护于后,究属错误于前,相应随招开报,听候部议。②

站在今天的技术角度看,以当时的条件区别是病是毒相当困难,即使时至今日,可能也是许多区县级公安局无法完成的任务,但这些都未构成清代法律上认定检验不实的障碍。

---

① 《朱批奏折》,藏于中国第一历史档案馆,04-01-01-0785-011。
② 《朱批奏折》,藏于中国第一历史档案馆,04-01-26-0020-059。

第二节　处分之程序与罚则

检验系由官员与仵作共同完成,错误之铸成亦与二者密不可分。但二者在处分之程序与罚则适用上,虽密切相关、彼此影响,但又差别极大,常呈一种平行线式的关系。又刑书参与记录、衙役参与验前准备工作,他们也可能因检验中的索贿或无意的过失而受到处分,因其与仵作适用之处分同,故一并论述。

一、处分之程序

(一) 吏仵

吏仵的处分程序非常简单,在参与检验的过程中,他们是公门中人,然而一旦原验受到质疑,就转化成了证人或被告的角色。特别是在覆检中,原验仵作虽然都应到场质对,但在确定原验有误后,立刻就会受到进一步的讯供;在解审中,他们亦只是被简单地置于监仓中,未受到任何优待,甚至有仵作于羁押中死亡的记录,这些都与犯证并无二致。因此,对他们适用的处分程序亦系"普通"的或曰与一般案犯相同。

(二) 官员

但是,官员的待遇就不同了,《大清律例》"职官有犯"条规定:

凡在京在外大小官员,有犯公私罪名,所司开具事由,实封奏闻请旨,不许擅自勾问(指所犯事重者言,若事轻传问,不在此限)。若许准推问,依律议拟奏闻区处。仍候复准,方许判决。若所属官被本管上司非礼陵虐,亦听开具(陵虐)实迹,实封径自奏陈。①

反映在有关案牍中,对于犯罪官员,一般都要先经过"请旨解任"或"请旨革职",然后才能进一步讯问。此处的解任与革职既可以理解为一种惩处,亦可以理解为类似当今刑事诉讼法上的一种强制措施。所不同的是,它的适用目的并非如今日担心嫌犯逃跑等,而是基于其官员身份——为了诉讼程序的进一步进行,必须暂时剥夺其官身来保证讯供正常进行。譬如下面发生于嘉庆年间的案例:

该县延庚何以将无伤之尸勒令仵作以缢死出结,显有听嘱串捏情弊,自应彻底严究方得水落石出,并究明刘史氏实系如何身死,何人移尸入塘确情,以成信谳。除将汪廷干职衔咨部斥革外,兹据臬司鄂云布揭报前来,相应请旨将旌德县知县延庚革职,以便提同原验仵件暨指控之汪廷干,并差役周江等一干人证严审实情,定拟具奏。查延庚现署阜阳县事,除委员前往摘印署理,查明经手仓库钱粮有无未清另报外,谨会同两江总督臣陈大文恭折具奏。②

又如嘉庆年间的另一案:

---

① [清]薛允升:《读例存疑点注》,胡星桥、邓又天主编,第20页。
② 《朱批奏折》,藏于中国第一历史档案馆,04-01-13-0163-032。

该县黄恩培如果细心检验,何致任听刑仵隐匿伤痕,遽以病毙通详,虽据该县于未经检验之先禀称不敢稍存回护,押带人证至府,听候委审究办,惟现在讯据地保尸亲人等各供,核与该县原详报词均有增改,难保无听嘱徇纵情事,必须彻底根究,以期水落石出,相应请旨,将龙游县知县黄恩培革职,以便提同全案犯证严究确情,按律办理。①

但是,对于事实清楚,不需讯问的情况,则可能直接适用革职等惩处措施,此时则完全等同于实体上的处罚了。如乾隆年间,江西宜春县民黄茂林因私割公祠田禾被族人控县,黄茂林畏责不敢赴县,央求同行的王炳八捏报其随同赴县途中被虎咬死,该县知县侯廷栢未经亲验,率于尸格内填注"只有左肋虎牙咬伤一孔,围圆二寸四分,余俱无故"。案件上报后被巡抚海成看出破绽——虎咬伤痕岂可仅止一孔,"当即指明情节,批司饬府亲提确讯,去后兹据袁州府知府李允性详称,现在黄茂林并未身死"。人尚在世,则原尸伤报告之错误不言而喻,因此海成具奏:"命案尸图最关紧要,例应亲验亲填,岂容捏造,此案黄茂林既未被虎咬伤身死,王炳八捏词妄禀,该县不即查究虚实,亲往验明,已属玩忽,乃又据词作为亲验,混填尸格通详,更属朦混……似此怠玩庸劣之员,断难稍事姑容……理合专折纠参,请旨将宜春县知县侯廷栢革职以肃吏治。"②

不过,对于为保证讯供正常而被革职的官员,也有审后开复的可能性。《大清律例》"职官有犯"条即载:"凡被参革职讯问之员,审系无

---

① 《朱批奏折》,藏于中国第一历史档案馆,04-01-01-0567-046。
② 《朱批奏折》,藏于中国第一历史档案馆,04-01-26-0006-051。

辜,即以开复定拟,不得称已经革职,无庸议题,复其原参。重罪审虚,尚有轻罪,应以降级罚俸归结者,开复原职,再按所犯分别降罚。"①

二、实体处分

(一) 吏仵

如前所述,清律在列举了沈之奇所指五项错误后云:

> ……吏典杖八十,仵作行人检验不实,扶同尸状者,罪亦如(吏典以杖八十,坐)之。(其官吏仵作)因(检验不实)而罪有增加者,以失出入人罪论(失出减五等,失入减三等)。若(官吏仵作)受财故检验不以实(致罪有增减)者,以故出入人罪论;赃重(于故出、故入之罪)者,计赃以枉法各从重论(止坐受财检验不实之人,其余不知情者,仍以失出入人罪论)。②

这一条对吏仵是完全适用的。清律遵循"二罪俱发以重论",即从一重罪处断原则。就吏仵来说,检验有误后,如未受财,一般存在两个法条竞合的问题:一者为检验不实杖八十,一者为失出人罪。无关原检验案件当事人罪名出入时,则引用检验不实律杖八十。如何文元诬控案中,"原验仵作任贵虽讯无得贿匿报情事,第于隋何氏左额角一伤未经看出,实属疏忽,任贵应革役,依不为用心检验尸伤仵作杖八十律,杖

---

① [清]薛允升:《读例存疑点注》,胡星桥、邓又天主编,第 21 页。
② [清]薛允升:《读例存疑点注》,胡星桥、邓又天主编,第 863—864 页。

八十"①。但如果影响到原检验案件当事人定罪的,则依失出入人罪,如嘉庆末年广东乐昌蓝友隆殴毙谭定梆案中,原验中毒身死,检骨后发现有误,"查律载,斗殴杀人者,不问手足、他物、金刃,并绞监候等,又仵作因检验不实而罪有减者,以失出人罪论,又断罪失于出者,减五等,因未决放听减一等……盛洸合依仵作因检验不实而罪有减者,以失出人罪论,律失出减五等,因未决放再减一等,通减六等,应于正犯蓝友隆绞罪上减六等杖六十徒一年,业经病故,应毋庸议"②。

如果是因受财而检验不实的,前两个法条自然因其处罚较轻而弃之不用,此时则是在另两个法条竞合下从重论处:一为故出入人罪,二为依六赃律计赃以枉法论罪。如果因此引发蒸检、尸亲具控反复检验等后果的,有的案件还会基于情罪平允的角度加重处罚。如乾隆年间,吴汉府家奴受雇于张荣,后得病身亡,吴汉府唆使该奴之妻诬控,并行贿仵作于检骨时作弊。东窗事发后,仵作韩范青"应照受财故检验不实以故入人罪论因未决听减一等律,应杖一百流三千里,该犯得赃舞弊情节较重,应从重改发黑龙江给披甲人为奴"③。

对于吏仵因检验错误而受处罚的,一般还会伴随另一项处罚,就是革役。虽然清律规定公罪"吏典犯者,笞杖决讫,仍留役",私罪"吏典犯者,杖六十以上,革役",④但实际案例中,即便是检验不实的公罪,决讫后被革役的情况仍普遍存在。如前述何文元案中仵作未受财,只是一处不影响结论的损伤未验出,但亦被革役处分。

---

① 《朱批奏折》,藏于中国第一历史档案馆,04-01-01-0785-011。
② 《粤东成案初编》卷12"命案·验检弃毁·殴伤身死仵作误报服毒毙命致凶犯藉端狡展检验定案仵作拟徒刑书免议",道光十二年刻本,藏于广东省立中山图书馆,第10b—11a页。
③ 《朱批奏折》,藏于中国第一历史档案馆,04-01-26-0011-052。
④ [清]薛允升:《读例存疑点注》,胡星桥、邓又天主编,第21—22页。

对于刑书,如果是因原检验不实引发反复具控甚至京控大案,或案件关涉逆伦重案而有错误时,他们也可能因做记录时疏于查察而受罚,此时则引用不应重律,亦可能并处革役。如在乾隆年间因行贿仵作致原验不实,后反复检验的湖北建始县李若梅案中,"刑书陈知非,讯无受贿扶同混报情弊,但既随同相验,并不查看确实,亦属疏忽,应照不应重律,杖八十,折责三十革役"①。又如嘉庆年间贵州湄潭县周成先仓猝身死案,原验中毒身亡,险致其妻于逆伦大案,故而"刑书祝成因仵作相验不实,并不悉心详查致死根由,即照供缮详,亦有不合,应照不应重律,杖八十折责三十板"②。这种处罚可能基于刑书长期出现场,积累有一定经验,故作为在官之吏,理当负有谨慎勤勉义务的考虑。

须指出的是,仵作并不是一个体面的职业,但对于仵作而言,他们的收入不是取决于工食银,而更多的是依赖隐性收入,故而革役的打击不能谓小,对于其他吏役来说同样如此。同时,前文已指出,仵作有世袭的可能,那么革役对于其子嗣承继有无影响,尚不得而知,但从宋姓仵作能够从明末至民国初年长期占据刑部的检验角色来看,则革役可能只是针对个人而不影响其家族内的承袭。

(二) 官员

对于官员来说,受到的处罚首先是一种行政上的处分。按照清律和《吏部处分则例》,凡文武百官犯罪按律例当杖一百以下的,可以通过罚俸、降级等来抵销。其中,官员公罪、私罪先按照刑律分别定议,如果系公罪者,则:

---

① 《朱批奏折》,藏于中国第一历史档案馆,04-01-26-0010-018。
② 《朱批奏折》,藏于中国第一历史档案馆,04-01-26-0020-059。

系公罪笞一十者,罚俸一个月;笞二十者,罚俸两个月;笞三十者,罚俸三个月;笞四十者,罚俸六个月;笞五十者,罚俸九个月。杖六十者,罚俸一年;杖七十者,降一级留任;杖八十者,降二级留任;杖九十者,降三级留任;杖一百者,革职留任。

如果系私罪者,则:

系私罪,笞一十者,罚俸两个月;笞二十者,罚俸三个月;笞三十者,罚俸六个月;笞四十者,罚俸九个月;笞五十者,罚俸一年。杖六十者,降一级调用;杖七十者,降二级调用;杖八十者,降三级调用;杖九十者,降四级调用。杖一百者,革职。①

所谓公罪、私罪,主要以是否有主观犯意来区分。因公罪而降调革职的,除了某些事关重大者以外,往往可以蒙恩从宽。

官员的行政处分归吏部负责,而非如吏件只是咨报刑部,如:

刑部咨广东司案呈,据广东巡抚陈咨称,英德县民谭丙科等共殴致伤张添养身死,该犯谭丙科于取供后在监病故一案⋯⋯至议处文职,事隶吏部,该抚既咨吏部,应听吏部查议可也。道光六年二月初二日准咨。②

---

① [清]文孚纂修:《钦定六部处分则例》,近代中国史料丛刊第34辑,文海出版社1969年版,第24页。
② 《粤东成案初编》卷12"命案·验检弃毁·殴伤身死件作误报服毒毙命致凶犯藉端狡展检验定案件作拟徒刑书免议",道光十二年刻本,藏于广东省立中山图书馆,第13a—17a页。

如果移交吏部处理,则适用的当然是《吏部处分则例》,王锺翰即云:"各部办案,莫不以本部则例为先。律文虽六部通行,而关涉议处案件,即使刑部奏结,仍须移归吏、兵二部核议处分。其余各部署办案,大抵类是。"①

行政处分最高可到革职,甚至永不叙用。在光绪朝《吏部处分则例》中,因检验可引发革职的罪名有:

> 检验尸伤系病毙倒卧无伤者即行立案掩埋,系轻生自尽殴非重伤者,即于尸场审明定案,将原被邻证人等释放,若州县官有故意迟延拖累者革职。
>
> 据报杀伤而死,亲属虽告不准免检,如听其拦验,致正凶漏网者,将地方官照讳命例革职。
>
> 州县详请开棺检验之案,以接奉上司批准之日起限……(逾限)一年以上者革职。
>
> 地方人命案件,州县官于亲诣相验之后……若在任既未通详,亦未获犯,因卸事而移交后任,计其诣验之日起,至卸事之日止……(逾限)一年以上州县官革职。
>
> 地方有杀死人命,州县官知情隐匿不行申报者,革职。②

此外,在检验中可能引发革职的还有:"承审官改造口供,故行出入者,革职。"③

---

① 王锺翰:《清代则例及其与政法关系之研究》,氏著:《王锺翰清史论集》第3册,中华书局2004年版,第1719页。
② [清]文孚纂修:《钦定六部处分则例》,近代中国史料丛刊第34辑,文海出版社1969年版,第867—872页。
③ [清]薛允升:《读例存疑点注》,胡星桥、邓又天主编,第840页。

此处的革职与讯前的请旨革职应是不同的,所列举者均为一种实体性处分,处分后不存在因程序性终结而开复的可能。

但是,清代对于上述情形之外的检验中其他严重错误,还有径引用溺职例予以革职的。如嘉庆年间浙江慈溪的陈阿猫被祖父、叔父故杀案中,"黄兆台供称,因拘泥盛暑尸经多日必自腐烂,未经开棺相验","此案慈溪县知县黄兆台于陈宏发指告谋命重情延不启验,以致犯供狡展,且于陈吴氏被毒命案亦未究出,又差役受贿串嘱毫无觉察,种种玩误实属溺职,应请革职,以示惩儆"。① 溺职行为类似于今天的玩忽职守,在清代行政处分中运用较为广泛,凡是严重的玩忽行为,均可援引,并以革职论处。

至笞杖以上,行政处分不足蔽辜的,则需转交刑部惩戒。此时当然须革职:"犯徒刑以上之罪,虽无明文规定,但已服刑而不得复职,似亦要革职。被免职之人如奉开复恩命时得以复职,但犯奸盗、诈伪及赃私罪者,即使获得宥免亦不得复职。"② 虽然有行政处分在前作"挡箭牌",但清代因检验获罪的官员并不少见,特别是州县官,因为他们处在检验的第一线;而高级官吏则多系连坐获罪,故处罚相对较轻。典型的如杨乃武案,初验知县刘锡彤被革职充军,除此之外的一干官员皆为革职。

进入刑事程序后,因自乾隆六年(1741)始,"凡职官犯罪,按民人应拟徒者,职官从重发往军台效力",后又有"按民人应拟流者,职官从重发往新疆效力"③,故官员不受徒流刑,除斩、绞外只有流放充军。如在吴汉府唆使家奴之妻诬控请检并行贿件作案中,初验失误,覆检得

---

① 《朱批奏折》,藏于中国第一历史档案馆,04-01-01-0582-032。
② 陈金田译:《临时台湾旧惯调查会第一部调查第三回报告书:台湾私法》第2卷,"台湾省"文献委员会1993年版,第122页。
③ 刘锦藻:《清朝续文献通考》第3册卷250,商务印书馆1936年版,第9955页下栏;[清]薛允升:《读例存疑点注》,胡星桥、邓又天主编,第113页。

实,原验知县王逢源并不知情,但仍应为仵作受贿承担连带责任,山东巡抚江兰具奏"未便仅照检验不实以失入人罪因未决例问拟杖徒,王逢源应从重发往军台效力赎罪"①。

对官员的处分不会因为其转任、升任、致仕而有任何改变。如在道光年间昌图厅一起照磨违例代验案中,该案三犯共殴于希敏致其身亡,主犯已入秋审缓决在案后,仍有尸弟具控原伤"左肩甲刃伤二处隐漏一处,腰眼刃伤一处隐漏未报",这两处漏报虽不影响案件性质及主犯确定(且都系主犯所为),但因照磨违例代验,结果被参奏:

> 因验办各官现俱离省,串嘱犯供,狡展推卸,均未可定,至该通判济郎阿于例应自行验办命案,辄委照磨代验,已属违例,且承审不实,隐匿伤痕,蒙混具详,尤属藐玩,照磨张步骞于例不应验之案,辄听委违例代验,恐均有通同舞弊别情,必须严究明确,以成信谳。查济郎阿系镶蓝旗满洲人,推升户部员外郎离任,张步骞系山西文水县人,业经告病回籍,相应据实参奏请旨,将前任昌图理事通判推升员外郎济郎阿解任,由该旗都统委员押赴奉天,并请敕下山西抚臣,将前任昌图照磨告病回籍之张步骞,委员解奉,以便提同全案人证,严审确情,务期水落石出,按律定拟具奏。②

涉案的两位官员一位升职、一位告病回籍,但升任者需解任,并与告病者同被押赴原验地讯明处理。

对于致仕官员,其在任期间的错误同样不可宽宥。若因在任时的错误被革去顶戴,则更会蒙羞余生:

---

① 《朱批奏折》,藏于中国第一历史档案馆,04-01-26-0011-052。
② 《朱批奏折》,藏于中国第一历史档案馆,04-01-26-0062-111。

吏部查定例,官员验尸听信仵作,有伤报称无伤者,降二级调用,又定例,老病乞休之员,若所犯事件,例应降调者,仍降级去顶戴……此案乐昌县知县周本荫,原验谭定梆尸身,系生前服毒身死,嗣经检验,系小腹右边受伤身死,其相验不实,未便以自行检举冀邀减议,仍应照有伤报称无伤例议处。应将相验不实之乐昌县知县周本荫,照例降二级调用,已经休致,应降去顶戴二级,有嘉庆二十五年八月二十七日恩诏加一级,十二月议叙加一级,应销去加二级,抵降二级,免其降顶戴二级,该员又提解迟延一年以上,例止降留,已经休致,应毋庸议等因。①

　　实际上,上述对于官员程序和罚则上的"特殊"处置,就是"八议"制度的在清代的具体实施与演化,其目的一在尊君,"君之宠臣虽或有过,刑戮之罪不加其身者,尊君之故也";二在厉臣节,"遇之有礼,故群臣自喜;婴以廉耻,故人矜节行。上设廉耻礼义以遇其臣,而臣不以节行报其上者,则非人类也"。② 对于八议制度,从今日角度看有悖于平等之处,但是如果立足于当时,以士大夫身份之革除,其处罚之严重程度绝不能说低于仵作的杖徒乃至流放,并且还需考虑士大夫的身份不仅是他个人的,还是家族的,其身份的丧失不仅影响的是个人,还有整个家族乃至地下祖宗的灵魂。因此,从相对性而非绝对性来说,必须承认其对于官员的打击同样是严厉的。

---

① 《粤东成案初编》卷12"命案·验检弃毁·殴伤身死仵作误报服毒毙命致凶犯藉端狡展检验定案件作拟徒刑书免议",道光十二年刻本,藏于广东省立中山图书馆,第11b—12a页。
② 《汉书》第8册卷48,中华书局1962年版,第2255、2257页。

三、处罚中之连带责任

连带责任是中国传统法律的一种特色现象。《唐律疏议》卷五《名例律》即规定有四级连署下的连带责任:"诸同职犯公坐者,长官为一等,通判官为一等,判官为一等,主典为一等,各以所由为首。若通判官以上异判有失者,止坐异判以上之官。"①在清律与处分则例中,连带责任同样广泛地存在。作为命案处理之核心的检验制度,在清律中既然能被置于如此之高的地位,当然少不了连带责任的推行。

(一) 官员对吏仵的连带

清律沿用明律,规定检验错误处罚为"正官杖六十,(同检)首领官杖七十,吏典杖八十,仵作行人检验不实,扶同尸状者,罪亦如(吏典以杖八十,坐)之"。不过,就清代检验而言,有印官则无需首领官即典史,如果首领官亲验则说明正印或窎远或公出,因此同级衙门中的连坐只可能是两级,不存在三级。同时,清代官员连带之责亦首先是行政处分而非刑责。

前文分析了检验中的三类错误。对仵作而言,他们可能承担的只是检验不实责任;对于刑书而言,他们承担的是作为记录者未把好关的责任,这实际上亦是检验不实而追及的责任;对于其他衙役而言,他们承担的常是验前的诈财勒索责任。但是,所有这些错误只要发生,官员就必须负责。对于其他的错误发生,如验前的迟迟不检、率准拦验,验后的违命等等,都只能由官员而非吏仵来承担责任,此时则不存在

---

① 刘俊文:《唐律疏义笺解》上册,中华书局1996年版,第396页。

连带。

　　官员对于吏仵发生的错误,是没有任何理由推脱的,即使吏仵受贿故意作弊,而致使官员被蒙骗的情况亦然。如嘉庆年间的高六谋毒韩贵兴案,初验后尸母不服,县令孙宬褒自动提起覆检,结果此次由于专门抽调来的大兴县仵作张宽作弊导致二检不实。查清真相后,孙宬褒被处发遣,其所在的武清县民人自发捐资为其赎罪,但是嘉庆皇帝表示:

> 其意亦属可嘉,惟孙宬褒平素官声虽好,而断狱错误,则朝廷执法惩辜,不能宽宥。若竟徇所请,此后官员获罪者,或诡托效尤,其亦不可不防。令该乡民等,将代孙宬褒赎罪银二千两,即行领回,勿许渎恳。至孙宬褒获罪遣戍,并无贪酷情弊,其详请覆检,亦尚有慎重民命之心,将来到戍三年期满,该管大臣奏请,朕核其案情,亦必降旨释回。兹念其平日居官尚好,着加恩于到戍一年半即予释放回籍。国法民情,并行不悖。该乡民等亦当共知感激,若再行妄诉,即当治以应得之罪。①

孙宬褒可能以失出人罪而论处,处罚在徒以上,故无法以降级相抵,面对乡民的恳求,嘉庆皇帝亦只是缩短了其充军的时长。

　　在这种连带责任下,清代官员因为检验不确受到处分的比例应不为少。庄吉发曾将嘉庆六年至十一年(1801—1806)所有被参革职、解任文武官员作一列表,其中有15位府、州县官因检验错误,如"相验不实""讳命"等而受处分。考虑到庄吉发只是简列处分因由,实际上清

---

　　① 《清仁宗睿皇帝实录》第4册卷263,嘉庆十七年十一月,中华书局1986年影印本,第570页上—下栏。

代检验错误还常以"玩视人命"为由论处,如将以此为由被参的统计在内,还另有 8 位。① 且他引用的只是台北故宫博物院所藏档案资料,若再考虑到下文说的官员间的连带特别是上下级间的连带责任,因此涉案官员不可谓少。

(二) 官员间的连带

官员间的连带表现为两点,一是上级对下级的,如光绪朝《六部处分则例》中有:

> 官员验尸听凭仵作将有伤报称无伤,或打伤砍伤报称跌伤磕伤者,降一级调用,转详之府州罚俸一年。
>
> 检验尸伤系病毙倒卧无伤者即行立案掩埋,系轻生自尽殴非重伤者即于尸场审明定案,将原被邻证人等释放。若州县官有故意迟延拖累者革职,不行揭报之府州降一级调用,道员罚俸一年,臬司罚俸六个月,督抚罚俸三个月。
>
> 地方有杀死人命州县官知情隐匿不行申报者革职,该管上司明知属员讳命不行揭参者,各降三级调用;如系不知情失于觉察者,同城之府州降一级留任,道员罚俸一年,臬司罚俸九个月,督抚罚俸六个月;不同城在百里以内者,府州罚俸一年,道员罚俸九个月,臬司罚俸六个月,督抚罚俸三个月;不同城在百里以外者,府州罚俸九个月,道员罚俸六个月,臬司罚俸三个月,督抚罚俸一个月。仍令该督抚将知情、不知情并道路远近之处,于疏内声明以凭查

---

① 庄吉发:《故宫档案与清代地方行政研究——以幕友胥役为例》,氏著:《清史论集》(一),(台北)文史哲出版社 1997 年版,第 480—491 页。

核,该上司查出揭参者免议。①

上述规定不可谓不严密,尤需注意的是第一点:在清代,不仅将有伤报无伤,实际上所有的检验不实,包括伤重报轻、轻报重、情迹不符等等,州县详报后未发现的,转详之上司都会受到处分。

二是后任对前任的,如光绪朝《六部处分则例》中同样规定有:

前官诖命之案,接任州县并接任之上司于到任三个月内查出揭报或未及三月离任者,均免议;如在任已逾三月,不能查出,别经发觉,将接任州县官降一级留任,接任之同城府州罚俸一年,道员罚俸九个月;不同城在百里以内者府州罚俸九个月,道员罚俸六个月;在百里以外者,府州罚俸六个月,道员罚俸三个月。

地方人命州县官不知情,不行申报者,降一级留任,接任官未能查出,罚俸一年,如能自行查出通报,不论本任接任并年月远近俱免议。②

通过这种上下级、前后任的相互稽察连带,清廷建立了一个严格的责任与防范错误网络。仍以广东化州刑书林广川受贿后偷换验毒银针案为例,吏部对涉案一干官员的处分是:

除前任化州知州周岱,既据该抚讯无知情故纵情事,惟于前任

---

① [清]文孚纂修:《钦定六部处分则例》,近代中国史料丛刊第34辑,文海出版社1969年版,第868—873页。
② [清]文孚纂修:《钦定六部处分则例》,近代中国史料丛刊第34辑,文海出版社1969年版,第873页。

验报伤毙命案,被刑书受贿舞弊,掉换探验银簪,毫无察觉,率行详请检审,以致尸遭蒸检,实属昏庸溺职,业经革职,应毋庸议……此案前府赵逢源,因已革知州周岱未将刑书受贿舞弊,掉换探验银簪审出,经该督批委该府,提案审讯,仍照州详请检,复经该抚以所详情节支离,显有不实,饬令再行严鞠,该府提案覆讯,犯供仍与前审相同,因刑书等坚称原验尸身实有服毒情形,该府因原验银簪有毒,案涉疑似,又经录供通详请检,其不能审出实情,以致尸遭蒸检,自应于知州革职上减等核议。应将前任高州府知府赵逢源,于知府周岱革职上减为降三级调用,已经丁忧,应于补官日降三级调用。前署化州事试用知县赵荣,检验尸伤并无错误,其于刑书掉换探验银簪,系在该员离任之后,惟失察刑书受贿犯该军罪,应照例于补官日罚俸一年。查赵逢源有嘉庆二十五年五月捐加三级,八月恩诏加一级,应销去捐加三级抵降三级,免其补官日降级调用,赵荣并无纪录抵销等因。于道光四年闰七月十一日题,本月十三日奉旨:依议,钦此。①

该案中,赵荣是原验官,其在任时刑书已受贿,但赵荣于检验现场并未被蒙蔽,故而原验无误,出具的结论亦是正确的;周岱是接任官,他虽未参与原验,但在其任内银簪被掉换,结果导致请求覆检;知府赵逢源未参与检验,但他未能发现案情问题所在,并且两度请检。谨慎也好,不谨慎也罢,均属构成错误,最终周岱被革职,赵荣罚俸一年且无级抵销,只能实罚,赵逢源因有级可抵,故免于丁忧后补官受处。

---

① 《粤东成案初编》卷35"职官·公过私咎·不能审出实情之知府部议降调",道光十二年刻本,藏于广东省立中山图书馆,第10a—11a页。

第三节　严格处罚之两面性

清代通过严格的罚责、广泛的连带责任,连同当事人特别是尸亲近乎强大的的具控权等,意图构建一种理想的、慎重人命的洗冤检验制度。它最大限度地适应了低财政、小政府模式(年度国民生产净值2.4%的税赋[1],全国三万余名官员[2])下的治理需要,这种制度架构不能不说有其绝对的低成本、相对的高质量一面。

同时,清廷还通过加级议叙制度,激励官员发现下级的错误。如"刑部咨题案件,细小事情与例不符应行驳诘者毋庸置议外,其有各省将应拟重罪人犯竟令脱网或无辜之人罗织拟罪,刑部司官细心查核,驳行覆审,果得实情者,于呈堂准行之时即将定稿司官记明档案,俟改正后于每年十二月内具题,交与吏部议叙,每一案准其记录二次。"[3]

清代关于这方面的实例记载并不鲜见,如《冷庐杂识》载:

> 有顺天通州民妇康王氏之姑康陈氏,与姨甥石文平口角,为石文平殴伤,愤懑自缢。石文平贿嘱康王氏,伪称病故。而康王氏之戚王二素与有怨,扬言康陈氏之死,系康王氏、石文平因奸谋毙。指挥萧培长,王莹访获审讯,康王氏等畏刑诬服。迨启棺检验,适

---

[1] 〔美〕王业键:《清代田赋刍论(1750—1911)》,高风等译,人民出版社2008年版,第172页。

[2] 翦伯赞:《论中国古代的封建社会》,氏著:《历史问题论丛(合编本)》,中华书局2008年版,第129页。

[3] 《钦定吏部铨选则例》卷8"刑部司员驳正案件议叙",张友渔、高潮主编:《中华律令集成》(清卷),吉林人民出版社1991年版,第337页。

雪后,阴晦严寒,未用糖醋如法罨洗,误认缢痕为被勒,遂以谋杀定谳。刑部额外主事杨文定,以案多疑窦,白之堂官,请旨覆讯,始得实情。改谳康王氏以受贿私和,石文平以威逼人致死,皆问杖流。奏闻,得旨:萧培长、王莹承审失入,从重发往新疆,遇赦不赦,杨文定留心折狱,平反得宜,即擢补员外郎。①

通过这一升一降,将官员的政治生命同检验的正确、冤狱的昭雪直接挂钩。

清代的这个制度设计至少在防范吏仵的检验作假、低层次官员的过失出入方面应是有效的,诚然,我们仍可以举出许多州县检验错误处分的大案,但就整个制度而非一个审级言,就皇权的维护而言,这些制度是达到了洗冤目的的。同时,这种要求官员对吏仵过错负连带责任的设计,还可以理解为一种成本上的考量:清代官不久任,吏仵甚至世袭,官尊吏卑,在这种情形下,行贿吏仵比行贿官员容易得多。因此,官员不仅读律,还要读《洗冤录》,更要亲临察验,对仵作也始终保持一种提防的态势。这种连带责任的设计,适应了中央集权的体制要求,构成了一个最简洁的信息搜集、通报、处理、纠错网络。

但是,任何事物都是具有两面性的。在将上述模式发挥到极致的同时,清代严格检验处分制度的缺陷亦暴露出来。在这种体制下,既然官员对吏仵、上级对下级负有连带责任,其前提就应是连带责任义务一方对连带责任发生方负绝对的指挥、控制权。"各省审拟事件内,有案情不确,律例不符之处,经刑部驳令再行审拟,该督抚饬员覆审,遵驳改

---

① [清]陆以湉:《冷庐杂识》卷2"典狱",冬青校点,上海古籍出版社2012年版,第45—46页。

正","核转之督抚免其议处",①而部驳三次不改,刑部自行改拟的,则俱照失入失出例议处。② 与此相适应的及时通禀、通详就是为了上司及时掌控服务的。上述制度是上级承担责任的前提,而其建立的基础就是上级可掌控、指挥下级。

因此,官员纠吏仵错易,上级纠下级错易,但反过来就非常难,甚至需付出巨大的代价。如乾隆年间,员外郎海升殴死其妻吴雅氏案,初验缢死,尸弟贵宁不服。二检系由左都御史纪昀等开棺检验的,但仍报缢死。结果贵宁再度具控,乾隆皇帝再派侍郎曹文埴、伊龄阿前往覆检,发现吴雅氏尸身并无缢痕。此案导致一干官员受到严处:前验的叶成额、李阆、王士棻、庆兴"具着革职,发往伊犁效力赎罪,不准给驿",纪昀亦被交部议处。但三检的仵作、顺天府大兴县王全却因此招来巨大压力,因为他直接否定的是纪昀的结论。刑部先是称其在随后的案件检验中受贿,幸运的是乾隆皇帝记住了王全的名字,"第念其上年覆验吴雅氏尸身,能指出真伤,此次尚可以功抵罪",故特恩降旨释放;但随后又发生都察院屡次向顺天府借用仵作,王全告退之事,乾隆皇帝再次指出"因思两县五城各自额设仵作,自应各自着役当差,何以都察院屡次向顺天府拨仵作应用",并严责"纪昀读书人也,而鳃鳃下与仵作为仇,不甚鄙乎?"又谕旨"王全系顺天府正身仵役……降旨不准退役,仍着照常当差"。③灾祸可谓一波接一波,而王全能够侥幸不被入罪,全赖于乾隆皇帝明察与庇佑,但其他仵作能否如此幸运就难说了。而清代发生的一些仵作被勒取甘结之事,就是这种权力压制下的不得已而又正常的反应了。

---

① 《钦定吏部处分则例》(嘉庆朝),蝠池书院出版有限公司2004年版,第620页。
② [清]薛允升:《读例存疑点注》,胡星桥、邓又天主编,第876页。
③ 《清高宗纯皇帝实录》第16册卷1253,乾隆五十一年四月下,卷1256,五十一年六月上,卷1257,五十一年六月下,中华书局1986年影印本,第836页上—下栏,第876页上栏—877页上栏,第889页下栏—890页上栏。

而官员对上级不当命令的违抗亦可能会带来严重的后果,如乾隆年间的张子布一案:

> 徐惕庵太守,武进人,由部曹出守山东莱州府,刚毅不阿。到任时,所属平度州有蔑伦案。民人罗有良与其姐夫张子布素不睦,罗凶悍多诈,布出外,密鬻其姐。布归,索妇不得,哄焉。母趋劝,有良殴子布仆地,闷绝。惧杀人罪,蹴母腹毙之,大呼曰:布杀吾母。邻人至而布苏,恍惚不能记忆。罗先赴州,呈告子布殴杀其母。平度州某,以殴死妻母论罪。徐复鞠曰:吾察子布斗时方跣足,而有良纳铁裹鞋,今伊母腹有铁器伤,是有良蹴也。以蔑伦复详。徐素戆直,官部曹时,中有京秩,与徐有隙。谓其有意见长,故翻成案,大怒,仍照州详定案,而以徐固执己见,失入蔑伦重罪,特参革职拿问。徐闻,星夜赴州私访,实系有良踢死,州士子及罗张左右邻,亦具切实甘结,保案无误。不三日,委员摘印至,置徐济南狱。徐遣子培京控,而以州众切结附入。特差大司寇胡季堂、侍郎姜晟赴东鞫治。抵省,中丞枭司实告案成于徐,第平反,则通省承审官皆须反坐。星使不得已,婉言于徐,许案结后,令诸君集资,捐复原官,仍照原拟定谳,而有良出狱矣。甫出时,方晴昼无纤云,忽空中雷声隐隐,良仰视若有所见,回身欲入,门者阻之。有良曰:尚有所白。于是入供杀母状,历历如绘,乃系罗释徐。既出,军民观者数万,遂呼曰徐青天,拥之去。①

---

① 唐仁、姜明注析:《历代勘案故事选》之"徐青天",海峡文艺出版社1987年版,第204—206页。该案还可参证《清高宗实录》第18册卷1354—1360,乾隆五十五年五月上至九月下,中华书局1986年影印本,第140页上栏—141页上栏,170页下栏—171页上栏,179页下栏—181页上栏,203页下栏—205页下栏,241页上—下栏,233页下栏—234页上栏;政协平度市文史资料研究委员会编:《平度文史资料第九辑·平度名胜与名人》,内部资料1993年版,第94—95页。因《历代勘案故事选》描述生动,故直接选用。

该案中"京秩"实为山东巡抚长麟,因其冀案报复,结果引发钦差前来。中间的过程亦极有戏剧性,其中,"第平反,则通省承审官皆须反坐。星使不得已,婉言于徐,许案结后,令诸君集资,捐复原官"一句,反映了这种连坐制设计下官僚群体的一种集体对抗行为,但最后竟然因为天空轰鸣、晴天有雷,致使人犯主动招供,遂案情得实。整个案件之曲折不能不让人感慨。而据当地史志载,案情得实后,原验州县官吞金而死,[①]此又不能不反映出检验若错,对官员政治前途影响之大。

在清代的制度中,为了对抗上下官僚沆瀣一气而设计的另一系统就是都察院等接受京控的机关。清代都察院承接明制,但雍正时又将六科并入,于是其稽察官僚的职能更强。都察院于此的重要职能,其一,即弹劾官吏:

> 弹劾,非用都察院之名,而用御史之名。御史者,各有独立之弹劾权,其权限之范围最广。苟关于政治之得失、民生之利弊、官吏之操行,事无巨细,皆得陈奏之。又,上自王大臣,下至知府知县,非仅无所忌惮而弹劾之,且弹劾之原因,虽未探知事件之实否,亦无过误。或据事实,或托风闻,若出于公正之心者,则无不可也。

其二,为伸张冤枉:

> 遇中外官厅不法之威虐,有陷于冤枉者,其本官厅或上级官厅,虽受理其诉,而不与以救济时,得诉于都察院。都察院既受其诉,重大之事件请敕裁,其他自裁决之,或移送到地方上级官厅,使

---

① 政协平度市文史资料研究委员会编:《平度文中资料第九辑·平度名胜与名人》,内部资料1993年版,第95页。

再审之。①

清代的京控,当事人表达诉求的机关主要就是都察院与步军统领衙门。如杨乃武案中的两次京控,先是都察院后是步军统领衙门,为其鸣冤的浙江士子也是遭抱赴都察院呈控;李毓昌案中,其叔李泰清赴京具控,则是直接去都察院。如果由此再联系到前文所述,对当事人越级京控,清代为何持明禁暗许之势,则其意义当在于京控之行为能与和都察院等部门的伸张冤枉职能相结合,构成对地方官僚串通作弊的压制。或许这就是寺田浩明说的,清律是皇帝和百姓的"约法"之意义所在吧。

当然,无论都察院也好,其他机关也罢,其伸张冤枉职能并非完美,当事人的京控在当时交通条件下更是代价巨大,何况伸张冤枉的机构亦可能与其他官僚联手作弊,更不必说御史敢否对付更高级别的官吏如纪昀等,则须思量。但是,如果我们能够承认法律的自治性是个永恒的难题,任何制度只能相对解决而不能绝对解决,则对于清代的这一系列洗冤制度设计,也就不应再过多责难了。

至少,无论对这一制度赞美抑或抨击,它在一起起案件中表现出来的处分,是足以让我们产生敬畏之心的:它是以一个个士大夫的功名甚至其家族的荣辱作为筹码,来保证每一个"小民"非理死的洗冤与昭雪的。如在杨乃武案中,以一举人之功名、身体残疾换得数十位官吏的处分:

> 已革余杭县知县刘锡彤,虽讯无挟仇索贿情事,惟始则任听仵

---

① 〔日〕织田万:《清国行政法》,陈与年等译,上海广智书局光绪三十二年印行本,第244—245页。

作草率相验,继复捏报擦洗银针,涂改尸状,及刑逼葛毕氏等诬服,并嘱令章濬函致钱宝生诱勒具结,罗织成狱,仅依失于死罪未决本律拟结,殊觉轻纵,应请从重发往黑龙江效力赎罪,年逾七十,不准收赎。①

自巡抚、学政至司道府县夺职者十有六人,镌级撤任被议者又十余人,为百年来巨案。②

杨石泉因此案革职,闲居二年,旋左文襄奏保,尚擢新疆巡抚、陕甘总督。胡瑞澜则一蹶不振。胡督浙学极苛刻,士人怨之,已二年余,官亦至侍郎,竟坐此不起。③

而巡抚杨昌濬至少还事先派人到余杭作了调查,如果按今日的理念理解,如此处分不显得过重了吗?

是日清晨,预设于懋勤殿御案,设学士奏本案于前。候召入,奏本学士以名单捧置案上,向上跪;大学士、军机大臣、内阁学士、本部尚书侍郎跪于右;记注官侍立于左……④

这是清秋审后的皇帝勾决场景描绘,随着皇帝的指示,秉奉朱笔的大学士在勾到本上画勾(予勾)或不画(免勾)。今日,每当笔者读到此处,不能不心生震撼,而这正是我们讨论的命案检验所关涉之审判的最

---

① 《杨乃武案公私资料续辑》,黄濬:《花随人圣庵摭忆》(中),中华书局2008年版,第599页。
② 《杨乃武案野史征存》,黄濬:《花随人圣庵摭忆》(中),中华书局2008年版,第564页。
③ 《杨乃武案公私资料续辑》,黄濬:《花随人圣庵摭忆》(中),中华书局2008年版,第615页。
④ 《钦定大清会典》卷53,新文丰出版公司1976年影印本,第559页下栏。

后一个环节。如果我们将所有的制度连贯地考察,至少可以肯定地说,清代的检验制度设计,在它既有的体制范围内最大限度地实现了儒家虚衷折狱、慎重人命的理念。而此种体制,不仅是司法体制,而且还包括文官体制、财政体制。

结　论

"狱事莫重于大辟,大辟莫重于初情,初情莫重于检验。盖死生出入之权舆,幽枉屈伸之机括,于是乎决。"①这是《洗冤集录》开篇之言,本书即以宋慈及其《洗冤集录》开始,值此收尾之际,应对全书作一简要回顾,并适当延伸。

第一节　洗冤之特征

一、输服系检验之核心

输服是检验之核心,这是在第十一章提到并反复论述的。输服在清代相当于命案检验的证据能力设计,它代表着对官方检验结果的认可,故要求检验后取有原、被、干证、吏件四不扶同甘结。而尸亲一方出具的甘结有时直接包含"领埋"字样——肯予领埋,就标志着尸体这个不稳定因素从社会秩序视野中的清除。为此,清代检验活动强调当众进行,"嗣后印官遇有人命,呈报到案,务遵定例,亲诣尸所,眼同尸亲凶犯人等,验

---

① [宋]宋慈:《洗冤集录》"序",张松等整理:《洗冤录汇校》上册,第3页。

明……"①;强调验后质对,"尸亲所告伤痕,如验得有无、轻重、大小及部位不符者,当下必诘问尸亲,指令亲看折服,取具相符确供,方可填图、掩棺"②;强调验后反复说服,或以《洗冤录》来解释,或调取相关人证质对,只有在不得已的情况下,才不考虑其反对意见而直接认定。在覆检中,还进一步要求原验官、仵的输服,甚至在他们因故不能参与覆检的情况下,有时不惜为其直接再安排一次覆检:"确系是殴非缢,尚恐不足以服委验各员之心,又添委因公来省之大名府方其昀,署正定府沈长春,会同保定府办验审鞫,并传令委验之易州徐用书、沧州周世紫等随同阅看。"③

在诸方输服中,尸亲输服最为重要。这从有关覆检的程序运作中就可看出:只要尸亲不肯输服并具结请检,则覆检的提起是迅捷的,而不似被告、官员等即便有疑,也常需详尽调查后不得已才作出覆检决定。且为取得其输服,除自尽路毙外,尸亲不到场则不可检验;④开检时更有因尸亲不到而不得不长时间等待的:"该府因尸亲尚未提到,未便遽行启检,复经催提尸妻谭邓氏到府,经该府西彰阿督同委员……检明。"⑤

二、检验系审理之核心

如寺田浩明所说,"只要犯罪事实一旦确立,刑罚也就确定下

---

① [清]凌燽:《西江视臬纪事》卷2"详议·请通饬印员相验之法详",杨一凡主编:《中国古代地方法律文献》乙编第11册,世界图书出版公司2009年版,第550页。
② 《湖南省例成案》卷19"汇饬各衙门文案内紧要字句不可减省各款",藏于中国社会科学院经济研究所(缩微胶卷版),日本东京大学东洋文化研究所原本,第8页a。
③ 《朱批奏折》,藏于中国第一历史档案馆,04-01-13-0165-001。
④ [清]薛允升:《读例存疑点注》,胡星桥、邓又天主编,第865页。
⑤ 《粤东成案初编》卷12"命案·验检弃毁·殴伤身死件作误报服毒毙命致凶犯藉端狡展检验定案件作拟徒刑书免议",道光十二年刻本,藏于广东省立中山图书馆,第9页b。

来"①，传统中国实行的是绝对确定的法定刑，数罪则从一而断，只有极少数情况下根据情罪平允适当加重、减少刑罚，故事实确定，拟律即确定。而命案事实之确定，检验则为之核心。

传统的检验是"大"检验，不仅包括尸身的检验，还包括现场的勘查、物证的提取、痕迹的比对，"人命初拘凶人到官，须急追出行凶器杖，使检验比对伤痕，以成确案"②，它的某些结论本身就是在汇总勘验、讯问之后的综合结果。如检骨中凶器的推断、损伤性质系碰系磕，这些都常常超过了通过单纯检验、比对可作出的定论，而这就是建立在审、验合一的基础之上。又因为这验、审合一的体制，在检验的过程中特别注意情、迹相符的问题。情、迹相符不仅关系到检验自身的证明力，更涉及整个证据链的完整与否，这个完整一直延伸到报词、供证与检验结论等是否一致的问题上。如果不能，则或者查核其他证据，或者调取人证讯问，或者便进行覆检。而下一次覆检完毕后，办案者仍须将这些因素通盘考虑，直至完善为止。因此清代检验时的思维深度与广度甚至超过了今天，不管最后是"反映"了事实，还是"认识"了事实，在检验作出时，综合事实大体就已判断完毕。

亦因此，站在这个角度，我们才可进一步理解，为何清代在佐杂代验问题上如此慎重，在雍正末、乾隆初甚至还出现了一次反复，而后又过了40年左右的时间才真正赋予佐杂代验权，且虽然赋予了他们这项权力，但福建等地方督抚却仍不肯立即推行。因为清代检验之完成，实质上已达成了犯罪事实建构之完成，这反映在它的检验权中，实质上相当于审理权，或者说构成了审理权的核心部分。同时，围绕检验活动，

---

① 〔日〕寺田浩明：《日本的清代司法制度研究与对"法"的理解》，〔日〕滋贺秀三等：《明清时期的民事审判与民间契约》，王亚新、梁治平编，法律出版社1998年版，第117页。

② 〔清〕陈芳生辑：《洗冤集说》卷8"听断人命法"，张松等整理：《洗冤录汇校》下册，第408页。

还包括验前的初讯、在最后填格取结前的质对及验后的覆讯:初讯在于取得落膝初供,覆讯在于进一步明确案情,固定口供,为向上司通详作准备。为完成这些讯供工作,检验活动自然包含了传唤、拘提等强制措施。故《律例馆校正洗冤录》开篇云:"事莫重于人命,罪莫大于死刑。杀人者抵,法固无怨;施刑失当,心则难安,故成招定狱,全凭尸伤检验为真。"①凭"尸伤"固为当然,但为何是"全"字,只有从清代检验运作与今日不同的角度出发,才能真正全面地理解这句话的真义。

三、致用为技术发展之核心

传统的洗冤检验知识是官科技,它服务于王者之政,为官府所用,亦为官府所推广,因此,它发展的每一步都打下了官府需要的痕迹。《洗冤集录》自宋代诞生以后,围绕着体表检验,综合采用了洗罨、检骨、验毒、滴血四大方法,成功地解决了体表征象明显的机械性损伤、机械性窒息、高低温死亡等几大方面的死因检验课题。但因它继承着中医"医者意也"的思维,沿袭着传统医书及天人合一的理念,未发展任何解剖学方面的操作与相关知识,对于检骨技术中所需要的人体骨骼认知,亦始终存错误的认识。元、明两代虽然在尸体现象与个别死因检验上有了新的认知,但并无大的突破。到了在清代,洗冤检验知识却迎来了一段勃兴的时期,不仅表现在书籍版本上,更表现在思维方法、研究方法的更新上。

而这一系列变化的动力正来源于官方的推动。随着雍正六年(1728)州县额设仵作的条例制订及仵作人手一本《洗冤录》规定的推

---

① 《律例馆校正洗冤录》卷1"检验总论",张松等整理:《洗冤录汇校》上册,第23页。

行，带动了洗冤用书版本统一的必要，为此有了乾隆七年（1742）《律例馆校正洗冤录》的刊颁，此后相关集证、辩正、备考、详义等都围绕此而进行阐释、升华、更新。更重要的是，随着乾隆三十五年（1770）检骨图、格出台，清代洗冤检验知识由此被动地推上了对人体内部特别是骨骼认知的探索道路，并以许梿的《洗冤录详义》为标志，达致了一个新的顶峰。除此之外，姚德豫对于人体组织的形态学记载亦深入到了一个新的境界。它们与明季传来的西洋医学有所契合，乃至有某些借用的成分，但就骨学知识之发展言，基本上是清人通过自己不懈的观察、比对探索出来的。这个成就，标志着洗冤检验对传统医学知识上的超越，及对传统中医思维、治学方法的突破。当然，它也从侧面反映出了清朝上下对于命案检验的重视，对于"人命案件，不厌求详"理念的贯彻。

当然，在肯定这些进步的同时，也必须看到的是，这些知识的发展带有鲜明的致用性特征。因为有官方的验尸格目、正背人形图，所以催生了宋代的《洗冤集录》；又因为有清代的骨格、骨图，所以催生了许梿的人体骨骼图谱——洗冤知识的发展总体上是围绕着官方的"指挥棒"进行的。因此，虽然它作出了与传统医学不兼容的骨学探索，并记录有很可能直接取自西洋医学的人体组织学知识，却没有与王清任的脏腑解剖发生一丝粘合，更没有将洗冤检验对人体的认识真正地从体表拉向体内。这在令我们扼腕的同时，也鲜明地反映了清代检验知识的发展只是为了满足官方的需要，而未能全面探索的浓厚致用性色彩。

第二节　洗冤与传统诉讼

长期以来,对中国的传统诉讼制度,学界多持一种批判的态度——这从诉讼法学界多将其定义为"纠问式"即可看出,且该说辞不仅广泛地见诸刑事诉讼法学的教材,[①]还见于法史界的论说中。[②] 它已经成了一个靶子,似只有对它进行彻底否定与批判,才能建立起我们理想的法治图景。本书无意对此作出全面的检讨,在此仅指出两点:所谓"纠问式"本身就是个西欧中世纪的命题,将之适用于域外必然存在某种不周延;且"纠问式"中证据制度的法定性,本身就与中国传统诉讼的特

[①] 如卞建林主编:《刑事诉讼法学》,中国政法大学出版社2008年版,第18—19页;龙宗智、杨建广主编:《刑事诉讼法》,高等教育出版社2007年版,第48—54页;陈光中主编:《刑事诉讼法》,北京大学出版社2009年版,第51—52页;均对中国传统诉讼模式如此定性。至于其他名为"刑事诉讼法"的教材,亦大多与上述无异,甚至部分论述内容原封不同,本书亦不再列举了。唯不同者,有曾宪义总主编,程荣斌主编,郝银钟等撰稿之《刑事诉讼法》(中国人民大学出版社2005年版),未对传统诉讼下纠问式定性。

[②] 如徐忠明指出,"由于传统中国的刑事审判旨在追究和惩罚那些冒犯帝国秩序的犯罪,因此,积极发挥国家权力的追诉功能乃是势所必然的事,而采取'纠问式的'诉讼程序也是顺理成章的事",见氏著:《案例、故事与明清时期的司法文化》,法律出版社2006年版,第54页;朱勇认为,"中华法系的传统的审判方式与大陆法系审判方式都是一种法官居于中心地位的纠问式审判方式",见朱勇主编:《中国民法近代化研究》,中国政法大学出版社2006年版,第148页;李春雷认为,"传统刑事司法活动实行纠问式诉讼模式,侦、控、审合而为一,被告人缺乏诉讼权利,成为司法官员纠问、刑讯的客体,司法公正难以实现",见氏著:《中国近代刑事诉讼制度变革研究(1895—1928)》,北京大学出版社2004年版,第262页。即或不用"纠问式",而表达类似批判之义的如贺卫方说:"没有对抗的司法过程中没有律师的参与,使得州县官并非法律家所带来的规则的不确定性愈发加剧。"见氏著:《中国的司法传统及其近代化》,苏力、贺卫方主编:《20世纪的中国:学术与社会(法学卷)》,山东人民出版社2001年版,第183页。又如郭成伟说:"怎么审,完全出自其自身的需要,他决定着案件的曲直判断和证据的取舍等。诉讼参与人所享有的权利甚微,被告人、证人,甚至告诉人都处于客体地位,皆在拷讯之列。"见氏著:《清末民初刑诉法典化研究》,中国人民公安大学出版社2006年版,第228—229页。

征不相符,后者自走出神判之后,一直实行的是心证制度,所以才可能有早期领先于西欧的司法检验技术之发展。本书于此处,更想从命案检验与审理这个角度对传统诉讼作一小小的辩护。因为权利话语在传统中国本身就是不存在的,它一直是另一话语体系所探讨的问题,但"程序的本质特点既不是形式性也不是实质性,而是过程性和交涉性","程序是交涉过程的制度化"①。无论诉讼制度如何设计,如果确有交涉性发生,并有一定的制度上保障,那么其有效性仍当是被肯定的。前已论证,检验为审理之核心,输服为检验之核心,故其与诉讼程序即已有高度的参合。②

一、诉讼构造与交涉

首先,这里面是存在着清晰的诉讼构造的。命案之初验必为初审,初验后未审转前有三种可能:一为通详前、通详后未有不输服或翻异情形的,此当为大多数情形,在这种情形下,初审中的诉讼构造是原、被、官三方。二为验毕后详报前因尸亲不输服或不能作出确论等,立即通详会检。此时对检验来说已是覆检,但对原、被而言仍是原审,又因清代覆检官员一般为多人,故其与前一种情形之差异只是一为独任审理,一为合议审理,两造无实质变化。三为详报后未审转前因尸亲又不输服,或被告翻异而通详会检的,此时不管原验官是否参与覆检,因需要他们的输服,则实质上与原验仵作、输服方构成一方,未输服方则构成

---

① 季卫东:《程序比较论》,《比较法研究》1993年第1期。
② 马伯良已提醒要注意检验与其后的审讯的共同性所在,参见 Sung Tz'u, *The Washing Away of Wrongs: Forensic Medicine in Thirteenth-Century China*, Brian E. McKnight (trans.), Ann Arbor: Center for Chinese Studies, The University of Michigan Press, 1981, pp. 19-20。本书进一步强调这种检验与审讯的同构性。

另一方,此为两造构成,至于审理则因覆检官常为多人,故仍相当于合议审理。

如果是审转后覆审,则可能覆检亦可能不覆检。如果覆检,因人犯已审转,考虑节省人力,故覆检时有可能发生提棺开检而非原地检验,但诉讼构造上与前述初验详报后审转前无实质差异。如果不覆检,则又有二种可能:一为相关方无异议,此时不需讨论有无交涉性;二为有异议但通过调取原告、人证、原验件作等质证后输服,质证本身就是言词的交涉,无须再专门论证。

总之,在需要交涉情形下,皆为三方构造。当然,这里面有另一种特殊情形的,就是被告不承招,或翻异后未作进一步调查、质证等,而使用刑讯手段的,在相关档案、案牍中即有所谓"畏刑诬认""刑吓承认"字样,这种情形暂不考虑,放在下文论述。

那么在三方构造形式上存在的前提下,有无交涉呢? 肯定是存在的。这实际上就是输服的方式问题。第十一章已述,输服之方式分解释、质证、直接认定,除不肯出具具检甘结直接驳回外,其余站在今日诉讼法学角度看都相当于交涉。这种交涉可由官员与需输服方直接以言词方式进行,如将检验出的尸伤与报词作比对,或将尸伤通过《洗冤录》作出解释;亦可能是在官员主持下由相关方质对而完成的;还可能是官员依职权进一步搜集证据,通过新的证据结合言词方式来进行的。典型的如前举何文元案,三个输服步骤实际上相当于三个交涉过程:(1) 依《洗冤录》讲解,其他尸亲皆示输服,但何不输服,此为言词直接交涉;(2) 提齐人证,再度鞫讯,并命众人对质,但何文元仍不输服,此为官员主持下的众人质对交涉;(3) 命何文元将不服之处出具供结,一一调查所述之处皆为虚诬,此为通过调取证据结合言词方式进行交涉。

二、交涉之差异及分析

在论证了清代命案检验及审理中存在交涉之后，必须同时承认，这种交涉和今日诉讼法学界所追求的理想的交涉是存在差异的。具体有三处显著不同。

一是官员在交涉中的主动性更强。无论是今日诉讼法学者说的大陆法系职权主义还是英美法系当事人主义，交涉都是在法官的主持下于控辩双方之间进行的，法官的角色只有积极与消极上的不同。但清代检验和审理中的交涉表现出来的更多是官员与当事人之间的互动。如果交涉发生在覆检中，且又和原验有异的情况下，覆检官员还需作好同原验官、仵之间的交涉、输服，如王景殿案中"原验官仵均坚称，初验、覆验凶门实无此伤""据原验官廉忠等禀诉，两次相验实无此伤""原被人证及原验各官、仵又皆具结请验"等，①即为此。

二是其交涉的剧场更大。今日的法庭审理虽不能在时间上实现彻底隔离（如庭前庭后的腐败），但至少保证了在空间上是隔离的——它是在法警的看守下，在庄严的法庭仪式中举行的，参与者即是控、辩、审三方。但在清代的命案检验及审理中，这几乎是不可能实现的。检验虽有尸厂，但从清人的笔记及官箴书来看，围观者甚多，因此才有检验时尸亲上前打闹之事发生。在这种氛围之下，除了同四不扶同甘结出具中的原、被、邻、证交涉外，官员还出于命案的紧张气氛、控制现场秩序的必要、露天的视野乃至自己官声的考虑，实际上亦必须潜在地同围观者交涉。他说服的不仅是原、被，更包括原、被的亲属、邻佑及围观

---

① 《朱批奏折》，藏于中国第一历史档案馆，04-01-01-0939-033。

"小民"。

三是尸亲的地位更重要。因为尸亲的强势,在初验或因其具控而发生的覆检中,都必须积极地做好尸亲的输服工作。甚至尸亲一方可能会发动攻击性行为,"(尸亲)不服,往往不肯领尸,或将尸身抢匿,或将尸棺击破,甚则有殴差、碎轿、辱官之事"①,从而干扰检验的正常进行;或虽检验尸身的工作操作完毕,但因他们不输服或具控而被迫覆检,这都是官员必须认真提防应对的。

与今日不同,剧场化的效应并不意味着交涉无效,它可能更有利于交涉的效果。而交涉之所以具有上述特点,是由清代的官僚体制与社会结构、文化特点所决定的。官员必须主动,是由他们的多重身份造成的:他们在命案中既相当于今日的警察,亦相当于检察官、法官(能审不能判,拟律并非判,最后判决权一般在皇帝),他无法彻底地如今日法官般居中裁判,在可能被追究责任的压力下,必须主动地考虑可能发生的覆检。而清代科举取士制度下产生的州县官员,在道德、能力、权力三合一的体制架构中,也负有这种德性上的责任。至于更强调和尸亲之间的交涉,则是"死者为大"观念环境下的必然。

此处所言关于清代司法中的交涉性,是与其他论者存有暗合的。如日人寺田浩明,其在著名的传统司法是否"依法审判"问题上,提出了"天下公论"说,意即是裁判者在每一个具体的案件中,通过每一次裁判所意欲达成的,是"天下所有正派人士皆当作如是想的意见";②而季卫东则另有新意地指出,传统中国的司法方式"倒很像英国从盎格鲁-撒克逊时期到中世纪一直存在的民会式审判,我认为其实质或许

---

① [清]徐栋:《牧令书》卷19"刑名上",刘俊文主编:《官箴书集成》第7册,第433页下栏。
② 〔日〕寺田浩明:《从明清法看比较法史——裁判与规则》,黄琴唐译,邱澎生、何志辉编:《明清法律与社会变迁》,法律出版社2019年版,第16页。

应该用'会议主义'概括之",即"容许不同主体参加某一案件的处理,在决定内容上尽量争取全体一致的同意"。① 虽然寺田是从实体角度论,季卫东是从法律解释与方法论角度论,本书则是从程序论,但无论程序,抑或实体、法律解释,是具有一定的内在共通性与波及性的——程序是实体之母,而解释仍然要依从一定的程序正义性作出。

当然,不同制度下产生的交涉,也决定了其问题的另一面,正如提出了"会议主义"的季卫东所指出的:

在司法过程中能否真正实现"并无异说",对此恐怕还是难免有异说的。但是,一旦把全体一致的同意作为理想来追求到底,其结果必须要导致某种特殊形态的当事人主义,即固执己见、不肯同意的那一方当事人在相当程度上会决定案件处理的方式和结果。另一方面,如果"并无异说"被当作僵硬的形式指标加以规定并付诸实行,那就很容易出现职权主义的或者集体主义的价值同化的压力。

如此,在某些情况下倒可能形成了历史的吊诡:并非不重视当事人,而是过度当事人化。连带处分压力下,对"并无异说"的追求,又可能导致再审纠错中的困难,与其程序设计的初衷相违背。这些在前述何文元案、王景殿案中都已有反映。

三、刑讯

与我们强调清代命案检验与审理中交涉存在的同时,其另一个潜

---

① 季卫东:《法律解释的真谛——探索实用法学的第三道路(下)》,《中外法学》1999年第1期。

在的弊端,即刑讯,便不能不纳入我们的讨论视野。从一定意义上说,它恰是清代输服主要指向尸亲这种"特殊形态的当事人"化后的必然结果。在当代的刑法与刑事诉讼法中,随着国家对刑罚权的垄断,侧重的是对被告人的权利保护,故刑讯当然地处在一个被禁止的地位。但这带来的潜在后果是,被害人常处于一种被遗忘的状态,此处的被害人包括直接的,亦包括间接的,后者如他(她)的亲属,在清代谓之尸亲。但是,在清代的命案审理中,由于输服取结制度的设计,及对尸亲反应的高度重视,被告人的保护被进一步削弱了。刑讯,也就从另一个维度必然被放大了。

传统司法中的刑讯无疑是广泛存在的。朱苏力曾在《窦娥的悲剧——传统司法中的证据问题》一文中为之作过辩护,他指出,刑讯须考虑当时的技术条件,一定的刑讯是"理性不及"的必然产物,是一个统治权力面临维护社会基本秩序的必要抉择。此外,它还有文化上的正当性,如关汉卿所作《包待制三勘蝴蝶梦》中的包拯也说过"不打不招"之语,这说明当时人们并不反对作为一种制度的刑讯逼供,他们只是反对结果错误的刑讯逼供。[1]

本书承认刑讯应被批判,但于此处另想强调的是:传统的刑讯是和今日所谓刑讯存有显著差异的。古今刑讯的目的都是为了取得口供,但今日的口供更多是一个完成主观心证的过程,而清代的口供则与检验取输服甘结相似,相当于一个证据能力的设计,只不过针对的不是单个证据,而是针对整体证据链。依"狱囚取服辩"律文规定,审案官员如果不能取得口供,则需具奏,对官员来说,这并不太现实——过多的具奏会直接影响到他们的理狱形象与政绩考量,因此他们一般都务求

---

[1] 苏力:《窦娥的悲剧——传统司法中的证据问题》,《中国社会科学》2005 年第 2 期,第 101 页注 2。

取得口供,更何况皇帝的理性认知亦并不一定就比亲历者更好。从某种意义上说,传统的口供设计,就是一种赋予弱势当事人的抗辩手段,只要他们不输服(当然成本足够大),他们便可能赢得重新检验、重新调取证人、证据的机会;又因为他们此处可输服,彼处可不输服,所以每次的不输服,就为自己创造了一次重新获得全面审理的待遇。如果将此和自动覆审制结合起来,就可以清晰看出:命案中的输服、服辩是让被告在高成本的身体代价与死刑之间作博弈,这虽然残酷,但至少站在整个王朝体制内部,一定程度上减少了刑狱枉杀的可能。滋贺秀三曾感叹覆审过于烦琐,但正是这种烦琐和口供结合在一起,体现出了一种无奈的对命案的慎重。在清末变法中,在作为纲领性文件的《江楚会奏变法三折》的"重众证"条中,刘坤一、张之洞提出:"拟请以后断案,除死罪必须有输服供词外,其军流以下罪名,若本犯狡供拖延至半年以外者,果系众证确凿,其证人皆系公正可信,上司层递亲提复讯,皆无疑义者,即按律定拟,奏咨立案,如再京控上控,均不准理。"[1]为何死罪必须取输服供词,想必其中一个潜在的用意仍是唯恐刑狱冤杀吧。

第三节　洗冤中的身体观

在清代的命案检验中,既有着与今日相似之处,亦呈现出不同的诸多面相;不仅仅是在技术上,还有制度运作上。在这错综复杂之中,时刻展现着一种和今日不同的身体观,而这正是造成诸多不同面相的重

---

[1] 刘坤一、张之洞:《遵旨筹议变法谨拟整顿中法十二条折》,丁守和等主编:《中国历代奏议大典》第4册,哈尔滨出版社1994年版,第588页。

要原因。

一、天人合一论下身体的神秘性

与基督教文化不同,中国传统礼法自西周以来就逐渐脱离了有神论,但是天又时时表现出一种神的形象,如梁启超所言:"古代之天,纯为'有意识的人格神'……天有感觉,有情绪,有意志,与人无殊,常直接监察或指挥人类之政治行动。"[1]此即为天道观的思想。在传统文化里,天是一切的本源,"有天地然后有万物,有万物然后有男女,有男女然后有夫妇,有夫妇然后有父子,有父子然后有君臣,有君臣然后有上下,有上下然后礼义有所错"[2]。天还有着自己的意志,"穆穆在上,明明在下,灼于四方"[3],"皇矣上帝,临下有赫,监观四方,求民之莫"[4]。

而人始终处于与天的交融之中。首先,天人是一气的。人体是气形的合一,"气者,人之根本也"[5],人体通过呼吸、饮食而获得自然之气,肺腑推动着气的升降出入,经络提供了气的运行通道,人体内的气则又通过皮表的俞穴与外界交融,并且受着时辰的影响、四季的变化而表现出阴阳强盛之不同——《内经》即从时令气候衰旺胜克的变化研究疾病、指导治疗,《素问·藏气法时论》亦云"至其所生而愈,至其所不胜而甚,至其所生而持,自得其位而起","病在肝,愈于夏,夏不愈,甚于秋,秋不死,持于冬,起于春,禁当风"。气形论于中医学的直接影响就是限制了人体解剖的必要,因为既然死后气已不运行,内部探视又

---

[1] 梁启超:《先秦政治思想史》,东方出版社1996年版,第23—24页。
[2] 《周易·序卦》,《十三经注疏》影印本,中华书局1979年版,第96页上栏。
[3] 《尚书·吕刑》,《十三经注疏》影印本,中华书局1979年版,第248页下栏。
[4] 《诗经·皇矣》,《十三经注疏》影印本,中华书局1979年版,第519页上栏。
[5] [春秋]秦越人:《难经》,科学技术文献出版社2010年版,第22页。

有何意义呢？

其次，天人是相符的。天为大宇宙，人为小宇宙，人体与自然呈现时刻的对应性，故能"近取诸身，远取诸物"，由人可知天，由天可知人：

> 天地之符，阴阳之副，常设于身，身犹天也，数与之相参，故命与之相连也。天以终岁之数，成人之身，故小节三百六十六，副日数也；大节十二分，副月数也；内有五脏，副五行数也；外有四肢，副四时数也；乍视乍瞑，副昼夜也；乍刚乍柔，副冬夏也；乍哀乍乐，副阴阳也；心有计虑，副度数也；行有伦理，副天地也；此皆暗肤着身，与人俱生，比而偶之弇合。于其可数也，副数；不可数者，副类。皆当同而副天，一也。①

古人概念中的人如同基督教文明中亚当、夏娃由上帝制造一样，亦是"天""地"按照自己的模型"生"出来的，"人受命乎天……唯人独能偶天地"②，故"人，天地之性最贵者也"③。这种观念在使人命获得重视的同时，亦由此造就了一些与实际不符的理解错误，如人体骨骼有三百六十五节的错论，在传统天人观影响下，要破除它是何等之难。

最后，天人是相感应的。余英时考证说，天人相应有三个阶段，一为王或天子垄断了与天的交通、对话；二为孔、孟等思想家、哲学家可与天沟通，《论语》中的"知我者其天乎？""五十而知天命"即此之谓；三为

---

① [汉]董仲舒：《春秋繁露》第2册卷13，[清]凌曙注，丛书集成初编本，中华书局1991年版，第205—206页。

② [汉]董仲舒：《春秋繁露》第2册卷13，[清]凌曙注，丛书集成初编本，中华书局1991年版，第204页。

③ [清]段玉裁注：《说文解字段注》上册卷15，成都古籍书店1981年版，第387页上栏。

在天人相符、"天道远,人道迩"观念的影响下,普通人亦可与天相感应。① 所以人可直接向上天哭诉:"天者,人之始也;父母者,人之本也。人穷则反本,故劳苦倦极,未尝不呼天也;疾痛惨怛,未尝不呼父母也。"②人也可向上天求得验证:"某果杀人,不敢逃戮;若冤也,愿天令证人死于狱,以为验。"③至于冤屈而死,则有冤气上升,直达天庭:

> 古人认为灾异不是自生的自然现象,而是神灵对于人类行为不悦的反映。政事不修是致灾的原因,而政事中刑狱杀人最为不祥,其中不免有冤枉不平之狱,其冤毒之气可以上达云霄,激起神的忿怒。④

这就是所谓人命关天的理论渊源。人通过自己的冤气直接给上天递交了"投诉状",他们的非正常死亡由此获得了一种特殊的意义。

二、礼治主义下身体的他属性

在当代自由主义看来,身体权的自我归属是第一位的,否则即为无人身权,与奴隶无异。但在传统中国,身体是他属的,个体在社会意义上并不真正地拥有自己的身体。然而,这并不意味着身体之损害无从

---

① 余英时:《中国古代思想脉络中的医学观念——李建民〈生命之学——从医疗看中国历史序〉》,氏著:《余英时文集》第9卷《历史人物考辨》,沈志佳编,广西师范大学出版社2006年版,第61—64页。
② 《史记》第8册卷84,中华书局1959年点校本,第2482页。
③ [宋]洪迈:《夷坚志》第7册丁志卷10,丛书集成初编本,中华书局1985年版,第78页。
④ 瞿同祖:《中国法律与中国社会》,中华书局1981年版,第256页。

救济,恰恰相反,可救济的途径与主体是多面的,特别在个体死亡之时,这种奇特的反差正是由礼治主义下的义务本位决定的。礼治的义务都是互负的,如网络般无可逃避:它既非今日法律上之义务,后者是与权利相对的,而礼治中的权利话语是微弱的甚至是不存在的;它亦异于今日的伦理上之义务,后者是主观而不可度量的,而传统的义务有着特殊主义的面貌,是清晰的且有着具体可操作性的。

礼的"义"是有亲亲尊尊差等之分的,其核心是父子之义,由此再推导到兄弟、君臣等。父子之义决定了孝的第一位,为孝子,方可为忠臣。故身体首先是属于父母的,《孝经》开篇即云:"夫孝,德之本也……身体发肤,受之父母,不敢毁伤,孝之始也。立身行道,扬名于后世,以显父母,孝之终也。夫孝,始于事亲,中于事君,终于立身。"所以个体对身体的保护不是因为自我的健康与生命需要,而是出于对父母尽孝——他的躯壳从父母那继承而来,死时还须原封赠还,所以曾子在自觉不久于人世的时候,对弟子说:"启予足!启予手!诗云:'战战兢兢,如临深渊,如履薄冰。'而今而后,吾知免夫!小子!"[①]生命终结前的解脱只是因为手足的完整,对父母在天之灵的告慰。这种思想的深入,以至于八岁的范宣在手指被伤后大哭,不是因疼痛感向大脑中枢的传导,而是无法保全父母所赋予的躯壳的伤悲。[②] 当然,亲亲同时还须尊尊,按照孟子的教导:"身,亦我所欲也,义,亦我所欲也,二者不可得兼,舍身而取义者也。"为了王朝的事业,身体亦是需要随时抛弃的。但无论如何,对于这种孝道下的全身观,身体解剖是不可想象的,如果说气形观使解剖不必要的话,那么全身观则使解剖不可能,由此可知王清任、姚德豫、许梿等能够观察到人体内部结构是何等的不易。

---

① 《论语·泰伯》,《十三经注疏》影印本,中华书局1979年版,第2486页中栏。
② 徐震堮:《世说新语校笺》上册卷上"德行第一",中华书局1984年版,第22页。

对死者非理死的追究,在礼治主义下首先是以家人之"义"而维护的。《礼记·礼运》篇云:"何谓人义? 父慈,子孝,兄良,弟悌,夫义,妇听,长惠,幼顺,君仁,臣忠。"死者的家人,特别是子女,甚至有复仇的义务,如《礼记·曲礼上》曰:"父之仇,弗与共戴天;兄弟之仇,不反兵;交游之仇,不同国。"《公羊传·庄公四年》更进一步说:"九世犹可以复仇乎? 虽百世可也。"所以历代历朝对于复仇的态度一直是犹疑的:该行为一方面损害了国家对刑罚权的垄断而应当禁止,另一方面则出于礼教伦常考虑而不得不网开一面。如清律即规定:

> 祖父母、父母为人所杀,凶犯当时脱逃,未经到官,后被死者子孙撞遇杀死者,照擅杀应死罪人律,杖一百。其凶犯虽经到官拟抵,或于遇赦减等发配后,辄敢潜逃回籍,致被死者子孙擅杀者,杖一百、流三千里。若本犯拟抵后援例减等,问拟军流,遇赦释回者,国法已伸,不当为仇,如有子孙仍敢复仇杀害者,仍照谋故杀本律定拟,入于缓决,永远监禁。至释回之犯,复向死者子孙寻衅争闹,或用言讥消(诮),有心欺凌,确有实据者,即属怙恶不悛,死者子孙忿激难堪,因而起意复仇致毙者,仍于谋故杀本律上减一等,拟以杖一百、流三千里。①

在国法与子孙复仇的伦理平衡上可谓考虑得很充分了。

皇权更是承担对一切子民的身体保护之责。由家庭推而广之,国实为一个大家庭,皇帝如同一家长,百姓皆是其子民,皇帝因此当然需要履行保护之"义"。何况,礼治的核心是"仁","人而不仁,如礼何?

---

① [清]薛允升:《读例存疑点注》,胡星桥、邓又天主编,第667页。

人而不仁,如乐何?"①"天地之大德曰生"②,不能生人又何谈一个"仁"字? 更重要的是,此种保护之"义"还是天的谕示:"夫王者,不可以不知天。"③从普遍意义上说,礼法本身就需依天意而定——"圣人因天秩而制五礼,因天讨而作五刑"④,并依天意而运行——"圣王仰视法星,旁观习坎,弥缝五气,取则四时,莫不先春风以播恩,后秋霜而动宪"⑤。从特殊意义上讲,具体非理死个案产生的冤气会上干天和,降下灾异:"汉晋以来,滥刑而致旱,伸冤而得雨,载于方册可考也。"⑥雍正皇帝即教诲臣子们说:"刑名为国家之要务,上关天和,下系民命。若刑狱未能清理,即为天时亢旱之由。"⑦此项职责之履行,就是本书围绕并反复谈论的命案洗冤之思想渊源。

至于刑官,除作为皇帝代言人负有职责外,还必须考虑到冤魂可能直接对其不当理狱施以报复。汪辉祖即惶恐地记下了一个姓胡的幕客被鬼报复的故事,该幕客早年曾"客湖南某县。有妇与人私,夫为私者所杀,妇首于官",他"恐主人罹失察处分,作访拿详报,拟妇凌迟",后就看见一个金甲神率该妇人刃刺其腹部。汪辉祖评价云:"夫律例一书,于明刑之中,矜恤曲至。犯罪自首一条,网开一面,乃求生之路。删改而致之重辟,是死于我,非死于法也。鬼之为厉,宜矣。"⑧从某种意

---

① 《论语·八佾》,《十三经注疏》影印本,中华书局1979年版,第2466页上栏。
② 《周易·系辞下》,《十三经注疏》影印本,中华书局1979年版,第86页中栏。
③ [汉]董仲舒:《春秋繁露》第3册卷17,[清]凌曙注,丛书集成初编本,中华书局1991年版,第279页。
④ 《汉书》第4册卷23,中华书局1962年点校本,第1079页。
⑤ 《隋书》第3册卷25,中华书局1973年点校本,第695页。
⑥ 《宋史》第36册卷430,中华书局1977年点校本,第12787页。
⑦ 《大清十朝圣训(雍正)》卷24,二年二月壬申条,文海出版社1965年版,第279页。
⑧ [清]汪辉祖:《续佐治药言》之"删改自首之报",刘俊文主编:《官箴书集成》第5册,第332页上—下栏。

义上说,鬼神施报,本身就是对刑官违背己身之"义"的惩罚,故他们只有更谨慎地履行职责,才能免于灾祸。

三、宗族主义下身体与国家的疏远性

在基督教文化中,服从于上帝就须忘却父母妻子。如耶稣就说过:"人到我这里来,若不爱我胜过爱自己的父母、妻子、儿女、兄弟、姐妹和自己的性命,就不能作我的门徒('爱我胜过爱'原文作'恨')。"①"我来并不是叫地上太平,乃是叫地上动刀兵。因为我来是叫'人与父亲生疏,女儿与母亲生疏,媳妇与婆婆生疏,人的仇敌就是自己家里的人'。"②但是,这在传统中国是不可想象的,礼治是由己推诸人、由家而施之于国的,集家而成族,聚族而成国。梁漱溟甚至认为,中国人只有天下观念,没有国家观念,中国不像一个国家,他论述道:

> 事实上,老百姓与官府之间的交涉,亦只有纳粮、涉讼两端。河北省民间谚语,说"交了粮,自在王",意思是:完过钱粮,官府就再管不到我(亦更无其他管制)。至于讼事,你不诉于官,官是不来问你的。不论民刑事件,通常多半是民间自了。……这种无为而治,如其不是更早,说它始于西汉总是信而有征的。当时相传曹参为相而饮酒不治事,汲黯为太守而号曰"卧治"……前引长谷川如是闲的话"近代英国人以国家为必要之恶,而不知中国人却早已把它当作不必要之恶"。③

---

① 《路加福音》14:26。
② 《马太福音》10:34。
③ 梁漱溟:《中国文化要义》,上海人民出版社2011年版,第153页。

中国不像国家之真因,历代帝王所以要轻赋薄敛,与民休息,布德泽,兴教化,乃至有所谓"以孝治天下"者,皆隐然若将放弃其统治,只求上下消极相安。在他盖无非从善自韬养之中,以绵永其运祚。你说它不敢用力亦可,你说它无力可用,亦无不可。数千年政治上牢不可破之消极无为主义,舍此便不得其解。①

故传统中国人心目中重要者,一是宗族,二是天下,宗族之强盛实是皇朝以孝治天下推论而出的必然结果:"中国之家庭伦理,所以成一宗教替代品者,亦即为它融合人我泯忘躯壳,虽不离现实而拓远一步,使人从较深较大处寻取人生意义。"②天下观强于国家观,实缘自中国历史上没有欧洲那样小国环立,不可能有主权之概念发生,而国家又主动退让,"国家消融在社会里面,社会与国家相浑融。国家是有对抗性的,而社会则没有,天下观念就于此产生"③。所以在清末变法之时,无论是军国民主义主张,还是弃旧律用新律,其重要一目标就是废宗族、建国家。④

宗族势力之强,造成的政治制度上之结果,就是一人州县治理之现象。州县官看起来职责很多,权力很大,"掌一县之政令,平赋役、听治讼、兴教化、厉风俗,凡养民、祀神、贡士、读法,皆躬亲厥职而勤理

---

① 梁漱溟:《中国文化要义》,上海人民出版社2011年版,第162页。
② 梁漱溟:《中国文化要义》,上海人民出版社2011年版,第85页。
③ 梁漱溟:《中国文化要义》,上海人民出版社2011年版,第158页。
④ 杨度为废旧律用新律所作演讲中即言:"若以为家族主义不可废,国家主义不可行,则宁废新律而用旧律,且不惟新律当废,宪政中所应废者甚多也。若以为应采国家主义,则宗族主义决无并行之道。而今之新刑律实以国家主义为其精神,即宪政之精神也,必宜从原稿所订而不得以反对宪政之精神加入之。故今所先决采用国家主义乎,用家族主义乎?一言可以定之,无须多辩也。"杨度:《论国家主义与家族主义之区别》,刘晴波主编:《杨度集》,湖南人民出版社1986年版,第533页。详细论述亦可参见黄金麟:《历史、身体、国家——近代中国的身体形成(1895—1937)》,新星出版社2006年版,第27—89页。

之"①,但是对几百平方公里土地的治理,不是一个人能完成得了的,故而只能依靠士绅、宗族等,而士绅常就是宗族的代言人。因此清王朝的官僚体制如同一座建在流沙上的金字塔,始终无法深深扎入底层社会泥土之中。国家出于减省财力、与民休息等多种考虑,对宗族亦大力扶持,康熙时颁布《圣谕十六条》即有"笃宗族以昭雍睦"一条,故"吾国之施治于全国也,以县为起点,其施治于人民也,以族制为起点"②。对个体来说,宗族就是他们的存身立命之所,因而服从族规;宗族组织亦以修续族谱、发放义米等提供相应的保障,并通过宗法维持秩序,以致"人之善恶虽谬巧,未有能遁其宗族者"③。个体首先是宗族的人,然后才是作为皇权代言人的州县官治理下的百姓。宗族的问题,实际上就是日本学者提出的"共同体"问题,谷川道雄曾针对六朝士族提出"豪族共同体"观点,④仁井田陞后亦针对宗族提出"共同体"说。⑤ 从某种程度上说,宗族势力的产生是中古豪族在唐宋之变后,社会结构趋于扁平化的一种必然产物,只是构成主体与核心较过往不同罢了,其理念上并无本质区别。宗族由于巩固皇权与政治秩序而得到强调,但其由此又在一定程度上甚至拥有了与官府相抗衡的权力,成为国家权力施之于个体人身的一道屏障。

这种被隔绝的、与王朝相对疏远的身体,在洗冤检验及命案处理中造成的一个结果就是:清王朝在不具备官僚体制内部权力分立与制衡

---

① 《清朝通典》卷34,商务印书馆1935年版,第2211页中栏。
② 熊宗煦:《论中国施行地方自治》,《政论》第3号(1908年4月),转引自任吉东著:《多元性与一体化:近代华北乡村社会治理》,天津社会科学院出版社2007年版,第42页。
③ 《万表重修·宁波万氏族谱》卷首,清乾隆三十七年辨志堂刻本,国家图书馆藏。
④ 〔日〕谷川道雄:《中国中世纪社会与共同体》,马彪译,上海古籍出版社2013年版,第313—321页。
⑤ 〔日〕仁井田陞:《中国法制史》,牟发松译,上海古籍出版社2018年版,第142—144、183—185页。

（中央层级才了一定的权力分立）的前提下，通过一种主动退缩，依靠与社会力量的合作与博弈而完成自身权力制衡。在命案上干天和的严峻形势下，它不得不公开检验、主动说服，[①]不得不接受在一个无形剧场中的审理。因此，在命案各方围绕尸体的博弈中，清王朝可能更多允许意思的自治，特别是私和，但是一旦矛盾在社会层面无法化解而上升至官府层面，则官员必须以一种相对居中的形象来完成权力合法化的使命。当然，因为无法隔绝时空，博弈、交涉中可能夹杂了更多的外在因素。最终，洗冤之交涉得以被迫成立，洗冤检验制度亦多了一个独特的面相。

当然，站在后现代的角度，我们是否可以认为：正是这种阻隔间接造成了中国古代未对人体进行一个彻底的全景式观察呢？亦即正因为国家权力没有深入地扎根到基层，从而对人体的最终控制亦未能深入地影响到内部的血管和微观的组织呢？这恐怕是一种福柯式思维的问题，要见仁见智了吧！

[①] 马伯良已注意到了南宋检验时就已存在的反复强调公开性的问题，参见 Sung Tz'u, *The Washing Away of Wrongs: Forensic Medicine in Thirteenth-Century China*, Brian E. McKnight (trans.), Ann Arbor: Center for Chinese Studies, The University of Michigan Press, 1981, pp. 19-21.

参考文献

史　料

一、奏折、档案、案牍

《军机处上谕档》，藏于中国第一历史档案馆。
《顺天府全宗》，藏于中国第一历史档案馆。
《朱批奏折》，藏于中国第一历史档案馆。
《粤东成案初编》，道光十二年刻本，藏于广东省立中山图书馆。
《坐名刑名底稿》残卷，日本东京大学东洋文化研究所藏，复印件见于（杨）一凡藏书馆。
［清］屠守仁：《屠光禄（梅君）疏稿》，近代中国史料丛刊第 31 辑，文海出版社 1969 年版。
［清］祝庆祺等编：《刑案汇览三编》，北京古籍出版社 2004 年版。
［清］周守赤：《新辑刑案汇编》，光绪二十三年图书集成局本。
黄大受辑：《黄少司寇（爵滋）奏疏》，近代中国史料丛刊续编第 185 辑，文海出版社 1975 年版。
四川省档案馆编：《巴蜀撷影：四川省档案馆藏清史图片集》，中国人民大学出版社 2009 年版。
张伟仁编：《"中央研究院"历史语言研究所现存清代内阁大库原藏明清档

案》,联经出版公司 1985—1997 年版。

中国第一历史档案馆编:《光绪朝朱批奏折》,中华书局 1996 年版。

中国第一历史档案馆译编:《雍正朝满文朱批奏折全译》,黄山书社 1998 年版。

中国第一历史档案馆编:《嘉庆道光两朝上谕档》,广西师范大学出版社 2000 年版。

中国第一历史档案馆编:《乾隆朝上谕档》,广西师范大学出版社 2008 年版。

二、典章、律例、省例

《大明律附例》,万历四十年序刊本,日本东京大学东洋文化研究所藏。

《东省通饬》,仁山氏手抄本,复印件见于(杨)一凡藏书馆。

《湖南省例成案》,中国社会科学院经济研究所藏(缩微胶卷版),日本东京大学东洋文化研究所原本。

《江苏省例》,同治八年江苏书局刻本,(杨)一凡藏书馆藏。

《江苏省例续编》,光绪元年江苏书局刻本,(杨)一凡藏书馆藏。

《江苏省例三编》,光绪九年江苏书局刻本,(杨)一凡藏书馆藏。

《江苏省例四编》,光绪十六年江苏书局刻本,(杨)一凡藏书馆藏。

[清]冯煦主修,陈师礼总纂:《皖政辑要》,黄山书社 2005 年点校本。

[清]黄恩彤、宁立悌等纂修:《粤东省例新纂》,成文出版社 1968 年影印本。

[清]凌燽:《西江视臬纪事》,杨一凡、刘笃才主编:《中国古代地方法律文献》乙编第 11 册,世界图书出版公司 2009 年版。

[清]沈之奇:《大清律辑注》,怀效锋、李俊点校,法律出版社 2000 年版。

[清]王玉如辑:《条例附成案(乾隆元年—乾隆三十年)》,乾隆三十年贵州按察使司刻本,藏于中国社会科学院法学研究所图书馆。

[清]文孚纂修:《钦定六部处分则例》,近代中国史料丛刊第 34 辑,文海出版社 1969 年版。

［清］薛允升：《读例存疑点注》，胡星桥、邓又天主编，中国人民公安大学出版社1994年版。
［清］姚雨芗原纂，［清］胡仰山增辑：《大清律例会通新纂》，近代中国史料丛刊三编第22辑，文海出版社1987年版。
［清］钟庆熙辑：《四川通饬章程》，近代中国史料丛刊续编第48辑，文海出版社1977年版。
《福建省例》，台湾文献史料丛刊第7辑，大通书局1997年点校本。
《钦定大清会典》，新文丰出版公司1976年影印本。
《钦定大清会典事例》，新文丰出版公司1976年影印本。
《钦定吏部处分则例》（乾隆朝），蝠池书院出版有限公司2004年影印本。
《钦定吏部处分则例》（嘉庆朝），蝠池书院出版有限公司2004年影印本。
《钦定吏部处分则例》（道光朝），蝠池书院出版有限公司2004年影印本。
《清会典事例》，中华书局1991年影印本。
刘俊文：《唐律疏义笺解》，中华书局1996年版。

三、洗冤录相关文本

《律例馆校正洗冤录》，年代不详，藏于中国社会科学院法学研究所图书馆。
《刑部题定验尸图》，日本东京大学东洋文化研究所藏，扫描件见于（杨）一凡藏书馆。
［宋］宋慈：《洗冤集录校译》，杨奉琨校译，群众出版社1980年版。
［宋］宋慈：《洗冤集录》，贾静涛点校，上海科学技术出版社1981年版。
［宋］宋慈：《洗冤集录今译》，罗时润、田一民译释，福建科学技术出版社2005年版。
［宋］宋慈：《洗冤集录今释》，黄瑞亭、陈新山主编，军事医学科学出版社2008年版。
［宋］宋慈：《洗冤集录》，韩健平校注，湖南科学技术出版社2019年版。

［清］陈芳生辑:《洗冤集说》,康熙二十六年聚锦堂藏版,藏于中国社会科学院法学研究所图书馆。

［清］刚毅编:《洗冤录义证》,光绪十八年粤东抚署重刊本,藏于中国社会科学院法学研究所图书馆。

［清］华希高辑:《洗冤录全纂》,嘉庆八年经德堂刻本,藏于中国社会科学院法学所图书馆。

［清］郎锦骐纂辑:《检验合参》,竹荴周氏藏版,藏于中国社会科学院法学研究所图书馆。

［清］沈家本:《无冤录序》,沈家本:《历代刑法考》,邓经元、骈宇骞点校,中华书局 1985 年版。

［清］许梿编校:《洗冤录详义》,古均阁许氏藏版,藏于中国社会科学院法学研究所图书馆。

［清］曾恒德编:《洗冤录表》,清刻本(年代不详),藏于国家图书馆北海分馆。

《大元检尸记》,黄时镢辑点:《元代法律资料辑存》,浙江古籍出版社 1988 年版。

《洗冤录补》,［清］王明德:《读律佩觿》,何勤华等校,法律出版社 2001 年版。

张松、张群、段向坤整理:《洗冤录汇校》(上下册),杨一凡主编:《历代珍稀司法文献》第 9、10 册,社会科学文献出版社 2012 年版。

四、政书、幕学

［清］丁日昌:《抚吴公牍》,宣统纪元小春月南洋官书局刻本。

［清］刚毅:《审看拟式》,光绪十八年刊本,日本东京大学东洋文化研究所藏。

［清］吉同钧:《审判要略》,宣统二年法部律学馆刻本,(杨)一凡藏书馆藏。

［清］汪辉祖:《梦痕余录》,北京图书馆编:《北京图书馆藏珍本年谱丛刊》第 107 册,北京图书馆出版社 1999 年版。

［清］王又槐:《刑钱必览》,嘉庆十九年刻本。

［清］熙维周辑:《秋曹稿式》,抄本,藏于中国社会科学院法学研究所图书馆。
刘俊文主编:《官箴书集成》第 2—9 册,黄山书社 1997 年影印本。
杨一凡主编:《中国律学文献》第 3 辑第 4 册,黑龙江人民出版社 2006 年版。

五、日记、年谱、文集、笔记、报纸

［清］陆以湉:《冷庐杂识》,冬青点校,上海古籍出版社 2012 年版。
［清］汪辉祖:《病榻梦痕录》,台湾商务印书馆 1980 年影印本。
［清］张集馨:《道咸宦海见闻录》,中华书局 1981 年影印本。
黄濬:《花随人圣庵摭忆》,中华书局 2008 年版。
《纪晓岚年谱》,［清］纪昀:《纪晓岚文集》第 3 册附录,孙致中等点校,河北教育出版社 1991 年版。
林则徐全集编辑委员会编:《林则徐全集》,海峡文艺出版社 2002 年版。
《逆伦案开棺蒸验记》(一),《申报》1921 年 3 月 19 日第 10 版。
《天津县请在省城法政学堂内附设仵作堂禀并批》,《南洋官报》光绪三十一年第 24 期。

六、正史、实录

《史记》,中华书局 1959 年点校本。
《汉书》,中华书局 1962 年点校本。
《后汉书》,中华书局 1965 年点校本。
《隋书》,中华书局 1973 年点校本。
《旧唐书》,中华书局 1975 年点校本。

《新唐书》,中华书局 1975 年点校本。
《宋史》,中华书局 1977 年点校本。
《元史》,中华书局 1977 年点校本。
《清史稿》,中华书局 1976—1977 年点校本。
《清圣祖仁皇帝实录》,中华书局 1985 年影印本。
《清高宗纯皇帝实录》,中华书局 1985—1986 年影印本。
《清仁宗睿皇帝实录》,中华书局 1986 年影印本。
《清宣宗成皇帝实录》,中华书局 1986 年影印本。
《清文宗显皇帝实录》,中华书局 1986—1987 年影印本。
《清德宗景皇帝实录》,中华书局 1987 年影印本。
《大清十朝圣训》,文海出版社 1965 年版。

七、通用史料

《周易》,《十三经注疏》影印本,中华书局 1979 年版。
《尚书》,《十三经注疏》影印本,中华书局 1979 年版,
《诗经》,《十三经注疏》影印本,中华书局 1979 年版。
《礼记》,《十三经注疏》影印本,中华书局 1979 年版。
《论语》,《十三经注疏》影印本,中华书局 1979 年版。
《吕氏春秋》,[汉]高诱注,诸子集成本,上海书店出版社 1986 年版。
[汉]董仲舒:《春秋繁露》,[清]凌曙注,丛书集成初编本,中华书局 1991 年版。
[晋]干宝:《搜神记》,贾二强校点,辽宁教育出版社 1997 年版。
[宋]洪迈:《夷坚志》,丛书集成初编本,中华书局 1985 年版。
[宋]李昉等编:《太平广记》,影印文渊阁四库全书第 1044 册,台湾商务印书馆 1986 年版。
[元]马端临:《文献通考》,中华书局 1936 年影印本。

［清］段玉裁注：《说文解字段注》，成都古籍书店1981年影印本。
［清］贺长龄等编：《清经世文编》，中华书局1992年影印本。
［清］徐松辑：《宋会要辑稿》，中华书局1957年影印本。
《清朝通典》，商务印书馆1935年版。
《清朝文献通考》，商务印书馆1936年版。
刘锦藻：《清朝续文献通考》，商务印书馆1936年版。
徐震堮：《世说新语校笺》，中华书局1984年版。

八、史料汇编及其他

［汉］张仲景：《金匮要略》，山西科学技术出版社2017年版。
［唐］孙思邈：《备急千金要方》，高文柱、沈澍农校注，华夏出版社2008年版。
［汉］晁公武：《群斋读书志校证》，孙猛校证，上海古籍出版社1990年版。
［宋］桂万荣编撰，［明］吴讷删补：《棠阴比事选》，陈顺烈注译，群众出版社1980年版。
［宋］李昴英：《文溪存稿》，杨芷华点校，暨南大学出版社1994年版。
［宋］司马光：《稽古录》，北京师范大学出版社1988年版。
［宋］郑克编撰：《折狱龟鉴译注》，刘俊文点校，上海古籍出版社1988年版。
［元］危亦林：《世医得效方》，王育学点校，人民卫生出版社1990年版。
［清］陈修园：《长沙方歌括》，俞慎初等校注，福建科学技术出版社2007年版。
［清］恩华纂辑：《八旗艺文编目》，关纪新整理、点校，辽宁民族出版社2006年版。
［清］何志基等：《重修安徽通志》，京华书局1967年版。
［清］王定安：《重修两淮盐法志》，续修四库全书吏部政书类第845册，上海古籍出版社2002年版。
［清］徐士林：《徐公谳词——清代名吏徐士林判案手记》，陈全伦等主编，齐鲁书社2001年版。

［清］杨泰亨:《慈溪县志》,民国三年据清光绪二十五年德润书院刻版后印。

［清］姚鼐纂集:《古文辞类纂》,胡士明、李祚唐标校,上海古籍出版社1998年版。

［清］宜今室主人编:《皇朝经济文新编》,近代中国史料丛刊三编第29辑,文海出版社1987年版。

［清］章学诚:《文史通义》,叶瑛校注,中华书局1985年版。

陈金田译:《临时台湾旧惯调查会第一部调查第三回报告书:台湾私法》(第2卷),"台湾省"文献委员会1993年版。

丁昭编注:《明清宁阳县志汇释》上册,山东省地图出版社2003年版。

董少新、邓可卉校点:《泰西人身说概、寰有诠(外二种)》,周振鹤主编:《明清之际西方传教士汉籍丛刊》第1辑第5册,凤凰出版社2013年版。

杜珣编著:《中国历代妇女文学作品精选》,中国和平出版社2000年版。

肥城市市志编纂委员会办公室:《肥城县志》上册,泰安市新闻出版局1995年版。

傅澜编:《诉讼实务》,大东书局1941年版。

傅瑛、雷近芳校点:《许有壬集》,中州古籍出版社1998年版。

何云波:《中国历代围棋棋论选》,书海出版社2017年版。

即墨市政协文史委员会、墨市博物馆编:《伸雪奇冤录》,青岛新闻出版局2000年版。

江苏省博物馆编:《江苏省明清以来碑刻资料选集》,生活·读书·新知三联书店1959年版。

金恩晖、梁志忠著释:《吉林省地方志考论、校释与汇辑》,中国地方史志协会、吉林省图书馆学会1981年版。

李澍田、潘景隆主编:《珲春副都统衙门档案选编》(上),吉林文史出版社1991年版。

嶙峋:《闺海吟:中国古近代八千才女及其代表作》,华龄出版社2012年版。

鲁子健:《清代四川财政史料》,四川省社会科学院出版社1984年版。

全国政协文史资料委员会编:《社会杂相述闻》,中国文史出版社2006年版。

山东邹县地方志编纂委员会办公室:《邹县旧志汇编》,山东邹县地方志编纂委员会办公室1986年版。
上海市地方志办公室、上海市嘉定区地方志办公室编:《上海府县旧志丛书:嘉定县卷》第3册,上海古籍出版社2012年版。
睡虎地秦墓竹简整理小组:《睡虎地秦墓竹简》,文物出版社1978年版。
台湾惯习研究会:《台湾惯习记事》(中译本)第3卷下第7号,"台湾省"文献委员会译编,"台湾省"文献委员会1988年版。
谭棣华、曹腾騑、冼剑民编:《广东碑刻集》,广东高等教育出版社2000年版。
唐仁、姜明注析:《历代勘案故事选》,海峡文艺出版社1987年版。
《万表重修·宁波万氏族谱》,乾隆三十七年辨志堂刻本,藏于国家图书馆。
文史资料选辑编辑部:《文史资料精选》第1册,中国文史出版社1990年版。
吴剑杰主编:《湖北咨议局文献资料汇编》,武汉大学出版社1991年版。
熊明陶:《曲阳史话》,皖内部图书(97)004号。
徐珂:《清稗类钞》,商务印书馆1917年版。
徐世英编著:《京剧唱词选注》,人民日报出版社1992年版。
杨学为等主编:《中国考试制度史资料选编》,黄山书社1992年版。
余杭县政协文史资料委员会、江省政协文史资料委员会编:《余杭杨乃武与小白菜冤案》,浙江人民出版社1993年版。
章开沅编:《清通鉴》,岳麓书社2000年版。
昭通旧志汇编编辑委员会编:《昭通旧志汇编》,云南人民出版社2006年版。
〔日〕丹波元胤编:《中国医籍考》,人民卫生出版社1956年版。

近人著作

艾永明:《清朝文官制度》,商务印书馆2003年版。
卞建林主编:《刑事诉讼法学》,中国政法大学出版社2008年版。
柏桦:《明代州县政治体制研究》,中国社会科学出版社2003年版。

蔡枢衡:《中国刑法史》,广西人民出版社1983年版。
常林主编:《法医学》,中国人民大学出版社2008年版。
陈光中主编:《刑事诉讼法》,北京大学出版社2009年版。
陈惠馨:《传统个人、家庭、婚姻与国家——中国法制史的研究与方法》,五南图书出版公司2007年版。
陈桦、刘宗志:《救灾与济贫:中国封建时代的社会救助活动(1750—1911)》,中国人民大学出版社2005年版。
陈来:《宋明理学》,生活·读书·新知三联书店2011年版。
陈履告、徐英含主编:《法医病理解剖学》,上海卫生出版社1956年版。
陈寿灿编著:《方法论导论》,东北财经大学出版社2007年版。
程荣斌主编:《刑事诉讼法》,中国人民大学出版社2005年版。
戴建国:《宋代法制初探》,黑龙江人民出版社2000年版。
戴炎辉:《清代台湾之乡治》,联经出版公司1979年版。
戴炎辉:《中国法制史》,三民书局1979年版。
丁海斌:《清代"官科技"群体的养成与结构研究》,中国社会科学出版社2008年版。
范行准:《中国医学史略》,中医古籍出版社1986年版。
范忠信、陈景良主编:《中西法律传统》第4卷,中国政法大学出版社2004年版。
范忠信等编:《中国文化与中国法系——陈顾远法律史论集》,中国政法大学出版社2005年版。
冯贤亮:《明清江南的州县行政与地方社会研究》,上海古籍出版社2015年版。
傅斯年:《史学方法导论》,上海古籍出版社2011年版。
高汉成:《签注视野下的大清刑律草案研究》,中国社会科学出版社2007年版。
高浣月:《清代刑名幕友研究》,中国政法大学出版社2000年版。
高晞:《德贞传——一个英国传教士与晚清医学近代化》,复旦大学出版社

2009年版。

葛剑雄主编,曹树基著:《中国人口史》第5卷(下),复旦大学出版社2005年版。

郭霭春主编:《中国分省医籍考》,中国中医药出版社2020年版。

郭成伟:《清末民初刑诉法典化研究》,中国人民公安大学出版社2006年版。

何勤华:《中国法学史》,法律出版社2000年版。

何勤华、魏琼编:《董康法学文集》,中国政法大学出版社2004年版。

何勤华、陈海灵:《法律、社会与思想:对传统法律文化背景的考察》,法律出版社2009年版。

何显明:《中国人的死亡心态》,上海文化出版社1993年版。

胡铁球:《明清歇家研究》,上海古籍出版社2015年版。

胡兴东:《宋朝立法通考》,中国社会科学出版社2018年版。

黄爱平:《朴学与清代社会》,河北人民出版社2003年版。

黄金麟:《历史、身体、国家:近代中国的身体形成(1895—1937)》,新星出版社2006年版。

黄瑞亭:《法医青天:林几法医生涯录》,世界图书出版公司1995年版。

黄瑞亭主编:《中国近现代法医学发展史》,福建教育出版社1997年版。

黄瑞亭、胡丙杰主编:《中国近现代法医学史》,中山大学出版社2019年版。

黄维新:《中国古代命案检验术》,九章文化出版事业有限公司1981版。

霍存福:《复仇·报复刑·报应说:中国人法律观念的文化解说》,吉林人民出版社2005年版。

贾静涛:《中国古代法医学史》,群众出版社1984年版。

贾静涛:《世界法医学与法科学史》,科学出版社2000年版。

江绍原:《发须爪——关于它们的迷信》,中华书局2007年版。

江北县县志编纂委员会编纂,重庆市渝北区地方志办公室整理:《江北县志稿(溯源—1949)》,渝北内字(2015)04号。

《解剖学》(上、下),华西医科大学内部教材(供临床医学、法医学专业用),1989年印发。

经君健：《清代社会的贱民等级》，浙江人民出版社1993年版。

康殷：《文字源流浅说》，荣宝斋1979年版。

李生斌主编：《法医学》，人民卫生出版社2009年版。

李春雷：《中国近代刑事诉讼制度变革研究（1895—1928）》，北京大学出版社2004年版。

李学灯：《证据法比较研究》，五南图书出版公司1992年版。

里赞：《远离中心的开放——晚清州县审断自主性研究》，四川大学出版社2009年版。

梁方仲编著：《中国历代户口、田地、田赋统计》，上海人民出版社1980年版。

梁启超：《中国近三百年学术史》，崇文书局2015年版。

梁启超：《清代学术概论》，上海古籍出版社2019年版。

梁其姿：《面对疾病：传统中国社会的医疗观念与组织》，中国人民大学出版社2012年版。

梁漱溟：《中国文化要义》，上海人民出版社2011年版。

林有盛：《西宁方言寻古》，青海人民出版社2003年版。

刘清波：《冤狱赔偿法》，台湾商务印书馆1973年版。

龙宗智、杨建广主编：《刑事诉讼法》高等教育出版社2007年版。

陆永棣：《1877帝国司法的回光返照——晚清冤狱中的杨乃武案》，法律出版社2006年版。

孟昭华：《元清户政考》，中国社会出版社2014年版。

那思陆：《清代中央司法审判制度》，北京大学出版社2004年版。

那思陆：《清代州县衙门审判制度》，范忠信、尤陈俊校，中国政法大学出版社2006年版。

南平建阳宋慈研究会编：《宋慈文化》，海峡文艺出版社2016年版。

聂振邦编著：《名花诗趣》，黑龙江少年儿童出版社1987年版。

《宁都直隶州志》（重印本），赣州地区志编纂委员会办公室1987年2月"重印说明"本，出版单位及时间不详。

彭信威：《中国货币史》，上海人民出版社1958年版。

裘沛然主编:《中国医籍大辞典》(上),上海科学技术出版社2002年版。
邱澎生、何志辉编:《明清法律与社会变迁》,法律出版社2019年版。
瞿同祖:《中国法律与中国社会》,中华书局1981年版。
瞿同祖:《清代地方政府》,范忠信、晏锋译,何鹏校,法律出版社2003年版。
全汉昇:《中国行会制度史》,百花文艺出版社2007年版。
任吉东:《多元性与一体化:近代华北乡村社会治理》,天津社会科学院出版社2007年版。
苏亦工:《明清律典与条例》,中国政法大学出版社2000年版。
苏亦工:《天下归仁:儒家文化与法》,人民出版社2015年版。
岁有声:《清代州县经费研究》,大象出版社2013年版。
孙家红:《清代的死刑监候》,社会科学文献出版社2007年版。
王丁旺编:《公安学文献参考书目》,群众出版社1991年版。
王明星:《儒家气学新论》,黑龙江人民出版社2009年版。
王文贵:《互动与耦合:非正式制度与经济发展》,中国社会科学出版社2007年版。
王云海主编:《宋代司法制度》,河南大学出版社1992年版。
王志强:《法律多元视角下的清代国家法》,北京大学出版社2003年版。
吴吉远:《清代地方政府的司法职能研究》,中国社会科学出版社1998年版。
邢玉瑞编著:《中医思维方法》,人民卫生出版社2010年版。
徐忠明:《包公故事:一个考察中国法律文化的视角》,中国政法大学出版社2002年版。
徐忠明:《案例、故事与明清时期的司法文化》,法律出版社2006年版。
严世芸主编:《中国医籍通考》第4卷,上海中医学院出版社1993年版。
严世芸主编:《中医学术发展史》,上海中医药大学出版社2004年版。
闫晓君:《出土文献与古代司法检验史研究》,文物出版社2005年版。
杨德森、刘协和、许又新主编:《湘雅精神医学》,科学出版社2015年版。
杨鸿烈:《中国法律思想史》,范忠信、何鹏勘校,中国政法大学出版社2004年版。
杨念群:《再造"病人"——中西医冲突下的空间政治(1832—1985)》,中国人民大学出版社2006年版。

杨宗辉、刘为军:《侦查方法论》,中国检察出版社2004年版。

翟国璋主编:《中国科举辞典》,江西教育出版社2006年版。

张明观:《柳亚子史料札记三集》,上海人民出版社2017年版。

张伟仁:《魔镜:法学教育论文集》,清华大学出版社2012年版。

张仁善:《中国法律文明》,南京大学出版社2018年版。

赵禄祥、赖长杨主编:《资政要件·社会卷》,中国档案出版社2007年版。

郑秦:《清代司法审判制度研究》,湖南教育出版社1988年版。

郑秦:《清代法律制度研究》,中国政法大学出版社2000年版。

中国人民大学图书馆编:《陈垣同志论著目录》,中国人民大学图书馆1982年版。

中医研究院医学文献研究室编:《医学史论文资料索引(1903—1978)》,出版社及出版年份不详。

周保明:《清代地方吏役制度研究》,上海书店出版社2009年版。

朱勇主编:《中国民法近代化研究》,中国政法大学出版社2006年版。

〔法〕埃米尔·迪尔凯姆:《自杀论:社会学研究》,冯韵文译,商务印书馆1996年版。

〔美〕杜赞奇:《文化、权力与国家——1900—1942年的华北农村》,王福明译,江苏人民出版社2008年版。

〔日〕谷川道雄:《中国中世纪社会与共同体》,马彪译,上海古籍出版社2013年版。

〔美〕何炳棣:《1368—1953年中国人口研究》,葛剑雄译,上海古籍出版社1989年版。

〔美〕黄宗智:《民事审判与民间调解:清代的表达与实践》,中国社会科学出版社1998年版。

〔美〕刘子健:《中国转向内在:两宋之际的文化转向》,赵冬梅译,江苏人民出版社2002年版。

〔日〕仁井田陞:《中国法制史》,华发松译,上海古籍出版社2018年版。

〔美〕施坚雅:《中国封建社会晚期的城市研究》,王旭等译,吉林教育出版社

1991年版。

〔美〕王业键:《清代田赋刍论(1750—1911)》,高风等译,人民出版社 2008年版。

〔日〕织田万:《清国行政法》,陈与年等译,上海广智书局光绪三十二年(1906)版。

Brook, Timothy, Jérôme Bourgon, Gregory Blue, *Death by a Thousand Cuts*, Cambridge, CA: Harvard University Press, 2008.

Cohen, Jerome Alan, R. Randle Edwards, and Fu-Mei Chang Chen (eds.), *Essays on China's Legal Tradition*, Princeton: Princeton University Press, 1980.

Sung Tz'u, *The Washing Away of Wrongs: Forensic Medicine in Thirteenth-Century China*, Brian E. McKnight (trans.), Ann Arbor: Center for Chinese Studies, The University of Michigan Press, 1981.

近人论文

一、期刊文献

蔡申之:《清代州县故事(二)》,《中和月刊》1941年第10期。

陈东林:《明清地方官职等级结构的比较考察:介绍和田正广关于明清吏治的定量统计研究》,《清史研究通讯》1987年第1期。

陈忆九、刘宁国、张建华:《试论法医病理学检验标准体系》,《中国司法鉴定》2004年第3期。

陈忆九、邓建强、颜峰平:《欧盟成员国法医学尸体解剖规则介绍》,《法医学杂志》2005年第2期。

崔勇、牛素娴:《中国古代仵作人探究》,《社会科学论坛(学术研究卷)》2007

年第 9 期。

丁海斌、陈凡:《李约瑟现象的"官科技"解读》,《社会科学战线》2005 年第 4 期。

法医研究所:《洗冤录银针检毒谬误》,《神州国医学报》1933 年第 1 卷第 10 期。

高婉瑜:《宋代检验书的身体认知及语言初探———以〈洗冤集录〉下肢词为例》,《淡江中文学报》2019 年第 40 期。

韩健平:《清代验尸制度改革——〈尸格〉对致命伤的标注》,《中国科技史杂志》2017 年第 4 期。

何家弘:《司法证明方式和证据规则的历史沿革——对西方证据法的再认识》,《外国法译评》1999 年第 4 期。

胡祥雨:《清前期京师初级审判制度之变更》,《历史档案》2007 年第 2 期。

胡兴东:《元代法律史研究几个重要问题评析(2000—2011)》,《内蒙古师范大学学报(哲学社会科学版)》2013 年第 4 期。

胡震:《最后的"青天"?———清代京控制度研究》,《中国农业大学学报(社会科学版)》2009 年第 2 期。

黄显堂:《宋慈〈洗冤集录〉研究中的失误与版本考证述论》,《图书馆工作与研究》2005 年第 4 期。

黄玉环、吴志刚:《〈洗冤集录〉版本考》,《贵阳中医学院学报》2005 年第 2 期。

季卫东:《程序比较论》,《比较法研究》1993 年第 1 期。

季卫东:《法律解释的真谛——探索实用法学的第三道路(下)》,《中外法学》1999 年第 1 期。

贾静涛:《中国法医学史研究 60 年》,《中华医史杂志》1996 年第 4 期。

蒋铁初:《伦理与真实之间:清代证据规则的选择》,《中外法学》2008 年第 5 期。

李达祥:《中国第一部法医学———"洗冤录"内容简介》,《中医杂志》1955 年第 5 期。

李贵连、胡震:《清代发审局研究》,《比较法研究》2006 年第 4 期。

廖育群:《宋慈与中国古代司法检验体系评说》,《自然科学史研究》1995 年第 4 期。

林几:《检验洗冤录银钗验毒方法不切实用意见书》,《医药学》1933 年第 5 期。

林几:《法医学史》,《法医月刊》1935 年 14 期。

茆巍:《清代司法检验制度中的洗冤与检骨》,《中国社会科学》2013 年第 7 期。

茆巍:《从仵作到检验吏:中国传统检验的转折——以〈吉林提法司第一次报告书〉开学照为起点》,《证据科学》2013 年第 3 期。

茆巍:《宋慈卒年小考》,《中国司法鉴定》2014 年第 4 期。

茆巍:《清代司法检验活动中的医者》,《文史》2020 年第 1 期。

欧本海、杜克明:《关于洗冤录之意见》,《同济医学月刊》1925 年 10 月第 1 期。

宋大仁:《伟大的法医学家宋慈传略》,《医学史与保健组织》1957 年第 2 期。

宋大仁:《中国法医典籍版本考》,《医学史与保健组织》1957 年第 4 期。

苏力:《窦娥的悲剧——司法中的证据问题》,《中国社会科学》2005 年第 2 期。

苏湛:《〈中国科学技术史·年表卷〉五代至北宋部分考证》,《中国科技史杂志》2008 年第 4 期。

孙逵方、张养吾:《中国法医学史》,《法医学季刊》1936 年第 1 期。

汤腾汉:《洗冤录上之化学问题》,《国风》1933 年第 12 期。

田振洪、祝熹:《大宋提刑官宋慈卒年新说》,《宋史研究论丛》2016 年第 1 期。

王彬:《深化·浅化·删减:〈洗冤集录〉翻译中的中医文化过滤》,《中国翻译》2017 年第 3 期。

汪继祖:《疑狱集、折狱龟鉴、棠阴比事的释例》,《医学史与保健组织》1958 年第 1 期。

王世凡:《鉴定与司法鉴定概念的引入及其演进研究》,《法律与医学杂志》

2007年第2期。

王兴文:《也谈中国科技史的史料考据问题》,《自然辩证法通讯》2003年第6期。

王月:《〈清嘉庆朝刑科题本社会史料辑刊〉的史料价值》,《历史教学》2009年第16期。

王明忠:《民间古代"法医"——仵作》,《兰台世界》2012年第1期。

吴金鹏:《"仵作"与古代法医》,《中国审判》2006年第2期。

萧旭智:《尸体、检验与洗冤:论中国对非理死的治理技术》,《文化研究月报》2005年第50期。

谢蔚:《晚清刑部皂役收入研究》,《史学月刊》2009年第4期。

徐英含:《关于"洗冤录"中所谈的中毒》,《大众医学》1955年第3期。

徐忠明:《"仵作"源流考证》,《政法学刊》1996年第2期。

阎立强、陈高、张维东译:《俄罗斯联邦法医学尸体检验规则》,《辽宁警专学报》1999年第1期。

闫晓君:《近代对〈洗冤录〉的批判》,《唐都学刊》2005年第6期。

杨奉琨:《"仵作"小考》,《法学》1984年第7期。

张海东、杨天潼、刘良:《美国〈法医学尸体解剖执行标准〉介绍》,《法医学杂志》2009年第2期。

张颐昌:《祖国法医学发展简史》,《华东政法学报》1956年第3期。

张哲嘉:《"中国传统法医学"的知识性格与操作脉络》,《"中央研究院"近代史研究所集刊》2004年第44期。

赵娓妮:《国法与习惯的"交错":晚清广东州县地方对命案的处理》,《中外法学》2004年第4期。

郑小悠:《清代法制体系中"部权特重"现象的形成与强化》,《江汉学术》2015年第4期。

仲许:《中国最早的一部法医学———洗冤录》,《法学》1958年第2期。

周靖:《黄光检骨考》,《自然辩证法通讯》2007年第3期。

诸葛计:《宋慈及其〈洗冤集录〉》,《历史研究》1979年第4期。

〔日〕滋贺秀三:《中国法文化的考察——以诉讼的形态为素材》,《比较法研究》1988年第3辑。
〔日〕内田長平:「清朝時代の刑部定驗文に就いて」,『犯罪学雑誌』1942年第14卷2号。

二、析出文献

陈垣:《洗冤录略史》,陈垣:《陈垣早年文集》,陈智超整理,"中央研究院"中国文哲研究所1992年版。

定宜庄:《清代理事同知考略》,蔡美彪主编:《庆祝王鍾翰先生八十寿辰学术论文集》,辽宁大学出版社1993年版。

韩秀桃:《从〈不平鸣稿〉看明末徽州民间纠纷的解决模式》,范忠信、陈景良主编:《中西法律传统》第4卷,中国政法大学出版社2004年版。

贺卫方:《中国的司法传统及其近代化》,苏力、贺卫方主编:《20世纪的中国:学术与社会(法学卷)》,山东人民出版社2001年版。

李泽厚:《孔子再评价》,中国孔子基金会学术委员会编:《近四十年来孔子研究论文选编》,齐鲁书社1988年版。

陆懋修:《论王清任〈医林改错〉》,王璟编:《陆懋修医学全书》,中国中医药出版社1999年版。

王宏川:《中国历代法医学著述考》,河南省高校图书情报工作委员会编辑:《文献信息工作研究论丛》(2),中州古籍出版社1999年版。

王鍾翰:《清代则例及其与政法关系之研究》,王鍾翰:《王鍾翰清史论集》第3册,中华书局2004年版。

杨度:《论国家主义与家族主义之区别》,刘晴波主编:《杨度集》,湖南人民出版社1986年版。

余慎初:《宋慈》,建阳县政协文史资料委员会编:《建阳文史资料》第6辑,内部资料1987年版。

余英时:《中国古代思想脉络中的医学观念——李建民〈生命之学——从医疗看中国历史〉序》,余英时:《余英时文集》第 9 卷《历史人物考辨》,沈志佳编,广西师范大学出版社 2006 年版。

张伟仁:《良幕循吏汪辉祖:一个法制工作者的典范》,中南财经政法大学法律文化研究院编:《中西法律传统》第 6 卷,北京大学出版社 2008 年版。

庄吉发:《故宫档案与清代地方行政研究——以幕友胥役为例》,庄吉发:《清史论集》(一),文史哲出版社 1997 年版。

〔日〕冈野诚:《北宋区希范叛乱事件和人体解剖图的产生——宋代法医学发展的一大要素》,周健雄译,曾宪义主编:《法律文化研究》第 3 辑,中国人民大学出版社 2007 年版。

〔日〕上田信:《被展示的尸体》,王晓葵译,孙江主编:《事件·记忆·叙述》,浙江人民出版社 2004 年版。

〔日〕寺田浩明:《明清时期法秩序中"约"的性质》,〔日〕滋贺秀三等:《明清时期的民事审判与民间契约》,王亚新、梁治平编,法律出版社 1989 年版。

〔日〕森田成滿:「清代の人命事案に於ける事実認定の仕組み」,『星薬科大学一般教育論集』18,東京:星薬科大学,1999。

三、学位论文

段文艳:《清代民间社会图赖现象之研究》,暨南大学 2006 年硕士学位论文。

江存孝:《清代人命案件中的检验及取证模式》,台湾政治大学 2008 年硕士学位论文。

严辉:《清代法医学文献整理研究》,贵阳中医学院 2008 年硕士学位论文。

庄以馨:《清罪平允的法律世界——以清代"威逼人致死"案件为中心》,台湾政治大学 2008 年硕士学位论文。

祖伟:《中国古代证据制度及其理据研究》,吉林大学 2009 年博士学位论文。

后　记

这是一本完成后历经数年才得以面世的书。

它的原型是我的博士学位论文（2011年），曾于毕业当年被评为中国社会科学院优秀博士论文，也曾被推荐参选北京市优秀博士论文及全国优秀博士论文（当然无果）。无论如何，它与读者的见面本来不应该等这么久，然而这些年来，在高校绩效考核指标（KPI）的要求下，我的精力都放在了其他论文的写作、发表上，而于本书出版却并未经心。若说有所经心，也不过是对其中可能独立成文的部分抽出、修改，换得某些刊物版面，聊充考核之用。

当然，若说毫无修改，那也是不对的。相关的改动主要体现在本书上篇，几年来我对于清代检验相关的思考也主要在此处，如清代骨学知识探索的深层次成因、清代骨学发展与西洋医学的关系等。另外在近年来的阅读中，发现有其他学人的成熟研究，如韩健平先生关于清代尸格中致命伤标注的讨论，我也直接取之以填充，使本书进一步完备。此外，对原认识中过于武断、不周的部分，也进行了删除或修改。

我也时时存有使本书尽善尽美，乃至推倒重来的念头，但想到博士学位论文毕竟是以"学术"写作为业的人生中的重要一环，它不是终点，只是学术生涯中的一个标尺，纵使其不完备，想也可以谅解。若待到一切齐美，斯也难矣。何况现有的学术体制也确实不允许我在这上面投入推倒重来的精力。

通过此次小修小补，我也进一步感受到贾静涛老先生的《中国古代法医学史》之精深：很多问题，不管在该书成书前抑或成书后，与它有分歧的，最后经反复考证或查阅文献，结果基本都是，贾老先生的观点是正确的。

另外值得一提的是，在最初的博士学位论文写作过程中，还发生了一段小小的插曲：于答辩前的一段时间，由于各种阴差阳错的原因，原写作的一稿全文辗转到了一位年轻的台湾学子手中，为此还就本书中的一个考证，即《律例馆校正洗冤录》的刊颁时间之发现的问题发生分歧，故而本书中涉及此处的陈述也稍显啰唆。但除此后本人发现实系余云岫、张伟仁已有指出并作补正，以及对原有题、奏用法不当作出更正，并因此节的前面文字修改，此次对陈垣著作的注释作出修整外，其余该处均保留博士论文答辩前原貌（故此处所提及与该学子文中不相干文献，均系本人于2010年年底在中国第一历史档案馆、杨一凡藏书馆查阅所见）。

最后，谨对所有在本书写作过程中提供过帮助的人表示深深的谢意。相关的名单罗列起来或许很长，其中有我母校华西医科大学的师友，有我原检察单位的同事，也有我不断学习路上的前辈、同道。请原谅我的愚钝与领悟力的迟缓，万语千言只能化作一声：感谢了！

我也谨在此希望并呼吁：改革高校的绩效考核制度，让学者们把有限的生命、有限的时间放在更有意义的论作上！只有这样，每一部著作才能真正经受得起时间的考验！

图书在版编目（CIP）数据

洗冤：清代命案检验取证研究/茆巍著. —北京：商务印书馆，2022
（华东政法大学70周年校庆丛书）
ISBN 978-7-100-21098-0

Ⅰ.①洗… Ⅱ.①茆… Ⅲ.①法医学鉴定—中国—清代 Ⅳ.① D919.4

中国版本图书馆 CIP 数据核字（2022）第 068404 号

权利保留，侵权必究。

华东政法大学 70 周年校庆丛书
洗　冤
清代命案检验取证研究
茆　巍　著

商　务　印　书　馆　出　版
（北京王府井大街36号　邮政编码100710）
商　务　印　书　馆　发　行
南京新洲印刷有限公司印刷
ISBN 978-7-100-21098-0

2022年8月第1版　　开本 880×1240 1/32
2022年8月第1次印刷　印张 13 7/8

定价：80.00 元